DELIUS KLASING

ERNST-JÜRGEN KOCH

# HUNDELEBEN IN HERRLICHKEIT

KAIROS-TRILOGIE
ERSTES BUCH

UNSERE WELTUMSEGELUNG
MIT DER KAIROS

DELIUS KLASING VERLAG

Die Deutsche Bibliothek – CIP-Einheitsaufnahme

**Koch, Ernst-Jürgen:**
Kairos-Triologie / Ernst-Jürgen Koch. – Bielefeld : Delius Klasing
(Segeln & Abenteuer)
Buch 1. Hundeleben in Herrlichkeit : unsere Weltumsegelung mit der Kairos. – 10., ungekürzte Aufl. – 1998
ISBN 3-7688-0669-3

10., ungekürzte Auflage,
vom Verfasser durchgesehen
ISBN 3-7688-0669-3


Fotos: Elga Koch
Zeichnungen: Ernst-Jürgen Koch
Umschlaggestaltung: Buchholz/Hinsch/Hensinger, Hamburg
Druck und Bindung: Wiener Verlag, Himberg bei Wien
Printed in Austria 1998

*Meinen Eltern gewidmet,*
*Ernst und Elisabeth Koch,*
*ohne deren Miterleben und Ermutigung*
*diese Reise nicht das geworden wäre,*
*was sie wurde: erfülltes Leben.*

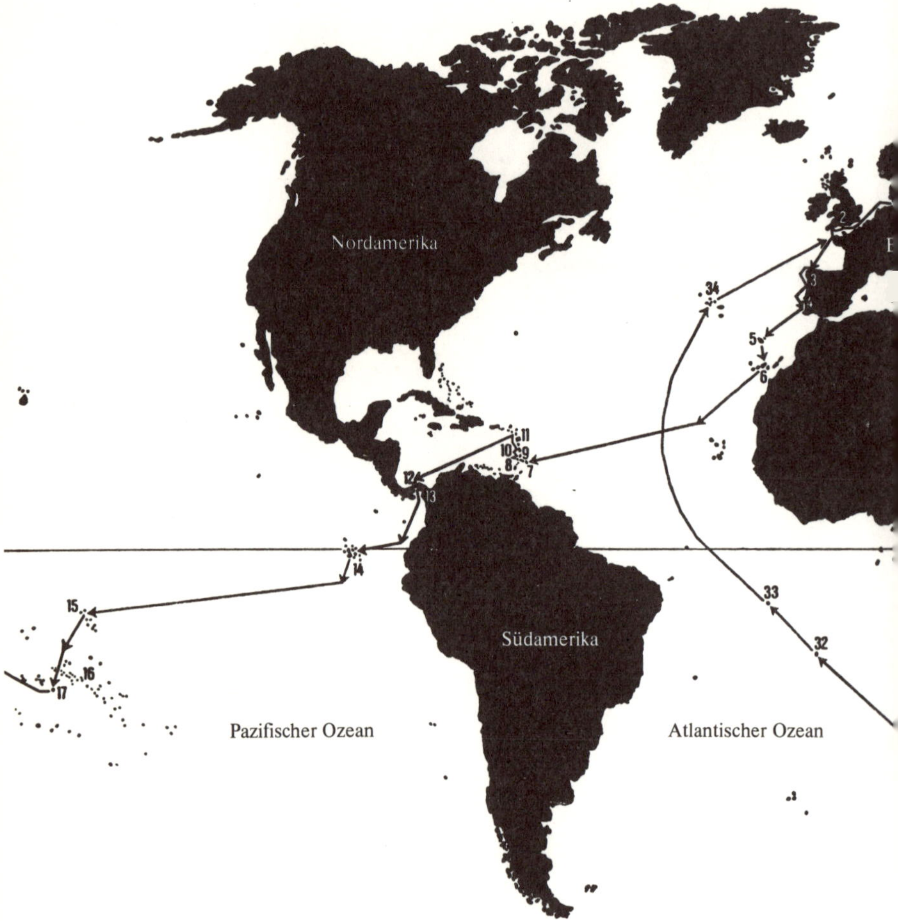


1 Hamburg
2 Falmouth
Helford River
3 La Coruña
4 Lissabon
5 Madeira
6 Kanarische Inseln
Las Palmas de Gran Canaria
7 Barbados
8 Bequia
9 St. Lucia
10 Martinique
11 Antigua
12 Cristóbal/Colón
13 Balboa/Panama
14 Galápagos Inseln
Insel San Cristóbal (Wreck Bay)
Insel Santa Fé
Insel Santa Cruz (Academy Bay)
Santa Maria
15 Marquesas Inseln
Nuku Hiva
16 Tuamotus
17 Gesellschafts Inseln
Tahiti (Papeete)
Moorea

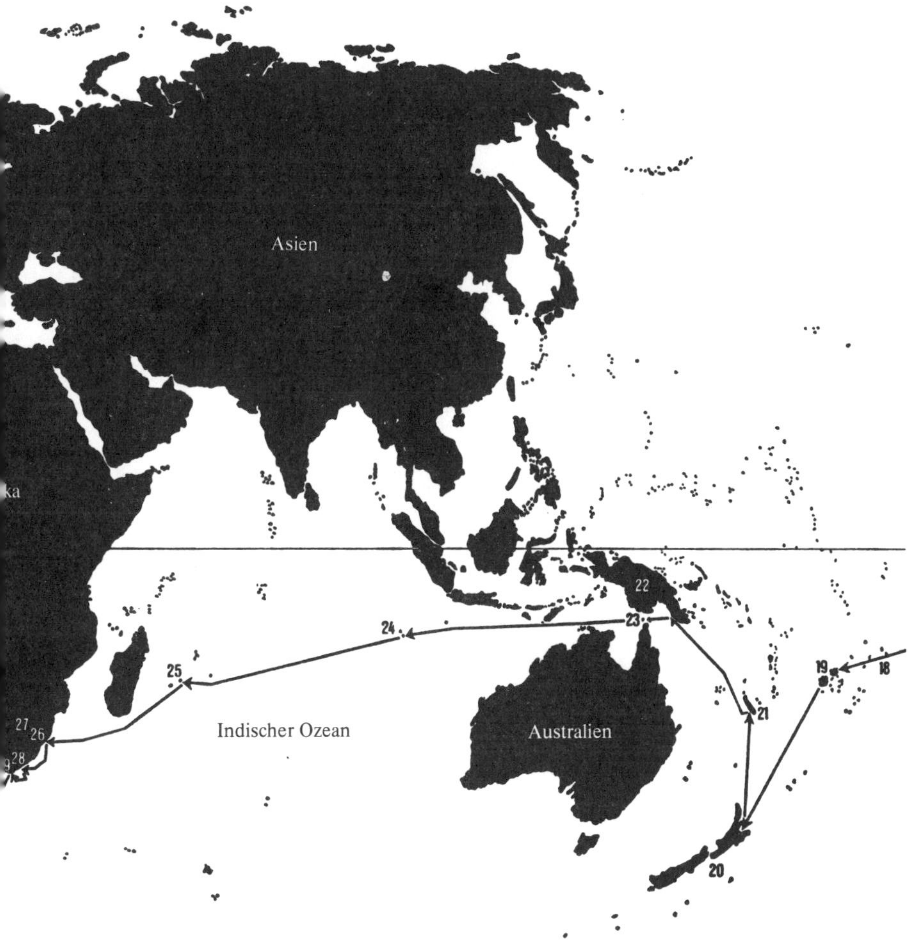


Huahine
Raiatea-Tahaa
Bora Bora
18 Samoa Inseln
Tutuila (Pango Pango)
19 Fidschi Inseln
Insel Viti Levu (Suva)
Kandavu
20 Neuseeland
Kawau Island
21 Neukaledonien
22 Neuguinea
Port Moresby

23 Thursday Island
24 Cocos (Keeling) Island
25 Mauritius
26 Durban
27 Johannesburg
28 East London
29 Port Elizabeth
30 Mossel Bay
31 Kapstadt
32 St. Helena
33 Ascension
34 Azoren
Fayal (Horta)

Im Nordatlantik

*La Coruña, im Juli 1964*

Die Biscaya haben wir nun überquert und damit den kalten, grauen Norden hinter uns gelassen.

Wir standen am Mittag des 13. Juli 210 Seemeilen südwestlich von Brest. Die Sonne schien warm. Wolkenlos strahlte der Himmel. Von Nord drehte der Wind auf Nordost und nahm zu. Er wehte jetzt mit Stärke 4, so daß sich KAIROS unter dem Druck der Segel zu neigen begann. Mit schäumender Bugwelle lief das Schiff auf Kurs Südwest zu Süd, zeichnete die vergängliche Spur seines Kielwassers in die Unvergänglichkeit des Meeres.

Elga übernimmt nach dem Mittagessen die Ruderwache und steuert den Kurs, der uns nach Spanien führt.

Unter Deck lege ich mich nach einem Blick auf die Seekarte in meine Koje. Ich schließe die Augen und entspanne den Körper, soweit das bei der rollenden Schiffsbewegung möglich ist. Weich und willig gehorcht KAIROS dem Rhythmus der See und dem Gebot des Ruders, läßt mich dadurch die Harmonie spüren, die es geben kann zwischen der Natur und dem, was der Mensch sich schuf. Zum erstenmal seit unserem Aufbruch fühle ich mich glücklich.

*Dieser Aufbruch lag um zwei Monate zurück. Er war wie ein Erwachen gewesen, weil aus achtjährigem Planen Wirklichkeit wurde in dem Augenblick, da die Kugelbake in der Elbmündung hinter dem Horizont verschwand. Wir hatten es gewagt.*

*Zurück blieb alles, was die Zufriedenheit unseres Lebens ausgemacht hatte: Freundschaft, Beruf, Wohnung. Es blieb auch zurück, was uns ständig bedroht hatte: Gewohnheit, Entschlußlosigkeit, Vermassung.*

*Unser Plan war, die Erde zu umsegeln. Acht Jahre hatten wir jeden Pfennig dafür gespart. Jeden Sommer hatten wir unseren Kielschwertkreuzer KAIROS über Nordsee, Skagerrak und Ostsee gesegelt, hatten Erfahrungen gesammelt – harte Erfahrungen oft – hatten die Ausrüstung ergänzt und verbessert. Während langer Winterabende hatten wir gesessen und gelesen: Reisebeschreibungen anderer Weltumsegelungen, Seehandbücher, meteorologische Abhandlungen. Wir hatten Seekarten und Klimakarten studiert. Und langsam reifte der Plan. Aus einer Reisevorbereitung wurde eine Lebensvorbereitung. Wir begannen, uns sicherer zu fühlen – soweit man gegenüber der unberechenbaren See überhaupt Sicherheit fühlen kann.*

*Den Jahreszeiten der Erde gemäß, den großen Klimazonen mit ihren vorherr-*

*schenden Winden entsprechend, zeichneten wir den beabsichtigten Kurs in eine Weltkarte. Oft war es uns unheimlich, wenn wir über Weltmeere sprachen wie über Binnenseen oder Flußreviere. Oft erreichte unser theoretischer Kurs Seegebiete oder Küsten zu ungünstiger Jahreszeit: hier konnten sich tropische Wirbelstürme entwickeln, dort herrschten winterliche Temperaturen. Dann mußten wir wieder von vorne beginnen. Was waren wir doch für feine Seeleute: bereits ein paar Mal um die Erde gesegelt – jedoch nur mit dem Bleistift auf der Karte!*

*Schließlich errechneten wir, daß unsere Reise dreieinhalb Jahre dauern würde. Die Kurse und ihr Zeitablauf waren festgelegt.*

Elga weckt mich, als die Sonne im Nachmittag steht. Das schräge Licht läßt den Seegang höher erscheinen. Ich übernehme die Wache: Kurs Südwest zu Süd. Blasse Wolken ziehen von Nordosten her.

Wir trinken Kaffee und essen einige Kekse. Wir sprechen nicht viel. Erste Müdigkeit macht sich bemerkbar. Elga wäscht die Tassen und räumt sie ins Geschirrfach. Ich höre sie in der Kajüte hantieren. Dann kommt ihr kurzer Gruß „Gute Wache“. Sie geht zur Koje. Ich bin allein mit dem segelnden Schiff.

Mehr Wolken ziehen von Nordosten her. Langsam beginnen sie, einen hohen Wolkenschleier zu bilden. Das kann Wetteränderung bedeuten.

*Nach acht Jahren verfügten wir über das Geld für unsere dreieinhalbjährige Reise. Finanziell hatten wir ein Reservejahr eingeplant, da wir nicht wissen konnten, ob Krankheit oder Politik längere Wartezeiten erforderlich machen würden. Elga hatte ihre Sprachkenntnisse erweitert. Außer Englisch hatte sie sich intensiv mit Französisch, Spanisch und Portugiesisch befaßt. Außerdem besuchte sie einen Kursus für Erste Hilfe.*

*Wir verließen unsere Wohnung und zogen an Bord. Zahllose Autoladungen mit Ausrüstungsgegenständen wurden zum Schiff gefahren. Von morgens bis abends wurde besprochen, gekauft, eingepackt und nach Staulisten an Bord wieder ausgepackt. Nachts träumten wir von Kartons, Konservendosen, Ersatzteilen und – mit einiger Beklemmung – von Logarithmen, Höhenstandlinien und Azimutpeilungen. Denn nebenher machten wir noch einen Kursus für die Prüfung zum Sporthochseeschiffer, deren Termin unaufhaltsam näher kam. Unsere Navigationskenntnisse sollten den letzten Schliff erhalten.*

*Die Prüfung kam. Wir bestanden sie.*

*Zwei Wochen später torkelte* Kairos *über die grauweißen Brecher und durch die gründunklen Wellentäler des Englischen Kanals. Es war ein Hundewetter mit Nebel und Nordostwind Stärke 8. Es hielt fast 20 Stunden an. Als es nachließ, als wir aus den Standlinien einer für Minuten möglichen Sonnenbeobachtung und einer kaum hörbaren Consolfunk-Peilung unseren Standort errechneten, uns dann später an die nächtliche englische Küste herantasteten, da waren Angst und Abschiedsschmerz überwunden. Wir hatten es gewagt.*

Zu Steuerbord im Westen, wo die Wasser der Biscaya grenzenlos in die des Atlantik übergehen, sinkt nun die Sonne blutigrot. Vor dem Glühen des Himmels hängen Schleierwolken. Der Wind verändert sich. Ist er während des Tages in zu- und abnehmendem Schwingen gekommen, so wird er jetzt unruhig hart. Er macht Sprünge und teilt Schläge aus.

„Elga!" rufe ich. Die vier Stunden meiner Ruderwache sind abgelaufen.

„Ich komme!" Bald darauf steht sie verschlafen im Niedergang. „Wie geht's - he?" fragt sie gedehnt. „Was läuft er denn?"

„Er" bedeutet KAIROS. Wir haben uns seit seinem Stapellauf noch nicht dazu durchringen können, daß unser Schiff wie üblich eine „Sie" sein soll.

„6 Knoten.*) Wind nimmt zu. Wir müssen reffen für die Nacht. Ja - und Hunger hab' ich auch."

Elga übernimmt die Pinne, während ich das Großsegel reffe. Dann mache ich die Eintragungen für meine Wache im Logbuch: Wind, Strom, Barometerstand, Kurs, Distanz, Segelführung - und übernehme wieder die Pinne. Elga bereitet das Abendessen vor. Es ist bei uns an Bord die Hauptmahlzeit des Tages, der 24 Stunden lang ständig Ruderwachen von uns fordert.

Im Westen wird das Tageslicht farblos. Dämmerung beginnt zu fallen. Gelbrot aus Dunst und Wolken über dem östlichen Horizont steigt in diesem Augenblick der fast volle Mond auf. Erst rötlich, dann silbern gießt sein Licht eine schimmernde Bahn auf das schwarz gewordene Meer.

Elga ißt zuerst. Während ich anschließend meinen Hunger stille, wird mir die Einfachheit unserer neuen Lebensführung bewußt. Wir essen, einfach weil wir Hunger haben. Wir schlafen, einfach weil wir müde sind. Wir wachen, einfach um das Schiff auf Kurs zu halten.

*Auf dem Hafenkai von Dartmouth erinnert eine Bronzetafel an die Schiffe MAYFLOWER und SPEEDWELL, die im Herbst 1620 mit englischen Kolonisten Dartmouth als Nothafen anliefen, weil die SPEEDWELL leckgesprungen war.*

*Der Schaden wurde behoben und wiederum vertraut sich eine Handvoll Familien den morschen Planken an. Welch ein Aufbruch: jenseits des Atlantiks in einer unbekannten Welt das zu suchen, was es in der Heimat nicht gab - Freiheit.*

*Im Atlantik springt die SPEEDWELL wiederum leck und muß umkehren, getreulich begleitet von der MAYFLOWER, die in Plymouth zu ihren Passagieren noch die der SPEEDWELL übernimmt. Allein, mit überfüllten Decks gelingt es ihr dann, jene Menschen nach Nordamerika zu bringen, die als „Pilgerväter" die Ahnen des nordamerikanischen Volkes wurden. Das war im Herbst 1620.*

*Im Sommer 1944 wurden im Hafen von Dartmouth 485 amerikanische Schiffe ausgerüstet und bemannt. Sie brachen auf und nahmen an der Invasion teil als*

---

*) Erläuterung seemännischer Ausdrücke im Anhang.

*Bruchteil jener Kraft, die über den Atlantik zurückkam, um in Europa das zu retten, wofür ihre Urväter mit zwei Schiffen aufgebrochen waren: Freiheit.*

Elga weckt mich um Mitternacht zur Wachablösung. Es kostet mich Anstrengung, Müdigkeit und Traumerinnerungen abzuschütteln. Das gelbe Licht der Petroleumlampe fällt schwankend auf Kartentisch und Seekarte, in die unsere Kurslinie eingezeichnet ist. Ich stoße die Niedergangsluke auf. Draußen fällt milchiges Mondlicht durch hohen Dunst. Schwarz-silbern wogt die See.

„Hallo, Faulpelz!" sagt Elga.

„Was läuft er denn?" frage ich lahm.

„Fünfeinhalb."

„Bist du müde?"

„Ja."

„Ich komme." Eilig ziehe ich Hemd, Hose und Pullover an und will an Deck klettern.

„Heh, Seemann, deine kleinen Schuhe!" ruft Elga.

„Ach ja." Ich ziehe meine Seestiefel an.

Über uns die Segel sind windgefüllt, offen wie suchende Hände. KAIROS rollt schäumend. Seine Formen sind schön, fest eingefügt in eigene und fremde Bewegung.

„Kurz vor der Morgendämmerung muß das Feuer an der spanischen Küste durchkommen", sagt Elga.

„Ja. Punti Candel-sowieso."

„Punta Candelaria", sagt Elga sehr gedehnt und lacht.

„Marsch, ins Bett!"

Sie klettert durch den Niedergang hinunter. Ihr Schatten beugt sich über den Kartentisch. Sie trägt ins Logbuch ein: Wind, Strom, Barometerstand - karges Spiegelbild unendlicher, nie wiederkehrender Variationen, die unser Leben himmlisch oder höllengleich gestalten können.

Das Licht in der Kajüte erlischt, die See wird laut.

*Wir standen ein letztes Mal auf dem Steilufer der englischen Küste. Regenböen zogen über das Land wie über das Meer. Das Land wurde fruchtbar unter ihrem Zuge. Über dem Meere aber löschten sie den Horizont aus und schufen urweltlichen Raum. Fernes Sonnenleuchten ließ einen Regenbogen entstehen.*

*Der Mensch wird seinen Ordnungssinn in diesem Raum nicht sichtbar machen können. Er kann das Land beackern und bewohnen, wird ernten. Das Meer kann er nur heimatlos befahren und braucht die ganze Kraft seiner Seele dazu.*

*„Wenn es kommt" - so steht geschrieben - „daß ich Wolken über die Erde führe, so soll man meinen Bogen in den Wolken sehen. Alsdann will ich gedenken an meinen Bund zwischen mir und euch und allen lebenden Seelen."*

*Genügt also ein Regenbogen, um Mut in der Heimatlosigkeit zu geben? - Wir liefen von Falmouth aus zur Biscayaüberquerung. Doch Schauerböen aus Südwest und West drängten uns dicht an die französische Küste. Abgekämpft blieben wir schließlich in atemloser Flaute liegen. Mit Motorkraft liefen wir den Hafen von Brest an.*

Der sinkende Mond wird jetzt vom Dunst verschluckt. Wie aus Watte steigt im Osten schwaches Tageslicht auf, fließt über ein farbloses Meer. Noch immer kein Zeichen des Feuers von Punta Candelaria voraus. Der Wind weht stark und feucht. Er singt im Rigg. Wachablösung.

Ich mache meine Logbuch-Eintragung. Das Barometer fällt.

„Wenn der Wind weiter zunimmt, weck' mich zum Reffen."

„Ja. Schlaf' gut."

„Gute Wache - und wenn dir das Steuern zu schwer wird, weck' mich, hörst du!"

„Ich werde dich wecken, du kannst ganz beruhigt sein. Schlaf' gut."

Eigentlich mag ich Elga nicht allein lassen. Zögernd schließe ich die Luke. In der Koje muß ich mich mit Kissen und Decken festkeilen, so rollt das Schiff. An der Bordwand neben meinem Ohr höre ich das Wasser zischen und gurgeln. Ich will wieder hoch und mit Elga sprechen. Doch die Müdigkeit überwältigt mich.

Ich schrecke hoch. 06.00 Uhr. Wasser poltert über Deck. KAIROS liegt hart über und arbeitet schwer.

„- müssen reffen!" ruft Elgas Stimme.

Ich ziehe Ölzeug an - vergesse die Gummistiefel diesmal nicht - und steige an Deck. Graue, schaumgeäderte Seen mit weißen Kämmen formen einen unfreundlichen Hintergrund zu Elgas hockender Ölzeuggestalt. Der Wind hat auf Ost gedreht und weht mit Stärke 6. Schritt für Schritt arbeite ich mich zum Mast, fiere das Großsegelfall, so daß das Segel Lose bekommt, die ich mit der Reffkurbel auf den drehbaren Großbaum drehe. Einmal. Zweimal. Meine Arme werden lahm, weil ich mich immer wieder festhalten muß. Beim dritten Mal breche ich mir den Daumennagel ab. Der Schmerz macht mich wach. Einschließlich des Reffens vom Vorabend ist das Segel jetzt fünfmal eingedreht, die Segelfläche entsprechend verkleinert.

„Er liegt noch hart", sagt Elga, als ich nach achtern komme.

„Wir wechseln das Vorsegel."

Schritt für Schritt und Hand über Hand arbeite ich mich zur Segelkammer hinunter. Gischt trommelt aufs Kajütsdach. Mit der Baumfock unterm Arm arbeite ich mich wieder an Deck, berge die Genuafock und setze die Baumfock. Das dauert fast 25 Minuten einschließlich des Aufklarens der Leinen und des Verstauens der Genuafock. Von außen salzwassergebadet, von innen schweißdurchnäßt sitze ich atemlos im Cockpit.

„Die Sicht ist miserabel."

Eine See unterläuft das Schiff. Das Leedeck taucht in Schaum und Nässe, während von Luv hochknallende Gischt über uns hinwegfegt. Am Himmel wehen Nebelwolken, der Horizont ist dunstverhüllt. Da vor uns in Unsichtigkeit verborgen, liegt die spanische Küste – 10 Seemeilen entfernt nach unserer Koppelrechnung.

Bis zum Beginn meiner Wache habe ich noch eine Stunde Zeit. Ich klettere in die Koje und horche auf das Rauschen, Poltern und Trommeln der groben See. Ich bin müde, hundemüde. Habe ich Angst? Klebriger Schweiß läuft mir über Stirn und Brust. Werde ich seekrank? Schlafen jedenfalls kann ich nicht.

Zum Wachwechsel um 08.00 Uhr nach einem hastigen Frühstück, das ich hinunterwürge, übernehme ich die Pinne. Von der Küste ist nichts zu sehen. Sie ist zwischen 400 und 600 Meter hoch, steil steigt sie auf. So habe ich im Handbuch gelesen.

Unentwegt bahnt KAIROS sich seinen Weg. In die vom Bug aufgeworfenen Gischtwolken zaubert die manchmal aus dem Dunst tauchende Nebelsonne Regenbogenfarben. Die Sicht beträgt höchstens 2 Seemeilen.

09.00 Uhr. Noch immer keine Küste in Sicht. Einige Möwen umfliegen das Schiff. Ich bin unruhig und nervös. Ob Elga schläft? Ich starre und fühle mich blind. Es ist schwer, Küsten zu verlassen und in ein solches Hundeleben hineinzusegeln – aber es ist ebenso schwer, sich ihnen zu nahen. Teufel, ich sehe nichts!

*Vor drei Tagen verließen wir Brest. Der Wetterbericht meldete ein Hoch südwestlich von Irland. Blauträumend blieb die französische Küste achteraus.*

10.00 Uhr. Es muß jetzt die Küste in Sicht kommen. Dunstschwaden verhüllen wieder die Sonne. Der Tag wird sofort um einige Nuancen dunkler.

Ich springe auf – aber es ist nur ein Fischkutter, der Backbord voraus auftaucht und erschreckend schnell vom gelbgrauen Nichts verschluckt wird. Möwen, Fischkutter – das sind Zeichen von Landnähe.

*Aus der Bucht von Brest liefen wir bei leichtem Nordwestwind in einen klaren Abend hinein. Leuchtfeuer sandten Grüße hinter uns her, die schwächer und schwächer wurden. Lange blickte ich zurück.*

10.45 Uhr. Ich blicke voraus. Wenn die Küste jetzt nicht in Sicht kommt, müssen wir abdrehen. Das Risiko ist zu groß: blind bei fast auflandigem Wind vor einer unbekannten Küste zu segeln. Ich zögere, weil es schwerfällt, ein Ziel aufzugeben.

Voraus steht eine dunkle Wolkenbank mit ausgefransten, hellen Oberrändern. Eine Bö.

Die Wolkenwand steht steinern unbewegt. Ihre hellen Ränder sind Nebelschwaden über Felsenhängen.

„Elga! Schnell! Land! Land voraus!"

Ich gehe auf Westkurs. Elga zieht sich hastig an. Der Wind unter der Küste nimmt aus Ost rasend zu, warme Böen beginnen zu fallen. Die Sonne kommt durch und wirft Licht auf einen Felsgrat. Und da, da ist der Leuchtturm von Punta Candelaria! Hoch über uns wie ein weißes Schwalbennest hängt er am Felsen.

Wir fallen uns in die Arme und lachen und singen. Der Wind läßt das Meer tanzen. Er heult in Böen, er ist heiß und riecht nach Erde, nach Kiefern und Eukalyptus. Die Biscaya ist überquert.

Am Abend kurz vor Sonnenuntergang ankerten wir hier im Hafen von La Coruña. Einige englische und französische Yachten lagen ebenfalls vor der Pier des Real Club Nautico. Stadt und Hafen sind laut und schmutzig – aber was tut's: der Himmel wurde leuchtend blau.

Während ich dies schreibe, packt Elga dicke Pullover und Wollhosen in die tiefsten Tiefen der Schränke.

*Madeira, im September 1964*

Damals in La Coruña: die Einreiseformalitäten für Spanien begannen am Morgen nach unserem Einlaufen auf der sonnenüberstrahlten Treppe des Real Club Nautico. Ein Beamter in Zivil und ein Matrose der Hafenpolizei hielten vergebens Ausschau nach einer Übersetzmöglichkeit zu unserem Schiff. Aus ihrem Gestikulieren war unschwer der Wunsch engeren Kontaktes mit uns abzulesen.

Wir machten unser Schlauchboot klar und ruderten zur Pier. Elga lud die Beamten ein, an Bord zu kommen, was sie jedoch mit Seitenblicken auf unser Schlauchboot einerseits und die dicke Ölschicht auf dem Hafenwasser andererseits ablehnten.

Auf einer Bank unter den Arkaden des Clubhauses füllten wir ein postkartengroßes Formular aus, das u. a. die Frage aufführte, über wieviele Kanonen das eingelaufene Schiff verfüge. Das war nach einem Blick in unsere Pässe der dienstliche Teil.

Elga führte anschließend ein langes Gespräch mit dem Señor in Zivil. Er sprach mit den Händen ebenso lebhaft wie mit den Lippen. Seine schwarzen Augen glänzten. Der Matrose und ich blieben stumm – er wegen dienstlicher Bescheidenheit, ich wegen mangelnder Sprachkenntnisse. Unsere Blicke streiften sich mehrmals und sagten: hombre, was *die* alles zu quasseln haben, was? Wir fühlten nach einer halben Stunde bereits innige Freundschaft.

Das Gespräch endete schließlich mit hinreißendem Lächeln des Beamten und unzähligen „muchas gracias“ meiner Frau. Wir schüttelten uns alle herzgewinnend die Hände, wobei mir die derbe Faust des kantabrischen Bauernsohnes ohne Boot, aber in Matrosenuniform fast die Hand zerquetschte.

„Um was ging es denn eigentlich?“ fragte ich Elga, als wir zu Kairos zurückruderten. „Heiratsantrag?“

„O nein“, sagte Elga bescheiden, „ich fragte ihn nur nach der Bankadresse.“

Wir blieben nicht lange in La Coruña. Der Hafen wird von vielen kohlefeuernden Fischdampfern angelaufen: so kann sich jeder den Schmutz, der dort allgegenwärtig herrscht, vorstellen. Weiter nach Westen um das Cap Finisterre, dann nach Süden, segelten wir an der spanischen Küste entlang. Abends liefen wir in Buchten ein und ankerten. Angaben über die Brauchbarkeit der gewählten Ankerplätze entnahmen wir dem Seehandbuch und der Seekarte, wobei wir das herrschende Wetter und seine mögliche Entwicklung berücksichtigten. Wir verließen uns dabei nicht ausschließlich auf die Seewetterberichte, vertrauten auch der eigenen Entschlußkraft, den rechten Augenblick für unser Handeln zu finden. Kaïros nannten die griechischen Philosophen jenen gewollten und schicksalsbegünstigten Augenblick, dessen Begreifen und Ergreifen für den Ablauf des weiteren Geschehens so entscheidend ist. Und Kairos hatten wir unser Schiff genannt.

Nicht immer frisch wehte der Nordwind dieser Jahreszeit an der iberischen Küste entlang. Vor der Ria de Muros liefen wir in eine absolute Flaute. Nachmittags brannte die Sonne mitleidlos aufs Deck, eine träge Dünung rollte unter dem Schiff dahin, das sich wie ein Wal zu wälzen begann. Flimmernd lag backbord die spanische Küste. Sie schien in der Hitze der bewegungslosen Luft zu kochen. Steuerbord voraus stieg die Rauchfahne eines Fischdampfers senkrecht auf. Wo sie in einiger Höhe auf eine kühle Luftschicht stieß, breitete sie sich flächig aus, bildete einen Vorhang, über dem sich der Dampfer als Luftspiegelung überkopf deutlich abzeichnete. Monte Louro, der zwiegegipfelte Berg neben der Einfahrt unseres Zieles – auch sein Spiegelbild hob sich empor, reckte und verzerrte sich. Achteraus sahen wir zwei Horizonte, und das Glitzern der Sonne zuckte flirrend bis in den Zenit hinauf. Wir saßen und starrten und fürchteten, daß die Welt bald nur noch aus Unwirklichkeiten bestehen würde.

Wir warfen die Maschine an und hielten auf die Küste zu. Die vorgelagerten Riffe konnten wir schon bald ausmachen. Hinter ihnen war eine Kursänderung ins Fahrwasser der Bucht notwendig. Wir hatten keine Landpeilungen, bis sich die Verzerrungen vor uns wieder in normale Formen zurückschoben. Aus Unheimlichkeit wurde vertraute Schönheit. Auf welch schmalem Pfad leben wir Menschen: ein wenig zuviel Hitze genügt, um unser Bild von der Erde zu zerstören. Ein wenig zu kalte Luft reicht aus, um unsere Umwelt auf den Kopf zu stellen.

In der geschützten Bucht liefen wir zum Ankerplatz. Der Anker fiel und zog rasselnd die Kette hinter sich her. Als Stille eintrat, klangen Menschengeräusche vom Städtchen Muros herüber, das sich in dünnen Häuserreihen an den abenddunklen Hang preßte.

Die Berge des gegenüberliegenden Ufers färbten sich rot. Wie Behausungen von Zwergen lagen dort Dörfer an den Hängen. Und darüber standen die Gipfel, deren nackter Fels im Schein der Abendsonne zu glühen begann: Heimat fremder Heroen, die in unirdischen Träumen leben und niemals zu uns Menschen niedersteigen.

Männer nahmen von dieser Küste Abschied, deren Entdeckungsfahrten das europäische Bild der Erde prägten. Columbus, Magellan, de Soto, Balboa, Cortez, Pizarro, zahlreiche andere. In unendlicher Hoffnung fuhren sie aus und in maßlosem Elend kehrten sie zurück: erschöpft, auf morsch gewordenen Schiffen, mit zerrissenen Segeln, nur ein Bruchteil der Gefährten um sich, die mit ihnen ausgezogen waren. Ihrem Elend folgte oft Triumph, ebenso oft auch Gefangenschaft und Hinrichtung. Kein Schicksal ist unausdenkbar in diesem endlosen Zug der Geschichte. Und kehrten sie nicht zurück, blieben sie irgendwo verschollen, ertränkt im Schiffbruch vor fremder Küste, erschlagen von Eingeborenen, erhängt von Meuterern, erdolcht von Neidern, dem Fieber erlegen oder vom Hunger dahingerafft: neue Männer zogen von diesen Küsten aus, immer wieder neue.

Ihr Traum ist Gold. Ihr Stolz ist beispiellose Tapferkeit. Ihre Leidenschaft ist die Bekehrung von Heiden. Sie finden Gold und sie bekehren Heiden.

Kein Preis ist ihnen dafür zu hoch und jedes Mittel recht.

So zerrinnt das Gold und die Bekehrung bessert nichts. Sie stürmen weiter, segeln, entdecken, erobern, metzeln, brandschatzen, rauben. Sie gründen ein Reich, in dem die Sonne niemals untergeht. Aber schon die Söhne müssen verteidigen, was die Conquista ihrer Väter zusammenraffte.

Der Traum verlischt. Der Stolz zerbröckelt wie das Reich. Die Leidenschaft versiegt. Wehmut bleibt: Eldorado tapferer Hidalgos, intrigierender Granden, einsamer Könige. Da reitet in Unsterblichkeit der Ritter von der traurigen Gestalt - Don Quijote.

„Abendessen!“ rief Elgas Stimme aus der Kajüte.

Ich blickte nochmals zu den Bergen, deren Konturen nun ins Grau der Nacht sanken. Von dieser Küste werden auch wir Abschied nehmen, um über das Meer dorthin zu segeln, wo sich das Schicksal so vieler entschied. Wie wird sich das unsere entscheiden?

„Tomatenreis mit verlorenen Eiern, frischer Salat, mit Zitronensaft bereitet!“ sang Elga.

„Ich komme mit gewaltigem Hunger!“ rief ich und stieg in den freundlichen Lampenschein unserer Kajüte hinunter.

Wir mußten segeln, wenn es das Wetter nur irgendwie gestattete. Spätestens Anfang November wollten wir Las Palmas auf Gran Canaria zur Atlantiküberquerung verlassen. Zuvor mußte KAIROS überholt und ausgerüstet werden. Im November wird der Westteil des südlichen Nordatlantik - das Seegebiet der Antillen also - sicher: die Jahreszeit der tropischen Wirbelstürme ist dann vorbei.

Bei nördlichen Winden segelten wir nach Vigo, um unsere Post zu holen. Wir ankerten in der Bucht von Bayona auf gleichem Platz, wo 1493 die Karavelle LA PINTA unter Martin Alonso de Pinzón vor Anker ging. Als erstes Schiff aus Columbus' Geschwader brachte sie die Nachricht von der Entdekkung der Neuen Welt.

Wir lauschten im Flußgebiet westlich der Stadt Aveiro dem klagenden Ruf der Vögel und sahen über der flachen Sumpflandschaft die weißen Haufen trocknenden Salzes, während die dunklen Segel der Barken, die das einzige Verkehrsmittel in jener Welt von Wasserläufen sind, geheimnisvoll vorüberglitten.

In Oporto stiegen wir in den Keller und probierten Portwein. Es war eine erschreckend lange Reihe von Gläsern. Die Probe artete fast in Arbeit aus. Jetzt wissen wir wirklich, was Portwein ist.

Wir lagen in portugiesischen Fischerhäfen und Elga übersetzte mir die Erzählungen der Fischer von den Neufundlandbänken, von Schonern und Dorys, von Dorsch und Sturm und Nebel.

Am Cabo da Roca vorbei segelten wir in die Tejomündung. Es wehte aus Nord mit Stärke 7 und wir wurden naß bis auf die Knochen.

Und während aller Zeit lag zu Steuerbord der große Atlantik und wartete. Wir kannten nichts von ihm. Sein unerbittlicher Dreiklang von Himmel, Wasser und Horizont war uns fremd und unheimlich.

„Elga“, sagte ich, „wenn Cabo da Roca nächste Woche achteraus verschwindet, sind wir allein - du und ich und das Schiff.“

„Ja“, sagte sie.

In Lissabon warteten wir auf Nordwind. Immer wieder saßen wir in etwas gedrückter Stimmung im Cockpit. In einen heißen, windlosen Himmel hob sich das Monument Heinrich des Seefahrers, der nie eine Seefahrt unternahm. Aber er löste sie aus dem Zustand zwischen Seeräuberei und Eroberungszug. Er machte Seefahrt zu einer geistigen Erfahrung, die Ungewißheit austilgen konnte. Er sammelte die Meldungen seiner Kapitäne, sichtete sie. Er schuf den Grundgedanken des Seehandbuches: Küstenlinien und Untiefen zu beschreiben, Strömungen aufzuzeichnen, damit die Nachfahren Nutzen daraus ziehen konnten. Ein Seefahrer, der nicht die See befuhr - steinern steht er auf seinem dem Bug eines Schiffes ähnlichen Podest, hinter sich die Kapitäne, Geologen, Kartographen und Paladine, über sich die granitene Schwingung des Denkmals wie ein geblähtes Segel. Er blickt über den Tejo, auf dem die Schiffe kommen und gehen, in jene Weiten, denen er so viel von ihren ungewissen Schrecken nahm.

Wir machten Museumsbesuche und Ausflüge. Dann war es plötzlich so weit: Wind wehte, Nordwind! Wir segelten den Tejo hinab. In der Flußmündung kontrollierten wir durch Azimutpeilungen der Sonne unseren Kompaß. Als wir das grüne Flußwasser unterm Kiel verloren und das Blau des Ozeans tief wurde, frischte der Wind auf. Wir refften das Großsegel. Der Seegang lief grob. Wir fühlten uns seekrank. Kurs Südwest nach Madeira lag an. 500 Seemeilen Ungewißheit.

Ich blickte zum Cabo da Roca zurück, das wie ein Klotz in Dunst und Sonnenschein lag. Voraus die Linie des Horizontes war leer.

„Bist du zufrieden?" fragte Elga.

„Ja", antwortete ich. „Jetzt sind wir mittendrin. Jede Minute und Stunde, jeder Tag zählt - hoppla!" Das Schiff rollte und ich mußte mich festhalten.

Während meiner Nachmittagswache zogen Federwolken auf. Sie bleichten den Schein der Sonne und ließen das Meer graubärtig und heimtückisch in ihrem verschleiernden Licht erscheinen. Aber das Barometer stieg. Lauf, KAIROS, dachte ich, segle die Ungewißheit weg!

Während dieser Fahrt erlebten wir außer einer Gewitterbö, die mich fast aus dem Mast schleuderte, nur Flauten. Unsere Müdigkeit wurde unerträglich bei der unerbittlichen Reihenfolge der Wachen. Doch nach 8 Tagen und 9 Stunden fiel unser Anker auf der Reede von Funchal.

Die Sache mit der Gewitterbö war so:

In der zweiten Nacht auf See zog aus Südwest eine schwere Wolkenwand auf - gegen den Wind. Wir segelten bei Nordostwind Stärke 4 unter Großsegel und der nach Backbord mit dem Passatsegelbaum ausgestützten Genuafock.

Elga weckte mich. „Zieh' Ölzeug an. Vorsegel bergen und Großsegel reffen. Da braut sich was zusammen."

Verschlafen steige ich an Deck. Der Wind ist klebrig warm. Heftig rollt das Schiff. Voraus wetterleuchtet es. Im schwachen Schein der Kompaßlampe wirkt Elgas Gesicht alt und müde. Ich streiche ihr über das Haar, bevor ich nach vorn turne und das Vorsegel berge.

Bei einer plötzlichen Bewegung des Schiffes verliere ich den Aufholer des Passatsegelbaumes. Die Leine entschwindet nach oben, läuft dort durch ihren Block und fällt nutzlos aufs Deck. Der Baum kann jetzt nicht in seine Ruhestellung senkrecht vor den Mast geholt werden.

Zunehmendes Blitzen im Südwest.

Teufel - ich fühle mich krank. Denn KAIROS ist nicht voll manövrierfähig mit diesem ungehalterten Baum. Mit solchen Kleinigkeiten bei sich verschlechterndem Wetter können Katastrophen beginnen: dem ersten Mangel folgt ein zweiter, aus dem sich ein dritter und vierter ergeben. Ihre Summe nimmt laufend von der Seetüchtigkeit des Schiffes - ein wenig - dann noch ein wenig - und mehr - und alles - während sich das Wetter zu tödlicher Raserei steigert.

Im Südwest begleitet jetzt Donner die Blitze.

„Aufholer ausgelaufen, muß in'n Mast!“ rufe ich. Elga antwortet etwas, das ich nicht mehr verstehe. Ich bin schon oben, finde Halt mit den Füßen am Mast und mit der linken Hand an der Saling - mit der rechten versuche ich, den mit nach oben genommenen Tampen durch den Block zu ziehen. Der Mast fegt im Seegang hin und her. In den Augenblicken seiner abrupten Richtungsänderung vermag ich nur mit ganzer Kraftanstrengung mich zu halten. Dabei verliere ich den Aufholer aus den erlahmenden Fingern. Ich klettere zurück.

Blitze, Donner, zischendes Rauschen aus Südwest.

Auch der zweite Versuch mißlingt. Ich weine vor Erschöpfung und berge das Großsegel, dessen Hin- und Herschlagen in der einsetzenden Flaute mein Klettern erschwert. Dann versuche ich es ein drittes Mal. Arme und Füße sind wie Blei, die Finger ohne Gefühl. Mein Körper scheint Tonnen zu wiegen. Aber es gelingt, den Tampen durch den Block zu ziehen. Das durchgezogene Ende nehme ich zwischen die Zähne und rutsche kraftlos abwärts. Zwei Meter über Deck verliere ich den Halt und falle. Ich verbeiße mich in den Aufholer - was auch jetzt passiert, *den* darf ich nicht verlieren.

Es gibt einen Ruck, Zähne splittern. Ich liege ohne Atem rücklings auf dem Deck und schmecke Blut. In meine Benommenheit kommt das Bewußtsein: du hast den Tampen. Es überstrahlt den Schmerz. Elga hat aufgeschrien. Spuckend sichere ich den Passatsegelbaum und belege den Aufholer. Das Schiff ist klar für jedes schlechte Wetter.

Dann kam die Bö mit blauen, krachenden Blitzen und Regen. Ohne Besegelung ließen wir sie über uns hinwegheulen. Elga gab dem treibenden

Schiff Ruderhilfe. Ich saß im Cockpit und fühlte mich wie ein Bündel rohes Fleisch.

Dem Gewitter folgte kein schlechtes Wetter. Die Nacht wurde wie Watte. Kein Windzug war zu spüren. Ich hätte den Aufholer nun in aller Ruhe durch seinen Block da oben scheeren können. Bei der Kürze der Bö wäre dem ersten Mangel wohl kein zweiter gefolgt, kein dritter und vierter. Oder? Der See ist niemals zu trauen. Wer „später" zu ihr sagt, wird es später bereuen - oder überhaupt nicht mehr.

Daran dachte ich, als wir auf einer Bank im Botanischen Garten von Funchal saßen. Das Laub tropischer Bäume, deren unbekannte Namen wir von Tafeln abzubuchstabieren versucht hatten, schenkte uns Schatten. Der durch Laubgrün und Blumenpracht führende Kiesweg verlor sich hinter Gartenkulissen, wo uniformierte Gärtner mit Spaten, Hacke und Wasserschlauch hantierten. Auf einer von Schatten und Sonnenlicht gesprenkelten Terrasse rieselte ein Brunnen.

„Ich habe bisher nicht gewußt", sagte Elga, „daß ein Garten so schön sein kann. Muß man 2500 Seemeilen segeln, um das so stark zu erfahren?"

„Ich weiß nicht", antwortete ich nachdenklich. „Jedenfalls haben wir es getan."

Das Haus des deutschen Konsuls erreichten wir mit dem Bus. Es lag 300 Meter hoch über Funchal mit einem großartigen Blick über Stadt und Meer. Der Atlantik sah von dieser Höhe friedlich und zauberhaft aus.

Mit raschen, sicheren Schritten führte uns der 82jährige Herr G. durch seinen Besitz, auf dem er nach dem Tode seiner Frau mit der Tochter lebte. Er erzählte lebhaft. Unzählige Gäste wurden hier im Laufe der Jahrzehnte empfangen. Im Haus die Bilder an den Wänden, die Gästebücher vermittelten uns ein Stück deutscher Geschichte. Von den Gästebüchern konnte ich mich am Abend kaum loslösen.

Namen von Männern und Namen von Schiffen - Seeoffiziere und Kriegsschiffe meist. Immer wieder blätterte ich die Seiten um. Und aus den Zeilen niedergeschriebener, froher Dankesworte formten sich mir nur allzuoft die Bilder ferner Todesstunden. Die Schreibenden hatten nichts von ihnen geahnt: Falkland Inseln, Cocos Insel, Skagerrak, La-Plata-Mündung, Nordatlantik. Die Namen der Seeschlachten standen nicht in den Gästebüchern - natürlich nicht, sie waren damals noch ungeschehen. Wie grauenhaft pathetisch und wie furchtbar falsch ist nach dem Geschehen darüber geredet und geschrieben worden.

Herr St., ein Hamburger Kaufmann, der sich hier zur Ruhe gesetzt hat, lud uns zu einer Inselrundfahrt ein. Sie gab uns einen guten Einblick in das Leben auf der Insel. Der Touristenrummel hat den Madeirenser nur oberflächlich beeinflussen können. Sobald die Dampfer ausgelaufen sind, verschwinden die zur Schau gestellten und deshalb unnatürlich wirkenden „Spezialitäten“ und „Besonderheiten“. Sie werden dorthin gebracht, wohin sie gehören, wo sie sich sinnvoll und deshalb charakteristisch entwickelt haben.

Die Volkstrachten sieht man in den Bergen, bei den Frauen bunt bestickte Röcke mit weißen Blusen und farbigen Kopftüchern - bei den Männern weiße Kniehosen und farbig bestickte Hemden. Die Männer tragen wollene Mützen mit hochklappbaren Ohrenschützern, denn die Winde auf den Bergen sind auch im Sommer kalt. Man trägt grobes, sehr festes Schuhzeug, da die facendas - die Bauernhütten - sehr oft weitab von den Straßen liegen und nur in langen Fußmärschen erreicht werden können.

Genau wie sich in dem ausgeklügelten Bewässerungssystem der Insel portugiesische Sorgfalt und Umsichtigkeit zeigen, so auch in den Treppenstraßen. Sie sind mit schwarzen Lavasteinen, groß wie das erste Glied einer Männerdaumens, gepflastert - teilweise in künstlerischen Mustern. Wo die Straße einen Hang hinabführt, wird ihre bis dorthin glatte Oberfläche wellenförmig in Querrichtung. So hat der Fuß des Menschen Halt, der Huf des Tieres findet waagerechte Oberflächen und die Kufe des Ochsenschlittens wird gebremst. Die kleinen Lavasteine werden am Meeresufer, wo sie von der unaufhörlichen Brandung rund gewaschen wurden, lastwagenweise eingesammelt.

Die Ochsenschlitten, deren hölzerne Kufen in alten Tagen über die Treppenstraßen glitten, beförderten die Erzeugnisse der Bauern nach Funchal. Heutzutage sind diese Gespanne nur noch bei Ankunft der Dampfer zu sehen, um Touristen herumzufahren. Der merkantile Transport geschieht per Lastauto: ihm haben die alten Treppenstraßen zu weichen und machen dem Asphalt Platz.

Überall neben den Straßen sahen wir Wasserrinnen, die teilweise aus Naturstein gefügt, teilweise aus Zement geformt waren. Das in den Rinnen talwärts sprudelnde Wasser schafft das „Paradies Madeira“.

Der portugiesische Entdecker Gonçalves Zarco fand 1419 die Insel bewaldet, weshalb er sie Madeira, Holz, nannte. Durch rücksichtsloses Holzschlagen brachte man die Insel fast zum Austrocknen. Im letzten Augenblick besann man sich und schuf ein Bewässerungssystem, das die Fruchtbarkeit der Insel rettete. Das auf den Höhen der Nordberge fallende Regenwasser leitet man in die Rinnen, deren System sich über die ganze Insel ausbreitet und das Wasser den Gärten und Feldern zuführt. Der Transport des Wassers geschieht durch Gefälle, gepumpt wird nirgends. Jeder Landbesitz ist diesem Kunstwerk angeschlossen und erhält seiner Größe entsprechend wöchentlich Wasser. Das fließende Wasser wird vermittels wohldurchdachter, ständig kontrollierter Schaltungsmöglichkeiten gelenkt. Ingenieure stauen und steuern Wasserströme. Und Gärtner ernten zu jeder Jahreszeit.

Wir werden schweren Herzens von diesem gesegneten Eiland und seinen fleißigen Menschen Abschied nehmen.

*Las Palmas de Gran Canaria, im Oktober 1964*

Ich sitze im Cockpit und schreibe, Elga ist an Land gerudert, um Einkäufe zu machen. Weiß strahlen die modernen Hochhäuser dieser Stadt am Ufer. Die Sonne glüht und der Himmel ist blau. Daran hat sich seit Madeira nichts geändert - sonst viel.

Die Gruppe der Kanarischen Inseln besteht aus sieben Inseln. Geographisch gehören sie zu Afrika, politisch zu Spanien. Wie Madeira sind sie vulkanischen Ursprungs. Ihre Kegelberge zeugen davon viel deutlicher als die aufgetürmten Lavahänge Madeiras, die in Regenschauern achteraus verschwanden, nachdem Elga KAIROS unter Maschine aus dem Hafen von Funchal gesteuert hatte.

Das geschah vor einer Woche - und scheint doch eine Unendlichkeit zurückzuliegen. Das Erlebnis der See verschiebt die Grenzen der Zeit.

Der Abschied fiel uns schwer. Die Familie G. hatte uns mit liebevoller Gastfreundschaft bedacht. Lotsen und Bootsleute, Bauern und Geschäftsleute scheuten nie vor jenen Hilfeleistungen zurück, die unseren Aufenthalt so schön machten: wir fühlten uns zu keiner Stunde als Fremde. Der Zahnarzt, der die Trümmer meines ramponierten Obergebisses gegen strahlenden Kunststoff auswechselte, nahm mir in seinem komischen Englisch, über das wir beide stets lachen mußten, das Versprechen ab, nie „seine“ neuen Zähne für Segelmanöver zu benutzen. Seine Rechnung - ich hoffe, sie hat wenigstens die Unkosten gedeckt.

Als wir aus der Windabdeckung Madeiras liefen, setzten wir die Segel und stellten die Maschine ab. Dünung zog, Wind wehte, Wolken segelten. Der Kurs war Südsüdost, der Wind Nordost Stärke 5. Unendlich langsam sank das Licht des Tages. Rot im Westen stand schließlich ein letzter Abendschimmer über schwarzem Horizont. Die Nacht kam auf. Sterne zogen.

Am Morgen des nächsten Tages nach dem Frühstück - Kaffee, Toast, Butter, Marmelade - prüfte ich das Chronometer anhand des Zeitzeichens der Radiostation WWV, Washington. Den Chronometerstand trug ich ins Logbuch ein. Nachdem ich Elga eine unserer Stoppuhren hinausgereicht hatte, stieg ich an Deck. Mit der linken Hand hielt ich mich fest, mit der rechten balancierte ich den Sextant, um ihn vor Schaden zu bewahren.

Elga sah dieser akrobatischen Vorführung von der Ruderpinne her sorgenvoll zu.

„Es ist ein Jammer", sagte ich, „daß wir keinen Flugzeugträger fahren."

Elgas Gesicht heiterte sich auf.

Die torkelnde Winzigkeit unseres Schiffes verwandelte sich in meinem Geist zu einem sanft auf- und abschwingenden Deck. „Und dann dieser Platz! Und die Höhe! Stell' dir das vor! Die können ja der Sonne auf die Schulter klopfen und nach ihrem Höhenwinkel *fragen*!"

„Nein", sagte Elga. „Das wäre ja Flugnavigation. Bleib' der Seefahrt treu, Junge!"

Meine Begeisterung brach ab. Ich suchte nach einem Platz, der möglichst hoch, möglichst trocken, möglichst ruhig einen von den Segeln ungehinderten Blick zur Sonne zuließ. Ich fand keinen. Schließlich setzte ich mich auf das Heck. Dort saß ich tief, fast trocken und überhaupt nicht ruhig.

Ich fixierte die Sonne durch den Sextant und brachte ihr Spiegelbild auf die Kimm, die immer wieder vom Seegang verdeckt wurde. Nichts stand fest außer der Sonne im Himmel. Ihr Spiegelbild tanzte, das Schiff schlingerte, die Kimm war nur für Sekunden sichtbar. Ich folgte allen Bewegungen, Bruchteile von Sekunden zu spät.

„Achtung", sagte ich. Das Schiff hob sich, die Kimm wurde sichtbar. Ich korrigierte die Sextanteinstellung - zu spät. Ein Brecher zog vorbei.

Endlich klappte es. „Null!" rief ich. Elga betätigte die Stoppuhr.

Ich arbeitete mich in die Kajüte zum Kartentisch zurück, wo ich zunächst den Sextant vorsichtig in seinen Kasten stellte. Dann las ich das Chronometer ab. „Achtung - stopp!"

„1 Minute und 3 Sekunden", meldete Elga.

Unter Berücksichtigung dieser zwischen Sonnenmessung und Chronometerablesung abgelaufenen Zeit machte ich die Eintragung meiner Beobachtung ins Logbuch. Für einen Augenblick träumte ich wieder von dem hohen, sanft schwingenden Deck meines Flugzeugträgers, wo mehrere Navigatoren nun ihre abgelesenen Werte vergleichen konnten - meine Messung stand ungeprüft im Logbuch. Ich stieg an Deck und übernahm die Pinne.

Elga wertete die Beobachtung aus, eine logarithmische Rechenarbeit von etwa 20 Minuten Dauer.*)

Durch die geöffnete Niedergangsluke konnte ich sie dabei heimlich beob-

---

*) Es gab damals keine Navigationscomputer - auch keine Satellitennavigation. - Anm. d. Verf.

achten, während ich laut, falsch und scheinheilig „La Paloma“ pfiff. Sie saß gut verkeilt am Tisch, umgeben von den ebenfalls verkeilten Tafeln und Büchern. Nur unser großes, grünes Radiergummi konnte frei liegen und rutschte nicht. Ihr Gesicht war ernst und konzentriert, während sie kleine Zahlen eilig und sauber in das Beobachtungsbuch schrieb.

„So“, sagte sie schließlich, packte die Bücher ins Fach und kam zum Niedergang, an dessen Stufen sie sich festhielt. „Ich bin müde. Gute Wache!“

„Schlaf' gut!“

„Brauchst du noch etwas?“

„Danke, nein.“

Mittags weckte ich Elga, die das Ruder übernahm. Ich holte den Sextant, suchte einen Platz, der sich jetzt auf dem Bug niedrig, feucht und sehr bewegt anbot. Von dort beobachtete ich die Kulmination der Sonne, ihren höchsten Stand im Mittag.

Diese Mittagshöhe wertete Elga zusammen mit dem Ergebnis des Vormittags zum Mittagsbesteck aus. Sie kam anschließend mit der Seekarte an Deck.

„Hier sind wir“, sagte sie und zeigte auf das Bleistiftkreuz. „Wir haben eine Versetzung von 12 Seemeilen nach Südsüdwest. Etmal 121 Seemeilen.“

Ich sah mir die Karte an. „Setz' den Kurs gut westlich von den Selvagem Inseln ab. Zu Mitternacht sind wir frei von ihnen. Dann gehen wir auf den direkten Kurs zur Nordspitze von Gran Canaria.“

Elga kletterte zum Kartentisch und sagte nach einigen Minuten: „186° am Kompaß - ab Mitternacht dann 166°. Vestanden?“

Ich wiederholte die Kurszahlen und rief dann: „Hunger!“

„Es gibt heute Haferflocken mit Pfirsichkompott“, verkündete Elga gelassen, wobei sie sich festhalten mußte, weil KAIROS überholte.

Ich schildere das alles so genau, damit man sich unseren Alltag auf See vorstellen kann. Es ist ein Alltag in ständiger Bewegung, ein Alltag, eingegrenzt von der Reling unseres Schiffes, erfüllt von unserer Bordroutine, die Wache um Wache und Arbeit um Arbeit vorschreibt. Unaufhörlich zieht KAIROS seinen Weg: schäumend teilt sein Bug die See, gurgelnd fließt das überkommende Wasser durch seine Speigatts ab, willig wölben sich seine Segel in den Wind - vorwärts, vorwärts: ziehender Punkt im Ozean.

Am nächsten Tag lösten sich die Konturen der Insel Gran Canaria aus Dunst und Wolken.

Es würde nichts ausmachen, wenn das Ziel noch nicht so nah vor dem Steven liegen würde. Denn so lange Wind weht und Wasser unter seinem Kiel wogt, wird ein Schiff segeln - vorwärts, weiter und weiter. Schiffe brauchen kein Ziel, wie wir Menschen, die sie bedienen. Schiffe sind um des Segelns willen da. Sie tun es ohne Ermüdung, wenn man sie richtig behandelt. Es liegt etwas unsagbar Überzeugendes in ihrer Stärke. Gewiß sind sie wie Auto, Eisenbahn oder Flugzeug Konstruktionen, die der Fortbewegung dienen. Aber ebenso gewiß sind sie mehr als diese. Ihr segelndes Bestehen ist nur gesichert, wenn es in völliger Harmonie mit den Menschen, die sie führen, *und* mit der Natur geschieht, die sie umgibt. Diese Wechselwirkung scheint Segelschiffen eine Seele einzugeben, scheint sie zu Lebewesen werden zu lassen, die man liebt. In jeder Liebe sucht und findet der Mensch sein Spiegelbild ebenso wie seine Selbstlosigkeit. Und kein Ding auf dieser Erde schenkt dem Menschen sein Spiegelbild so klar und fordert so unbedingt Selbstlosigkeit wie ein Segelschiff.

Eigentlich spreche ich gar nicht von „Schiffen", sondern von KAIROS. Wir leben seit unserer Ausreise nun 140 Tage und Nächte auf diesem Schiff, Tage und Nächte, deren größter Teil seiner Wartung und Bedienung galt. Er hat uns sicher und zuverlässig getragen. Nie hatten wir auf ihm, dem winzigen Punkt im Ozean, das Gefühl von Enge und Verlorenheit.

Verlangen diese Tatsachen nicht, daß man sich mit dem „Ding" auseinandersetzt? Plötzlich hat es „Seele" und ergänzt mit ihr das wundersame Hundeleben, das man führt.

Elga kommt nun mit dem Schlauchboot vom Bootssteg des Real Club Nautico angerudert. Ich helfe ihr, die Einkäufe an Bord zu bringen, nachdem sie das Boot längsseits gebracht hat.

Wir essen kalt zu Mittag. Kochen würde die Temperatur in der Kajüte unerträglich machen. Die warme Mahlzeit bleibt dem Abend vorbehalten.

Anschließend erzählt Elga von ihrem Gang in die Stadt.

„Lebensmittel sind billig. Wir werden alles kaufen können, was für die Atlantiküberquerung notwendig ist. Nur die Werften – sie sind irrsinnig teuer und sie lassen nicht mit sich handeln."

Wir sitzen einen Augenblick schweigsam und denken an die zahllosen Arbeiten, die am Schiff getan werden müssen, um es für die 2700 Seemeilen über den Atlantik klar zu machen. Es muß geslipt werden, damit wir den Bewuchs am Unterwasserschiff entfernen können. Je wärmer das Wasser, desto schneller und üppiger wachsen Gras und Muscheln am Kiel.

„Was wollen wir machen?" fragt Elga. „Uns trockenfallen lassen während der Ebbe?" Sie zeigt zum Strand neben dem Clubgebäude.

„Nein", sage ich, „zu viele Steine. Außerdem kommen wir dann nicht an die Unterseite von Kiel und Ruder. Das Ruder muß geprüft werden, gründlich. Da war ein Geräusch, das ich weder erklären noch orten konnte, als wir hierhersegelten. Außerdem, wenn hier eine Dünung aus Süd einsetzt, haben wir auf dem Strand Ärger."

Elga sieht mich an. „Die wollen 3000 Pesetas haben, das ist viel Geld."

„Gewiß. Aber Kairos muß absolut zuverlässig sein.“

Elga nickt ein wenig verzweifelt. „Ob wir den Preis noch runterhandeln können? Ich glaub’ es nicht!“

In der Frage nach einer Slipmöglichkeit kamen uns die Bootsleute des Clubs zu Hilfe. Elga unterhielt sich oft mit ihnen und sie waren bereit, so glaube ich, sich für die Señora aus dem Norden vierteilen zu lassen. Die armen Kerle wurden nicht sehr freundlich von den speedboatfahrenden Söhnen reicher Clubmitglieder behandelt. Sie verdienten etwa DM 5,- am Tag. Damit kann selbst auf den Kanarischen Inseln niemand ein sorgenfreies Leben führen.

Elga brachte eines Tages den Vorschlag der Bootsleute. „Sie haben einen Slipwagen, der ihnen geeignet erscheint. Sie haben den Besitzer dieses Wagens um Erlaubnis gefragt und sie erhalten, da er sich einen neuen bauen läßt. Der Wagen wurde bisher für ein Motorboot von 3 Tonnen benutzt. Sie wollen 500 Pesetas für die Arbeit haben.“

Wir sahen uns am nächsten Tage den Wagen an, den Slip und alle Einzelheiten. Der Wagen schien ein wenig schwach - Kairos wiegt 5 Tonnen. Alle anderen Dinge waren in Ordnung.

Immer wieder vermaß ich den Wagen. Die vier Bootsleute erklärten mit leuchtenden Augen - ich weiß nicht was, sicherlich, daß die Queen Mary hier aufgedockt werden könnte.

„Männer“, sagte ich schließlich und sie verstummten, „Männer der See - eh, mariñeros! Trägt dieser Wagen 5 Tonnen?“

Sie starrten mich fassungslos an.

Ich versuchte es auf spanisch: „Cinco, eh - also, cinco toneladas? Dieser Wagen, eh, also - este para cinco toneladas?“

„Si, si, si, señor!“ sagten sie beschwörend und erklärten alles ganz genau. Ich verstand nicht einmal die Hälfte. Elga stand stumm, wohl in Bewunderung meiner so plötzlich zutage tretenden Sprachkenntnisse.

Ich zweifelte nicht an den Fähigkeiten der Bootsleute. Die Frage lag in der Beurteilung des Wagens und in dieser Hinsicht mißtraute ich den Spaniern. Wir gingen alle noch ein paar Mal um den Wagen herum. Aber dadurch wurde er auch nicht größer und stabiler.

„Oha, oha!“ sagte ich zu Elga. „Was sagst du?“

Sie schwieg.

„Morgen bei Hochwasser.“

„Mañana con la marea alta“, wiederholte Elga meine Entscheidung.

Die Bootsleute jubelten.

Mir war zumute, als hätte ich einen Exekutionsbefehl gegeben.

Ächzend, schwankend, auf quietschenden Rädern brachte der Wagen KAIROS aus dem Wasser. Mit den Drahtseilen der handbetriebenen Winde zogen wir ihn bis zur Hochwasserlinie. Dann fand keiner mehr den Mut, diese Maus unter einem Elefanten weiterzubewegen. Das Schiff wurde mit bereitgelegten Pallhölzern von den Bootsleuten abgestützt, während ich sofort begann, das stark bewachsene Unterwasserschiff zu reinigen. Damit fing es an.

Und Tag für Tag ging es mit den Arbeiten weiter. Farbekratzen, Spülen mit Süßwasser eimerweise, da der Schlauch nicht lang genug war, Schleifen mit Sandpapier, Spachteln, Vorstreichen mit Grundfarbe, Streichen mit Unterwasserfarbe. Wiederholung dieser Arbeiten in ähnlicher Weise an den Bordwänden, Streichen mit Lackfarbe.

Der Schweiß rann in Strömen bei 28° im Schatten. Blasen an den Händen platzten auf. Bei Hochwasser arbeitete ich bis zu den Knien im Wasser, bei Niedrigwasser lag ich auf dem Rücken und malte am Kiel. Abends nach schweigsamer Mahlzeit an einem schiefen Tisch - die Schiffslänge lag parallel zur schiefen Ebene des Slips - fiel ich in eine schiefe Koje, aus der ich mich morgens mit immer noch schmerzendem Rücken erhob.

Elga erging es nicht besser. Sie machte kleine Malarbeiten. Hauptsächlich jedoch fertigte sie endlose Meter von Schamfilings an: auf Band gezogene Kardeelenden, die um Wanten und stehendes Gut gewickelt werden, wo Segel scheuern und sich dadurch beschädigen können. Die Arbeit mit dem widerspenstigen Tauwerk verursachte auch bei ihr schmerzendes Aufplatzen von Blasen. Ihrem Rücken erging es nicht besser als meinem.

Bald fühlten wir uns erschöpft und deprimiert. Wozu das alles? Für 2700 Seemeilen leeres Meer, für Einsamkeit und Kräfteverschleiß, für Müdigkeit und Ungewißheit.

Bei Hochwasser donnerte für Tage die Brandung eines fernen Sturmes auf den Slip und ließ das Schiff zittern. Sie störte Arbeit und Schlaf in gleicher Weise. Wozu auch das noch? Um nach Wochen großer Mühsal mit brennenden Augen eine Insel jenseits des Atlantik auftauchen zu sehen.

Motoröl wechseln, Bilge reinigen, Luken lackieren, Achterpiek malen, Wantspanner fetten. Frag' nicht, halt' durch.

Es ist vorüber! KAIROS strahlt wie ein Neubau im Glanz seiner frischen Farben. Ein Schaden an der Ruderhalterung wurde entdeckt. Seine Beseitigung gab uns unsere alte Freude und Zuversicht wieder: säßen wir nicht, schief und müde, auf diesem Wagen an der Wassergrenze des Ozeans, wir hätten ihn nicht entdecken und beseitigen können. Und morgen geht's zurück ins Wasser!

Beim Abslippen neigten sich die Querstreben des Wagens so stark, daß sie die Räder blockierten. Wie festgeschweißt stand der Wagen. Es begann zu ebben. Fieberhaft takelten wir mit den Bootsleuten eine vierfache Talje, mit deren Kraftübertragung es gelang, den bockenden Wagen slipabwärts zu zwingen. Eisen schrie auf Zement. Der Wagen wankte und ebenso KAIROS. Im rostbraunen Eisen der hinteren Querstrebe sprang ein hellgrauer Riß auf. So endet eine Reise, dachte ich - so schnell? Frag' nicht, halt' durch.

Nach zwei Stunden schwerster Arbeit konnten wir unter Maschine zu unserem Ankerplatz laufen. Die Bootsleute winkten glücklich, als sie das, was einmal ein Slipwagen gewesen war, aus dem Wasser holten. Und wir winkten ebenso glücklich zurück, während wir unser Schiff von den Gefahren des Landes fortsteuerten.

Auf der Reede vor dem Yachtclub waren inzwischen einige neue Yachten angekommen, andere ausgelaufen. Den Gesprächen mit anderen Yachtleuten zufolge hatten etwa 15 Yachten die Absicht, in diesem Jahr über den Atlantik zu den Westindischen Inseln zu segeln. Da waren Amerikaner, Franzosen, Holländer, Schweden, Engländer, Australier. Es herrschte ein reger Bootsverkehr zwischen den Yachten. Manche Bekanntschaft wurde gemacht, die sich zu Freundschaft vertiefte.

„Gestern ist die TAKEBORA ausgelaufen“, sagte Bryan, als er in seinem Dingi vorüberruderte. Mit seiner Sloop ASKADIL wollte er ebenfalls zu den Antillen, begleitet von seiner Frau und seinem zweijährigen Töchterchen. Und er fügte hinzu: „Mal sehen, wie's der Maurenbrecher“ - er hatte große Schwierigkeiten mit diesem holländischen Namen - „einhand schafft. Übrigens: kommt rüber heute abend zum Drink! Bob und Sheila von der BELLA DONNA sind auch da. Wir laufen morgen zusammen aus.“

Es wurde ein lustiger Abend - o ja! Am nächsten Morgen standen Elga und ich auf dem Deck und winkten der ASKADIL und der BELLA DONNA nach, deren Segelsilhouetten schon in der Hafenausfahrt so erschreckend klein wurden. Wir fühlten uns verlassen. Bald würden auch unsere Segel winzig überm Horizont dort zu sehen sein.

„Wir treffen sie wieder“, sagte ich zu Elga. „Drüben, auf Barbados, auf Antigua, irgendwo ganz bestimmt. Und jetzt heiß' mich, bitte, in die Takelage.“

Während zweier Tage saß ich im Bootsmannsstuhl, prüfte das Rigg und brachte die von Elga hergestellten Schamfilings an. Dann kauften wir nach den von Elga aufgestellten Listen Proviant ein. Karton nach Karton mit insgesamt 100 Konservendosen und über 50 kg loser Verpflegung wurden an Bord gerudert, sortiert und zu den alten, gelichteten Beständen gestaut. Das kostete Elgas Geduld und meinen Schweiß: was ich wegpackte - es ging nur Dose für Dose in unserem kleinen Schiff - das wurde von ihr auf Staulisten verzeichnet, um es später auf See wiederfinden zu können.

Abends arbeiteten wir die Handbücher des Atlantik, der Westindischen

Inseln sowie die Pilot Charts durch. Es entstand der Plan, der die Gegebenheiten von Wind und Strom berücksichtigte und unsere entsprechenden Kurse über den Atlantik festlegte. Erfahrungen von anderen Yachtleuten, bei vielen Gesprächen gehört, wurden ebenfalls berücksichtigt. Oft sprachen wir während der Arbeit von jenen fernen Inseln. Wir sagten ihre Namen, die uns noch gar nichts bedeuteten, deren Klang jedoch so schön, so verlockend, so geheimnisvoll war.

Die Bestände von Trinkwasser, Benzin, Petroleum wurden ergänzt.

„Wir haben jetzt alles an Bord", sagte Elga. „Wann wollen wir auslaufen?"

Das war sie, die Frage, auf die wir gewartet hatten. Seit wir die Reise planten und vorbereiteten, seit 8 Jahren also, wußten wir um sie. Und um die Antwort wußten wir ebenso.

„Morgen", antwortete ich.

Wir gingen frühzeitig zu Bett. Ich lag wach und blickte aus der halb aufgestellten Vorderluke zu den Sternen. Meine Gedanken segelten suchend über den Atlantik. Machen wir eine gute Überfahrt - finden wir den Passat bald - steuert KAIROS sich selbst ohne unsere Ruderwachen - ist alles stark genug: Wanten, Spannschrauben, Bolzen, Winschen, Blöcke, Spleiße, Schoten, Segel, Muskeln, Herzen, Seelen - treten Schäden ein - beheben wir sie - kommen wir an. Fragen waren es ohne Fragezeichen, weil sie mehr beteten als fragten.

Ich drehe mich zur Seite und schließe die Augen. Wir haben alles getan, was wir tun konnten. Morgen gibt es nur noch eines: segeln.

*Barbados, im Dezember 1964*

Steuerbord achteraus hob der Pico de Teïde, höchster Berg der Kanarischen Inseln, in 40 Seemeilen Entfernung den schneebedeckten Gipfel aus Wolken und Dunst: ein letzter Gruß der Welt diesseits des Atlantik. Wie würde das Land aussehen, das jenseits seiner Wasserwüste in Sicht kommen würde?

Uns blieb wenig Zeit, um solche Fragen zu beantworten. KAIROS verlangte unsere ungeteilte Aufmerksamkeit. Auf Südwest-Kurs mit Wind und Seegang von Steuerbord querein rollte er heftig, das Steuern war anstregend. Gischt wehte über Deck.

Trotz Seekrankheits-Tabletten fühlten wir uns miserabel. Ich fluchte kläglich beim Messen der Sonnenhöhe, weil der Sextant naß wurde und ich das Instrument in der Kajüte gründlich trocknen mußte. Nach ihrer Rechenar-

△ *„In dieser Kajüte lebten wir über 3 Jahre. Im Hintergrund Durchblick zu den Vorschiffs-Kojen."*
▽ *„Wir hatten Seekarten und Klimakarten studiert."*

△ *„Der Mensch wird seinen Ordnungssinn in diesem Raum nicht sichtbar machen können."*
▽ *„Im Hafen von Las Palmas de Gran Canaria rüsteten wir uns für die Atlantiküberquerung aus."*

△ „Es kostete zwei Stunden Arbeit, bis die Passatsegel gesetzt waren."
▽ „In dieser Admiralsbucht haben gewiß mehr Piraten als Admiräle geankert."

„In Port Castries kauften wir Proviant und ergänzten Wasser."

beit zeigte auch Elga ein grünblasses Gesicht. Wegen des Seegangs mußten wir alle Luken geschlossen halten. Die Luft in der Kajüte wurde stickig-feucht.

„Ich mag nichts essen", sagte Elga. „Du? Ich kann auch nichts vorbereiten hier unten."

„Etwas essen müssen wir -"

Sie schloß die Luke, weil Gischt übers Schiff geworfen wurde. Nach einem Augenblick reichte sie mir lächelnd eine halbe Tafel Nußschokolade heraus. Das Lächeln konnte die Anspannung ihres Gesichtes kaum mildern.

„Iß du auch etwas!" schrie ich. Sie hatte die Luke schon wieder geschlossen. „Und schlaf', so gut du kannst!" Wir brauchten Stärkung in diesem chaotischen Beginn.

Ich aß von der Schokolade, ohne wahrzunehmen, wie sie schmeckte. In mir wuchsen Übelkeit und Angst vor der vorausliegenden Ungewißheit. Umkehren, dachte ich, laß uns umkehren. Zwar wußte ich, daß wir das niemals tun würden, aber dieses Wissen half nichts. Kurs Südwest, Atlantik, 2700 Seemeilen, es ist zum Kotzen, dachte ich und tat es. Dann aß ich den Rest der Schokolade.

Abends ließ der Wind nach. Die See beruhigte sich. Wir refften aus. Übelkeit und Angstzustände besserten sich. Elga kochte mit Anstrengung das Abendbrot - Corned Beef mit geschmorter Gurke und Makkaroni. Es schmeckte. Unsere Widerstandskraft festigte sich.

Während der folgenden Tage und Nächte beobachteten wir gespannt den Wind, der weiterhin abflaute, auf Nord drehte, einige Schauer brachte - Passat? - und doch wieder auf Nordwest zurücksprang und aufbriste. Es war noch nicht der Passat.

Wache folgte auf Wache. Unsere Müdigkeit nahm schnell zu. Doch gleichzeitig wuchs unser Selbstvertrauen. Unser Anpassungsvermögen machte das Leben auf dem nie bewegungslosen Schiff jeden Tag etwas erträglicher. Wir wurden froh des Windes und des Schiffes, das sprühend durch die blauen Seen zog als Zeichen unseres Willens im Dreiklang von Wasser, Horizont und Himmel. Achteraus versank, so wie vor Tagen die Kanarischen Inseln, was belastend und hemmend auf unseren Seelen gelegen hatte. Wir waren auf See, eingespannt in unser geordnetes Bordleben, eingelassen in eine Freiheit, die der Atlantik mit grenzenlosem Raum vor uns ausbreitete.

Am Morgen des vierten Tages setzten heftige Schauer ein, nach deren Durchzug der Wind auf Nordost drehte und stetig blieb. Es war der Passat.

Ich setzte zum ersten Male unsere Passatsegel - zwei Vorsegel, die mit je einem Passatsegelbaum nach den Seiten ausgestützt werden. Von den Nocken der Bäume laufen Leinen über Blöcke und Taljen zur Ruderpinne. Unter dieser Besegelung kann sich das Schiff vor dem Winde selbst steuern.

Gleich stark fällt der Wind von achtern in beide Segel und drückt sie nach vorn. Dieser Druck, der dem Schiff Fahrt gibt, überträgt sich gleichzeitig als Zug auf die Leinen und damit auf die Ruderpinne, die das Ruder mittschiffs hält. Läuft das Schiff aus dem Ruder, d. h. ändert es aus irgendeinem Grunde den Kurs, so wird der Winddruck im Segel jener Seite stärker, zu der das Schiff dreht. Die Folge ist, daß die Pinne dem verstärkten Zug von Leine und Talje folgt, den Kurs also berichtigt, bis der Druck auf beiden Seiten in den Segeln wieder gleich stark ist. Das Ganze ist ein Balancesystem, dessen ausgleichende Kraft der Wind erzeugt. Die Manövrierfähigkeit des Schiffes ist unter den Passatsegeln stark eingeschränkt. Es kann nicht wenden oder hoch am Wind segeln. Nähern wir uns Land, so müssen die Passatsegel gegen die konventionelle Besegelung gewechselt werden.

Es kostete mich etwa zwei Stunden Arbeit, bis die Passatsegel gesetzt waren und in voller Wirkungskraft die üblichen, jetzt festgemachten Segel ersetzten. Den Nachmittag verbrachten wir dann neben den Routinearbeiten damit, die Zugkraft der beiden Segel so auf die Pinne zu bringen, ihre noch nicht einwandfrei ausbalancierte Arbeitsleistung so zu verbessern, daß sich das Schiff selbst steuerte. Wir hatten ja keinerlei Erfahrungen in dieser Sache. Die Konstruktion beruhte auf meinen theoretischen Zeichnungen und auf dem, was andere Segler in ähnlicher Weise gemacht und beschrieben hatten. Es war manche Änderung notwendig. Wir arbeiteten ohne Pause.

Abends lag Elga müde in ihrer Koje. Ich saß zerschlagen im Niedergang, halb ihr, halb dem Kompaß zugewandt. Wir tranken spanischen Wein und waren schweigsam froh – zu mehr reichte es nicht.

Aber KAIROS steuerte sich selbst auf Westsüdwest-Kurs. Wie von Geisterhand bewegt, ging die Pinne hin und her, über Taljen und Blöcke eingespannt in den Wechselzug der Passatsegel. Es war großartig.

„Ich werde während der ersten Nachthälfte stündlich Ausguck halten, Schlummertier", sagte ich zu der schläfrigen Elga. „Du dann in der zweiten. Einverstanden?"

Elga drehte sich behaglich auf die Seite. „Sechs Stunden ohne Wecken! Oh, das ist gut."

KAIROS segelte.

Ich saß noch für eine Weile und blickte übers Meer. Die Nacht sank. Der Kurs nach Barbados, dort an der Westseite des Atlantik, lag an. Ich setzte die Lichter für die Nacht und legte mich zu einer kurzen Ruhepause in die Koje. Die zweite Nachthälfte schlief ich ununterbrochen durch. Elga hielt stündlich Ausguck. Die Fron der Ruderwachen waren wir los.

Unser Bordleben änderte sich nun von Grund auf. Um 08.00 Uhr – Elga hatte meist schon den Kaffeetisch gedeckt, wenn der Seegang es zuließ – sah man den Kapitän ein Duschbad nehmen: Lufttemperatur 26°, Wassertemperatur 23°. Nach dem gemeinsamen Frühstück, anfangs noch Toast und Eier, später Hartbrot, stets mit Kaffee, Marmelade und Dosenbutter, ging ein jeder seinen Aufgaben nach. Elga wusch ab und räumte auf, ich erledigte die zahlreichen kleinen Arbeiten, die ein segelndes Schiff fordert. Hier waren Fallen nachzusetzen, dort Scheuerstellen zu schützen; die Selbststeuerung mußte korrigiert und neu eingestellt werden, wenn sich der Wind verändert hatte; kleine Reparaturen standen immer auf der Warteliste.

Dann war es Zeit für die erste Höhenmessung der Sonne geworden. „Achtung - Null“ und „Achtung - stopp“ ging es, damit Elga die Unterlagen für ihre Rechenkünste hatte. Danach konnten wir uns in die Kojen legen, um Schlaf nachzuholen, wenn uns danach zumute war. Auch lasen wir viel in jenen paradiesischen Tagen.

Mittags kam der wichtigste Augenblick des Tages. Nach der Kulminationsbeobachtung der Sonne errechnete Elga das Mittagsbesteck - den „wahren Ort“ nach geographischer Breite und Länge. Ein kleines Kreuz wurde in die Seekarte gezeichnet: in aller Unermeßlichkeit wußten wir nun, wo wir waren.

Mit Lesen oder kleinen Arbeiten verging der Nachmittag. Bei Sonnenuntergang „versammelte“ sich die Besatzung im Cockpit, um ein oder zwei Gläser Wein zu trinken. Dabei sprachen wir über die Ereignisse des Tages, bewunderten die Farben des Abendhimmels, die sich im Meer vielfältig spiegelten.

Tag auf Tag, Nacht um Nacht zog über uns dahin. KAIROS segelte und der Kurs lag an. Himmel und Wasser, Wolken und Gestirne: der Raum des Ozeans hatte uns aufgenommen. Wir lebten in einem Dasein, das wunschlos macht. Längst hatten wir uns an die Schiffsbewegungen gewöhnt. Das ging so weit, daß uns nun der Horizont als „schief“ erschien, wenn wir aus der Kajüte an Deck kamen.

Die Linie unserer Mittagsstandorte zählte 16 Kreuze, 1700 Seemeilen lagen hinter uns, wir begannen schon spielerisch mit unserer Ankunftszeit auf Barbados zu rechnen, als sich das Wetter änderte. Aus Norden schob sich eine ungewöhnlich lange Schauerfront herauf. Als ihre ausgefransten Wolkenränder über uns standen, schwieg der Wind.

Der Passat wehte nicht mehr! Das Barometer fiel tiefer, als es üblich ist im Auf-und-ab eines tropischen Tagesablaufs.

Aus solchen Passatstörungen entstehen zur Jahreszeit der tropischen Wirbelstürme oftmals Hurrikane. Außerhalb der Jahreszeit ziehen die Störungen meist harmlos mit böigem Schauerwetter weiter. Seit 69 Jahren hat man nur drei Wirbelstürme außerhalb der Jahreszeit zwischen Mai und November in diesem Seegebiet festgestellt.

Und wenn diese Störung nun den vierten in 70 Jahren einleiten würde?

Obwohl keine Annäherungszeichen eines Hurrikans sichtbar wurden, lähmte diese Frage unser ganzes Denken. Ich schlug Sturmsegel an.

Nach einer wilden Nacht mit Schauerböen aus nördlichen und nordwestlichen Richtungen und entsprechenden Segelmanövern, die uns viel Schlaf nahmen, wurden die Winde flau und umlaufend. Wir mußten Ruderwachen gehen.

Und das Meer war nicht mehr dunkelblau und brechergeschmückt unter dem Wehen des Windes. In bleierner Trägheit dünte es, ließ KAIROS hilflos rollen. Erbarmungslos schlugen Blöcke und Segel. Jeder Schlag zitterte durchs ganze Schiff. Grenzenlosigkeit dehnte sich ringsum, da nichts in unserer Nähe geschah. Bleiern das Meer, gläsern der Himmel, der Horizont ausgelöscht. Gewitterwolken drohten. Sie zogen nicht, sie standen tags im Sonnenlicht, nachts in Mondschein und Wetterleuchten. Über ihnen schwebte Federbewölkung von Süd herauf. So blieb es tagelang.

Unsere Müdigkeit wuchs. Die Ruderwachen wurden zur Qual. Wir hatten diese Wetteränderung inmitten eines Gebietes, das regelmäßigen Passatwind während des ganzen Jahres aufweist, nicht erwartet. Sie traf uns völlig unvorbereitet, was unsere Umstellung erschwerte. Gestern noch in einem Paradies geträumt und heute in der Hölle aufgewacht: so war's. Wir machten uns in suggestiver Eindringlichkeit klar, daß jeder Meter, jeder Meter und wieder jeder Meter das Schiff dem Ziele näher brachte und daß es unsere Aufgabe sei, jeden dieser Meter so zu steuern, als wäre er eine Seemeile.*)

So saßen wir am Tage in goldener Hitze und während der Nacht im blauen Wetterleuchten bewegungsloser Gewitter, Wache um Wache, während KAIROS über eine Fläche torkelte, die aus zähem Öl gemacht schien. Wir konnten nichts tun als sitzen und steuern, dann schlafen, dann essen, dann wieder sitzen und steuern – Tag für Tag.

Unsere Müdigkeit nahm überhand. Hatte mich Elga abgelöst, so schlief ich bereits, bevor ich überhaupt das Bettzeug meiner Koje fühlte. Und kaum war ich eingeschlafen, so schien es, weckte mich Elgas Ruf. Waren vier Stunden vergangen? Ja – sie waren in todähnlichem Schlaf wie zu Sekunden geworden. Benommen stieg ich an Deck.

„Wind?"

„Kaum. Ein Knoten Fahrt", sagt Elga.

Ich übernehme die Pinne, beginne auf den Kompaß zu starren.

„Ich hab' eine Menge Bi-dem-Winder gesehen", erzählt Elga stockend, „weißt du, diese Quallen, die segeln. Blau und rosa sind sie und fast durchsichtig. Wie die wohl von unten aussehen?"

---

*) Eine Windfahnen-Steuereinrichtung, die uns die Situation zumindest erleichtert hätte, war 1964 in Deutschland noch nicht zu erhalten – und in England zu teuer für uns. – Anm. d. Verf.

Ich versuche, das gedanklich zu erfassen. „Keine Ahnung - sie treiben -" Ich blicke über die dünende See. Die Segel schlagen, der Mast zittert, die Blöcke poltern.

„Zum Abendbrot mache ich einen Eintopf", fährt Elga aufmunternd fort, wobei ihr fast die Augen zufallen.

Sie steigt zur Kajüte hinab. Da unten ergeht es ihr so wie mir: sie wird schon schlafen, ehe sie das Bettzeug fühlt. Und mein Ruf nach vier Stunden wird wie nach vier Sekunden kommen.

Während der Wache, die wiederum keinen durchstehenden Wind brachte, fing ich mit der Pütz einige vorbeitreibende Bi-dem-Winder. Als ich Elga dann wecken mußte, fand sie die Tiere und konnte sie einer eingehenden Betrachtung unterziehen. An ihrer Unterseite hatten sie lange, nesselnde Fangfäden. Elga freute sich. Es half ihr etwas über die Müdigkeit hinweg.

Wind? - immer noch kein Wind. Einige Stunden später: Wind? - immer noch kein Wind. Einige Tage später: Wind? - immer noch kein Wind. Nur immer ein Hauch - aus Ost, aus Nord, aus Süd und West: falsche Versprechungen, die den Rudergänger zu einsamer Verzweiflung trieben.

Achteraus, wo früher einmal das Kielwasser geleuchtet hatte, zeigten sich jetzt nur einige lächerliche Blasen. Voraus, wo die Bugwelle bis zum Deck hinaufgesprüht hatte, geschah nichts als unbeholfenes Plantschen. Sollten wir schreien in Verzweiflung und Einsamkeit, zusammenbrechen unter der Last des Nichts? Wie stark waren eigentlich unsere Nerven?

Wir sprachen miteinander. Unsere Worte drangen durch die Sphären unserer Müdigkeit und weckten Zuversicht. Sie blieb stärker als die äußeren Zeichen unserer Fahrt. Sie mußte uns auch ohne Bugwelle, die gischtet, und ohne Kielwasser, das leuchtet, dem Ziele näher bringen. Durch sie wurden die Meter wirklich zu Seemeilen. Wir kamen ja immer noch voran, langsam zwar - Herrgott, wie langsam! - aber voran. Am zehnten Tage, nachdem Schauer, Böen und unsere große Angst die flauen Winde eingeleitet hatten, kam endlich der Passat wieder. Wir waren nun 26 Tage auf See. Doch hatte das geringe Bedeutung.

Von Bedeutung war, daß sich der Wind aus Nordnordost stärkte. Die Ruderpinne war nicht mehr ein Stück totes Holz. Die schlaffen Segel formten sich, wölbten sich, begannen zu arbeiten. Eine Bugwelle zauberte neben die Bordwände Schaumstreifen, die sich verdichteten, zu knistern anhuben und schließlich eine leuchtende Spur hinterließen. Der Passat erreichte seine alte Kraft. Die schweren Wolken hoben sich. Aus ihren bewegungslosen Massen lösten sich kleine Schönwetterwolken und zogen, zogen mit dem erwachten Winde.

Wir fühlten Erleichterung.

Uns wurde alles neu geschenkt, der Tag, die Nacht, das Schiff, die Segel, der Himmel, die See - sogar unsere Müdigkeit. Denn endlich geschah etwas ringsum. Unsere Stimmung löste sich aus ihrer Verbissenheit. Es konnte geschehen, daß der müde Rudergänger ein Lied sang.

Wir mußten weiterhin unsere Ruderwachen gehen, da der Wind zu seitlich einkam, um das Setzen der Passatsegel zu gestatten. Aber KAIROS lief wieder 4 bis 5 Knoten Fahrt. Das gab uns neue Kraft. Kompaßrose und Steuerstrich, von den übermüdeten Augen kaum noch erfaßt, brannten sich ins Gehirn ein.

KAIROS segelte.

Wir fürchteten, daß unsere Müdigkeit Fehler in der Navigation verursachen könnte, Ablesungsfehler an Sextant und Chronometer, Rechenfehler - immer wieder kontrollierten wir uns gegenseitig.

KAIROS segelte durch die schnell grob werdende See. Manchmal fiel die Müdigkeit von uns ab. Geschah es gleichzeitig bei beiden, so sprachen wir von der plötzlich nah gerückten Ankunft. Noch 400 Seemeilen bis Barbados. Die große Freude der Erfüllung begann unsere Seelen zu stärken. Wie schön war es doch, auf einem guten Schiff einem guten Ziel entgegenzufahren; wie schön war es, gemeinsam in aller Einsamkeit den richtigen Weg zu finden; wie schön, täglich der Natur gegenüberzustehen und ihre Gesetze verstehen zu lernen. Und wir sprachen über den Preis, den der Mensch dafür zu zahlen hat. Einsamkeit, Erschöpfung, Müdigkeit und Angst - in der Erfüllung wandelt sich alles zum Guten.

KAIROS segelte.

„Wenn wir nach unserer Fahrt gefragt werden, wie sie war", sagte ich am Abend vor unserem Landfall, „so werden wir die Fragen beantworten können - gewiß. Fragen von Seglern, von Reportern, von Navigatoren, von Romantikern -" Ich nahm Elga die Pinne ab, denn meine Wachzeit hatte begonnen. Die Segel über uns standen wie schwarze Flügel vor dem Leuchten im Westhimmel. „Aber werden unsere Antworten etwas Wahres aussagen können, ich meine: über das Ganze? Wir waren doch nur ein Teil. Das Ganze war der Atlantik - ist die Erde, wenn wir herumsegeln."

Wir blickten zurück, wo unser leuchtendes Kielwasser nach kurzem Schäumen spurlos verschwand. Die Nacht hob sich dort über den Horizont. Darin beschlossen lag der Sinn des nächsten Tages - aller Tage, der vergangenen wie der kommenden.

Als ich morgens an Deck kam, um meine Morgendusche zu nehmen, sah ich backbord achteraus drei Tölpel fliegen, die in charakteristischen Sturzflügen Fische fingen. Diese Vögel nisten an Land und fliegen tagsüber zum Fischfang seewärts.

Eine Stunde später sichtete Elga einen Tanker 5 Seemeilen entfernt auf Gegenkurs. Wie gebannt starrten wir zu der Erscheinung hinüber. Außer uns und unseren Dingen an Bord hatten wir ja seit 30 Tagen nichts Menschliches gesehen. Da zog er seinen Kurs, hob sich in den Seen, fiel gischtend in die Wellentäler und war richtig schön anzusehen.

Mittags kam die letzte astronomische Standortbestimmung. Schon am Vortage hatten wir unseren Standort von der Atlantik-Karte, auf der Barbados ein winziger Punkt ist, in die Ansteuerungs-Karte übertragen, die Barbados in allen Einzelheiten zeigt.

„Noch 36 Seemeilen bis zur Nordspitze!"

Elga rief es mir aus der Kajüte vom Kartentisch zu. Ich blickte vom Kompaß auf - eigentlich nur, um meine brennenden Augen zu entspannen. Als sich die Augen an die Ferne des Horizonts gewöhnt hatten und schon wieder zurückkehren mußten zu der flimmernden Enge der Kompaßrose - da sahen sie im Westen einen schmalen, grauen Strich. Er schien ganz unbedeutend unter der Fülle hoher Kumuluswolken. Aber er war trotzdem nicht zu verkennen.

Und ich sagte es zu Elga, so wie man von einem Wunder spricht: „Elga, es ist Land voraus."

Sie kam an Deck und blickte nun auch zu dem schmalen, grauen Strich. Dann ging sie zum Bug und stand dort lange wie angenagelt. Und dann kam sie zurück und weinte und sagte: „Ja, es ist wirklich Land."

Es ist von unserer Atlantikfahrt nun nicht mehr viel zu berichten. Im Laufe des Nachmittags wurde aus dem grauen Strich eine Insel, auf deren Nordspitze wir zusteuerten. Unsere Navigation war so genau, daß wir den Kurs nicht zu korrigieren brauchten. Das beruhigte uns.

Während die Sonne unterging, konnten wir schon Einzelheiten an Land erkennen. Als wir ins Lee der Insel liefen, blinkten bereits Leuchtfeuer. Durch die Landmasse aufgehalten, verlor der Passat an Kraft, wehte schließlich gar nicht mehr. Der Seegang ließ nach. Stille umgab uns.

„Riechst du die Blumen?" fragte Elga aufgeregt.

Wir drehten KAIROS bei und legten uns schlafen, nachdem wir uns überzeugt hatten, daß er leewärts abtrieb. Denn das Einlaufen in die Carlisle Bay vor Bridgetown wollten wir am Tage erleben. Wir wollten das neue Land sehen und es sollte uns sehen: mit allen Flaggen gesetzt. Ein Fest sollte uns das werden, ein Finale unter flatternden Farben und mit rasselnder Ankerkette als Schlußakkord.

So geschah es dann am Sonntag, dem zweiten Advent. Der Anker fiel. Die Kette lief aus und warf vertrocknete Krumen kanarischen Sandes aufs Deck. Wir stießen sie lachend über die Reling, wo sie ins glasklare Wasser fielen und langsam zu Boden sanken.

*Bequia, Weihnacht 1964*

Wir ankern in der Admiralty Bay vor Port Elizabeth an der Leeseite der Insel Bequia. Namen sind Schall und Rauch. In dieser Admiralitätsbucht haben in vergangenen Jahrhunderten gewiß mehr Piraten als Admiräle geankert. Und Port Elizabeth besteht aus einer Handvoll Negerhütten um eine steinerne Kirche.

Es ist heiß. Wir haben unsere Sonnenpersenning aufgetakelt, die vermittels starker Holzlatten vom Mast bis zum Heck und über die ganze Breite des Schiffes gespannt werden kann.

Die Bucht liegt vollkommen windlos, still wie ein See. Die Berghöhen mit ihren Spiegelungen auf der teilweise silbrig geriffelten Wasserfläche, die Fächerlinien der Palmen, das Weiß des Strandes, die Negerhütten mit blau aufsteigendem Rauch, die Insel-Schoner und eine amerikanische Ketsch vor Anker: es ist ein Bild, wie es noch nicht gemalt wurde.

Der Frieden der eleganten Palmenkronen am nahen Ufer wird in einer plötzlichen Regenbö zum Flirren fechtenden Widerstandes. KAIROS reißt an der Ankerkette. Hastige, weißblasige Wellen springen über das Wasser. Niederströmender Regen löscht alle Bilder aus.

Als er abzieht, glänzt die Bucht für Minuten in Silbergrau. Dann bricht die Sonne hervor und verklärt Wasser, Ufer, Berge zu neuer Schönheit.

Wir sitzen und schauen. Diese Inseln mit ihren Buchten strahlen eine unerhörte Betäubung aus. Ihre Schönheit wirkt wie ein Rauschgift. Mit diesem Wissen muß man sich wappnen, will man sich ihrer Schönheit hingeben. Mehr als nur eine Erdumsegelung fand hier ihr vorzeitiges Ende.

„Yacht läuft ein!" sagt Elga.

Ich schrecke auf aus meinen Träumen. „Es ist Peter mit seiner KINYA."

Peter Sch., Segler und Exportkaufmann, unser bester Freund, ließ sich nach einer Segelreise von Hamburg nach Südamerika auf Barbados nieder. Er baute sich dort eine Existenz auf und verwirklichte dabei den Traum seines Lebens: zwischen diesen Tropeninseln kann er Geschäftsreisen mit seiner Yacht machen.

Zehn Meter neben uns geht die KINYA vor Anker. Nachdem Peter das Deck aufgeklart hat, kommt er mit dem Dingi zu uns herübergerudert.

„Frohe Weihnachten!" sagt er. „Laßt uns gleich baden, mir ist heiß." Wir tun es und –

So sind diese Inseln. Ihre zauberhafte Gegenwart löscht Vergangenheit und Zukunft aus. Ich wollte über den Fortgang unserer Reise erzählen, sitze aber nun hier und träume und bade.

Wir waren 14 Tage auf Barbados geblieben und lebten recht komfortabel, größtenteils in Peters Bungalow. Unser Freund kam am Nachmittag unseres Ankunfttages in die Carlisle Bay gesegelt, ging genauso wie eben jetzt zu Anker und brachte uns unsere Post, außerdem einen Karton mit frischem Brot und Obst, Butter in einer kleinen Eisbox: ein Segler weiß, was Seglern nach langer Fahrt fehlt. Die Begrüßung war stürmisch, wir hatten uns zwei Jahre lang nicht gesehen.

„Paßt auf, Leute", sagte Peter. „Ich weiß nicht, wie eure Pläne sind. Ich wohne nördlich von Bridgetown in einem Bungalow am Strand. Wie wär's, wenn ihr dort neben KINYA auf der Reede ankert? Ist der Ankerplatz zu unruhig, könnt ihr im Bungalow wohnen. Tagsüber hab' ich mein Geschäft, aber die Abende sind unser."

„Großartig!" sagten wir. „Dann können wir einander endlose Seegeschichten erzählen."

„Ja. Und Weihnachten feiern wir gemeinsam auf Bequia!"

Am nächsten Tage verholten wir KAIROS zum Ankerplatz vor Peters Bungalow. Damit begann für uns ein Amphibienleben. Mit dem Schlauchboot pendelten wir zwischen Schiff und Bungalow hin und her. Elga konnte an Land Wäsche waschen, während ich mit den Instandhaltungsarbeiten an Bord begann.

Wir hatten plötzlich einen Eisschrank, eine Terrasse, einen Vorgarten mit schneeweißem Sand zum Wasser hin, einen palmenumrahmten Blick übers Meer – und abends unseren Freund, der das alles so großzügig zur Verfügung stellte. Da oft Seegang um die Nordspitze der Insel herumlief, der KINYA und KAIROS auf der Reede schwer rollen ließ, blieben wir auch nachts an Land und schliefen im Wohnraum des Bungalows.

Wir fuhren mit Peter über die Insel. Wir sahen, was Zuckerrohr ist. Grün wie Gras, hoch wie zwei Männer, dicht wie Schilf wächst der Reichtum in ausgedehnten Feldern. Auf den Straßen zwischen den Feldern fuhren wir wie durch Schneisen: undurchdringliche Rohrmauern zu beiden Seiten.

Die Negerhütten der Dörfer schienen alle direkt aus „Onkel Toms Hütte" zu stammen. Vier Lattenwände sind durchaus nicht immer gleichmäßig zusammengenagelt worden mit je einer Fensteröffnung ohne Glas und einer Tür an der Vorderseite. Darauf ist ein Wellblechdach gesetzt. Braucht man mehr, um glücklich zu sein?

Im Hause leben Großeltern, Eltern, fünf, neun Kinder – es kommt wirklich nicht auf ein paar mehr oder weniger an. Alle sind froh und heiter. Da mit Petroleum gekocht und vielfach auch beleuchtet wird, geschieht es häufig, daß so ein Holzhaus Feuer fängt. Brennt es ab - wie herrlich, diese Abwechslung! - so zieht die Familie mit Kind und Kegel zu Verwandten. Brennt es nicht ab, löscht die wohlgeübte Feuerwehr, so ist es auch gut - haha! Man zieht mit Kind und Kegel wieder ein.

Die Neger hier lieben die Arbeit nicht, *aber* am Sonntag wird gefaulenzt. Vor der Haustür unter einer Palme, unter den Golbuchstaben eines Denkmals aus der Kolonialzeit, auf einer alten Seeräuberkanone saßen, lagen, hockten, kauerten sie, die Nachfahren schwer arbeitender Sklavengenerationen. Sie schliefen, träumten oder unterhielten sich, wobei sie die entspannte Körperlage hin und wieder fachmännisch wechselten. Zum Abend rafften sie sich auf und holten ihre Musikinstrumente.

„Wovon leben sie?“ fragte Elga.

„Sie arbeiten in der Stadt“, sagte Peter, „als Schauerleute, Taxifahrer, Ladengehilfen, Omnibusschaffner, Boten - ach, so alles mögliche. Auf dem Lande arbeiten sie als Plantagenarbeiter. Sie arbeiten, wenn sie Lust haben oder Geld brauchen. Lust haben sie nie, Geld brauchen sie immer.“

„So ging's mir auch“, sagte ich mit Nachdruck.

„Man kann sich nicht auf sie verlassen“, sagte Peter.

„In welcher Hinsicht?“

„Sie denken anders als wir. Also - ein schwarzer Lagerhalter ist angewiesen, Meldung zu machen, wenn ein Artikel ein bestimmtes Minimum erreicht hat. Es geschicht, daß der Lagerbestand dann doch plötzlich geräumt ist. Zur Rede gestellt, sagt unser großer, schwarzer Lagermeister: 'O mistarr, das's schrrecklich, ich weiß. Aberr gesterrn warr noch viel zu viel da!‘ Es handelt sich um einen Artikel, der seit Jahren einen völlig gleichmäßigen Abgang hat.“

„Die Regierung ist schwarz?“ fragte ich. „Wie geht denn das Regieren?“

Peter bremste das Auto scharf, weil eine hoffnungsfrohe Negermammy in schneeweißem Kleid und unter einem Federhut riesigen Ausmaßes mit drei schokoladenfarbigen Kleinkindern gravitätisch über die Straße zur Kirche schritt.

Dann sagte er: „Regierungs- und Verwaltungsleute werden in England ausgebildet. Manchmal kommt bei ihrem Regieren und Verwalten etwas heraus, als ob sie zuviel gelernt haben - manchmal, als ob sie alles vergessen haben.“

Weitere Kirchgänger kamen uns entgegen. Die meisten Frauen und Mädchen waren sonntäglich weiß gekleidet. Alle trugen Hut, Schirm, Handtasche und Stöckelschuhe. Dicke Mammies freilich gingen barfuß, trugen aber die viel zu kleinen Schuhe in der Hand. Und alle hatten sorgfältig gesträhntes Haar.

Glattes Haar, wie es weiße Frauen haben, das ist der höchste Wunsch jeder schwarzen Eva. Wenn's mit Gewalt und Pomade nicht geht - und es geht meist nicht - muß ein Zopf gemacht werden. Und ist das Krusselhaar nicht mit einem Zopf zu bändigen, dann tun es eben mehrere.

„Sieh, sieh bloß!" rief Elga. „Die hat fünf - nein, sieben Zöpfe!" Sie fiel ins Rückenpolster zurück. „Und alle mit kleinen roten Schleifen."

Was bei den Frauen die Frisur, war bei den Männern der Hut. Es gab keine Farbe und keine Form, die nicht getragen wurde. Der Vielfalt war nichts hinzuzufügen und auch nicht dem Stolz, mit dem diese Hüte getragen wurden.

„Sie sind großartig", sagte ich. „Ich mag sie!"

„Die Hüte?" fragte Elga und schnappte nach Luft.

„Nein, nein. Die Schwarzen, die Neger. In dieser Schicksalsstunde beginne ich, eine tiefe Zuneigung zu farbigen Menschen zu fassen - jawohl!"

Peter seufzte. „Du hast noch nie mit ihnen arbeiten müssen."

Meine neue Völkerliebe war zu allem bereit. „Na und?" fragte ich aggressiv. „Ich habe ihre Frisuren und Hüte gesehen. Was ist das schon: mit ihnen arbeiten - mit ihnen lustig sein will ich!"

„Das kannst du haben", sagte Peter.

„Ich nehme dich beim Wort, Seemann. Wann?"

„Heute abend."

Wir fuhren durch Zuckerrohrfelder zur Ostküste, wo der Atlantik in riesenhafter Brandung zu stäubender Gischt verdampfte.

Elga starrte ängstlich-fasziniert auf die donnernde See. „Da zu stranden - na, ich danke."

„Für die Besatzung ein böses Ende, ja", antwortete Peter. „Gewinn freilich für den, der das Strandgut birgt."

Wir sahen ihn fragend an.

„Es ist ein Märchen", erklärte Peter, „ein karibisches Märchen - grausam, piratenhaft, gewinnbringend. - Laßt uns hier picknicken."

Auf einer Hangwiese verzehrten wir das von Elga vorbereitete Essen.

Peter erzählte: „Vor zweihundert Jahren lebte ein Mann namens Sam Lord hier auf der Insel. Er ließ sich ein festungsähnliches Haus an der Südspitze bauen, direkt am Strande hinter dem Cobbler Reef. Er gewann seinen sagenhaften Reichtum dadurch - also, er hatte auch Zuckerrohrplantagen, die großen Gewinn abwarfen. Aber nebenher pflegte er Schiffe mit falschen Feuern aufs Cobbler Reef zu lenken. - Noch heute heißt das Haus Sam Lords Castle. Ein Amerikaner hat es kürzlich gekauft und natürlich ein Luxushotel daraus gemacht."

Wir fuhren hin.

Die Südspitze der Insel schob sich flach ins Wasser. Viereckig festungsgleich steht auf ihr ein Haus, in grauen Steinquadern erbaut. Von der Gartenmauer am Strand sahen wir das Riff. Es lag etwa eine Seemeile vor der Küste. Die See tobte über ihm.

Sam Lord vor zweihundert Jahren brauchte nichts weiter zu tun, als hier an Land einige Lichter wie Ankerlaternen von Schiffen aufzuhängen. Bei den groben Navigationssmethoden seiner Zeit genügte das, um das Opfer zumindest unsicher zu machen.

„Mann, merkwürdige Lichter. Gefallen mir nicht", mag der Kapitän eines zur Carlisle Bay bestimmten Schiffes gesagt haben.

„Es müssen Ankerlichter sein, Sir", antwortet der Maat. „Die Schiffe liegen ruhig. Das ist bereits im Lee der Insel."

Die beiden Männer starren in die Nacht.

„Lassen Sie die Bramsegel wegnehmen und schicken Sie einen Mann nach vorn zum Loten", ordnet der Kapitän an. „Ausguck in den Vortopp! Ja, es scheint der Ankerplatz zu sein."

Die Segel werden festgemacht. Von vorne klingen bald die ausgesungenen Lotmessungen. Aber das Riff springt steil zur Oberfläche.

„Brecher!" brüllt der Ausguck im Vortopp plötzlich. „Brecher voraus!"

Es ist zu spät. Mit knirschender, splitternder Präzision vollzieht sich die Strandung. Von Land kommen Boote, Sam Lords Boote, um zu bergen, was zu bergen ihnen nach dem Strandrecht zusteht. Menschenleben stehen nicht hoch in Kurs bei diesem Bergungsunternehmen.

In der Halle des Hotels standen wir vor Sams Bild. Es war nicht gut gemalt, aber gerade darum zeigte es primitive Dämonie. Sams Gesicht ist völlig ausdruckslos. Was war er für ein Mensch? Saß er so, wie das Bild ihn zeigt, am Fenster und betrachtete unbewegt die Katastrophe? Sprang er selbst in eines der Boote, um die Beute im geborstenen Laderaum zu prüfen? Wurde sein Treiben niemals durchschaut? Überlebte kein Zeuge die Strandungen?

Die Palmen am Strande beantworten diese Fragen nicht; ebensowenig die See, die sich über dem Riff zu Brechern formt und schäumend zerbricht, was ihr widerstehen will. Unzählige Fragen dieser Art heben sich mit den Brechern, die das Karibische Meer auf seine Inseln wirft - Fragen, die in Gier und Mordlust, in Leid und Blut ihren Ursprung haben und ohne Antwort bleiben werden bis zum Jüngsten Tag.

Abends saßen wir in dem Schuppen einer Negerbar und tranken Rum mit Cola. Wir konnten unsere Füße nicht stillhalten, denn der Rhythmus des Calypso war hinreißend. Er ist Volksgesang in bestimmter Taktfolge, in die hinein der Text vom Sänger improvisiert werden muß. Zu Zeiten des Karnevals werden Sängerkriege zwischen Calypsosängern ausgetragen, bei denen das Publikum bis zur Raserei mitgeht. King Fighter, Lord Sivers, Big Sir Bell sind die Künstler-, besser Kriegsnamen berühmter Sänger. Glorious Cry war im letzten Jahr unbestrittener Matador gewesen. Ihn erwarteten die Schwarzen hier in schnatternder Ausgelassenheit.

Er kam in grauer Hose, rot-grün karierter Jacke, lila Schlips und mit einem Hut, der seinem jüngsten Sohn zu klein gewesen wäre. Er hatte ein kluges Pferdegesicht und aufmerksame Augen. Er strahlte vor Freude. Das Publikum war bereits von seinem Anblick begeistert.

Glorious Cry sang. Die Zuhörer belohnten ihn mit Toben, Aufspringen, Mitsingen, Tanzen. Wir waren in eine Vorhölle der Freude geraten. Wir lachten und klatschten ebenfalls.

Glorious Cry merkte sehr schnell, was dem Publikum gefiel, und machte es zum Refrain, in den alle einfielen:

„Mathildá, Mathildá!
She take me money and go Venezuelá!"

Die Kapelle lärmte und alle sangen, wir auch, und lachten und tanzten und hüpften. Peter tanzte irgendwie mit Elga, ich tanzte irgendwie mit einer kleinen Schwarzen, alle tanzten irgendwie. Und Trommeln trommelten und Gitarren winselten und Tamburins rasselten und Hölzer schnarrten und gestopfte Trompeten jaulten. Der Schuppen zitterte.

Glorious Cry kam und fragte: „Sie frreuen sich?" Der Barbesitzer kam und fragte: „Sie frreuen sich, mistarr?"

Wir sagten „Ja!", und die beiden grinsten, wie nur westindische Neger grinsen können.

Augen begannen zu rollen. Schweißgeruch breitete sich aus. Tanz, Tanz! Was sonst bleibt den Nachfahren jahrhundertelanger Sklaverei? Götter und Sitten blieben im afrikanischen Busch. Tanz, Tanz! Der Weiße Mann fing sie wie Tiere und brachte sie zu diesen Inseln. Tanz, Tanz! Sie waren entwurzelt und unfrei: Sklavenpeitsche. Tanz! Doch jetzt sind sie frei: Demokratie. Tanz! Sie sind immer noch entwurzelt. Tanztanz! Was der Weiße Mann will, ist das gut gewollt? Tourismus. Was ihnen bleibt, ist vitale Kraft zum Leben. Tanztanztanz! Sonst nichts - nur Tanz in die Ekstase tiefsten Vergessens.

„Woran denkst du, wenn du tanzt?" fragte ich meine kleine Schwarze wie ein Tanzschüler - und wirklich, ich war einer.

„Tanztanztanz!" grinste die kleine Schwarze und tanzte wie eine Feder, die jeder Wind verweht.

Später standen wir schwitzend am Strand hinter dem bebenden Schuppen. Eine sanfte Brandung wisperte. Vollmondschein machte die Dinge ringsum unwirklich.

Peter fragte: „Na, Alter, warst du lustig mit ihnen?"

„Ja-ja-ja!" tanzte ich ihm vor, wie ich gelernt hatte.

„Oh!“ entfuhr es Elga.

„Du darfst nur nicht über sie nachdenken dabei“, fügte ich hinzu und stand still. „Aber ich fürchte, das erwarten sie auch nicht von uns.“

Am nächsten Tag verließen wir Barbados. Knapp 24 Stunden später fiel unser Anker hier. Nun ist Weihnachten.

Und wir baden mit gewaltigem Wasserspritzen. Einige Negerkinder - Nackedeis in einem zerbrochenen Ruderboot, das in übergroßen, schiefen Buchstaben den Namen MIRACULOUS IMAGE trägt - werden durch unser Treiben angelockt und sehen ihm ehrfürchtig lächelnd aus sicherer Entfernung zu.

Bevor wir am Abend zur KINYA hinüberrudern, sitzen wir noch für eine Weile bei uns an Bord. Der Westhimmel beginnt der untergegangenen Sonne nachzuleuchten. Das bewegungslose Wasser der Bucht wird zu himmlischem Spiegel, über dem und in dem erster Sternenschein flimmert. Die Firma, bei der ich in Hamburg tätig war, schickte uns einen kleinen Tannenbaum, dessen Silhouette winzig vor dem großen Glanz von Himmel und Wasser steht.

Es ist Sitte hierzulande, daß Kinder am Heiligen Abend von Haus zu Haus ziehen und vor den Türen Musik machen. Sie dehnen ihre Tournée per MIRACULOUS IMAGE zu unserem Ankerplatz aus und spielen uns auf mit Gitarren und Tamburins. Bootsbänke klingen wie Urwaldtrommeln. Welche Sehnsucht, von schwarzen Kinderhänden erzeugt, steigt in die Stille Nacht.

An Land beginnt die Glocke von Port Eilzabeth die Weihnacht einzuläuten. Wie bei einem Weihnachtstransparent erleuchten sich die Fenster der Kirche mit goldgelbem Petroleumlicht. Im Lichtschein sehen wir die Schwarzen zum Gottesdienst gehen.

Schnell verscheppert der Glockenklang im Summen der Zikaden und im Singen der Baumfrösche - ein Geräusch so anhaltend gleichmäßig, daß man es nach einiger Zeit nicht mehr wahrnimmt. Stille umgibt uns.

Der Pfarrer dort drüben erzählt seinen Pfarrkindern nun die Weihnachtsgeschichte. „Es begab sich aber zu der Zeit -“ Mit all der Intensität, zu der jeder Neger fähig ist, lauscht die Gemeinde, wie das Christkind in die Krippe gelegt wird. Die Mammies, deren Geburtenfolge ja unaufhörlich ist, bekommen jetzt gewiß schon ganz runde Kulleraugen bei der heiligen Vorstellung, wie schön, wie süß mit rosa Hand- und Fußballen *dieses* Baby in der Krippe gewesen sein muß. Und die Hütte, in der die Krippe stand, gleicht so sehr ihrer eigenen dort am Hang: vier Holzwände, Stallaterne, Stroh, Kuh, Esel, Schaf. „Ihr werdet finden das Kind in Windeln gewickelt und in einer Krippe liegend -“

Später kommt schwach der Klang eines Chorals zu uns hergeweht. Aha – wir lächeln und machen uns bereit, zur KINYA hinüber zu rudern – jetzt dürfen sie singen, laut und mit verhaltenem Taktwiegen des Körpers, ganz erfüllt von der Geschichte, die auch das einfachste Gemüt versteht, und ganz hingegeben dem Takt, den auch der feierlichste Choral hat.

Bong-bong, bing-bang – so klang es schon wenig später vom Ufer her, als die Gemeinde aus der Kirche kam. In den Hütten gingen die Stallaternen an und Musik, Musik klang über die dunkle Bucht.

Peter segelte am zweiten Weihnachtstage zurück nach Barbados.

Wir gingen mittags zur Landungsbrücke, wo der Schoner aus Kingstown mit der Steelband erwartet wurde.

Auf der Landungsbrücke drängte sich eine aufgeregte, buntgekleidete Menschenmenge. Männer, lässig unter zu kleinem Hut; Mädchen, das Haar: leg dich oder ich pomade dich, das Kleid: hauteng, besonders am Po; Mammies, einem baldigen Ereignis wohlgeschwellt entgegensehend; alte Herren, etwas zerlumpt doch Häuptlingshaltung; dazwischen Kinder, Kinder, sehr liebevoll und sauber angezogen.

Das alles wogt und wallt und schnattert durcheinander. Die Steelband kommt – haha, hoho! Während der Schoner anlegt, spielt die Steelband mit ihren aufgesägten Benzinfässern bereits an Deck. Und an Land beginnt sofort der Tanz. Der Opa tanzt, das Kleinkind tanzt, die Männer vergessen ihre Lässigkeit, die Mädchen die Schönheit ihrer Frisur, die Mammies das baldige Ereignis. In unbändiger Ausgelassenheit zieht die Bevölkerung, voran die Steelband, zum Schuppen des Feuerwehrautos. Der uralte Ford – springt sein Motor nicht mehr an? – wird herausgeschoben und das Fest beginnt.

Während des Krieges gab es keine Musikinstrumente. Leere Benzinfässer jedoch lagen haufenweise herum. Man muß schon ein westindischer Neger sein, um in einem leeren Benzinfaß ein Musikinstrument zu sehen. Sie versuchten es – bongbong! Und siehe: jedes Faß hatte einen anderen Klang – bangbang! Durch Aufschneiden der Fässer zu verschiedenen Längen konnten sie jede gewünschte Klangnuance erreichen.

Man kann auf einer Säge geigen. Es gibt einen jaulend-wehmütigen Ton. Diesen Ton stelle man sich getrommelt vor, gleichzeitig auf vielen Fässern verschiedener Klanghöhe. Steelbands machen eine wehmütig-singende Musik, steigern sich zu heulendem Paukenschlag. Trommler und Tanzende werden eins in Rausch und Ekstase.

Abends kommen wir nach einem Spaziergang am Feuerwehrschuppen vorbei. Bongbungbangbuiiim! Sie tanzen. Wir stehen fassungslos.

Gebleckte Zähne, schweißnasse Gesichter, rollende Augen, zuckende Glieder. Unheimlich wirken die Überreste europäischer Kleidung an diesen

Körpern. Sie tanzen keinen afrikanischen Buschtanz, keinen westindischen Calypso, auch keinen amerikanischen Rock'n roll. Sie tanzen das absolute Nichts, um sich zu vergessen. Unsichtbar steht hinter ihnen der Schatten des Weißen Mannes. Denn unsere Vorväter brachten ihre Vorväter in Ketten hierher.

Sie tanzen rasend, gleich werden sie Fackeln entzünden.

Sollen wir uns verstecken hinter dem uralten, nutzlosen Ford? - Wie mutlos.

Sollen wir verächtlich den Kopf schütteln ob dieser barbarischen Tanzerei? - Wie herzlos.

Morgen, die Ruhe vollkommener Erschöpfung wird über das Dorf gefallen sein, müssen wir absegeln.

*St. Lucia, im Januar 1965*

Wir segelten nach Norden an der Insel St. Vincent vorüber, die ihre 1000 Meter hohen Berge dunkel, fast drohend zu den Wolken hob. Wir gingen unsere üblichen Ruderwachen. Die Nacht wurde ruhig mit flauem Ostnordost-Passat. Im Lee der Insel nahmen wir die Maschine zur Hilfe.

Bei Sonnenaufgang standen wir zwischen St. Vincent und St. Lucia. Der Passat frischte auf und schuf einen harten, kurzen Stromseegang. Wir wurden stark nach West versetzt. Die Pitons, zwei steile Bergkegel an der Südwestküste von St. Lucia, färbten sich sonnenbeschienen. Zum Mittag verloren sie ihre Farben, als sich Hitze dunstgleißend über die Insel legte.

In Port Castries, dem Hafen von St. Lucia, klarierten wir ein, kauften Proviant und ergänzten Wasser. Wir machten anschließend einen Gang durch die Stadt. Schiefe Negerhütten, moderne Neubauten und wie verfallen wirkende Häuser im Kolonialstil säumten die heißen Straßen. Alles, was wir sahen, wirkte arm und verstaubt. Bunt waren nur die hölzernen Autobusse. Über die schreienden Farben ihrer Karosserien waren großzügig Bilder gemalt mit erklärenden Namen. „Neptun“, „Gliding Star“, „Roaring Lion“.

Ich fragte einen der Busfahrer nach dem Sinn solcher künstlerischen Kraftentfaltung.

„O mistarr“, sagte er und zeigte grinsend sein Raubtiergebiß, „das sind d'Bus-Linien. Ich hierr mit ‚Flying Crocodile‘ fahrre zurr Ostküste - zweimal am Tag.“

Während wir auf dem Rückwege diese Errungenschaft gesprächsweise in

Hamburg einführten – „,Tobender Elefant' nach Blankenese, bitte einsteigen!" – dämmerte uns, daß Busnummern den Schwarzen nichts sagen würden, da sie keinen Sinn für Zahlen haben.

Am nächsten Tage segelten wir in die 5 Seemeilen südlich gelegene Marigot Bay. Ihre Einfahrt liegt schmal zwischen hohen Felsen. Hinter ihnen weitet sich die Bucht, die von einer flach-sandigen Miniaturlandzunge geteilt wird. Der hintere Teil, in dem wir ankern, bildet einen vollkommen geschützten Naturhafen. Er ist von Mangroven umwachsen. Hinter ihrem Dickicht heben sich Palmen. Am inneren Buchtufer liegt ein kleines Hotel auf blumenbunter Hangterrasse.

Als ein englischer Admiral zum Ende des 18. Jahrhunderts auf St. Lucia landete, um die Insel zum soundsovielten Male den bösen Franzosen zu entreißen, geriet er in arge Bedrängnis. Seine Landetruppen kamen nicht voran und seine Landungsflotte wurde von einem französischen Geschwader hartnäckig attackiert. Man schickte dem „löwenhaft kämpfenden" Admiral ein Verstärkungsgeschwader aus Antigua, das die französischen Schiffe zwar fortlocken konnte, aber den Franzosen ebenfalls nicht gewachsen war. Die Engländer ergriffen die Flucht und wären wohl in Grund und Boden gebohrt worden, hätte ihr Kommandeur nichts von der Marigot Bay gewußt. Er fand die schmale Einfahrt, ließ einsegeln und im hinteren Teil der Bucht ankern. Die hohen Schiffsmasten wurden mit Palmenwedeln getarnt. Die Franzosen suchten lange nach den „vom Meer verschluckten" Engländern, besannen sich dann auf ihre Hauptaufgabe und kehrten um. Sie kamen zu spät. „Der Löwe von St. Lucia", befreit von den ihn in den Schwanz zwickenden Kriegsschiffsschwärmen, hatte Port Castries inzwischen erobert. Zum soundsovielten Male sank die Trikolore in den Staub, und der Union Jack begann zu flattern. Er flatterte nicht lange. Die Franzosen kamen wieder.

Auch damals schon war die Banane Hauptexportartikel der Insel. Sie reifte unter dem Union Jack ebensogut wie unter der Trikolore. Die schwarzen Sklaven auf der Insel entwickelten bei dem lärmvollen Wechsel ihrer Herren eine besondere Sprache: ein französisch-englisches Kauderwelsch, das unter dem Union Jack ebensogut verstanden wurde wie unter der Trikolore.

Heute ist die Insel englischer Besitz. Sie soll demnächst unabhängig werden. Banane und Kauderwelsch werden auch das überleben.

Nachmittags rief uns ein Mann aus einem Mahagoni-Motorboot an: „Wenn Sie etwas über Hamburg hören wollen, besuchen sie mich heute abend!"

Elga faßte sich zuerst. „Sind Sie aus Hamburg? Kommen sie an Bord!"

„Nein, vielen Dank", sagte er und ließ seinen Renner vorschnellen. „Ein anderes Mal."

„Welche Yacht?“ rief ich ihm nach.

„WALANKA - dort!“

Wir sahen zu der großen Motoryacht hinüber, die am Vormittag eingelaufen war.

In stolzer Linie hob sich der fleckenlose Bug der WALANKA. Ihre Brücke schien uns himalayahoch. Am Heck wehte das britische Blue Ensign. Wir ruderten - ruck und ruck - zur Gangway, wo unser Gastgeber lächelnd stand.

„Herzlich willkommen! Mein Name ist S.“. Er trug nun nicht mehr Shorts und Sporthemd wie am Nachmittag, sondern lange Hosen und Hemd mit Schlips.

Wir stellten uns vor. Ich betrachtete heimlich meine Shorts, die etwas fleckig, und meine Füße, die zwar fleckenlos doch nackt waren. Elga war glücklicherweise passender angezogen.

Mr. S. führte uns in den Salon, wo - meine nackten Zehen krallten sich in den dicken Teppich - etwa zwölf Personen in Abendkleidung zu einer Cocktailparty versammelt waren. Ich sagte also etwa zwölfmal „How do you do“. Dann setzte ich mich in einen Sessel, der halb so groß wie unsere Kajüte war und ausgezeichnete Möglichkeit bot, meine Füße unter ihm zu verstekken. Elga wurde von einigen Herren in die Sofaecke mit Stehlampe und Rauchtisch entführt.

„Whisky, please“, flüsterte ich dem vor mir erschienenen Steward zu.

„Mir auch noch einen!“ sagte der alte Kapitän neben mir mit Kommandostimme. In seinen jungen Tagen, wie er mir erzählte, hatte er Rahschiffe um Kap Hoorn gesegelt.

„Well“, sagte er und holte in aller Ruhe seine schwarze Pfeife aus der Tasche, die er auf den Hochglanztisch legte. „Es war manchmal hart da unten, Sie können's mir glauben. Aber was hatten wir für herrliche Schiffe!“

Er stopfte seine abgewetzte Pfeife. „Ich bin kein Yachtmann, no, nie gewesen. Sah Ihr Boot, als wir einliefen. Was ich nicht verstehe, ist, wie Sie mit Ihrem Grashopper in schlechtem Wetter klar kommen.“

Ich versuchte, ihm die Seetüchtigkeit einer Hochseeyacht zu erklären.

„Well“, sagte er schließlich, „das leuchtet mir ein. Ihre Yacht kann kaum kentern, weil sie entsprechenden Ballast hat. Sie kann nicht vollschlagen, weil sie starke Luken und ein selbstlenzendes Cockpit hat. Das Rigg ist kräftig - well, und der liebe Gott hilft bei allem ein wenig. Aber, Junge, die Bewegungen im Seegang müssen euch ja umbringen.“

„Ja, manchmal“, sagte ich. „Und die Ruderwache ist dann naß.“

Seine Augen schienen durch die Wände des Salons hindurchzublicken und die grauen Seen vor Kap Hoorn zu sehen. „Das war's bei uns auch. Und im Logis spülte das Wasser manchmal die Matratzen aus den Unterkojen. Bei Ihnen auch, was?“

Ich vergaß meine nackten Füße. „Wir haben noch nie Seewasser im Schiff gehabt", sagte ich. „So ein kleines Schiff liegt ja im Vergleich zu einem großen viel besser auf der See. Es ist leicht, es weicht aus, es wird gehoben. Die See findet keine Masse, die sie zerschlagen kann. Freilich, wir segeln nicht in solchen Sturmgebieten wie vor Kap Hoorn."

Mr. S. hatte sich zu uns gesellt. Auch andere sahen zu uns herüber. Meine Füße wanderten wieder unter den Schutz des Sessels.

Der alte Kapitän sah mich interessiert an. „Würden Sie um Kap Hoorn segeln - well, mit Ihrer Yacht?"

„Nein."

„Es ist gemacht worden, soviel ich weiß", warf Mr. S. ein.

„Ja", sagte ich, „verschiedene Male auf kleinen und großen Yachten."

Der alte Kapitän schmauchte gewaltige Rauchwolken aus seiner Pfeife. Seine harten, blauen Augen blickten mich unverwandt an.

„Es gibt drei Grundregeln", sagte ich zögernd, „nach denen wir unsere Segelreise durchführen wollen: Sicherheit erst, Wohlergehen dann, Schnelligkeit schließlich. Mit einer Yacht vor Kap Hoorn ist jede dieser Regeln infrage gestellt. Da war die Ketsch TZU HANG. Ihr Skipper versuchte, das Kap von West nach Ost zu runden. Die Yacht wurde von einer mitlaufenden Sturmsee überrannt und kenterte in Längsrichtung über den Bug. Die TZU HANG war ein bewährtes Seeschiff."

„Und die Besatzung?"

„Die Frau des Skippers wurde über Bord gewaschen, griff in die Takelage, die nachschleppte, als sich das Schiff mit gebrochenen Masten und eingedrückter Kajüte wieder aufgerichtet hatte. So konnte sie an Bord gelangen. Der Skipper und ein Freund befanden sich unter Deck. Sie brachen sich nicht das Genick. Man konnte die Yacht lenzpumpen und unter Nottakelage nach Südamerika segeln."

„Großartige Seemannschaft", sagte der alte Kapitän.

„Unsichere Reise in totaler Erschöpfung auf einem Wrack", entgegnete ich. „Diese Menschen waren eisenhart. Sie versuchten später, wiederum Kap Hoorn zu bezwingen. Wiederum kenterte die TZU HANG, wiederum erreichte man in Müh und Not Südamerika. Die See ist frei, captain, wirklich frei, und jeder segelt auf ihr nach eigenem Willen die Kurse seiner Bestimmung."

Der alte Kapitän rauchte gedankenverloren. „Wieviele gute Schiffe", sagte er schließlich mit einer vagen Handbewegung, „wieviele gute Schiffe machte Kap Hoorn zuschanden."

Mr. S. sagte herzlich. „Jerzt will ich Ihnen einmal zeigen, wie wir mit der WALANKA zur See fahren. Und dabei will ich mich mit Ihnen über Hamburg unterhalten. Ich emigrierte in den dreißiger Jahren. Es blieb mir nichts anderes übrig. Aber ich liebe die Stadt immer noch –"

Und während wir durch sein Schiff gingen, erzählte er Hamburger Geschichten. An der Gangway gaben wir uns die Hand. Elga und ich dankten ihm und seiner Frau. Der alte Kapitän qualmte gewaltige Wolken aus seiner schwarzen Pfeife.

Ich ruderte uns - ruck und ruck - aus dem blendenden Schein der Gangwaylampe. Ein Schlauchboot ist kein Salonsessel.

„Haben Sie Ihre Schuhe an Bord vergessen?" rief Mr. S.

„Keine angehabt!" schrie ich zurück.

Er lachte und hob grüßend die Hand.

„Fair winds!" rief der alte Kapitän mit Kommandostimme.

Am nächsten Morgen schickten sie uns einen gekochten Hummer zum Frühstück und die Einladung zu einem Duschbad für den Nachmittag. Wir freuten uns.

Kuchendüfte wehten am Nachmittag des Silvestertages durch die Kajüte bis hinauf zum Deck, wo ich Ausbesserungsarbeiten machte, die unter der ständigen Einwirkung des Tropenklimas sich nun unaufhörlich fortsetzen.

„Na, wird er was?" rief ich neugierig.

„Nicht so laut!" Elga steckte erhitzt den Kopf aus der Luke. „Sonst wird er klitschig."

Elga hat in ihrer Patent-Deckelpfanne sogar schon Brot gebacken. Die ständige Gefahr bei solchen Unternehmen ist nur, daß nach kunstvollem Backen Brot oder Kuchen zusammenfallen. Wir ließen bisher nichts unversucht, um diese Gefahr zu bannen - von der Hitzeregulierung bis hin zu magischen Beschwörungen. Die letzteren sind meine große Aufgabe.

„Pfanaseisogut - kuchoprobelei", flüsterte ich und kramte Farbdosen und Werkzeug zusammen, wobei ich mich der Luke näherte. „Wenn er fertig ist, laß mich probieren, gutes Kind - hungroimmaso -" Aber Elgas Kopf war verschwunden. Ich legte mich in den Schatten des Sonnensegels und sah zum sonnengebadeten Ufer hinüber, wo einige weiße Reiher bewegungslos standen. Darüber schlief ich ein.

Nach dem festlichen Abendessen saßen wir im Cockpit und tranken französischen Rotwein. Kurz vor der Dämmerung waren die weißen Reiher aufgeflogen. Als der Abendschimmer im Westen verglomm und das Konzert von Baumfröschen und Grillen begann, setzte im Uferdickicht das Spiel der Glühwürmchen ein. An immer neuen Stellen glühten sternhafte Punkte auf, verweilten sekundenlang und löschten aus.

Wir hörten Musik im Radio, tanzten ein wenig - so klein ist KAIROS gar nicht - und unterhielten uns. Der Zauber dieser Inseln war ein unerschöpfliches Gesprächsthema für uns.

Columbus glaubte, den westlichen Weg zum reichen Indien gefunden zu haben. Aber er hatte einen neuen Kontinent entdeckt. Er hinterließ seinen Traum vom Golde, an dem er zerbrach, der spanischen Conquista. Mit Wünschelrute, Schwert und Kreuz wurden die „Westindischen“ Inseln während des 16. Jahrhunderts durchstöbert, wurde das Festland im Westen des Karibischen Meeres durchsucht und für die spanische Krone in Besitz genommen. Es wurde ein Abenteuer ohne Grenzen, das den Irrtum des Columbus hinsichtlich des entdeckten Kontinents berichtigte: es war nicht Indien. Aber es steigerte seine Phantasterei vom Gold: man fand niemals genug.

Die Spanier blieben nicht allein. Englands Weg zur Seeherrschaft begann im Karibischen Meer. Hawkins und Drake kamen und plünderten die spanischen Niederlassungen wie Piraten. Wirbelsturmgleich stießen sie in die Häfen und schossen alles, was dort schwamm, kurz und klein. Phantastisch, was sie in den besetzten Häfen an Reichtum vermuteten. Sie verlangten Millionen an Lösegeldern und jede Woche sank ein Straßenzug oder ein Häuserblock in Schutt und Asche, wenn ihre Erpressungen nicht erfüllt wurden. Mit einem Bruchteil von Millionen mußten sie sich begnügen, aber rauchende Trümmer ließen sie zurück. Ruhm und Admiralsrang waren ihnen sicher.

Frankreich durfte nicht zurückstehen. Nicht weniger maßlos als die Engländer handhabte der Pirat Florentin das Geschäft. Holländer und Dänen folgten in Bescheidenheit.

Die Ureinwohner, Arawaks und Kariben, überlebten den wüsten Einzug des Weißen Mannes nicht. Ihre Arbeitskraft fehlte bald auf den Plantagen. So fingen die Piraten Neger an den Küsten Afrikas und verkauften sie zu lohnenden Preisen, bevor sie brandschatzten und kaperten. Reichtum und Ruhm waren für Flibustier in jenen Tagen ebenso schnell zu gewinnen wie Untergang und Tod.

Weder Blut noch Pulverqualm vermochten den Zauber der Inseln auszulöschen. Ihre Namen sprechen von Träumen und Hoffnungen - Trinidad, Grenada, Montserrat, Îles des Saintes, Virgin Islands. Eine Säbelscheide voll Frömmigkeit und ein Pulverhorn voll Romantik schenkten die Räuber und Schmuggler den Inseln ebenso wie tödliche Breitseiten.

Im 17. Jahrhundert werden aus diesen Piraten und Schmugglern Regierungsbeamte und Gouverneure. Die europäischen Mächte wollen verwalten und kolonisieren, was Seeräuber eroberten. Als Gouverneur von Jamaica, geadelt, gut ernährt, mit Richtlinien des Philosophen John Locke für die Verwaltung, die später in der nordamerikanischen Verfassung wiederzufinden sein werden, stirbt Sir Henry Morgan. Als Captain Morgan hing er gefangene Spanier an den Daumen auf, bis sie starben, und die Stadt Panama löschte er mit Schwert und Feuer so gründlich aus, daß sie nur neben den Trümmern neu erbaut werden konnte.

Ein Mäntelchen von Menschlichkeit sollte nun alles haben, einen diplomatischen Hintergrund. So gründet der Franzose d'Esnambuc zunächst eine Regierungsgesellschaft „der Herren der amerikanischen Inseln“, bevor er im Namen Frankreichs kolonisiert - kapert und plündert. Zu Gouverneuren und Regierungsbevollmächtigten gesellen sich die Pflanzer. Ihr Reichtum wird von den Negersklaven erarbeitet, die nun nicht mehr von Piraten, sondern von Händlern angeboten werden.

Limbo heißt Vorhölle. Limbo nannten die Sklaven den Tanz, den sie dem Weißen Mann zur Unterhaltung während seiner Abendlangeweile vortanzen durften. Auch heute noch wird er Touristen vorgetanzt. Seine grausige Vergangenheit ist auf Hoteltanzböden vergessen.

Um die Tanzekstase zu steigern, wurde dem besten Tänzer die Freiheit versprochen. Und um ihm die Freiheit nicht geben zu müssen, wird der Tanz vom Weißen Mann zu einer fast unlösbaren Aufgabe gemacht. Zwei senkrechte Holzstangen tragen eine waagerechte. Sie werden das Tor zur Freiheit, wenn der Neger unter ihnen hindurchzutanzen vermag, ohne mit anderen Körperteilen als den tanzenden Füßen die Erde zu berühren und ohne die waagerechte Stange zu werfen. Sie liegt 30 Zentimeter über dem Erdboden.

Tanz, Nigger, tanz! Im Takt rasender Trommeln, mit vorgeschobenen Knien, zuckend den schweißüberströmten Körper hintenüber gebeugt - tanz, Nigger, tanz! - schlangengleich die balancierenden Arme nach hinten gestreckt, in konvulsivischem Zittern, den Hinterkopf fast auf dem Boden - tanztanztanz! - gelingt es kaum einem, unter der Stange hindurchzutanzen. In die Freiheit?

Die Inseln sind heute die Inseln von Schwarzen. Aber welchen Preis mußten sie dafür zahlen, die Neger, die nie an Eroberung dachten. Gewiß, sie versuchen in Sklavenaufständen ihr Schicksal zu ändern. Herrenhäuser und Zuckerrohrfelder brennen. Von schwarzen Teufeln werden weiße Männer, Frauen und Kinder buchstäblich in Stücke zerrissen. Aber es ist nur ein Aufzucken. Die Blutströme des Aufruhrs werden in Blutströmen der Unterdrückung erstickt. Von weißen Teufeln werden schwarze Männer, Frauen und Kinder buchstäblich zu Hackfleisch bombardiert. So auf Haïti.

Das 19. Jahrhundert bringt die Abschaffung der Sklaverei. Freiheit: man läßt die Schwarzen laufen. Damit die Entwurzelten nicht ins Ausweglose laufen, gibt man ihnen ärztliche Hilfe, Schulunterricht, immer mehr politische Rechte. Die europäischen Regierungen beginnen, unter der wachsenden finanziellen Belastung zu stöhnen. Die Schwarzen, einst billiges Arbeitsvieh, werden jetzt eine teure Nutzlosigkeit. Zum Teufel mit ihnen!

Immerhin ist das Karibische Meer nun kein europäisches Schlachtfeld mehr. In Südamerika kämpfen die spanischen Kolonien unter Bolívar um ihre Unabhängigkeit und gewinnen sie. Im Krieg gegen die Vereinigten Staaten verliert Spanien seine letzte „westindische" Besitzung, Cuba.

So bleibt im 20. Jahrhundert von Spaniens einstiger Herrlichkeit nichts, von Frankreichs Ruhm nur ein paar zu „französischen Provinzen" erklärte Inseln, von Englands Seeherrschaft nur der unsichere Versuch, Urenkel afrikanischer Sklaven zu guten Demokraten zu machen.

Unsere Borduhr schlug 8 Glasen: Mitternacht! Das neue Jahr lag vor uns. Wir nahmen uns in die Arme.

Ich sagte nach einer Weile: „Du weißt, daß mein Urgroßvater im nordamerikanischen Bürgerkrieg für die Befreiung der Sklaven kämpfte. Mein Großvater erzählte mir von ihm und sagte dabei: ‚Junge, eines Tages steht auch dir die Welt offen!' Ich denke jetzt oft daran - weniger an den idealistischen Reitersmann, der seinen Idealismus übrigens mit einem weggeschossenen Unterkiefer bezahlte, als vielmehr an das Wort meines Großvaters. Er wußte, daß man in die Welt hinausgehen und etwas wagen muß. Wir tun es und haben immer noch Angst. Lösen wir uns doch endlich von dieser Angst."

*Antigua, im Januar 1965*

Es sind nur 40 Seemeilen von der Marigot Bay auf der englischen Insel St. Lucia nach Fort de France auf der französischen Insel Martinique.

Während des ganzen Tages sahen wir die Vulkankegel von Martinique voraus. Als nachmittags die Sonne niedrig stand, begannen sie zinkgrün zu leuchten. Als abends die Sonne sank, glühten die Wolken über ihren Gipfeln rot auf, die Lavahänge färbten sich stahlblau, ohne jedoch den zinkgrünen Unterton zu verlieren.

Weit im Norden hob sich der Mont Pelée, davor stieß der Doppelkegel der Pitons de Carbet in die blutigen Wolken. 1300 Meter hochgetürmte Lavamassen grüßten zu uns herüber in einem Farbenspiel, das durchaus der schaurigen Vergangenheit dieser Vulkane entsprach. Manchmal gaben die Wolken die Kraterränder frei: es war, als zeige ein Untier im Schlaf die Zähne. Außer daß in ihren Schluchten Schwefeldämpfe quellen, schweigen die Ungeheuer zur Zeit. Das Grün der Vegetation reicht zu ihren Kraterrändern. Am Fuße der Berge konnten wir menschliche Siedlungen erkennen.

Ein Schauer, der über uns entstanden war, verdunkelte Teile des Meeres und des Himmels in Sintfluten. Der Passat frischte heftig auf und änderte die Richtung, so daß wir in die Baie du Fort de France kreuzen mußten.

Wilde Bergformen, wilde Wolkenbildungen, wilder Seegang - KAIROS segelte schwer geneigt in diese Urwelt hinein, deren einziger Trost die menschlichen Zeichen waren: zur Nacht aufleuchtende Lichter und das Leuchtfeuer des Hafens. Ohne sie hätten wir uns gefürchtet, diese Insel anzulaufen.

Spät in der Nacht fiel unser Anker im Hafen.

Der nächste Morgen kam klar und friedlich. Die Stadt, sonnenweiß am Ufer, sandte Geräuschfetzen ihres lärmenden Lebens zu unserem Ankerplatz unterhalb des alten Forts.

Wir hatten die Flagge „Q“ gesetzt - „an Bord ist alles wohl, erbitte freie Verkehrserlaubnis“ - doch kein Beamter ließ sich sehen. Wir warteten den halben Vormittag, dann ruderte ich zu der französischen Yacht dicht neben uns. Ich fragte den Skipper, wie es seine Landsleute mit den Hafenformalitäten hielten.

Er lächelte entgegenkommend und sagte: „Oh, monsieur, beunruhigen Sie sich nicht ganz unnötig! Gehen Sie an Land. Irgendwann kommt jemand zu Ihnen. C'est la France!“

Wir beunruhigten uns also nicht unnötig, ruderten an Land und bummelten durch die Straßen. Vom tiefsten Schwarz bis zum leichtesten Gelb zeigten die Menschen alle Hautschattierungen. Sie schienen selbstsicherer und klüger als die tragikomischen Neger, die wir auf den englischen Inseln trafen. Es fehlte ihnen diese zukunftslose und darum unheimliche Clownhaftigkeit. Die Männer waren in ihrem Frohsinn ernsthafter. Die Frauen zeigten etwas wie französischen Chic, den ihr betäubender Parfumduft freilich an die Grenze des Erträglichen brachte.

„Halt' mich fest, Liebste!“ bat ich Elga.

„Du findest sie chic, nicht wahr?“ sagte Elga.

„Du findest mich ohnmächtig, sehr bald“, sagte ich.

Wir gingen zum Platz mit den Bushaltestellen und erkundigten uns nach Rundfahrtmöglichkeiten. „St. Pierre“ lasen wir an einem der grün-gelben Fahrzeuge. „Das ist die Stadt“, sagte ich, „die der Mont Pelée vernichtete.“

Vom Städtchen Morne-Rouge hatten wir am nächsten Tage einen umfassenden Blick auf das Mont-Pelée-Massiv. Sein Krater war wolkenverhüllt. Wie erstarrte Gletscher führten die Hänge aus Lava zum Meer. Auch in ihrer erloschenen Bewegungslosigkeit war Drohung. Felder und Anpflanzungen waren angelegt, wo irgend nur die Möglichkeit bestand zu pflanzen und zu ernten. Wie lächerlich betriebsam sind wir Menschen doch - oder ist es heroisch unbeugsam?

Der Bus fuhr zur Küste hinab. Wir stiegen aus - in die Stille einer vernichteten Stadt.

Vor 63 Jahren war nicht Fort de France das Handelszentrum der Insel, es war St. Pierre - eine Stadt, wie sie nur Franzosen gründen können: bunt, lebhaft, heiter, überschäumend. Am 8. Mai 1902 brüllte der Mont Pelée auf. Eine Wolke giftigen, entzündlichen Erdgases wälzte sich über die Stadt. Die Vernichtung kam so schnell, wie sich dieses liest. Eine explosionsartige Feuersbrunst flammte auf. Mehr als 30000 Menschen erstickten und verbrannten. Sechzehn Schiffe auf der Reede sanken. Bis auf den Nordteil lag die Stadt vernichtet.

Für diesen nördlichen Stadtteil brauchte der Berg ein Atemholen. Am 20. Mai fegte er ihn mit einer kochenden Schlammflut hinweg. Dann deckte er Trümmer und Leichen mit einem Stein- und Aschenregen zu.

Man versuchte, die Stadt wieder aufzubauen. Es wurde nicht mehr als ein Fischerdorf daraus, das wie in einer anderen Welt steht.

Zwischen den kleinen, in großer Hoffnung bunt gemalten Hütten und Häusern, duckten sich die Ruinen so schwarz, als wäre die Vernichtung gestern über sie hereingebrochen. Die heiße Ruhe des tropischen Mittags flimmerte in öden Straßen. Kein Laut ringsum.

Fischernetze waren über dem stumpfen Sande des Ufers zum Trocknen ausgespannt. Aufs Land gezogen, warteten unter Palmendächern Fischerboote auf die abendliche Ausfahrt. Ihre Namen TALION*), BON GARÇON, MADONNA wirkten wie stumme Hilferufe vor den Hängen des Vulkans.

Fischer in zerlumpten Hosen und breitrandigen Strohhüten reparierten den Motor eines Bootes. Eine Mulattin wusch im gebänderten Schatten der Netze ihre Wäsche. Und ein paar nackte Kinder spielten im Lavasand.

Das geschah alles leise, weil man auf Gräbern nicht singt und schreit noch lacht. Wir grüßten. Der Gegengruß kam wie aus einer anderen Welt.

Am Abend kehrten wir nach Fort de France zurück. Schrill grüßte uns die Unbekümmertheit dieser Welt. Am Denkmal d'Esnambucs vorbei gingen wir zum Landesteg. Wir ruderten zu unserem Ankerplatz. Die Stadt zeigte ein stolzes Lichtermeer und lärmte unter den Lavakegeln der Pitons de Carbet. Auf der Reede ankerten sechzehn Schiffe.

Sodom, Gomorrha, Atlantis, Pompeji, St. Pierre - wo beginnt jene andere Welt, wo endet diese Welt? In Fort de France? Wie Seiltänzer leben wir inmitten unserer perfekten Zivilisation.

Ich baute das undicht gewordene Auspuffrohr unseres Motors aus. Es mußte an Land geschweißt werden. Als wir nach einigen Tagen zum Auslaufen klar waren, kamen die Hafenbeamten zum Einklarieren.

---

*) Talion: mosaische Vergeltung

„C'est la France", sagte ich wissend.
Aber sie schüttelten weise die Köpfe und sagten:
„Non, monsieur, zuviel Arbeit - c'est la vie!"

Wir segelten KAIROS nach Norden von Insel zu Insel. Dominica sandte uns Schwefeldämpfe herüber. Die Îles des Saintes boten uns den Schutz ihres Inselringes. Dieser Naturhafen war einst Stützpunkt der französischen Westindienflotte; hier glättete der Gallische Hahn seine zerrupften Federn. Guadeloupe bedachte uns mit heftigen Fallböen, bevor es uns die Schönheit seiner Buchten schenkte.

Schönheit überall mit den Spuren der Vergangenheit und den Zeichen der Gegenwart: immer wieder mußten wir uns zum Abschied zwingen. Auf dem Kartentisch lag unter der jeweils zu wechselnden Inselkarte die Seekarte des Großen Ozeans. Wir sahen sie immer wieder.

Unsere letzte Fahrt zwischen den Inseln führte nach Antigua. Wir liefen um Mitternacht von der Bucht Deshayes auf Guadeloupe aus, um English Harbour hier auf Antigua am nächsten Nachmittag zu erreichen. Der Passat wehte aus Ost mit Stärke 5. Es gab viele Schauerböen. Zwischen den Inseln stand wie gewöhnlich eine unruhige See. Wir teilten den Rest der Nacht in zweistündige Ruderwachen ein.

In der Kajüte war es stickig. Die Luken konnten nicht geöffnet werden. Schwitzend lag ich im Halbschlaf und träumte, daß das Schiff sich neigt und neigt - neigt und nie wieder sich aufrichtet. Poltern, Krachen!

Ich erwache in einem Wasserstrahl, der breit durch die Ritze der Luke strömt. Ich arbeite mich zu Tode erschrocken aus der aufgesteilten Koje und werde gegen den Niedergang geschleudert, als sich KAIROS endlich wieder aufrichtet. Ich stolpere an Deck.

Das Cockpit ist wassergefüllt. Seine Abflußrohre geben schmatzende Geräusche. Elga sitzt an der Pinne mit einem mondscheinspiegelnden, marmorierten, riesenhaften Wellenrücken hinter sich. „Ich hab' sie nicht gesehen, diese See!" sagt sie. „Sie war plötzlich da - wie aus dem Nichts. Sie hat das ganze Schiff überflutet. Da!"

Das gereffte Großsegel ist bis zur halben Höhe durchnäßt, das Petroleumlicht der Hecklaterne 2 Meter über Deck ausgelöscht, ebenso das der Positionslaternen. Ich sehe benommen nach Luv. Die See im Mondschein läuft hart mit Brechern, aber da ist nichts Ungewöhnliches.

Plötzlich begreife ich. „Mein Gott - Elga!"

„Ich war angebunden", sagt sie. „Und jetzt bin ich naß."

„Geh' gleich runter und zieh dich um."

Es muß ein Roller gewesen sein, eine von diesen Gewaltseen, die entstehen können, wenn alle wellenbildenden Momente besonders günstig zusammenfallen: Wind, Strom, Dünung, Windseegang. Sie sind selten, doch gefährlich, weil sie ohne Vorzeichen kommen.

Nachdem Elga sich umgezogen hatte, zurrte ich die während der Inselsegelei längst vergessene Persenning über die Luke und setzte die Laternen wieder unter Licht. Den Rest meiner Freiwache verbrachte ich damit, den Inhalt der aufgesprungenen Schrankfächer aus allen Winkeln der Kajüte zu sammeln und wieder einzupacken. Als ich Elga anschließend am Ruder ablöste, fühlte ich mich wie ein pensionierter Akrobat.

Zauberhaft zart in der rosaroten Morgendämmerung kamen Backbord voraus die Umrisse der Insel Antigua, Backbord querab die von Montserrat in sicht. Von Osten zog blau-schwarz eine Schauerbö herauf, die uns während des ganzen Vormittags zu schaffen machte und die Ansteuerung der im Regen verschwundenen Insel Antigua erschwerte. Wir hielten mit 20° ostwärts vor, da wir den westwärts setzenden Strom aussegeln mußten. Unter keinen Umständen wollten wir westlich von English Harbour an die Küste kommen, da wir dann hätten aufkreuzen müssen. Die Einfahrt von English Harbour ist schwer zu finden. Sie liegt zwischen zwei Felsenkaps, die sich überlappen.

Mittags kam die Sonne durch. Der Passat wehte mit Stärke 6 nun, immer noch aus Ost. Wir segelten bis dicht unter die Küste und fielen ab. Trotz der mehrmals im Handbuch gelesenen Küstenbeschreibung konnten wir die Einfahrt nicht entdecken. Wir segelten an den schroffen Shirley Heights vorbei. Da sollten alte Kasernen stehen - zu sehen war nichts von ihnen.

„Hier, Herr Admiral!“ rief Elga plötzlich. „Da ist Fort Charlotte! Und da die Batterie auf Barclay Point!“ Es waren graue Ruinen aus Nelsons Tagen.

„Sehr gut“, sagte ich, „a-hm - bringen Sie mir Dreispitz, Fernrohr und Entermesser.“

Da lag die Einfahrt. Wir setzten unsere Flaggen und liefen ein. Die Bucht ist schmal und gewunden in ihrem Verlauf nach Norden. Das schützt sie vor Winden aus allen Richtungen und macht sie hurrikansicher. Mit Festungen an beiden Seiten gab sie in alten Tagen der englischen Westindienflotte einen guten Hafen. Hier pflegte der Britische Löwe seine Wunden, wenn ihm das Fell zerzaust worden war. Heute ist English Harbour Stützpunkt einer internationalen Yachtflotte von Atlantikseglern.

Wir ankern im hinteren Teil der Bucht, nicht weit von der Pier entfernt. Etwa 25 Yachten aller Größen und Takelungsarten liegen dort mit ausgebrachten Bugankern, die Heckleinen belegt auf senkrecht in die Pier gerammten Kanonenrohren. Da sind auch jene, die wir bereits an Spaniens Küsten, auf Madeira oder in Las Palmas getroffen haben. Nach der Einklarierung, als Flagge „Q“ bei uns niedergeht, besuchen uns die Freunde.

Bryan mit Frau und Töchterchen kommt als erster von seiner ASKADIL herübergerudert.

„Hallo, wie geht's euch?"

„Sehr gut. Und euch?"

„Gut, danke. Wie lange?"

„30 Tage von Las Palmas nach Barbados."

„Wir haben's in 26 Tagen geschafft. Kinder, ich sag' euch, ASKADIL ist gelaufen! Und der Passat war gleichmäßig und stark."

„Wir hatten 8 Tage nur umlaufende schwache Winde. Es war eine ziemliche Quälerei."

„Wo?"

„1000 Seemeilen ostnordöstlich von Barbados begann es."

„Sieh an, da lag auch die SLOCUM fest. Ihr habt zu weit südlich gestanden."

Während die Frauen ihre Verpflegungs- und Stauprobleme besprechen, hängen Bryan und ich bald über der Atlantikkarte und diskutieren.

„Nicht zu weit südlich, Bryan. Wir lagen auf der gleichen Route, die Hiscock zweimal segelte –"

So weben sich Geschichten über den Ozean. Sie werden für Yachtsegler zum Bestandteil der See wie Wind, Strömung und Wolkenzug. Sie sagen nüchtern, was Segler auf kleinen Schiffen richtig und was sie falsch machten. Glück oder Unglück heben sich aus persönlicher Freude oder subjektivem Leid zum Besitz aller, die auf gleichen Kursen segeln.

Man sagt heute allgemein, daß Segel von den Weltmeeren verschwunden sind. Das ist nur richtig in Hinsicht auf die moderne Berufsseefahrt. Mehr Yachten denn je kreuzen in langen Distanzen die Weltmeere.

In diesen Reisen liegt kein Profit, sie dienen keinem Zweck im üblichen Sinne. Sie werden oft mit bescheidensten Geldmitteln, mühsam erspart, und immer mit unbeirrbarer Zielstrebigkeit durchgeführt. Gewiß, sie reichen manchmal an die Grenzen des sinnlos Phantastischen. Eine Skala, die von krankhaftem Ehrgeiz bis zu weltfremder Träumerei reicht, liefert unzählige Motive. Sie enden mehr als einmal in Untergang, Strandung und Schiffbruch. Aber von der Mehrzahl wird auf diesen zwecklosen Reisen nüchterne, saubere Seemannschaft betrieben. Es werden Leistungen vollbracht, die ohne Zuschauertribünen und ohne johlendes Massenpublikum nach nichts weiter fragen als nach der Bewährung von Yacht und Mannschaft.

„Wo ist die TAKEBORA mit ihrem Einhandskipper?"

„Frag' mich nicht", sagt Bryan. „Irgendwo westwärts. Der Junge hat's wirklich eilig."

„Wann wollt ihr weiter?"

„Gar nicht."

„Was? Aber –"

Bryan winkt ab. „Gil bekommt ein Baby. Wir wollen die ASKADIL verkaufen und nach Sydney fliegen. Dort werde ich wieder eine Praxis eröffnen und – weißt du, wir segeln dann eben später von der anderen Seite in den Pazifik. Wenn die Kinder größer sind –" Er zuckt hilflos mit den Schultern.

Ich weiß, wie sehr dieser Mann an seinem Plan hing, die pazifischen Inseln segelnd zu besuchen. Ich weiß, mit welcher Hartnäckigkeit er alle Schwierigkeiten überwand. Und ich bewundere, mit welchem Können er seine ASKADIL segelt. Bei uns an Bord können wir alles mehr oder weniger teilen – bei ihm an Bord muß Gil, seine Frau, in erster Linie für das Kind da sein.

„Ihr könnt unsere Seekarten haben", sagt er nach einem Schweigen. „Du sagtest mir mal, daß ihr in Panama die Karten für den Pazifik kaufen wollt. Ihr habt doch Australien eingeplant?"

„Ja."

„Gut, dann gebt ihr mir die Karten in Sydney zurück."

„Das ist eine große Hilfe. Vielen Dank, Bryan. Wir hörten inzwischen, daß die Lieferung von Seekarten in Panama äußerst ungewiß sein soll – übrigens auch in der US-Canal-Zone."

„Kommt morgen rüber und sucht euch aus, was ihr braucht. Ihr spart 'ne Menge Porto."

„Und Zeit, wenn das alles von England kommen muß."

Am nächsten Tag holten wir uns fast 100 Seekarten, Spezialkarten und dazugehörige Handbücher von unseren Freunden. Unsere Freude wurde nur getrübt durch ihre Niedergeschlagenheit über das vorzeitige Ende ihrer Pläne.

English Harbour gab die erinnerungsreiche Kulisse zu unseren Vorbereitungsarbeiten für die Karbische See. Wenn ich in der Takelage hing, blickte ich oft zu den alten Hafengebäuden hinüber.

Hier waren die Großsegler eines Volkes repariert und ausgerüstet worden, das wie kein anderes die Weltmeere befuhr und Männer groß werden ließ, die kühl, sachlich und wirklichkeitsnah die Hohe Schule der Segelschiffahrt entwickelten.

Es lebt in den seefahrenden Völkern die Erinnerung an die Kunst dieser Segelschiffahrt und ebenso der Wunsch, sie nicht zu verlieren – sie, die dem Industrieunternehmen der Maschinenfahrt weichen mußte, nachdem sie in Jahrhunderten unter schwersten Erfahrungen entwickelt wurde. So segelt auf jeder Yacht ein Bruchteil Erinnerung mit, auch ein Bruchteil Gewissen. Es weiß um die Vollkommenheit, die der Mensch mit seinen großen Segelschiffen erreichte: mit eigenem Geschick Materie zu bilden und in eigener

Entscheidung den Gesetzen der Natur *zu gehorchen.* Das ist der Einklang, den der wagende, sich mit dieser Erde auseinandersetzende Mensch erreichen muß - der Einklang von Materie und Geist und Freiheit. Ein Weg dorthin führt auf kleiner Yacht mit richtigem Kurs über die Weltmeere.

„Wir müssen eine bessere Wacheinteilung finden“, sagte Elga heute am Vorabend unseres Auslaufens. „Dieser Vier-um-vier-Stunden-Törn ist mörderisch.“

„Wie wär’s, wenn jeder während der Nacht zweimal 3 Stunden geht?“ schlug ich vor. Das hörte sich im Hafen wundervoll an.

„3 Stunden sind als Wachzeit gut, als Schlafenszeit aber zu kurz“, gab Elga zu bedenken. Wir rechneten hin und her.

Schließlich hatte ich eine Idee. „Wir rechnen die Nacht immer mit 12 Stunden. Paß auf, Schlafmütze, wir machen die Nacht jetzt eine Stunde länger.“ Und ich erklärte, was mir vorschwebte.

„Verstanden?“ fragte ich dann.

„Nein.“

„Also - hier.“ Ich malte auf eine alte Seekarte:

| |  |  |
|---|---|---|
| 19.00–23.00 Uhr | wacht | schläft |
| 23.00–03.00 Uhr | schläft | wacht |
| 03.00–05.30 Uhr | wacht | schläft |
| 05.30–08.00 Uhr | schläft | wacht |

„Die Nacht hat nun 13 Stunden. Wir haben anfangs jeder 4 Stunden Schlaf. Du kannst sogar eine noch längere Freiwache haben, wenn du nach dem rechtzeitigen Abendessen vor 19 Uhr in die Koje kommst. Während des Tages teilen wir die Zeit zum Schlafen so, wie es Segelmanöver, Arbeit und Navigation zulassen.“

„Ja“, sagte Elga, „laß uns das ausprobieren.“

Nach dem Abendbrot ruderten wir zur Bella Donna hinüber. Bob und Sheila wollen in diesem Jahr über die Bahamas, Bermuda und die Azoren nach England zurücksegeln.

„Wer geht denn außer uns noch in den Großen Ozean?“ fragte ich, als wir mit den beiden im Cockpit saßen, jeder mit einem großen Glas Rum-Cocktail, dessen Mixen Bobs anerkannte Spezialität war.

„Die Shireen, die Takebora – ja, und ihr. Da ist auch noch die Posh“, sagte Bob. „Sie sind alle schon unterwegs Richtung Panama.“

„Wir sind also die Nachhut von vier Pazifikyachten. Erinnert ihr euch: in

Las Palmas waren wir fünfzehn für den Atlantik. Es werden weniger, je weiter wir von Europa fortkommen."

„Schreibt ihr uns?" fragte Sheila. „Es wäre schön, von Sonne und Segeln zu hören, wenn wir im Herbst wieder im Nebel sitzen."

Wir saßen und sprachen - sprachen bald über Winde und Kurse und Yachten. Wir wußten, daß dies unser letztes Gespräch für Jahre, vielleicht für immer war.

Dann nahmen wir Abschied.

Jetzt sitze ich in unserer Kajüte. Elga schläft bereits. Ich denke über die Freundschaft zwischen uns Yachtseglern nach. Sie ist intensiv und ehrlich - grenzenlos in Hilfsbereitschaft und Gedankenaustausch. Den gemeinsamen Stunden im Hafen folgen einsame Monate auf See. Dann hört man voneinander - durch andere Freunde, durch einen Brief. Und sieht man sich wieder: Jahre und Weltmeere liegen dazwischen. Die Freundschaft ist tiefer geworden.

So lebt zwischen den Kontinenten mit ihren staatlichen Grenzen eine kleine Gemeinschaft von Gleichgesinnten. Sie kennen keine Sprach- und Grenzschwierigkeiten, keine Farb- und Rassenunterschiede. Politik ist für sie eine längst überwundene Kinderkrankheit. Stets ist ihre erste Reaktion: Unbekanntes verstehen zu lernen, das hat die See sie gelehrt - ihre zweite: zu helfen, wenn es notwendig ist. Sie kommen von überall her und gehen nach überall hin - auf kleinen Schiffen über das Meer, das ihr Leben und Denken formt. Sie segeln freie Kurse.

*Balboa, Panama Canal Zone, im Februar 1965*

Unsere Freunde standen am Ufer oder auf den Kajüten ihrer Yachten und winkten. Einige sprangen auf die alten Kanonen, andere kletterten in die Wanten der Maste. Sie riefen alle: „Farewell!"

KAIROS segelte aus der Bucht von English Harbour. Elga weinte. Ich schluckte. Die winkenden Gestalten wurden klein und verschwanden hinter den Ruinen der Battery auf Barclay Point. Wir waren plötzlich allein.

„Kurs 259 - Grad - am Kompaß", sagte Elga vom Kartentisch. „Er führt genau - zwischen - Montserrat und - Redonde hindurch."

Heiser sagte ich: „Es ist schön, immer wieder Abschied zu nehmen."

Elga schüttelte den Kopf.

„Doch“, fuhr ich fort, „nach jedem Abschied brauchen *wir* uns um so mehr.“

Der atlantische Nordost-Passat ist ein Seewind, dessen blaues Wasser- und Himmelreich durch den Riegel der Westindischen Inseln erheblich gestört wird. Bevor er über den Cordilleren und Mangrovensümpfen des amerikanischen Festlandes enden muß, weht er noch einmal mit aller Kraft.

Unzählige Regenböen kamen. In breiter Front zogen sie über den Horizont: schwarze Regenwände, gekrönt von weißen Kumuluswolken. Während der vorige Schauer noch die Kimm voraus unsichtbar machte, fiel schon der nächste über uns her. Die zwischenzeitlichen Sonnenperioden reichten nicht aus, unsere Kleidung zu trocknen. So mußten wir Ölzeug tragen. Von außen regennaß, von innen schweißnaß - es war unerträglich. Aber wir wollten uns keine Lungenentzündung holen.

Der Wind war böig-unruhig. Ein Segelmanöver folgte dem anderen. Die Feuchtigkeit weichte die Haut der Hände auf. Blasen entstanden, entzündeten sich. Jeder Griff schmerzte, wenn die lahmen Finger sich ins Segeltuch krallten. Erschöpft krochen wir in unsere Kojen. Unlustig quälten wir uns wieder an Deck. Wir verfluchten die Seefahrt.

Dann wurde das Wetter schön. Für vier Tage wehte der Passat gleichmäßig aus Nordost. Unser Bordleben nahm erträgliche Formen an. Der Abschiedsschmerz wich. Wir setzten die Passatsegel, gingen aber unsere Ruderwachen weiter, da wir wegen starken Schiffsverkehrs KAIROS nicht sich selbst steuern lassen wollten. Unsere neue Wacheinteilung bewährte sich gut.

Wir hatten uns gerade wieder ans Leben auf See gewöhnt, als eine magische Klarheit über den Horizont stieg. Die Passatwolken, leichte Schönwetterwolken, wurden von ihr aufgesogen. Trotzdem wurde die Luft klebrigfeucht. Ein Schoner, der von achteraus langsam aufgeholt hatte, reffte Segel und drehte nach Süd ab. Wir segelten weiter.

Nachmittags 16.00 Uhr wehte es aus Ostnordost Stärke 6. Um 18.00 Uhr war es Windstärke 7 aus gleicher Richtung. Das Barometer zeigte nichts Außergewöhnliches. Ich reffte beide Passatsegel. Sie haben ein Bindereff und müssen zum Reffen heruntergenommen werden. Bei den heftigen Schiffsbewegungen war es ein langwieriges Unternehmen. Elga steuerte. Als die Sonne unterging, sahen wir vor ihrem roten Ball eine aufgewehte, feine Wasserstaubschicht über der groben See. Um 22.00 Uhr wehte es mit 8.

KAIROS kam nun von den Wellenkämmen nicht mehr frei. Seine Fahrt war zu groß. Die mitlaufenden Seen versuchten ihn querzudrücken. Der Rudergänger arbeitete mit ganzer Kraft. Ich barg das Backbord-Passatsegel. Jetzt machte das Schiff wieder sichere Fahrt durch die Seen. Der Wind nahm weiter zu, er jaulte im Rigg. Der Seegang wuchs und lärmte wie ein Güterzug. Der Himmel zeigte klare Sternenpracht.

△ „In 9 Tagen und 8 Stunden segelten wir über das Karibische Meer."
▽ „Zu beiden Seiten der Bucht heben sich unwegsame Bergrücken."

*Landexpeditionen scheitern an der Weglosigkeit der Insel. Die Sonne glüht."*

*„Wir müssen uns in den Arm kneifen, um zu begreifen, daß dies Wirklichkeit ist."*

△ *„In Papeete kostet eine Banane mehr als in Hamburg."*
▽ *„Die Lagune von Bora Bora."*

Kairos entfaltete eine uns bisher noch nicht bekannte Kraft. Da kamen diese Seen aus der Dunkelheit, steilten sich hinter dem Schiff auf. Das Heck wurde gehoben. Die See griff zu – Gegenruder jetzt! – der Bug kam hoch. Der Wellenrücken bildete kochende Kaskaden zu beiden Seiten des Schiffes und zog, während das Heck abwärts fiel, als solide, weißgefleckte Wand in die Nacht. Kairos schüttelte sich und warf das Wasser ab. Die nächste See kam rollend.

Manchmal brach sich der Seegang direkt hinter dem Heck. Wie mit einer Faust geschah der Schlag. Wasserhände griffen ins Cockpit, Gischtfinger umklammerten den festgelaschten Rudergänger, der plötzlich in reißendem Wasser saß und den Kurs nach der tanzenden Kompaßrose steuerte.

Es war ein wilder, nicht endenwollender Kampf.

In der Kajüte blieb es, abgesehen von den Rollbewegungen, bemerkenswert ruhig und still. Kamen wir hinunter, umgab uns die vertraute Umwelt so selbstverständlich und sicher, daß wir das Chaos oben vergessen und schlafen konnten.

Als die Sonne aufging, erreichten die Böen Stärke 9. Die See war weiß von Gischt, die Wellenhöhe betrug 6 Meter, manchmal mehr. Sturm war das. Unter den noch stehenden 8 Quadratmetern Segelfläche lief Kairos 141 Seemeilen von Mittag zu Mittag.

Es begegnete uns in 500 Meter Abstand ein 5000-t-Frachter. Bis zum Deck tauchte der Bug ein, warf stäubendes Wasser bis über die Brücke, bevor er sich triefend und schwerfällig hob. Auch bei der Großschiffahrt ging es nicht mehr friedlich zu.

„Da bekommt der Käpt'n ja'n ganz nassen Hut, wenn er auf die Brücke geht!“ schrie Elga kopfschüttelnd. „Und diese entsetzlichen Bewegungen!“ Ihr Kopfschütteln ging auf den ganzen Körper über. „Ich wäre in zwei Minuten seekrank.“

Es war schade, daß wir nicht hören konnten, was da drüben über uns gesagt wurde. Sicherlich schüttelten sie sich auch.

Abends ließ der Wind nach. Windstärke 6 bis 7 aus Nordost. Ich setzte das zweite Passatsegel gerefft. Doch Kairos lag mit ihm schlecht in der steilen See. So barg ich es wieder.

In der Nacht kreuzten zwei Dampfer unseren Kurs. Der eine kam so dicht, daß Elga mich weckte. Es drohte Kollisionsgefahr. Offensichtlich konnte man unsere Positionslichter wegen des Seegangs nicht sehen. Unter dem einen Passatsegel waren wir kaum manövrierfähig. Nach der Seestraßenordnung haben Dampfer Segelschiffen auszuweichen. Doch hier? Wir luvten an, so gut und so viel es ging. Wir kamen klar. Unheimlich stampfend klangen die Maschinengeräusche des Riesen herüber. Sein Hecklicht starrte wie ein bewegungsloses Auge. Die Gefahr war vorüber. Uns war übel vor Angst.

Nordost 6 – tagelang. Unser Ziel war dieses Mal keine Insel, in deren Lee wir gemütlich zum Ankerplatz segeln konnten. Unser Ansteuerungspunkt war die Punta Manzanillo, ein 500 Meter hohes Kap an der flachen Küste eines Kontinents, 25 Seemeilen nordöstlich des Hafens Cristóbal.

Ich fühlte Unbehagen. Es ist eine riskante Sache, *vor* starkem Wind und *vor* hoher See eine unbekannte Küste anzulaufen. Der Wind konnte zu dieser Jahreszeit jeden Augenblick wieder auffrischen. Dann würde Manövrieren vor der Küste sehr schwierig, wenn nicht unmöglich sein. Wir mußten das Ziel auf den Kopf treffen. Jedesmal, wenn ich den Sextanten zur Hand nahm, tat ich ein stilles Gebet.

Am Tage unseres Landfalls ließ der Wind jedoch weiter nach. Bei Nordost 4 bis 5 setzten wir das Großsegel und die Fock 1.

Voraus, wo heute mittag die Küste in Sicht kommen mußte, standen Kumuluswolken. Es wurde diesig. Aus der brechenden See wurde schnell eine lange Dünung. Nach der Vormittagsbeobachtung der Sonne legte ich mich schlafen.

Es wurde ein erquickender Schlaf. Die Luken standen weit geöffnet. Wir trugen Segel, die uns voll manövrierfähig machten. Das Wetter war handig. Alle Umstände machten das Leben behaglich.

Als ich erwache, zeigt meine Uhr weit nach Mittag. Elga hat mich nicht zur Mittagsbeobachtung geweckt! Ich stürze sehr unbekleidet an Deck.

Dort sitzt Elga. „Wenn du dich jetzt umdrehst“, sagt sie heiter, „wirst du Amerika sehen – bitte!“

Ich wende mich um. Es versetzt mir einen Schlag: in 6 Seemeilen Entfernung, genau auf der Linie unseres Kurses liegt Punta Manzanillo. Ich erkenne den Sattelberg sofort, wie er im Handbuch beschrieben ist.

„Mensch! Elga!“ schreie ich los. „Amerika! Stell dir vor, das ist *Amerika*!“

Ich konnte mich nicht beruhigen. Amerika, einst von Columbus irrend gefunden und seitdem als Zauber von Ferne, von Gold, von Freiheit immer wieder in unsere Europäerseelen gesenkt.

Nach dem Mittagessen hat sich Elga schlafen gelegt. Wir segeln nun auf neu abgesetztem Kurs entlang der Küste nach Cristóbal. Ich steuere und fühle, wie mein Herz schlägt. Du bist verrückt, Junge, sage ich mir, es ist eine Küste wie jede andere auch.

Aber so wie wir jetzt: heiß, feucht, dunstverhangen, so müssen auch die Spanier diese Küste gesehen haben. Das liegt 460 Jahre zurück. Was sind 460 Jahre für eine Ozeanküste? Nicht genug, um sie überhaupt zu verändern.

Als Barriere legte sich damals die Küste vor die grenzenlosen Träume der Spanier von Gold und Reichtum. Gab es Gold *hinter* ihren Dschungeln?

Der Mann, dem diese Frage keine Ruhe ließ, hieß Vasco Nuñez de Balboa. Er war ein verschuldeter Soldat, der mit der Conquista sein Glück in der Neuen Welt suchen wollte. Maßloser Ehrgeiz, bedenkenlose Kühnheit, blitzschnelle Entschlußkraft, eisernes Durchstehvermögen, das sind die Eigenschaften dieses Mannes.

Es gelingt ihm mit Versprechungen von Gold, das er zu finden hofft, sich einen Gouverneursposten an dem fieberverseuchten Küstenstrich zu erhandeln. Von einem gefangenen Indianer erfährt er dann, daß „nicht weit" zum Sonnenuntergang hin ein Meer mit „goldenen Küsten" liege. Das genügt.

Gold! Goldene Küsten! Mit einer Schar Abenteurer bricht er auf. Sie dringen in den Dschungel ein, hacken sich einen Pfad durch die grüne Hölle. Die meisten sterben am Fieber, an den Pocken, an Schlangenbissen. Kein Sterben in Frieden: es ist Aufbäumen, Qual, Verdursten und Verrotten, bis sich die Seele aus der verquollenen Kehle herausgeröchelt hat. Doch mit Ungestüm dringen die Überlebenden weiter vor – ein paar Meilen jeden Tag.

Allen voraus ist Balboa. Wo sind diese goldenen Küsten? Madonna, wo?

Am 3. Oktober 1513 erreichen sie das unbekannte Meer. Vor ihren fiebernden Augen breitet es sich nach Süden aus. Südsee nennen sie es deshalb. Golden funkelt die Sonne auf den Küstenwellen. Balboa watet bis zu den Knien in den Goldschimmer hinein und ruft mit pathetisch erhobenen Armen: „Im Namen der Königskrone von Kastilien ergreife ich von diesen Gewässern, Ländern, Küsten, Häfen und südlichen Eilanden Besitz!"

Der Große Ozean ist entdeckt. Er schenkt Balboa außer Sonnenglanz kein Gold. Nach seiner Rückkehr gerät er darum in eine endlose Kette von Intrigen und wird schließlich enthauptet. Der das Todesurteil verlesende Offizier heißt Francesco Pizarro. Mit ihm löst sich die Suche nach Gold vom Atlantischen Ozean, wird in den südamerikanischen Kontinent getragen und dann in den Großen Ozean, in die Südsee.

Bereits eine halbe Seemeile vor den Wellenbrechern des Außenhafens von Cristóbal nahm uns US-amerikanische Organisation liebevoll in ihre perfekten Arme. Ein riesiger Scheinwerfer flammte auf und erfaßte uns. Er leuchtete gerade so lange, um uns identifizieren zu können.

„Wir sind wie Steinzeitmenschen für sie", sagte ich.

„Wieso?"

„Weil wir keine Radiotelefonie haben, um uns anzumelden."

Mit den grünen Richtfeuern auf der Gatunschleuse in Linie liefen wir schlingernd in den Außenhafen. 46 Seemeilen Kanalfahrt trennten uns noch vom Großen Ozean.

Eine Hafenbarkasse mit dem Namen US HEALTH kam angeprescht. „Let go anchor!" rief man uns zu. Und während unser Anker noch in ungeahnte

Tiefen sank - ich hätte viel lieber im flachen Innenhafen geankert - sprang ein alerter Mann bereits an Bord. Die schienen es hier mächtig eilig zu haben.

Der Mann trug am Hemd ein Namensschild „John Frost“ und in der Hand eine Tasche, sehr groß, mit Formularen und einer Spritze für Insektenpulver. In der Brusttasche des Hemdes stak säuberlich eine endlose Reihe von Kugelschreibern in *allen* Farben. Am Gürtel war eine Klein-Tasche befestigt mit Injektionsspritzen und Ampullen - sicherlich für „akute Fälle“.

„Hey!“ rief Mr. John Frost. „Fein, daß ihr Leute da seid! Mache hier die Einklarierung. Können unseren job jetzt gleich tun, dann brauchen wir's morgen nicht zu tun. Guten Törn gehabt? Fein! Immer 'ne Menge Wind jetzt in der Karibik.“

Während wir ein wenig fassungslos dieses US-Wunder anstarrten, kletterte Mr. John Frost in die Kajüte. Dort ließ er sich nieder und begann, Formulare um sich zu verbreiten. Wir waren schüchtern gefolgt.

„Na, alles gesund an Bord? Fein! Nennt mich John. Haben euch schon gestern erwartet.“

„Erwartet?“ fragte ich.

John freute sich. „Ja, denkt ihr Leute denn, wir wissen nicht, was in der Karibik rumfährt? Wir wissen's!“

„Ach so“, sagte ich.

Wir füllten hungrig, müde, mit brennenden Augen die Formulare aus. Dann wurde das Schiff vermessen - richtig mit Zentimeterband: Vorschiff, Achterschiff, Mittelschiff, Maschinenraum. Wir schwitzten alle heftig, aber es half nichts. Die Ergebnisse wurden fein säuberlich in Tabellen eingetragen.

„Danach wird die Gebühr errechnet“, erklärte John.

„Wie umständlich für eine Yacht“, meinte Elga. „Ein Frachtdampfer hat das alles sicherlich in seinen Schiffspapieren. Nehmen Sie doch für Yachten eine einheitliche Gebühr, John.“

John lachte. „Das ist nicht mein job, Leute. Ich vermesse. Wenn ihr mal wieder des Weges kommt, haben wir euch in unseren Akten. Dann kommt ein anderer an Bord. Wir sind alle spezialisiert.“

„Ach so“, sagte ich.

Um 23.00 Uhr, nach drei Stunden Arbeit, waren wir fertig - richtig fertig. John bekam einen männermordenden Gordon's Gin eingeschenkt und zeigte sich erstaunt, daß wir noch kein Abendbrot gegessen hatten. Nachdem er uns mehrere Male eingeschärft hatte, mit welchen Papieren wir zu welchen Behörden morgen zu gehen hätten, verschwand er strahlend und winkend auf US HEALTH im Lichtdunkel des großen Hafens.

Lautes Schlagen an Deck weckte uns am nächsten Morgen. Vollkommen verschlafen, nur mit einer Turnhose bekleidet, stürze ich an Deck. US HEALTH liegt längsseits. Ein panamesischer Bootsmann donnert mit dem Bootshaken aufs Kajütsdach.

„Hölle!“ fahre ich den Bootsmann an. „Hau’ ab!“

Er grinst amerikanisch, strahlend also.

Ein alerter Mann springt an Bord - am Hemd ein Namensschild „John Brians“, in der Hand eine Tasche, sehr groß, mit Formularen und einer Spritze für Insektenpulver. In der Brusttasche des Hemdes steckt säuberlich eine endlose Reihe von Kugelschreibern *aller* Farben. Am Gürtel ist eine Klein-Tasche befestigt mit Injektionsspritze und Ampullen für „akute Fälle“.

„Hey!“ ruft er. „Fein, daß ihr Leute da seid! Mache hier die Einklarierung. Tun wir’s gleich, dann brauchen wir’s später nicht zu tun. Guten Törn gehabt? Fein! Immer ’ne Menge Wind jetzt in der Karibik.“

Ich erkläre verwirrt, daß gestern John I -

„Ja, John!“ ruft John II, „feiner Junge das! Aber er hat ’nen job auf’m Tanker jetzt. Und da bin ich eben zu euch gekommen. Nennt mich John.“

Wir werden also vermessen. Warum auch nicht? Vorschiff und Achterschiff. Wieviel Ladeluken? Wieviel Särge? Welche Häfen seit Beginn der Reise? Wann wurde das Schiff zum letzten Mal entrattet?

„Entrattet?“ frage ich.

„Entrattet“, sagt John II geduldig, als spräche er zu Steinzeitmenschen. „Entrattet - also - von Ratte - wie große Maus.“ Er zwinkert mit den Augen. „Sehe schon, keine Ratten an Bord. Würde das Schiffchen ja auch gar nicht tragen können.“

Dann erklärt er uns, mit welchen Formularen wir zu welchen Behörden heute gehen müssen. Und dann ist er ganz erstaunt, daß wir noch kein Frühstück gehabt haben. Und schließlich entschwindet er strahlend und winkend auf US HEALTH in die lichtgebadete Sonnenweite des großen Hafens.

In der Stadt liefen wir uns die Absätze krumm an diesem Tage. Doch allerorten war man von überwältigender Freundlichkeit.

Wir hatten unser kleines, rotes Schlauchboot ganz in der Ecke des Hafenbeckens festgemacht. Als wir am Nachmittag zurückkehrten, fürchteten wir schon in der Ferne das Schlimmste. Der Bug eines Flugzeugträgers ragte über die Dächer der Schuppen. Wenn ich etwas nicht mag, dann, daß Flugzeugträger neben unserem kleinen, roten Schlauchboot festmachen - besonders seitdem es nicht mehr ganz neu ist und Flickstellen hat. Wir eilten zur Pier.

Aber es war alles in Ordnung. Das Schlauchboot lag klein und rot in der Hafenecke und rieb seine Nase vertrauensvoll an dem grauen Riesenbug. Seht mal, schien es zu sagen, womit ich heute spielen darf.

Wir verholten KAIROS zum Yachtclub, dessen Gebäude am alten Französischen Canal liegt. Dort machten wir am Steg fest. Die POSH aus Los Angeles und die COASTER aus Seattle lagen dort. Die Skipper Bob und Don lebten mit ihren Familien an Bord. Sie wollten ebenfalls durch den Kanal - die POSH dann weiter nach Los Angeles, die COASTER nach Hawaii.

Sie begrüßten uns mit einem Willkommenstrunk, der lustig zum Abend in ein Barbecue auf dem Clubsteg überging.

„Fein, Leute!" sagte ich schließlich gesättigt und konnte, von einer Menge Whisky zu sozialem Denken gebracht, meine Erfahrungen des Tages zusammenfassen: „Fein, daß ihr Leute und wir Leute - daß wir alle da sind."

Die Panama Canal Zone ist Territorium der USA. Sie umfaßt einen Streifen Land von 5 Meilen zu jeder Seite des Kanals, eingeschlossen die Seen des Inlandes, den Gatun See, den Miraflores See und den Madden Stausee. Letzterer gewährleistet das Füllen der Schleusen. Die Grenze zur Republik Panama ist durch keine Schlagbäume gekennzeichnet. Doch wo die wie keimfrei wirkenden Häuser, die sauberen Straßen, die gepflegten Rasen aufhören und überfüllte Kehrrichttonnen, verwahrloste Häuser und schmutzige Gossen beginnen, da verläuft augenfällig die Grenze.

1889 mußten die Franzosen die Arbeiten an dem von Ferdinand Lesseps geplanten Kanal einstellen. Milliarden an Geld, zehntausende an Menschenleben hatte dieser schmale Streifen Festland gekostet, der zwei Weltmeere trennt und zwei Landmassen zu einem Kontinent verbindet. Mit Gelbfieber, Malaria, Seuchen, mit Sumpf, Dschungel und granitenen Bergen hatte er Kapitalkraft, Ingenieurkunst, Organisationstalent zuschanden gemacht - acht Jahre vergeblichen Mühens.

Zu einem Spottpreis kauften die Amerikaner die Rechte auf. Sie vollendeten den Kanal nicht mit Spaten und Bulldozer. Sie taten es mit Petroleum und Feuer. Sümpfe und Dickichte, die Brutplätze der krankheitsübertragenden Moskitos, wurden mit Petroleum übergossen und niedergebrannt. Jetzt konnte der Kanal in einem fieberfreien Gebiet zu Ende gebaut werden. Seitdem haben es die Amerikaner verstanden, ihre Canal Zone gesund zu halten. An der atlantischen Seite liegt der Hafen Cristóbal, an der pazifischen der Hafen Balboa. Die entsprechenden panamesischen Städte heißen Colón und Panama.

Wir rüsteten uns in Cristóbal aus. KAIROS mußte noch weit mehr als bei unserer Ausreise von Hamburg beladen werden. Denn wir wußten nicht, was es auf den Pazifik-Inseln außer den ortsüblichen Lebensmitteln zu kaufen geben würde.

Wir verfertigten wieder endlose Listen, tätigten endlose Einkäufe und schleppten alles im Schweiße unseres Angesichts an Bord. Schwierigkeiten bereitete die Beschaffung von Knäckebrot, wir mußten mit amerikanischen Biskuits vorliebnehmen. Sie schmecken pappig. Schön war der Erwerb von Salzwasserseife, mein morgendliches Duschbad auf dem Vorschiff würde im Zeichen schäumenden Genusses stehen.

Abends saßen wir über Seekarten und Handbüchern. Im Großen Ozean waren die Galápagos Inseln unser erstes Ziel. Flauten, Gewitterböen, starke Strömungen herrschen dort. Aus den Erfahrungen unendlich vieler Segelreisen sind in den Handbüchern günstige Kurse über See beschrieben. Wir lasen, machten Punkte auf die Karten, legten Kurse fest, die bald das Abenteuer der Verwirklichung finden sollen.

Mit Bob und Don besprachen wir die Kanaldurchfahrten unserer Yachten. Sie wollten uns bei unserer Durchfahrt helfen, wir ihnen bei der ihrigen.

Drei Schleusen, als Schleusentreppe eine hinter die andere gebaut, heben die Schiffe zum Kanal. Durch ebensoviele geschieht das Abschleusen im Westen. Das Aufschleusen ist für Yachten nicht ohne Risiko, da das Füllen der Kammern vermittels Falldruck aus dem Stausee erfolgt. Das Wasser strömt aus meterdicken Bodenrohren ein. Es bilden sich starke Wasserwirbel. Dampfer werden von vier Dieselloks, die jeweils zwei Bug- und zwei Heckleinen übernehmen, in die Schleusen gezogen und während des Schleusens frei von den Mauern gehalten. Yachten werden ebenso wie die Dampfer, jedoch ohne Dieselloks, an vier Leinen in die Mitte der Kammern gelegt. Von Schleuse zu Schleuse fährt die Yacht unter eigener Motorkraft.

Wir bezahlten unsere Gebühren im Vewaltungsgebäude. Das Ergebnis der vereinten Meßkünste unserer Johns betrug US-Dollar 2,88. Die Kosten für den Lotsen, den die Kanalordnung vorschreibt, waren darin bereits berücksichtigt.

Früh am Morgen kam der Lotse. Es war das erste Mal, daß eine so kompetente seemännische Persönlichkeit unser Deck betrat. Bob, Don, Elga und ich standen achtungsvoll auf den nunmehr überfüllten Decks.

Er begrüßte uns jovial: „Hey! Fein, daß ihr Leute klar seid! Na, werft mal los. Wollen sehen, daß wir diesen Floh schnell durchkriegen. Wie lang sind die Leinen? Wie stark ist die Maschine? Deutsches Schiff? Ha! Wo ist das Bier?«

Nun - die vier 50-Meter-Leinen hatten wir bereits in Hamburg gekauft, die Maschine lief, nur Bier hatten wir nicht. Aber Whisky tat es schließlich auch.

„Nennt mich Tim“, sagte unser Lotse.

Hinter einem 9000-t-Dampfer liefen wir in die erste Schleuse. Die Männer an Land schleuderten die Wurfleinen. Mit ihnen wurden unsere Festmacher aufgeholt und an den Pollern hoch oben auf der Mauer belegt. Fest? Fest! Das Wasser begann einzuströmen und zu wirbeln.

Um das Schiff freizuhalten, mußten die Leinen bei schnell steigendem Wasser laufend eingeholt werden. Schwitzend arbeiteten wir, hol' ein, hol' ein! Wurde das Schiff seitwärts gedrückt, wurden die Leinen blitzschnell festgelegt. Innerhalb von 8 Minuten hatte sich der Wasserstand um 9 Meter gehoben.

Die Tore zur nächsten Schleuse öffneten sich. Noch einmal gab es eine Belastung, als der vor uns liegende Dampfer den anziehenden Diesellokomotiven mit einem Stoß seiner Schraube Unterstützung gab. Unsere Leinen knirschten und zitterten.

„Go on!" schrie Tim und winkte wie ein Feldherr den Männern auf der Mauer, unsere Leinen zu lösen. „Go on! Gib ihr Saft, Junge! Teufel hab' noch nie so'n kleines Schiff gelotst." Noch zweimal wiederholte sich der Vorgang, dann befanden wir uns 27 Meter über dem Spiegel der Weltmeere.

Auf dem Gatun See liefen wir unter Maschine und Segel schnelle Fahrt. Im schmalen Gaillard Durchstich glühte die Sonne. Wir bargen die Segel. Ein deutscher Bananendampfer begegnete uns.

Das Abschleusen war sehr viel weniger atemberaubend. Es entstehen dabei keine Wasserwirbel. Wieder hatten wir alle Hände voll zu tun - diesmal um Leine zu stecken, fier' weg!

Dann öffnete sich das letzte Schleusentor. Es war dunkel geworden, als wir unter Tims Weisungen zur Reede des Balboa Yacht Club steuerten. So konnten wir den großen Ozean an diesem Tage nicht mehr sehen. Aber wir spürten ihn: mit der einsetzenden Flut begann seine Dünung in die Bucht zu laufen. Aus welcher Weite kam sie?

Ich brachte KAIROS an die Boje.

„Stop it!" rief Tim. „Hier sind wir - okay!"

„Boje fest!" riefen Bob und Don vom Vorschiff.

Elga stellte die Maschine ab. In der plötzlichen Stille schwiegen alle.

Ich stieß Elga unbemerkt an. Wir fühlten: die Atlantische Welt lag hinter uns. Nur 46 Seemeilen?

Hier war die Stadt Balboa. Hier hatte der Mann Balboa gestanden und mit geöffneten Armen gerufen: „- ergreife ich Besitz von diesen Gewässern, Ländern, Küsten, Häfen und südlichen Eilanden."

Nun gab es für uns nur noch einen Weg nach Hause - westwärts um die Erde herum.

# Im Großen Ozean

*Santa Maria, im März 1965*

Wir hatten vom Schlauchboot aus die Bucht gegenüber der Stadt Balboa ausgelotet, um Kairos bei Hochwasser dort auf den Strand zu setzen. Das Unterwasserschiff mußte gereinigt und ausgebessert werden. Noch am Abend hatten wir die Anker und Leinen bereitgelegt, das Manöver genau durchgesprochen. Zwei Stunden vor Sonnenaufgang liefen wir unter Maschine zur Bucht hinüber und manövrierten Kairos vermittels der am Vortage genommenen Peilungen zu dem bestimmten Platz.

Mit sanftem Knirschen setzte der Kiel am Ufer auf.

„20 Meter!" rief Elga. Sie meinte die Trosse zum Heckanker, den wir fallen ließen, bevor der Bug Grundberührung bekam.

„Beleg das!" rief ich zurück und sprang auf den Strand, wo ich die Bugleine an einer Palme festmachte. Jetzt lag Kairos sicher zwischen Heckanker und Palme auf Grund - senkrecht zur Uferlinie.

Mit Elgas Hilfe brachte ich per Schlauchboot je einen Anker nach Steuerbord und Backbord aus, deren Trossen wir mit Großfall und Fockfall zum Topp des Mastes aufheißten und gut durchsetzten. Kairos stand nun fest im Dreieck der Ankertrossen. Es begann zu ebben.

Wir begannen sofort, das Unterwasserschiff zu reinigen. Elga leuchtete mit der Stablampe, ich schrubbte.

Als die Sonne aufging, war die Reinigung bis zum Kiel hinunter abgeschlossen. Aus einigen bereitgestellten Frischwasserkanistern füllten wir Wasser in Eimer und spülten damit Unterwasserschiff und Bordwände ab. Dadurch entfernten wir die Salzrückstände des Seewassers.

Wir frühstückten, während die steigende Sonne die gereinigten Flächen trocknete. Mit Sandpapier, Farbtopf und Pinsel machten wir uns anschließend an die Ausbesserungsarbeiten. Als mittags die Hitze unerträglich wurde, war unsere Arbeit getan. Wir warteten auf die Flut. Bei Hochwasser, 12 Stunden nach dem Aufsetzen, schwamm Kairos wieder. Wir holten Anker und Leinen ein und liefen unter Motor zurück zur Reede vor dem Balboa Yacht Club.

Wir duschten im Clubgebäude. Anschließend besuchten wir Dick und seine Frau Tony auf ihrem Kutter Grisette. Sie gaben uns Post und Motorersatzteile für eine Yacht, Lady Lee mit Namen, die zwischen den Galápagos Inseln kreuzen sollte.

„Ihr Leute segelt ja vor uns dorthin", sagte Dick. „Nehmt die Sachen mit. Sie lagen hier im Büro des Clubs herum. Es hat keinen Zweck, sie zur Post zurückzugeben. Zu den Galápagos kommt ja kaum ein Dampfer."

Wir nahmen Briefe und Pakete ins Schlauchboot.

„Postdampfer KAIROS", sagte Elga, als wir an Bord ruderten. „Ob wir die LADY LEE jemals treffen?"

„Irgendwann und irgendwo - warum nicht?" gab ich zur Antwort. An Bord verstauten wir „die Post". Dann füllten wir auf dem Clubsteg Wasser und Benzin in die entsprechenden Kanister. Spät am Abend war KAIROS seeklar. Am nächsten Tag wollten wir auslaufen.

Während der Nacht kam Südwind auf. Wir brauchten Nordwind. Wir warteten einen Tag. Als der Wind drehte, liefen wir aus. Kurs Süd. Aus der Bucht von Panama heraus mußten wir Süd und Südwest bis zum Äquator steuern. Dort, jenseits der Kalmenzone, wo südliche Winde vorherrschen, konnten wir auf Westkurs gehen, um die Inseln anzulaufen.

Anfangs kamen wir gut voran. KAIROS schäumte vor nordöstlichen Winden über die mäßig bewegte See. Es war herrlich. Wir gewöhnten uns schnell ans Bordleben.

Doch mit jedem Tag wurde die Luft diesiger und feuchter. Im Süden formten sich Kumuluswolken zu schweren Bänken. Sie lösten sich zwar abends auf, aber es geschah immer zögernder. Wetterleuchten begann nachts aufzuflammen. Es schien wie mit Gespensterfingern nach uns zu greifen - eine stumme Drohung, der wir nicht ausweichen konnten.

Kurs Südwest.

Mittags stand die Sonne fast senkrecht über uns. Sie verbreitete ein schattenloses, dunstgefiltertes Geisterlicht, dessen Strahlen die Haut versengte. Holzteile im Cockpit wurden so heiß, daß wir barfuß nicht mehr auf ihnen stehen konnten. Die Farbe des Kajütsdecks hob sich in Blasen. Wir spannten ein kleines Sonnensegel, das den Rudergänger vor der Sonnenstrahlung schützte.

Kurs Süd zu West.

Die Atmosphäre wurde schwer wie eine körperliche Last. Wir gingen unsere Wachen, krochen in die Kojen, machten die Navigation, aßen unsere Mahlzeiten - wie Schwerarbeiter: jede Bewegung brachte Ströme von Schweiß. Alles klebte.

Wasser hatten wir rationiert. Wir wußten nicht, ob wir auf den Galápagos Inseln Wasser ergänzen konnten.

Der Wind wehte immer unzuverlässiger, immer schwächer. Unsere Etmale schrumpften. Die See, horizontlos in Dunst und Hitze, in Geisterlicht und Wetterleuchten, wogte schwer.

KAIROS rollte und schlingerte südwestwärts.

Verschwand das Kielwasser tagsüber spurlos achteraus, so leuchtete es nachts phosphoreszierend in der See - unheimlich wie alles in diesen Breiten.

Unsere Navigation ergab große Besteckversetzungen nach Süd. Sie wurden durch eine warme Meeresströmung verursacht, die hier nach Süd setzt. Am Äquator trifft sie mit dem kalten Humboldt-Strom zusammen. In riesigen Wirbeln mischen sich kaltes und warmes Wasser, werfen Stromkabbelungen auf und vereinigen sich zum Äquatorial-Strom, der nach Westen fließt.

Immer schwächer wurde der Wind, immer lastender die Hitze. KAIROS taumelte südwestwärts.

„Wie geht's?“ fragte ich Elga zur Wachablösung.

„Ich kann kaum atmen“, antwortete sie.

Ich dachte an die 34° Celsius in der Kajüte, an die naßgeschwitzten Kojen. Da unten war es nicht besser als hier oben. Was konnten wir daran ändern?

Eines Abends lösten sich die drohenden Kumuluswolken nicht auf. Blauschwarz drohten ihre geballten Massen ringsum. Zum ersten Mal hörten wir Donner. Während der Nacht fiel die erste Bö wie mit tausend Teufeln über uns her. Sie kam aus Nordwest. Wir bargen die Fock und refften das Großsegel. Blitze, Donner, Regen - dann stundenlange Flaute. Wir setzten die Fock und refften das Großsegel aus. Windlos schlugen die Segel. Plötzlich waren Sterne über uns. Dann wieder Wolken, aus denen es regnete.

Wir kamen nun tagelang nicht mehr zur Ruhe. Bö aus Nordwest, reffen, Flaute, ausreffen. Schauer. Wind aus Ost, gleich darauf aus Südost, Segelmanöver. Wind aus Nord, Segelmanöver. Flaute. Regenwand von Süd mit Bö, reffen. Regenwand von Ost ohne Bö, ausreffen. Sonnenschein folgte Gewittern. Alles dampfte.

Es bildeten sich riesige Wolkenwalzen, aus denen graue Tromben wie suchende Rüssel niederhingen. Fanden sie zur Oberfläche des Meeres, so saugten sie Wasser auf, wurden schwarz und wirbelten weißstäubende Gischtfächer empor. Zum Glück blieben uns diese Wasserhosen fern. Wir beobachteten sie mit Grauen.

Kurs Süd, Kurs Südwest, Kurs Südost: wir versuchten, den jeweils günstigsten Kurs aus den wechselnden Winden herauszuholen. Das war die Aufgabe. Nichts durfte sie beeinträchtigen - weder Müdigkeit noch Angst, weder Verzweiflung über die Unberechenbarkeit des Wetters noch Wut über die immer wiederkehrenden Segelmanöver. Ob das Schiff sich fahrtlos drehte, ob es unter winziger Besegelung mit dem Leedeck unter Wasser vorwärts preschte, eiskalter Regen oder glühende Sonne - wir verschlossen uns allen Empfindungen.

Die Zeit der Wachen, die Zahlen der Navigation, selbst die Positionskreuze auf der Seekarte verloren ihre reale Bedeutung für uns. Wir arbeiteten damit, weil es die Bordroutine erforderte. Die zeitlose Drohung unserer Umwelt war stärker als das alles - stärker als wir?

Es kam ein Nachmittag, der in Pastellfarben zwischen Blau, Grün und Violett im Süden einen klaren Himmel zeigte. Wir starrten dorthin und hatten Sehnsucht nach Frieden.

Doch von Norden fegten Wolken über den Himmel. Bö! Sie kam schneller als alle vorherigen. In Sekunden sprang der achterliche Wind auf Stärke 7.

„Reffen! Schnell, schnell!"

Als Elga die Pinne übernahm, wehte es mit 8. Reffen war sinnlos geworden. Ich stürze zum Mast. Nur noch das Sturmsegel kann helfen, das an einer zweiten Mastschiene angeschlagen und an Deck gezurrt ist. Die Sturmbö preßt das Großsegel so gegen Mast und Takelage, daß ich es nicht herunterbekomme, um das Sturmsegel zu setzen. Ich reiße mir die Hände blutig. Windstärke 9.

„Bring' ihn in den Wind!" brülle ich Elga zu. Das Schiff muß mit dem Bug in den Wind, damit das Großsegel vom Winddruck frei wird.

Flüchtig sehe ich ihr ängstliches Gesicht. KAIROS in den Wind zu bringen, bedeutet, daß er zeitweilig *quer* zu Wind und Seegang kommen muß. Sie legt die Pinne. KAIROS dreht gehorsam. Dann legt er sich hart auf die Seite. Das ist die erste See von querein. Ich hänge am Mast und halte mich fest. KAIROS richtet sich kaum auf und neigt sich schon wieder: die zweite See. Windstärke 10.

Über mir beginnt das Segel erst zu zittern, dann zu schlagen. In wahnsinniger Hast kann ich es bergen. Die dritte See kommt schon schräg von achtern, da Elga das Schiff mit der verbliebenen Fahrt wieder vor den Wind bringt. Die vierte See kommt von achtern und bildet keine Gefahr mehr. Es weht mit Stärke 11 jetzt. Der Wind peitscht Gischt hoch. KAIROS läuft mit nacktem Mast 4 Knoten Fahrt.

Ich zurre das Großsegel fest. Ans Setzen des Sturmsegels ist gar nicht zu denken. Auf allen Vieren krieche ich nach achtern und falle gefühllos ins Cockpit.

„Geh' runter", sagt Elga, „ruh' dich aus."

Ich schleppe mich in die Koje. Während ich überlege, daß wir unsere langen Leinen als Schutz gegen Brecher achteraus nachschleppen müssen, wenn der Wind nicht nachläßt, schlafe ich erschöpft ein. Elga wacht. Sie weiß, wann das notwendig sein wird. Zwei Stunden vergingen. Elga weckte mich. Draußen herrschte Flaute. Ich setzte Segel.

Das Wetter wurde freundlicher, je weiter wir nach Süden kamen. Die Schauerböen reichten nicht mehr über den ganzen Horizont. Der Himmel zeigte sich zeitweise blau. Wir hatten die Kalmenzone durchsegelt und konnten auf Westkurs gehen. Wind aus Südsüdwest setzte ein. An starken Stromkabbelungen erkannten wir, daß wir den Zusammenfluß des Südstromes mit dem Nordstrom erreicht hatten. Wir standen knapp nördlich des Äquators.

Das Meer wurde wieder blau, wenn die Sonne schien. Delphine zogen mit uns. Wale grüßten mit schnaubenden Wasserfontänen. Behende Sturmschwalben flogen ihr Zickzack um unseren beständig gewordenen Kurs. Schildkröten tauchten auf und reckten die Hälse. Fern im Norden flammte während der Nächte noch hin und wieder Wetterleuchten.

Der Wind blieb schwach. Nur langsam näherten wir uns den Inseln.

Islas Encantadas, Verzauberte Inseln, nannten die spanischen Entdecker vor dreihundert Jahren die Galápagos Inseln. Ihre geographische Lage blieb lange ungewiß, weil anhaltende Windstillen, starke Meeresströmungen, Dunst und Wolken die damaligen Seefahrer verwirrten. Sie sichteten Inseln, die wieder verschwanden. Oder Inseln tauchten auf, wo sie keine vermuteten. Oder sie kreuzten bei schwachem Wind auf Inseln zu, die sie nach Tagen erreichten, wo nur Stunden nötig gewesen wären. Flaute und Stromversetzung, Hitzedunst und Wolkenschleier trieben Spiele, die mit den Navigationsmethoden jener Tage nicht geklärt werden konnten. Die Inseln schienen verhext.

Spanier und Engländer landeten auf den Islas Encantadas. So haben Inseln und Buchten spanische und auch englische Namen. Siedlungsversuche blieben ohne Erfolg. Die Inseln sind menschenfeindlich, ihr Klima ist unzuverlässig. Regnet es, so regnet es zuviel. Scheint die Sonne, so versengt sie. In einigen Buchten reparierten Flibustier ihre Schiffe. Später schickten Walfänger ihre Besatzungen an Land, um Schildkröten zu fangen, die eine Abwechslung in die Ernährung brachten. Nur Sonderlinge und Phantasten, Meuterer und Verbrecher suchten auf den Inseln Zuflucht, bauten Hütten und hausten darin. Sie starben in Einsamkeit oder im Wahnsinn.

Die Inseln gehören heute zu Ecuador. Sie sind kaum besiedelt.

Wir mußten die Wreck Bay an der Südwestküste der Insel San Cristóbal anlaufen, da sich dort die Marinekommandantur befindet. San Cristóbal liegt knapp südlich des Äquators. Mit Westkurs liefen wir für einen Tag fast auf „der Linie“ entlang. Dann drückte uns der Strom auf die südliche Halbkugel. Abends tranken wir darauf einen großen Schluck Rum. Ich hielt eine Ansprache, die Besatzung lauschte aufmerksam.

Als die Insel in Sicht kommen sollte, herrschte Schauerwetter bei mäßigem Südwind. Wir starrten, bis uns die Augen brannten: keine Insel. Die Schauer zogen ab: keine Insel. Seevögel umflogen uns zu Hunderten. Islas Encantadas: keine Insel.

Aber voraus *muß* Land sein!

Flaute setzte ein. Wir warfen die Maschine an. Nach einer Stunde war immer noch kein Land auszumachen. Elga setzte sich an den Kartentisch und rechnete die Navigation nach.

„Nein“, sagte sie schließlich, „kein Fehler.“

Durch hohe Wolken fielen Sonnenstrahlen.

„Da!“ sagte ich. „Land!“

Eine Küstenlinie zeichnete sich im sonnendurchleuchteten Dunst ab. Abends fiel unser Anker in der Wreck Bay.

Ein junger Marineoffizier kam zur Einklarierung. Er prüfte unsere Pässe und die Visa, die wir uns in Panama beschafft hatten.

Am nächsten Morgen ruderten wir an Land. Außer KAIROS lag noch ein Langusten-Fischerboot in der Bucht. Der Steuermann lud uns zum Abend ein.

Die Siedlung am Ufer besteht aus der Marinekommandantur, einem grauen Steingebäude, und etwa dreißig Holzhütten mit verrosteten Wellblechdächern. Eine Straße führt an der Bucht entlang. Sie ist aus Sand. Zwei Wege liegen zwischen den Hütten, auch sie aus Sand. Hinter dem Dorf steigen die Vulkankegel der Insel an, erloschene Krater. Ihre Lavaklippen sind mit Buschwerk bewachsen, das grün ist, wenn Regen fällt, und das weißgraue Äste in den Himmel reckt, wenn Dürre herrscht. Zahlreich sind die Opuntien, Kaktusbäume, deren dicke Lederstämme tellergroße, fleischige Stachelblätter tragen. Sie geben der Landschaft ein wildes und urwelthaftes Aussehen.

Die Wildnis verlor sich bergauf in grauen Wolken, die über den Kratern Nieselregen fallen ließen. Sonnenlose Hitze lastete auf dem Dorf. Die Hütten wirkten nackt, weil keine Blumen ihre Fensterhöhlen schmückten, keine Bäume ihnen Schutz gaben. Menschen begegneten uns. Indios, Mischlinge, Weiße - sie alle waren ärmlich, manchmal zerlumpt gekleidet. Sie grüßten höflich und starrten uns nach wie Geisterwesen.

Wir kauften Brot und Limonen, auch Bananen, deren Farbe nicht gelb, sondern grau war. Im Hintergrund des Ladens, nicht mehr als ein Bretterverschlag mit Borden, hing eine Hängematte. Sie schien das nächtliche Ruhelager des Ladeninhabers zu sein.

Auf dem Dorfplatz, dessen verdorrte Grasnarbe von Flugsand halb zugeweht war, stand unter einem Dornenbusch ein Wasserhahn. Wir brauchten Wasser für die geleerten Kanister an Bord. Deshalb untersuchten wir den Hahn. Ein dünner, graugelber Strahl fiel tröpfelnd in den Staub und versikkerte. Ein Mestize kam heran und erklärte, das Wasser könne nur abgekocht getrunken werden.

Wir trafen auf eine Landschildkröte. Ihr Rückenpanzer, in schildpattene

Sechsecke gegliedert und teilweise bemoost, maß mehr als einen Meter. Darunter hervor ragten die tappenden, geschuppten Beine. Der Hals war lederhäutig und faltig. Der Kopf darauf mit dem schnabelartigen Maul, den tiefen Augenhöhlen, in denen schwarze, pupillenlose Augen lagen, wirkte wie ein Totenschädel. Das Tier sah aus, als lebte es seit Anbeginn der Welt. Und in seinen Bewegungen war etwas, als werde es durch weitere Jahrtausende ziehen: bedächtig, unangreifbar und ohne Zögern. Galápagos Inseln heißt Schildkröten Inseln.

Der Himmel war schauerverhangen, als wir auf die Küste der Insel Santa Fé, 26 Seemeilen westsüdwestlich von San Cristóbal, zusegelten. Das graue Tageslicht machte die schwarze Küste noch schwärzer. Seelöwen lagen auf den Lavasteinen am Ufer. Sie reckten und wiegten die Köpfe, als balancierten sie unsichtbare Bälle.

Vorsichtig, mit gedrosselter Maschine liefen wir in eine Bucht ein, deren Namen wir nicht kannten. Unsere englische Seekarte zeigte sie nicht. Der Steuermann des Langustenfischers hatte uns von ihr erzählt. Sie war nicht groß, bot aber ausreichenden Schutz, da sie nach Norden von einem Lavariff, das eine kleine Riffinsel bildete, geschlossen wurde.

Nachdem wir mit „voll zurück“ den Anker gut in den Sandboden gebracht hatten, stellten wir die Maschine ab. In die Stille der von Menschen unbewohnten Insel tönte das heisere Gebell der Seelöwenbullen, die ihre Herden eifersüchtig bewachten - bereit, mit jedem Nebenbuhler zu kämpfen. Das Rollen der Brandung am Riff steigerte sich hin und wieder zu abgrundtiefem Tosen. Vom Ufer klang das gelegentliche Pfeifen eines unbekannten Vogels. Das Wasser unter uns strahlte türkisfarben, als verfüge es über eine geheimnisvolle eigene Lichtquelle. Es war so klar, daß wir jede Einzelheit auf dem Meeresboden erkennen konnten.

Große Schildkröten schwammen dichtbei. Scharen von Stachelrochen zogen wie Flugzeuggeschwader; sie sind die einzigen Fische, die im Wasser zu fliegen scheinen. Seelöwen - im Wasser zeigten sie nichts von plumper Unbeholfenheit - tauchten auf und besahen sich neugierig die Neuankömmlinge. Blinkende Schwärme bunter Kleinfische machten Gemeinschaftsmanöver um die Ankerkette herum.

Das Riff war teilweise überspült. Tölpel, Pelikane und Möwen schwebten darüber, stürzten sich in das schäumende Wasser, sobald die Beute erspäht war. Hoch über ihnen zogen ohne Flügelschlag die scharfschwingigen Fregattvögel. Im Sturzflug griffen sie die fischenden Vögel an und zwangen sie durch Flügelschlagen und Schnabelhiebe, den erbeuteten Fisch herzugeben. Fiel die Beute, so fingen sie sie in der Luft, schlangen und schwebten schon wieder hoch über ihrem Jagdgebiet.

Wir blieben für drei Tage in der namenlosen Bucht. Drei Tage - sie schienen wie ein ganzes Leben. Seelöwen, Schildkröten, Pelikane, Reiher, rote Krabben von Handtellergröße zeigten keinerlei Furcht vor uns. Unser rotes Schlauchboot war für die Seelöwen bald eine beliebte Attraktion: sie spielten Fangball im Wasser damit und wir mußten sie verjagen, wollten wir es selbst benutzen.

Die Pelikane saßen träge auf den Ufersteinen, wenn sie satt waren. Elga wollte ein Foto von einem fliegenden Pelikan machen.

„Von hier", sagte ich. „Das wird großartig!" Sie stellte ihre Leica ein und bat mich dann: „Los, jetzt bring' diesen da zum Fliegen!"

Ich ging mutig auf das schlafende Tier zu. Es öffnete nicht einmal die Augen.

„He!" sagte ich. „Du sollst fliegen."

Der Pelikan sah mich nun immerhin schon an. Aber er rührte sich nicht. Flegel, schien er zu sagen, jetzt ist Mittagspause.

„Los, Bruder!" bat ich. „Tun wir ihr den Gefallen für ein Foto."

Der Pelikan begann, sein Gefieder zu putzen.

„Achtung", sagte ich und stieß ihn gegen den Flügel. „Los!" Das schrie ich.

Er hopste auf den nächsten Uferstein.

„Die Statisten sind müde", sagte ich zu Elga. „Vergiß dein Foto von einem fliegenden Pelikan."

Es blieb ihr nichts anderes übrig.

Unsere Landexpeditionen scheiterten alle an der Weglosigkeit der Insel, an der Steilheit ihrer treppenförmigen Hänge und an der Hitze. Doch drangen wir immerhin weit genug vor, um einen Eindruck ihrer Unbewohnbarkeit zu gewinnen.

Die Sonne glühte. Die Luft zitterte. Wir schleppten uns weiter, Schritt für Schritt. Auf einem Felsenvorsprung lag ein Leguan bewegungslos. Nur der Pulsschlag an seinem Hals verriet Leben. Er lag da und schien die Zeitlosigkeit der Insel zu bewachen - Miniaturbild urzeitlicher Drachen.

In einer höhlenartigen Mulde fanden wir Knochen: weißleuchtend und sauber auf dunklem Grunde. Als wir sie in Neugier und mit leichtem Grausen betrachteten, kam ein drosselgroßer Vogel geflogen und setzte sich neben uns ins Gebüsch. Aufgeregt flatterte er, schrie gellend, nickte mit dem Kopf, als wollte er etwas erklären - das Geheimnis der Insel, den Tod, den Sinn des Lebens?

Wir standen in der flimmernden Hitze und lauschten vergeblich. Die wüste Landschaft, die Einsamkeit und die Stille gaben nichts preis. Sie schwiegen zum Ruf des Vogels wie zu den Fragen der Menschen. Sie haben es seit Jahrtausenden getan.

In der Academy Bay auf der Insel Santa Cruz trafen wir die Lady Lee. Fred M. und seine Frau Doris freuten sich riesig, als wir ihnen die Briefe und Pakete hinüberruderten. Wir saßen in der großen Kajüte der Ketsch und führten sofort ein endloses Gespräch über Wetter und See. Fred und Doris hatten bereits im Vorjahr versucht, die Galápagos Inseln anzulaufen, mußten jedoch wegen schlechten Wetters nach Balboa zurückkehren. Er war Steuerberater in Los Angeles und hat sich nun segelnderweise „zur Ruhe" gesetzt.

Die Siedlung an der Academy Bay, die von Darwin ihren Namen erhielt, glich der von Wreck Bay bis ins Detail – nur ist sie etwas größer und hat einige Steinhäuser aufzuweisen. Sie gehören Europäern, deutschen, belgischen und amerikanischen Familien, die zivilisationsmüde die Einsamkeit gesucht haben. Sie leben von Gemüseanbau und Fischfang. Von der Außenwelt hören sie nur, wenn der Regierungsdampfer aus Guayaquil die Insel anläuft. Das geschieht unregelmäßig einmal im Vierteljahr.

Was brachte diese Menschen hierher? Worin finden sie hier eine Lebensbefriedigung? Ich mußte oft darüber nachdenken. Aber diese Frage kann nur der beantworten, der hier wirklich leben will. Diese Menschen haben den Mut gehabt, einen Schlußstrich zu ziehen und ein neues Leben anzufangen jenseits von Zeitgetriebe und Massenpsychose, von Reichtum und Statussymbolen.

Ihre Gastfreundschaft war groß.

Doch nach dem Erlebnis der namenlosen, menschenleeren Bucht mit ihren Tieren schien mir das Getriebe der Menschen in der Academy Bay ein wenig zu lebhaft. Ich saß lieber an Bord und sah zu den Vulkanen hinauf. Ich begann, Kairos seeklar zu machen. Schließlich war es ja nicht meine Aufgabe, die hypnotische Kraft der Islas Encantadas auf ihre Bewohner zu erklären. Um die Erde segeln wollten wir – das war's.

Vom Darwin-Institut, das an der Nordseite der Bucht liegt, konnten wir Trinkwasser erhalten. Das Institut dient Wissenschaftlern als Expeditionsbasis. Ein junger Deutscher brachte mich mit den leeren Kanistern in seinem Motorboot hinüber und half, die Behälter zu füllen. Damit war eine große Sorge von uns genommen: unsere Wasserversorgung bis zu den Marquesas Inseln. Denn Wasser, als Regenwasser in Zisternen gesammelt, ist hier immer knapp.

Wir nahmen Abschied und liefen aus. Meinen Geburtstag wollte ich auf See begehen. Doch querab der Insel Santa Maria setzte Flaute ein. So liefen wir die Post Office Bay im Norden der Insel an. Am nächsten Morgen gab es ein gewaltiges Geburtstagsfrühstück, zu dem Elga sogar Kuchen gebacken hatte. Der Gratulations-Chor wurde von bellenden Seelöwenbullen gestellt. Anschließend segelten wir an der Westküste von Santa Maria entlang hierher – zur Black Beach Bay, wo die Familie W. aus Köln wohnt.

Unser Ankerplatz vor dem schwarzen Lavasand ist denkbar schlecht. Er ist völlig ungeschützt. KAIROS rollt unentwegt heftig, so daß ich lauter Fehler in die Schreibmaschine tippe. 20 Meter nordwärts bricht die Brandung tobend über ein Felsriff. Glücklicherweise ist es windstill.

Wir besuchten heute nachmittag Frau W. Ihr Mann starb vor einigen Jahren. Mit Sohn und Tochter bewirtschaftet sie die Farm, die ihr Mann dem steinigen Boden abrang. Gemüse und Kartoffeln werden angebaut ebenso wie Bananen, Kaffee und Ananas. Kühe und Schweine gedeihen. Doch alles steht unter der fortwährenden Drohung klimatischer Wechselhaftigkeit.

Frau W. erzählte uns. Wir konnten stundenlang zuhören. Inseln und Menschen, Tiere und Vulkane bekamen Leben und Gesicht, Schicksal und Bedeutung.

Hier ist nichts selbstverständlich. Zwar werden Kinder geboren und Tote beerdigt, Schulen werden in Holzhütten errichtet und Gräber in die Lava gehackt, die Menschen ernähren sich, so gut es geht, und leben, so gut es geht, und die Sonne glüht und der Regen fällt und die Vulkane schweigen, das Meer rauscht -

aber die Sonne braucht nur ein wenig heißer zu glühen, der Regen nur ein wenig heftiger zu fallen, die Vulkane nur ein wenig zu zucken -

dann ist alles verbrannt oder weggewaschen oder begraben, die Inseln tauchen wieder in menschenleere Zeitlosigkeit.

Morgen werden wir absegeln. Die Familie W. wird winken. Die Insel Santa Maria wird als blauer Schatten im Dunst verschwinden. Und sicher wird eine der hohen Kumuluswolken, wie sie bei gutem Wetter meist über den Islas Encantadas stehen, tief in den Abend hineinleuchten.

Vor uns wird der Große Ozean liegen - 3000 Seemeilen bis zu den Marquesas Inseln voraus.

*Nuku Hiva, im Mai 1965*

Wir ankern in der Baie Taiohae vor dem Dorf Kaohanui. Die Namen sind polynesisch: man spricht jeden Vokal einzeln aus.

Elga ist an Land gerudert, um sich in dem winzigen Krankenhaus der Insel ein Hautekzem behandeln zulassen und unsere Briefe zur Post zu bringen.

Ich sitze im Cockpit und schreibe. Die Sonnenpersenning gibt Schutz vor Sonnenschein und gelegentlichen Schauern. Es ist feucht-warm. Bekleidung: Badehose.

Über dem scharzen Lavastrand und der weißen Brandung am Ende der Bucht stehen Kokospalmen. Rufen und Lachen von badenden, braunen Kindern tönt herüber. Auf dem Landungssteg sehe ich einige Frauen in bunten Kleidern. Sie angeln mit langen Bambusruten.

Die Verlängerung der Bucht ins Inselinnere ist ein Tal mit üppiger Vegetation. Dort blühen Hibiskus und Flamboyant, dort wachsen Brotfrucht und Banane, Papaya und Mango, Limone und Pampelmuse. Man braucht nur in den Baum zu greifen, um sie zu haben.

1791 annektierten die Franzosen die Marquesas Gruppe. Die polynesischen Stämme, die in den Tälern hausten, kannten nur Gemeinschaftsbesitz. Die Franzosen änderten das. Heute gehört der Boden, wenn nicht dem französischen Staat, so doch einer „juristischen Person“. Wenn man in den Baum greift, langt man sozusagen „in Nachbars Garten“. Die Fülle des Reichtums blieb unberührt. Aber die Fülle des Pflückens wurde eingeschränkt.

Der Polynesier kann das nicht so recht begreifen. Er nimmt, was er gerade braucht - wie sein Großvater, der in *jeden* Baum langen konnte, um seinen Hunger zu stillen.

Hinter dem Tal, in dem ein kleiner Fluß läuft, und zu beiden Seiten der Bucht heben sich unwegsame Bergrücken. Wilde Grate, senkrechte Felswände, rot-schwarze Lavarücken und abrupt aufstrebende Basaltsäulen formen bis zu den Wolken hinauf eine Landschaft dämonischen Charakters - Kannibalenberge. Die Vorfahren der drei Fischer, die in einem Einbaum an mir vorüberpaddeln, waren Menschenfresser.

„Bon jour, monsieur!“ sagen sie höflich. „Dein Schiff ist wunderschön, und es ist ein herrliker Tag, nikt wahr?“

Sie sprechen ein hartes Französisch. Sie haben es in der Dorfschule der katholischen Mission gelernt, wo sie zu Christen erzogen wurden.

Elga kommt zurückgerudert. Sie bringt kindskopfgroße Pampelmusen mit.

„Die Krankenschwester gab sie mir. Sie ist ebenso charmant wie dick - und hilfsbereit wie alle Polynesier.“

Am Nachmittag gehen wir durch das Dorf. In weitem Abstand, unter Kokospalmen und Brotfruchtbäumen liegen die Hütten: vier grobe Eckpfosten, mit Brettern vernagelt, oft wellblechgedeckt. Hütten im alten, polynesischen Stil sehen wir kaum.

Der Grund ist wiesenartig, die Bäume darüber spenden zu jeder Tageszeit Schatten. Kinder kommen angelaufen, betrachten uns scheu. Sie flüstern „bon jour“ - wie in der Schule gelernt - und lächeln zauberhaft. An den geheilten Leprakranken vorbei, die vor ihren Hütten sitzen und kleine Götterfiguren aus Rosenholz schnitzen, gehen wir zum Chinesenladen.

Auf jeder Südseeinsel wird der Handel durch Chinesen betrieben. Dem Polynesier bedeutet Geld nichts. Er arbeitet hin und wieder, um es in die Hand zu bekommen. Er gibt es sofort aus: für Weißbrot, vitaminlose Konserven, für Pepsi Cola, bunte Hemden. Einige schaffen es bis zu einem Moped. Mit den knallenden und stinkenden Fahrzeugen fahren sie auf dem 2 Kilometer langen Uferweg hin und her: Karikatur unserer Zivilisation.

Wir treten in den Laden. Auf Wandregalen stehen verstaubte Konserven und Flaschen, Kästen mit Angelhaken und Fischleinen. Tuchrollen in grellen Farben liegen zur Auswahl. Bündel von Petroleumlaternen hängen von der Decke neben Töpfen, Kannen, Eimern, Äxten. Kisten und Kartons mit Werkzeug und jeglichem Gerät stehen herum.

Zwei junge Mädchen suchen sich gerade Stoff aus. Sie tragen bunte, geknotete Wickelröcke. Ihr schönes, schwarzes Haar fällt über Büstenhalter letzter Pariser Mode. Als unverheiratete Mädchen haben sie sich kokett eine Blume hinters Ohr gesteckt. Sie sind hübsch, wenn man ihre Plattfüße und fehlenden Zähne nicht zählt.

Sie kichern und lachen und können zu keinem Entschluß kommen. Der Chinamann steht geduldig hinter dem Ladentisch.

„Soll es für eine Bluse sein?" fragt er und greift zu einem leichteren Tuch.

Die beiden Mädchen wollen sich ausschütten vor Lachen.

„Nein, nein, monsieur", sagt die eine und zeigt stolz auf ihren strahlend weißen Büstenhalter. „Er ist so neu und schön, daß wir Blusen noch nicht brauchen. Röcke wollen wir!"

Nun kommt die Chinafrau. Der zur Seite geschlagene Vorhang, der Laden und Wohnraum trennt, läßt einen kurzen Blick auf chinesisches Familienleben zu. Großvater und Großmutter sitzen im Hintergrund und halten je ein Kleinkind im Arm. Zu ihren Füßen spielt eine Schar von jüngeren Kindern. Ältere Kinder hocken im Vordergrund auf Matten und sortieren Erbsen oder Bohnen oder sonstwas.

Elga reicht der Chinafrau unseren Plastikdemijohn. Chinafrau nimmt ihn unbewegten Gesichtes und verschwindet hinter dem Vorhang.

„Sie weiß, was wir trinken", erklärt Elga. „Ich hol' doch alle zwei Tage die gleiche Menge der gleichen Sorte zum gleichen Preis."

Chinaufrau kommt zurück und stellt den mit französischem Rotwein gefüllten Demijohn auf den Ladentisch.

Elga fragt nach Gemüsekonserven. Chinafrau nennt unbewegten Gesichtes hohe Preise. Elga handelt und kauft schließlich. Das Bord mit den Dosen ist so hoch, daß die winzige Chinafrau nicht hinaufreichen kann. Sie steht unbewegten Gesichtes. Kann sie nicht lächeln? Ich greife hin und bringe mit viel Hokuspokus die Dosen auf den Ladentisch. Das Gesicht von Chinafrau bleibt unbewegt.

Ich erkläre ihr in meinem schlechten Französisch, das jede Polynesierin zum Lachen bringt, ihr Wein sei ganz „absolutement“ hervorragend. Chinafraus Gesicht zuckt nicht einmal. Ich gebe auf.

Elga sagt: „Jetzt will ich zahlen.“

*Da* lächelt Chinafrau charmant und rechnet auf ihrer chinesischen Rechenmaschine mit Stäbchen und Kügelchen die Summe aus.

Draußen sinkt die Sonne. Lange, blaue Schatten liegen im Tal. Das Flöten der Tropendrosseln ist verstummt. Wir gehen langsam zum Landesteg.

Vor dem Gefängnis, einem kleinen Steingebäude mit weit geöffneten Türen, sitzt der „Herr Direktor“ mit seinen Gefangenen. Man unterhält sich lebhaft, raucht und lacht. Ein Gefangener klimpert auf seiner Gitarre. Wir werden freundlich gegrüßt und grüßen ebenso.

Vor drei Tagen war die Wasserleitung zum Krankenhaus durchgerostet. Das Wasser spritzte in hohem Bogen. Das Gefängnis wurde alarmiert. Man beseitigte den Schaden: der Herr Direktor arbeitete in durchnäßter Uniform, seine Zöglinge standen trocken daneben, gaben gute Ratschläge und hielten anfeuernde Reden. Vier Stunden später waren alle sehr erschöpft und sehr stolz. Das Rohr war dicht.

Wir verstauen unsere Sachen im Schlauchboot und rudern zu KAIROS hinüber, dessen Silhouette auf dem noch tageshellen Wasser schwimmt. Wir setzen uns ins Cockpit, das unter der Sonnenpersenning wie eine Veranda ist. Wir trinken Wein.

Es dunkelt. Vor dem blaßrosa Abendhimmel zieht blauer Holzfeuerrauch und verweht. Schwarz stehen die Kannibalenberge. Hier und da fällt gelber Petroleumlichtschein aus den Hütten. Ein Hund bellt fern.

Und im letzten Tagesschimmer glühen noch einmal die roten Hibiskusblüten auf. Dann ist die Nacht da.

Die Marquesas Inseln wurden von Don Alvaro de Mendaña entdeckt. Das war 1595. Fremde, weiße Männer kamen göttergleich auf großen Kanus und segelten nach dem Besuch spurlos davon.

Die Polynesier ahnten nicht, wie wenig göttergleich und spurlos die Entdeckung durch den Weißen Mann für sie werden sollte. Sie lebten in den langgestreckten Tälern der Insel. Die Stämme hatten über die wilden Bergrücken hinweg nur wenig Verbindung miteinander. Die Besiedelung erstreckte sich in lockerer Form über den gesamten bewohnbaren Teil des Tales.

Von den Frauen wurde Bekleidung angefertigt: weiße und farbige Fasergewebe aus Baumrinde. Die Bereitung der Mahlzeiten aus den Früchten des Tales mit Kokosnuß und Fisch – ebenfalls Frauensache – geschah in abseits gebauten Kochhütten.

Die Männer fischten gemeinsam, arbeiteten zusammen auf den Taro-Feldern der Dorfgemeinschaft. Sie stellten aus dem Holz des Eisenholzbaumes, aus Steinen und Fischgräten Geräte und Waffen her. Hütten bauten sie aus kunstvoll geschnitzten Pfählen, Bastmatten wurden als Wände gespannt. Mit dicht ineinander verflochtenen Palmenblättern wurden die Hütten gedeckt. Jede Hütte lag auf einer aus kleinen Steinen geschichteten Plattform. Matten wurden auf den Boden gelegt.

Die Männer unternahmen Handels- und Kriegszüge ins Nachbartal - selten zu Fuß, oft an der Küste entlang im Kanu.

Den Mittelpunkt des Stammeslebens bildete das Palaverhaus. Dort residierte der Häuptling. Priester, die einem für uns Europäer unverständlichen Tabuglauben vorstanden, berieten ihn. Im Palaverhaus wurden auch die mumifizierten Köpfe von erschlagenen Feinden aufbewahrt, deren Körper oder jedenfalls Teile davon vom Sieger mit religiösem Zeremoniell verspeist worden waren.

Der Kannibalismus der Polynesier ist nur wenig erforscht worden. Die weißen Entdecker machten nie einen Hehl aus ihrem Ekel und Entsetzen vor dieser Gewohnheit. Gastfreundschaft ist den Polynesiern heilig. Und so taten sie alles, um von ihren Gästen fernzuhalten, was diese entsetzen konnte - solange die Begegnung friedlich war. Nach kriegerischen Begegnungen konnten Weiße, die Menschenfraß erlebt hatten, nicht darüber berichten, denn zwangsläufig hatten sie ihre Erfahrungen nicht überlebt.

Der Kannibalismus dieser Inseln war kein wilder Drang zum Genusse menschlichen Fleisches - ein Drang wie anderswo etwa, der Kriegszüge oder Metzeleien auslöste. Man ehrte den erschlagenen Feind, indem man ihn fraß. Das „Mana" - Geist, Tapferkeit und Stärke - nahm der Sieger mit dem Fleische des Toten in sich auf.

Im Gemeinschaftsleben war die Autorität der Häuptlinge uneingeschränkt. Die Priester hielten Zeremonien auf heiligen Tempelplattformen ab. Ihre Macht beruhte auf der Fähigkeit, Tabus zu nennen und zu lösen. Die Stammesangehörigen unterwarfen sich jedem Tabu bedingungslos. Geschah eine Übertretung, so wurde der Übeltäter von der Gemeinschaft ausgestoßen. Für diese mitteilsamen, fröhlichen, ungehemmten Menschen war lebenslange Einsamkeit schlimmer als der Tod.

Göttersagen und Heldengeschichten, die von Generation zu Generation mündlich überliefert wurden, prägten ihre Stammestradition.

Mendañas Schiffe hatten die peruanische Küste verlassen und steuerten West. Ihr Ziel waren die weit westwärts liegenden Salomon Inseln. Mendaña vermutete Gold in ihren Bergen. Drei Monate waren die Schiffe auf See. Als Land in Sicht kam, glaubte Mendaña, die Salomonen erreicht zu haben. Er ließ das Tedeum anstimmen und einen Dankgottesdienst halten. Bei der

Landung stellte er erstaunt fest, daß die Eingeborenen der Insel braun, nicht schwarz wie die Bewohner der Salomonen waren. Man hatte eine neue Insel entdeckt! Ein zweites Tedeum, ein zweiter Dankgottesdienst folgten. Zu Ehren des spanischen Vizekönigs in Peru, des Marqués de Canete, nannte Mendaña die neuentdeckten Inseln „Marquesas".

Die Eingeborenen paddelten in Einbäumen zu den spanischen Schiffen. Sie brachten Geschenke: Frischwasser, Kokosnüsse, Früchte. Nach anfänglicher Angst gewann ihre natürliche Unbekümmertheit Oberhand. Sie plapperten und lachten, untersuchten alles, nahmen an sich, was nicht niet- und nagelfest war. Das erboste die Spanier. Sie geboten Einhalt. Es nützte nichts. Sie feuerten ihre Arkebusen ab. Die Eingeborenen flohen. Ein paar Tote blieben liegen.

Die Spanier segelten in eine andere Bucht. Dort umstellten sie das Dorf. Sie verlangten, daß die Polynesier die mitgebrachten Wasserfässer füllten. Die Insulaner verstanden sie nicht oder weigerten sich, diese Arbeit auszuführen. Sie liefen fort, als die Spanier zornig wurden. Die Spanier brannten ihre Arkebusen ab. Es gab ein paar Tote. Das Dorf wurde eingeäschert.

Zwei Wochen blieben die Schiffe in der Inselgruppe. Nach spanischen Berichten wurden zweihundert heidnische Diebe getötet. Dann segelte die Flotte weiter - dem Golde der fernen Salomon Inseln entgegen, wie Mendaña hoffte.

180 Jahre später lief Kapitän James Cook die Inseln an und kartografierte Teile ihrer Küsten. Die Besatzungen der bald folgenden Walfänger brachten europäische Krankheiten. Grippe, Masern dezimierten ganze Stämme. Das demoralisierte die Überlebenden. Schließlich kamen die Franzosen. Sie brachten Christentum, Geld und europäische Verwaltung. Daran zerbrach die polynesische Wesensart endgültig. Die Franzosen bauten Schulen und Krankenhäuser. Sie taten das in bester Absicht. Aber sie konnten nur Entwurzelte retten, die nie wieder zu sich selbst fanden.

Der Bäcker von Kaohanui, ein Mischling, ist mein Freund. Er hat einen deutschen Seemann in seiner Ahnenreihe - so behauptet er.

Ich gehe zum Backhaus. Es ist früh am Morgen und noch kühl im Schatten. Mein Freund ist dabei, das nach französischer Art gebackene Brot aus dem Ofen zu holen.

„Ah, monsieur!" begrüßt er mich lächelnd. „Guten Morgen! Warte einen Augenblick! Ick bin kleich fertig."

Er schiebt mir einen Stuhl hin, dessen Sitzfläche er vom Mehlstaub reinigt, und jagt die Hühner aus der Backstube. Dann stapelt er das frische Brot zu Türmen auf.

Dabei erzählt er. „Mein deutscher Vorfahr, was für ein herrliker Mann! Ein

Seemann, der auf Segelschiffen fuhr. Das Schiff strandet, monsieur, alles kaputt! Aber mein Vorfahr steigt an Land und findet eine wunderschöne Frau. Welk Glück, du kannst es dir vorstellen! Viele, viele Kinder!"

Die Brote sind gestapelt. Mein Freund wischt sich die Hände an der Schürze ab, die er über seinen kurzen Hosen trägt.

„Ich suke für dich kleich das beste Brot aus. Vorher make ich Musik, Musik aus Deutschland."

Er holt einen Transistor-Plattenspieler, den er von Papeete kommen ließ, und legt eine Platte auf. Es kratzt und jault, das Gesicht meines Freundes verklärt sich - und dann dudelt tatsächlich ein deutscher Schlager ab, kaum zu verstehen, nur immer wieder: - Stadtpark - Laterne.

„Ahh!" sagt mein Freund. „Was heißt das?"

Meine geringen Sprachkenntnisse erschweren die Erklärung: „Also, da ist ein Park mit Laternen - das Lied ist vom Küssen unter einer Laterne - und -"

„Oh, monsieur!" unterbricht er mich voller Freude. „In Papeete ist ein großer Park mit Denkmal und vielen Liebespaaren. *Keine* Laterne! Welk großes, großes Glück!"

Buuiii-kreck, macht die Platte und verstummt.

„Noch einmal!" sagt mein Freund.

„Ach, nein", sage ich. „Was macht dein Moped?"

„Das Moped ist gut", antwortet er begeistert. „Viel besser als mein altes Fahrrad. Das Moped hat einen Schlüssel - hier!" Er holt ihn stolz aus der Tasche seiner Hose. „Auf dem alten Fahrrad fuhren alle meine Freunde. Sie stellten es irgendwohin, wenn sie nicht mehr fahren wollten. Jetzt müssen sie mich fragen, wenn sie fahren wollen."

Er hat inzwischen drei Brote ausgesucht und in eine uralte Zeitung gepackt.

Ich stehe auf und bezahle. „Ich muß jetzt arbeiten", erkläre ich. „Am Schiff."

Mein Freund sagt tröstend: „Wenn du so viel arbeitest wie ich, monsieur, kannst du auk ein Moped kaufen - in Deutschland."

„Ja", sage ich sinnend, „und immer auf dem Uferweg hin und her fahren."

Wir trennen uns mit Handschlag. Mal sehen, worüber wir uns morgen unterhalten werden.

An Bord beginne ich mit den Ausbesserungsarbeiten. Elga sieht die Nähte unserer Segel durch. Über vier Wochen waren wir auf See, es ist eine Menge zu tun.

Ich versuche jedesmal, leichten Herzens auf See zu gehen. Es gelingt nie. Ich möchte mit jener unbekümmerten Selbstverständlichkeit den Anker aus dem Grund reißen, die wir bei anderen sahen. Wenn unser Anker aus dem

Wasser kommt, fühle ich stets das ganze Gewicht der kommenden Einsamkeit, das ich mit ihm an Deck ziehe. Es ist, als müßte ich unser beider Leben aus der Geborgenheit eines guten Verstecks ziehen.

„Anker frei!" rufe ich nach achtern zu Elga.

Sie geht auf den bestimmten Kurs. Der Wind fällt in die Segel. Das Schiff nimmt Fahrt auf. Es zieht mit immer stärker schäumender Bugwelle in die Ungewißheit der See. Ich möchte zurück in die schützende Bucht. Aber wenn ich bleibe, wenn ich nicht versuche, meine Träume zu verwirklichen und meine Ideen richtig zu leben - ich wäre besser in Hamburg geblieben. Und Elga? Was auch immer geschieht: ohne sie geht nichts.

„Kurs liegt an!" ruft Elga von achtern.

So geschah es auch in der Black Beach Bay der Insel Santa Maria. Am Strande standen die Gestalten der Familie W. und winkten. Sie wurden kleiner und kleiner. Dann waren sie unter den beuligen Massen der Inselvulkane nicht mehr zu erkennen.

Kurs lag an. Nachdem ich das Ankergeschirr verstaut hatte, begannen die Seewachen.

Wir mußten zunächst Süd steuern, um in das Gebiet des Südost-Passats zu kommen. Dort konnten wir auf Westkurs zu den Marquesas Inseln gehen.

Das Wetter war windschwach und schauerreich. Wir kamen nur langsam voran. Unsere Besteckversetzungen zeigten, daß der Strom nicht westwärts setzte, wie es sein sollte - mit 1 Knoten lief er nach Ost. Wir machten unter diesen Umständen das schlechteste Etmal seit wir Hamburg verließen: 11 Seemeilen.

In der Feuchtigkeit der vielen Schauer kamen die üblichen Hautbeschwerden. Elga litt diesmal besonders darunter.

In der Nacht, bevor wir den Passat fanden, fiel Regen wie bisher noch nie. Der Mondschein wurde in schwarzen Sintfluten ersäuft. Es war unmöglich, nach Luv zu sehen. Im Wind peitschten die Tropfen wie Geschosse durch die Luft. Selbst durch das Ölzeug hindurch schmerzten sie auf der Haut.

Gegen Morgen zog der Regen ab. Der Wind blieb. Es war der Passat. Unter gerefftem Großsegel rauschte KAIROS vorwärts. Wir gingen auf Westkurs.

Als ich zu meiner Morgenwache an Deck kam, sagte Elga: „Sieh mal dort! Man kann nicht einmal in Ruhe zu den Marquesas segeln!"

Drei Seemeilen backbord voraus segelte eine andere Yacht. Etwas weiter nördlich zog ein Dampfer. Unsere Kurse laufen außerhalb der Schiffahrtsstraßen, bedingt durch Winde und Strömungen. Eine solche Überfüllung des Ozeans hatten wir noch nicht erlebt.

Wir hielten während des Vormittags auf die Yacht zu. Mittags konnten wir sie erkennen. Es war die LADY LEE. Schlingernd und rollend, unter Vorsegel und Besan zog sie den gleichen Kurs wie wir. Leider stand sie einige

Kabellängen windwärts, so daß wir nicht dichter an sie herankommen konnten. An Bord war niemand zu sehen.

„Sie haben wohl ihre automatische Steuerung eingeschaltet“, sagte ich, nachdem ich durchs Glas hinübergeblickt hatte. Wir waren sehr aufgeregt. Man trifft nicht alle Tage Freunde auf See. Wir riefen, so laut wir konnten. Drüben regte sich nichts.

Der Wind ließ nach. Zum gerefften Großsegel setzten wir die Fock 1. Als die LADY LEE achteraus lag, ging auf ihr das Großsegel hoch. Das beruhigte uns. Ihr leeres Deck hatte unheimlich gewirkt.

Hier in der Baie Taiohae trafen wir sie wieder. Zwei Tage später lief sie ein und ist jetzt nach Papeete unterwegs.

Der Südost-Passat wehte gleichmäßig bei schönem Wetter. Wir konnten die Luken offen halten, was die Luftfeuchtigkeit unter Deck schnell vertrieb. Unsere aufgeweichte Haut festigte sich wieder. Nur Elga behielt ein Ekzem, das sie anhaltend quälte. Hartnäckig widerstand es allen Salben aus unserer umfangreichen Medizinkiste.

Nach einer Woche setzte Schauerwetter ein, zog aber bald wieder ab.

Fliegende Fische sprangen in blitzenden Scharen vor unserem Bug auf und schwirrten über die blaue See. Jeden Morgen mußte ich viele von ihnen tot vom Deck sammeln, bevor ich meine Salzwasserdusche nehmen konnte. Nachts vom Licht der Positionslampen angezogen, waren sie gegen Segel oder Kajüte geflogen.

Delphine besuchten uns häufig. Wale wurden selten. Einer von diesen Burschen erschreckte mich fürchterlich, als er in dunkler Nacht etwa zehn Meter neben dem Schiff auftauchte und seine Wasserfontäne blies. Es schien ein Hochdruckkessel zu platzen. Sein nächstes Blasen fand glücklicherweise etwas weiter entfernt statt.

Das Wetter entwickelte weiterhin lange, sonnige Perioden mit gleichmäßigem Wind und kurzen Regenperioden. Dann schwankte der Wind unruhig. So konnten wir die Selbststeuerung der Passatsegel nicht oft benutzen. Auch kam der Wind meistens zu südlich ein, so daß wir unter der konventionellen Besegelung unsere Ruderwachen gehen mußten.

Das war im Passatgebiet völlig unerwartet. Wir wurden müde. Doch KAIROS lief gute Fahrt. So verkrampfte die Müdigkeit uns nicht, wie es auf dem Atlantik geschehen war.

KAIROS segelte unseren Westkurs so gleichmäßig, daß uns tags der wandernde Sonnenschatten einer Relingsstütze, nachts das Kreuz des Südens mit seinem jeweiligen Stand sagte, wann der andere zum Wachwechsel zu wecken sei. Wir brauchten die Uhr nur noch als Navigationsinstrument.

Ruhe und Zufriedenheit begannen uns zu erfüllen. Wir lebten glücklich in einem Raum ohne Lärm, ohne Hast. Gewiß, wir mochten unsere ranzige

Dosenbutter nicht mehr riechen, die so ein Landhai uns in Panama verkauft hatte. Wir mochten auch nicht mehr kleine, schwarze Käfer aus unseren Nährmitteln klauben.

Mit der ranzigen Butter buk Elga Unmengen von Pfannkuchen, die abends warm, morgens kalt mit Marmelade oder Sirup großartig schmeckten. Gegen die kleinen, schwarzen Käfer wußten wir kein Mittel als: weiter zu klauben.

Tag ging in Nacht, Nacht in Tag über - immer ähnlich, doch niemals gleich. Aus morgendlichem Gold stieg das Sonnenlicht zu heißem Strahlen in den Zenit - die See funkelte ringsum - sank langsam in abendliches Rot, das den Westhimmel voraus leuchten ließ. In Gelb, Grün und Silberblau verschimmerte der Tag. Die Nacht kam. Sterne begannen zu funkeln, so stark manchmal, daß wir meinten, sie mit ausgestreckten Händen berühren zu können.

„Und das alles sieht nun kein anderer Mensch als nur wir hier“, sagte Elga.

Nach unseren Sternkarten lernten wir, die neuen Sternbilder des Südhimmels zu erkennen.

Wir hörten außer dem Zeitzeichen der Station WWVH, Hawaii, das wir täglich für die Navigation brauchten, amerikanische Nachrichten. Nach wie vor bestand das Weltgeschehen aus Politik, Krieg und Propaganda.

Wie fern das alles lag. Weltgeschehen war für uns etwas ganz anderes geworden. Es war das Ziehen der Sonne, das Leuchten der Sterne, der Schimmer der Milchstraße ebensosehr wie die tiefschwarzen Flecken unbeleuchteter Welten am nächtlichen Himmel. Lichtjahre in Millionen geschahen in diesem Raum. Wir waren mitten darin. Wir verloren keine Zeit mehr, denn wir lebten *in* ihr.

Kurs West - Sonnenaufgang.

Als ich den an Deck gestorbenen Fliegenden Fischen das Seemannsbegräbnis bereite, sagt Elga: „Wirf sie nicht fort. Es ist schade drum.“

Ich starre sie entgeistert an.

„Wir haben doch dieses Buch über Seefische“, fährt Elga fort, wobei sie hin und wieder auf den Kompaß blickt: Kurs West. „Ich habe gestern darin gelesen, daß der ausgepreßte Lebersaft von Fliegenden Fischen sehr gesund sein soll bei vitaminarmer Kost.“

Langsam, noch eine kalte Fünfundzwanzig-Zentimeter-Fischleiche zwischen den Fingerspitzen, gehe ich ins Cockpit zurück.

„Es ist mein Ernst“, sagt Elga. „Schließlich bin ich ja für unsere gesunde Ernährung verantwortlich.“

Irgend etwas in mir warnt mich - zu spät. „Du erwartest doch nicht, daß ich diese stinkenden Kadaver *einsammele*! Es fällt mir schon schwer genug, sie Morgen für Morgen zu beerdigen - ich meine, über Bord zu schmeißen. Und jetzt wollen wir auch noch ihren Lebersaft trinken! Wer soll denn diese maßlose Schweinerei auspressen? Ich bestimmt nicht. Willst du es?"

„Nein", sagt Elga und beginnt zu lachen.

Ich stürze zum Kartentisch und sehe aufs Logbuch. Da steht über der begonnenen Tagesseite: Donnerstag, 1. April 1965.

Kurs West - Arbeit an Deck, Arbeit unter Deck.

Sonnenuntergang - Kurs West. Sonnenaufgang - weiter, weiter ohne Zeit: gesegnete Unendlichkeit.

Zwei Wochen später bedurfte es geistiger Anstrengung, sich darüber klar zu werden, daß unser Ziel vor uns lag.

„Heute nacht", sagte ich, nachdem unsere Mittagsposition feststand, „kommt Ua Huka in Sicht - wenn der Wind so weiterweht."

Ua Huka liegt 36 Seemeilen östlich von Nuku Hiva, der Hauptinsel der Gruppe.

„Merkwürdig -" sagte Elga.

Ich nahm das Handbuch und las die Küstenbeschreibung, las über Peilungen und markante Punkte - prägte mir alles ein. Ich band meine Armbanduhr um, stieg an Deck und erzählte Elga das Wichtigste des Gelesenen.

Während meiner zweiten Nachtwache sah ich voraus im Mondlicht einen Schatten, den unser Kurs in zwei Hälften teilen konnte. Wir segelten unter Passatsegeln.

Ich weckte Elga. „Ua Huka voraus, wir müssen Großsegel setzen und Kurs ändern."

Elga übernahm die Pinne. Ich barg die Passatsegel, heißte Großsegel und Fock. Dann setzte ich den neuen Kurs auf der Seekarte ab.

Mittlerweile war Ua Huka besser erkennbar geworden: eine Inselsilhouette, über der vom Mond schneeweiß beleuchtete Wolken hingen.

Wir saßen einen Augenblick zusammen und schauten hinüber.

„Freust du dich?" fragte Elga.

„Anders als sonst", antwortete ich. „Wir haben viel gelernt."

Sie nickte und kehrte wieder in ihre Koje zurück.

Im Osten stieg der neue Tag auf. Ua Huka verlor das schattenhafte Aussehen. Wild zerklüftete Grate wurden erkennbar, rote Lavaplateaus, grüne Hügelflächen. Wasserfälle zerstäubten weiß in schwarzen Tälern.

Dann färbten sich die Wolken über der Insel blutrot. Das Meer spiegelte sie. Die Sonne ging auf und ihr Licht rollte wie eine Sturmflut über Meer und Land. Die Südsee wurde an diesem Morgen für uns erschaffen. Licht und Farben, immer mehr Licht und Farben! Zum erstenmal in meinem Leben vergaß ich, Kurs zu halten.

Mittags segelten wir bei frischem Wind, stark gerefft, in schwerer Grundsee Cap Martin an, die Südost-Spitze von Nuku Hiva. Das Kap ist ein schwarzer, gewaltiger Lavaklotz.

Um 14.00 Uhr standen wir in der Einfahrt zur Baie Taiohae. Steuerbord und Backbord hoben sich die steilen Kannibalenberge. Unter Maschine liefen wir an einem ankernden französischen Dampfer vorbei, der Kopra lud. Wir machten unsere Peilungen. Da war unser Ankerplatz. Es war 15.05 Uhr –

Das liegt nun schon Wochen zurück. Inzwischen sind meine Ausbesserungsarbeiten am Schiff fertig geworden. Ich streiche den Pinsel aus und schließe den Farbtopf. 32 Tage waren wir auf See. Man sieht es dem Schiff nun nicht mehr an.

*Moorea, im Juni 1965*

In der Baie Taiohae fühlte ich mich für einige Tage krank und abgespannt. Nachts lag ich schwitzend auf der Cockpitbank, konnte nicht schlafen. Ebenso plötzlich wie sie gekommen war, verging meine Schwäche. Es war Überdruß in der engen Bucht. Wir gingen Anker auf und liefen aus.

Am vierten Tag unserer Fahrt wird nachmittags die Linie der Kimm voraus durch einige Punkte unterbrochen: das Atoll Takaroa kommt in Sicht. Es herrscht ruhiges, ungewöhnlich gutsichtiges Wetter.

Takaroa gehört zum Tuamotu Archipel. Dieses liegt zwischen den Marquesas und den Gesellschafts-Inseln. Tuamotu heißt „Wolke von Inseln".

Die Punkte auf der Kimm werden langsam dunkler und länger. Sie verschwinden immer wieder hinter der Dünung, die träge aus Süd zieht. Doch allmählich beginnen sie, eine zusammenhängende Kette zu bilden.

Wir segeln durch ein ungeheures Pastellgemälde. Die Farbe der See wird bei nachlassendem Wind hellblau. Die Sonne fällt zum Westen. Der Himmel färbt sich grün-blau. Die Kumuluswolken im Süden erhalten einen rötlichen Nachmittagsschimmer.

Durchs Glas kann ich die dunklen Kettenpunkte nun als Palmenbüschel erkennen. Tiefer Himmel, weites Wasser – und Palmen im Meer.

KAIROS rollt und schlingert sanft.

Schmale Streifen weißen Sandes werden sichtbar. Hin und wieder kann ich jetzt Brandung ausmachen – auch zwischen den Gliedern der Inselkette. Das sieht aus dieser Entfernung so spielerisch aus: kleine Wellen hüpfen dort, von einer Luftspiegelung etwas über den Horizont gehoben. In Wahrheit toben dort schäumende Brecherwalzen über messerscharfe Korallen.

Atolle bestehen aus einem ringförmigen Korallenriff. Strömung und Brandung haben Sand auf das Riff geschwemmt. Dadurch entstand ein Kreis niedriger Inseln. Sie sind von Buschwerk und Kokospalmen bewachsen. Wenn überhaupt, dann sind sie nur sehr spärlich besiedelt. Die Bevölkerung fischt Muscheln für die Perlmutterherstellung.

Der innere Teil des Riff-Insel-Ringes ist die Lagune. Sie ist nicht tief. Mitten im Ozean bildet sie einen natürlichen Ankerplatz. Zufahrt gewähren eine oder mehrere Lücken im Ringriff, die tiefer sind als die anderen Inselzwischenräume.

Elga kommt zur Wachablösung an Deck. Sie blinzelt verschlafen und vom Licht geblendet. Sie übernimmt die Pinne.

In der Kajüte lese ich das Handbuch zum wiederholten Mal:

*Die Gezeitenströmung in der Passage (Einfahrt) von Takaroa ist stark. Bei schwerer Dünung aus südlichen Richtungen setzt das über das Riff eingespülte Wasser als anhaltender Strom aus der Lagune heraus, der Geschwindigkeiten bis zu 9 Knoten erreichen kann. Laufen Gezeitenströme, so scheint Stauwasser beim unteren Meridiandurchgang des Mondes einzutreten. Es ist sehr kurz. Zum Einlaufen sind Ortskenntnisse erforderlich.*

Das Wetter ist günstig: wenig Wind, schwacher Seegang. Aber wie stark setzt der Strom? Haben sich die Tiefen in der Einfahrt gegenüber den Angaben der Seekarte geändert? Finden wir in der Lagune guten Ankergrund? Ist der Ankerplatz auch bei schlechtem Wetter sicher?

Diese Fragen ergeben sich aus der Mitteilung des Handbuches: Ortskenntnisse erforderlich.

Nochmals suche und lese ich im Handbuch. Ich finde nichts Neues. Eine Beantwortung meiner Fragen ist nur an Ort und Stelle möglich. Und dann kann es für manche Entscheidung bereits zu spät sein. Ich stelle das Handbuch ins Bord zurück.

„Wir laufen nicht ein. Ich setze Kurs auf Tahiti ab“, sage ich zu Elga hinauf.

Ihr Gesicht zeigt keine große Enttäuschung. Wir wollen Laguneneinfahrten nur machen, wenn es seemännisch verantwortbar ist. Genügend Wracks liegen auf diesen Riffinseln.

In etwa 1 Seemeile Abstand passierten wir den Westpunkt Takaroas. Wir blickten gebannt auf den schmalen Streifen Land: hoffnungslos verloren wirkte er inmitten der Unendlichkeit von Himmel und Wasser.

„Man bekommt Angst, wenn man hinblickt“, sagte Elga.

Die Sonne ging unter. Rot glühte das rostige Wrack neben der Einfahrt auf. Dann verschluckte die Nacht das Land und die Palmen im Meer.

Sehr vorsichtig, mit zeitraubender Stromnavigation beschäftigt, durchsegelten wir den Archipel. Die Meeresströmungen sind unregelmäßig. Wir rechneten manchmal mit zwei möglichen Strömungen und navigierten mit dem sich daraus ergebenden Mittel. Nachts saß der jeweilige Rudergänger nervös an der Pinne. Man hört die Brandung vor den Inseln früher, als man sie sieht.

Das Wetter blieb gut mit schwachen Winden. Als das letzte Atoll achteraus verschwand, warfen wir die Maschine an. Das Wetter war mir *zu* gut, die Luft *zu* trocken. Sollte eine Wetterstörung eintreten, so mußten wir Abstand von diesen gefährlichen Inseln haben.

Am nächsten Tage drehte der Wind auf West. Im Südwest sammelten sich dunkle Wolkenbänke.

„Passatstörung!" sagte Elga. „Schade, es sind nur noch 170 Seemeilen bis Papeete."

Wir brauchten vier Tage für diese Distanz, die wir normalerweise in anderthalb Tagen segeln können. Den einsetzenden Schauerböen folgten Flauten, den Flauten wieder Böen. KAIROS kreuzte unter kleinen Segeln oder drehte sich um die Kompaßrose. Voran kamen wir kaum. Die See lief wild durcheinander. Wir waren froh, Abstand zu den Tuamotus zu haben.

Am 27. Mai, dem Jahrestag unseres Auslaufens von Hamburg, lagen wir abends in völliger Flaute. Im Südwest braute sich eine neue Bö zusammen. Wir laschten die Pinne fest und aßen gemeinsam Abendbrot. Elga öffnete zur Feier des Tages eine Dose Spargel, den sie mit Luncheon Meat und Reis bereitete. Dann kramte ich mein altes Tagebuch aus der Bücherkiste und las daraus vor. Wir tranken jeder einen Schluck Wein auf unser Schiff.

„Prost, KAIROS!"

Wie oft wurde uns der verlorene Mut vom Schiff zurückgegeben: KAIROS erwies sich stets stärker als unsere Nerven. Und in ruhigen Stunden merkten wir, daß wir uns nicht in Sorglosigkeit verlieren durften: KAIROS verlangte ständig sorgsame Instandhaltung.

Als unsere Gläser geleert waren, legten wir uns schlafen. KAIROS trieb in der Flaute. In der zweiten Nachthälfte kam wieder böiger Wind: Ruderwache.

Dann drehte der Wind auf Süd, wehte endlich gleichmäßig, aber auch sehr frisch. Die See wurde grob und schlagend.

„Wie sieht eigentlich Tahiti aus?" fragte Elga bei der 08.00-Uhr-Wachablösung.

Ich beschrieb die Inselberge, wie das Handbuch sie schildert.

„2237 Meter hoch? – Da ist Tahiti!" sagte Elga.

Im Südwest lag ein wolkenloser Streifen von unirdischer Klarheit über dem Horizont. Ein winziges, grau-gelbes Dreieck stand darin. Ich sah durchs Glas. Kein Zweifel: es war ein Berg.

„Es liegt nach der Karte 70 Seemeilen entfernt", sagte ich. „Kaum zu glauben."

Während des Tages verschwand die Erscheinung wieder. Aber die Standlinien unserer Navigation bestätigten unsere Beobachtung.

Von keiner anderen Insel auf der Erde ist so viel geträumt und so viel erhofft worden wie von Tahiti. Und keine andere Insel hat so grausame Enttäuschungen geschenkt. Die Meuterei auf der BOUNTY ist zum klassischen Beispiel geworden. Es wird sehr viel Falsches darüber erzählt.

Weder war Captain Bligh ein Menschenschinder, noch war sein Maat Christian - der Meuterer - ein Menschenfreund. Captain Bligh war ein hervorragender Nautiker und ein jähzorniger Mensch. Maat Christian war ein guter Seeoffizier und ein romantischer, junger Mann.

Auf H.M.S. BOUNTY wäre es nie zur Meuterei gekommen, wäre Tahiti nicht gewesen. Die Schönheit der Insel weckte Sehnsüchte bei der Mannschaft, die sich nach Verlassen der Insel leidenschaftlich steigerten. Ein üppiges Paradies blieb zurück. Monate höllischer Seefahrt lagen voraus: zum Teufel damit! An das Pulverfaß der aufgestauten Sehnsucht legt Captain Bligh die Lunte seines Jähzorns. Christian glaubt, der Freiheit zu dienen und macht sich zum Rädelsführer, Bligh verliert sein Schiff und wird mit 18 loyalen Männern auf hoher See in einem Kutter ausgesetzt.

Die Meuterer segeln nach Tahiti zurück. Sie verlieren Tahiti in dem Augenblick, da sie die Insel betreten. Es ist nur eine Frage der Zeit, daß ein englisches Kriegsschiff auf der Suche nach der verschollenen BOUNTY aufkreuzen wird. Das bedeutet Kriegsgericht und Hinrichtung für die Meuterer. Tahiti, das Paradies, wird zum Gefängnis.

Christian und acht Meuterer mit ihren polynesischen Frauen verlassen auf der BOUNTY Tahiti. Einige polynesische Freunde schließen sich ihnen an. Sie suchen in der Weite des unerforschten Pazifik eine Insel. Sie finden Pitcairn. Sie verbrennen die BOUNTY - bounty heißt Großmut - und siedeln sich auf dem unbewohnten Eiland an.

Zwischen den Weißen und den Tahitianern kommt es zum Streit. Es geht um eine der polynesischen Frauen. Mord und Totschlag folgen. Vier Weiße überleben. Einer stürzt sich wahnsinnig ins Meer. Der zweite stirbt an einer unheilbaren Krankheit. Der dritte erschießt den vierten, da dieser durch eine Kopfwunde in Raserei verfällt und sich an den Frauen und Kindern vergreift.

Neunzehn Jahre später findet der amerikanische Robbenfänger TOPAZ die Bounty-Siedlung auf Pitcairn. Ein Greis, neun Frauen und achtundzwanzig Kinder leben dort.

Diese Geschichte ist nur eine von hunderten, wie sie in der Südsee erzählt werden. Sie alle schildern, wie der Weiße Mann ein Paradies findet und es verliert. Das tropische Licht über diesen Inseln ist für uns Europäer immer zum Zwielicht geworden. Für den Kapitän James Cook, er wurde auf Hawaii hinterrücks erschlagen - für den Maler Paul Gauguin, er holte sich auf Tahiti die Syphilis und starb daran.

Als wir den Hafen von Papeete ansteuerten, trat eine totale Sonnenfinsternis ein. Sie tauchte die wilde Schönheit der Insel in fahles Licht: die weiße Brandung über dem Riff, das grüne Wasser der Lagune, die Uferhänge und die grauen Bergschroffen darüber.

Papeete lag mit Häusern und Hafenanlagen backbord voraus. Wir standen dicht vor der Riffeinfahrt. Das Lotsenboot kam. Der französische Lotse wies uns zu einem Platz an der Yachtpier, wo wir - Buganker im Hafen - mit Heckleinen festmachten. Zwanzig andere Übersee-Yachten lagen dort.

Das graue Licht der Sonnenfinsternis wich.

Einige der Yachten kannten wir. Da waren die LADY LEE und die DESTINER, die auf Nuku Hiva neben uns geankert hatten. Und tatsächlich: dort lag auch die SHIREEN, die wir zuletzt in Panama gesehen hatten. Bekannte und Freunde kamen. Sie brachten uns frisches Brot und Früchte. Es gab ein großes Hallo.

„Als wir den Atlantik verließen", sagte Elga, nachdem es ruhig um unser Schiff geworden war, „schien es, als ob wir Freunde für immer verloren hätten. Und hier nun, 6000 Seemeilen weiter fort, stehen neue Freunde am Ufer und begrüßen uns."

Ein paar Tage später, frühmorgens, weckte uns Don von der DESTINER. „Heh, Leute! Da kommt ein Passagierdampfer unter eurer Flagge!"

Wir reagierten auf Dons Mitteilung nicht sehr aktiv. Nun ja, die SEVEN SEAS zeigte Schwarz-Rot-Gold und unter ihrem Namen am Heck stand „Bremen". Sie war 12500 t groß und schneeweiß. Sie mochte auf einer Kreuzfahrt mit amerikanischen Touristen unterwegs sein. Aber was ging uns das an?

Am Mittag kam der Oberzahlmeister der SEVEN SEAS, Herr R. aus Bremen, und lud uns zum Abendessen ein.

Am Abend machten wir uns landfein. Elga probierte Kleider an. Ich polierte Schuhe und entfernte Spaak. Elga überlegte den Großeinsatz ihres kleinen Bügeleisens, das über der Flamme des Herdes erhitzt werden muß. Sie fürchtete aber Ruß- und Rostflecke auf ihrem besten Kleid. So „bügelte" sie mit einem feuchten Leinentuch, ich mußte assistieren. Unmengen von Kölnisch Wasser wurden gegen Muffgeruch verspritzt, Schlipse besichtigt, Taschentücher geprüft, Hemdenkragen kritisiert, Hände blutrot geschrubbt. Als wir an Land gingen, sah Elga wirklich wie eine Dame aus und ich - Vollschiff-Rum-und-Hexensaat: man läuft nicht ungestraft monatelang barfuß in Kniehosen herum! Meine Schuhe schienen aus Blei. Die Socken kratzten. Die Hosen waren wie Blechröhren. Das Hemd war schweißnaß und klebte. Der Schlips wehte mir ins Gesicht. Das Jackett wog Zentner. Selbst das blütenweiße Taschentuch bildete in meiner Tasche ein fühlbares Knäuel.

An der Gangway der SEVEN SEAS empfing uns der Dritte Offizier. Elga teilte meine Beschwernisse nicht. Sie schwebte die Stufen hinauf und strahlte. Der Dritte Offizier führte uns durch endlose Gänge bis in die Hauptbar. Wir setzten uns. Ich hatte das Gefühl, meine Blechröhren zu verbiegen und dabei ernsthafte Verletzungen davonzutragen. Elga erklärte dem Dritten strahlend, daß sie gerne einen Sherry trinken würde, „ganz trocken, bitte!"

„Und Sie, Herr Koch? - Bier?" fragte der Dritte.

„Ja", sagte ich und versuchte, den Würgegriff des Kragens zu lockern. Ich riß mich schnell zusammen und fügte strahlend hinzu: „Und auch ganz trocken, bitte!"

Nach der zweiten Flasche Bier fühlte ich mich besser. Ich schwitzte auch nicht mehr. Mich fror. Denn ein Passagierschiff hat natürlich eine automatische Klimaanlage.

Der Oberzahlmeister kam. Das Essen wurde für uns zu einem Fest. Silber, Porzellan, Kristall. Strahlendes Licht. Suppe, Fisch, Weißwein, Fleisch, Rotwein, Käse. Eis, Champagner. Wir hatten das alles nicht entbehrt, einfach weil wir keine Zeit gehabt hatten, an Luxus zu denken. Nun nahmen wir es, wie es uns geschenkt wurde: als etwas Besonderes.

Anschließend luden die Offiziere uns zum Besuch eines Nightclubs ein, wo tahitianische Tänze gezeigt werden sollten.

Der Raum, gebaut im Stil eines alten polynesischen Palaverhauses, war überfüllt und verraucht. An der Bar saßen Touristen, an den Tischen Seeleute und Fremdenlegionäre. Dazwischen europäisierte Polynesier - Männer und Frauen.

Die Weißen waren laut, die Polynesier lärmten. Die Weißen sangen, die Polynesier schrien. Die Weißen tranken viel, die Polynesier zu viel.

„Diese Ferkel!" sagte jemand.

Er hatte vergessen, daß unsere Zivilisation den Morast für diese Ferkel bereitete. Ich dachte an meinen Freund im Dorf Kaohanui, der Abend für Abend mit seinem Moped auf der 2 Kilometer langen Uferstraße hin und her fährt, her und hin -

Wir setzten uns mit den Offizieren der SEVEN SEAS an einen Tisch, von dem der weiße Geschäftsführer einige betrunkene Polynesier mit ihren zärtlichen Mädchen entfernen ließ. Das Licht ging aus. Tänzer und Tänzerinnen in der Kleidung ihrer Vorfahren traten auf die Fläche inmitten des Raumes. Sie trugen Fackeln. Der Lärm verstummte.

Eine Trommel beginnt. Eine zweite mit anderem Klang fällt ein, eine dritte ebenso, eine vierte und mehr und mehr. Jetzt dröhnt die Luft.

Die hockenden Körper der Trommler vibrieren. Blumenschmuck und

Federputz zittern. Weiter und weiter dröhnen, klirren, summen und schreien die Trommeln. Unerbittlich, grausam, gnadenlos. Das ist wie Speer-in-der-Brust oder Keule-im-Schädel.

Die Baßstimme des Vorsängers ertönt mächtig und heiser. Die Trommeln beruhigen sich, doch bleibt ihr Takt. In den Singsang des Vorsängers fallen die anderen Männer ein. Flöten und Gitarren nehmen den Trommeln die Führung ab. Der Singsang der Männer wird zum Lied - stolz, herrisch, selbstbewußt. Sie singen von Göttern und Ahnen; vom legendären Hawaiki, wo Halbgötter und Helden lebten, die in großen Kanus auszogen, um unbekannte Inseln zu besiedeln. Jäh bricht das Lied ab. Ein Gitarrenton springt auf und verweint. Schweigen.

Uns wurde bewußt, daß wir wieder zu atmen begannen.

Dann singen und tanzen die Frauen. Begleitet von Rohrflöten und Gitarren erklingen ihre schrillen Stimmen in einer sanften Melodie. Kaum hörbar klopfen die Trommeln aufpeitschenden Takt. Oberkörper und Arme der Mädchen wiegen sich zur Melodie, Beine und Unterkörper zucken im Takt der Trommeln - schnell, immer schneller, langsam und immer langsamer. Das ist Schrei nach Liebe und Schrei nach Geburt, wird Glück der Mutter und Geborgenheit des Kindes.

Männer und Frauen singen zusammen. Sie tanzen den Tamouré, den tahitianischen Nationaltanz. Erschöpft sinken sie schließlich nieder. Doch ihr Gesang steigt und erfüllt den Raum wie ein Choral, spannt den ungeheueren Bogen, der von Menschenfraß bis zur geheiligten Gastfreundschaft reichte. Wieder springt ein Gitarrenton auf und stirbt. Weint er um ein verlorenes Paradies?

Das Licht geht an. Der Beifall rauscht. Das Paradies ist überall und nur wir machen es zu einem verlorenen.

Wir blieben noch lange mit den Offizieren der SEVEN SEAS zusammen - so lange, daß wir das Frühstück bei ihnen an Bord einnahmen. Dann lief der Passagierdampfer aus. Die Bordkapelle spielte. In der Laguneneinfahrt dröhnte das Horn. Wir standen auf dem Kai und wußten nicht, wem das Signal galt: dem Lotsen, der Insel Tahiti oder vielleicht unserem kleinen Schiff, das nun wieder allein im Hafen die deutsche Flagge zeigte.

Die GRISETTE, von den Tuamotus kommend, war eingelaufen. Wir saßen mit Dick und Tony im Cockpit. Dabei waren außerdem die Ehepaare von der LADY LEE, der DESTINER, der DRIFTER. Die Bordkatze der GRISETTE hatte einen großen Nachmittag, weil alle mit ihr spielten.

„Und ihr Leute“, sagte Dick zu Elga und mir, „habt also kein Atoll angelaufen.“

„Wir auch nicht“, warf Fred ein. „Das sind Mausefallen.“

„Es war herrlich", erzählt Tony, Dicks Frau. „Die Polynesier kamen mit Muschelketten und Bananen zur Begrüßung! Sie sind so gastfreundlich. Sie haben für uns gesungen und getanzt. Wir alle hatten unseren Spaß! Ihr habt wirklich was verpaßt."

„Wißt ihr", sagt Fred, „daß in diesem Jahr bereits acht Yachten in den Tuamotus verloren gingen? Der Lotse erzählte es mir."

„Strandungen?"

„Ja. Durch Strom, schlechten Ankergrund, Sturm, falsche Navigation."

„Da sitzt eine neuseeländische Ketsch auf dem Riff von Maio. Nachts bei Flaute aufgelaufen."

Wir ergehen uns in Vermutungen, wie es geschehen konnte.

„Die Frau des Skippers kam mit einem Inselschoner hierher, um Hilfe zu holen", sagt Alec von der DRIFTER. „Ich sprach mit ihr. Sie navigierten auf Koppelkarten. Sie haben deshalb Maio auf der Seekarte nicht beachtet – oder auch nicht mehr daran gedacht. Ihre Maschine lärmte. Es war Nacht. Da war nichts zu hören und zu sehen, bis es zu spät war."

„Es ist ein Holländer unterwegs", sagt Fred.

„Maurenbrecher", sagt Don und hat Mühe, den Namen auszusprechen. „Soll ein guter Seemann sein."

„Die TAKEBORA!" sage ich. „In jedem Hafen haben wir von ihr gehört. Gesehen haben wir sie noch nie."

Keiner hatte sie gesehen.

Die Frauen machten ein kaltes Abendbrot. Jede hatte etwas aus ihrer Pantry mitgebracht. Der Erfolg war enorm: Salatplatten, kaltes Huhn, garnierte Eier, Papaya-Pampelmusen-Salat, Curryreis.

Anschließend feierten wir eine music party. Jeder spielte auf irgend etwas. Führend war Dick mit seiner Gitarre. Wir tranken Whisky und wurden sehr ausgelassen.

Ich trommelte auf dem Karton, in dem die Bordkatze zu schlafen pflegte. Sie brauchte ihn diese Nacht nicht. Unsere Musik war so hinreißend, daß sie mit Ratten und Küchenschaben auf der Gangway Tamouré tanzte.

Am nächsten Morgen nahmen wir Abschied. DRIFTER und GRISETTE blieben zurück. LADY LEE segelte nach Huahine. DESTINER und KAIROS liefen unter Maschine 13 Seemeilen zur Nachbarinsel Moorea.

Nach dem lauten Papeete ist es hier in der Bucht wohltuend ruhig. Sie erstreckt sich hinter dem Korallenriff in Nord-Süd-Richtung zwei Seemeilen ins Inselinnere bei einer Breite von gut einer halben Seemeile.

Eingeschlossen ist die Baie Papetoai von palmenbestandenen Ufern, die sich langsam heben, um dann jäh zu Bergen aufzusteigen: kathedralengleich mit Zacken und Türmen, die oft wolkenverhüllt sind.

Um unseren Ankerplatz herum steht das Panorama dieser Kathedralenberge. Ihre Formen lösen sich jeden Morgen hell aus der Nacht, stehen tagsüber im Spiel von Licht und Schatten, um abends dunkelblau in die Nacht zu sinken.

Aus dem Grün des nahen Ufers tönen Vogelstimmen. Bäche murmeln. Weiße Reiher gehen mit stelzendem Schritt am Strande entlang. Manchmal wird die Stille durch das Poltern einer fallenden Kokosnuß unterbrochen. Oder vor der Bucht ist das Grollen der Brandung über dem Riff zu hören - schwillt an und nimmt langsam wieder ab.

DESTINER und KAIROS liegen über ihren ungestörten Spiegelbildern wie zur Ruhe gekommene Träume. Wenn wir am Ufer stehen und das alles überblicken, müssen wir uns in den Arm kneifen, um zu fühlen, daß dies Wirklichkeit ist.

Wir machten Heckleinen an Palmen fest und holten die Schiffe so nah ans Ufer, wie es ihr Tiefgang erlaubte. Der Bootsverkehr zwischen Ufer und Schiff wurde dadurch bequemer. Ich saß während einiger Tage im Bootsmannsstuhl und malte den Mast. Dabei entdeckte ich einen angebrochenen Bolzen. Ich wechselte ihn aus. Die Bordwände malten wir vom Schlauchboot aus. Um die Farbe in der Wasserlinie aufbringen zu können, krängten wir KAIROS mit dem schweren Stockanker der DESTINER.

Mit diesen Arbeiten vergingen die Vormittage. Nachmittags machten wir Spaziergänge am Ufer der Bucht entlang. Oder wir unternahmen Schlauchbootfahrten über Korallengründe. Stundenlang konnten wir durch das klare Wasser auf die tausendfältigen Formen unter uns blicken. Bunte Fische schwammen hin und her. Oft saßen wir mit Don und Clarice zusammen. Sie erzählten uns von Kalifornien, wir ihnen von Hamburg.

Elga wusch unsere Wäsche in einem Bach, den ich mit Steinen und Sand gestaut hatte. Von den Polynesiern, die in Hütten am Ufer wohnten, tauschten wir Bananen und Pampelmusen ein. Unsere Tauschobjekte waren alte Hemden, Tücher, Gläser. Die Polynesier schenkten uns immer noch etwas dazu.

„Wir laufen heute mittag aus“, sagte Don überraschend eines Morgens, als wir badeten. „Es hilft nichts, wir müssen weiter.“

Wir prusteten und plantschten.

„Ja - pruiibb“, sagte ich. „Schade! Wir bleiben - pröhöbb - noch eine Woche.“

„Bis zu meinem Geburtstag!“ rief Elga.

Die DESTINER lief mittags aus. Don und Clarice winkten. Wir auch. In der Hand hielt Elga den Zettel mit einer Adresse in Kalifornien.

Als wir uns gestern an Elgas Geburtstag zum Abendessen setzen wollen, kommt die Bö aus Süd. Sie fällt von der Steilwand der Berge aus abendlicher Dunkelheit nieder, kracht in das Buschwerk des anderen Ufers, rasselt mit Palmenblättern und heult über die Fläche der Bucht.

Wir sind an Deck, noch bevor die Bö uns erreicht. Die Maschine läuft, als KAIROS sich überlegt und die Ankerkette mit einem scharfen Ruck steifkommt. Der Anker hält die plötzliche Belastung nicht. Er ist aus dem Grund gerissen und schleift. KAIROS dreht aufs Ufer zu. Während Elga mit der Maschine „voll voraus" gibt, kappe ich die Heckleine und stürze zum Bug, um den nutzlosen Anker einzuholen. Bei heulendem Wind setzt Regen ein. Er schüttet wie aus Eimern, jagt eisige Kälte durch unsere dünne Bekleidung. Er nimmt jegliche Sicht.

Die 10 PS der Maschine drücken das Schiff nur langsam vom Griff des Ufers weg - hinein in die Schwärze der Bucht. Der Winddruck von Backbord auf Mast, Rigg und Sonnenpersenning ist so groß, daß KAIROS wie segelnd überliegt. Vor uns irgendwo ist das Westufer der Bucht. Wie weit noch?

„Bring' ihn vor den Wind!" brülle ich. Nach Backbord können wir nicht, weil das Wasser dort flach ist.

Elga gibt Ruder. Wie unter Vollzeug beginnt KAIROS zu segeln. Vor uns ist nun der Ausgang der Bucht mit dem Riff. Zu sehen ist nichts. Wir sitzen in einer Falle aus heulendem Wind, peitschendem Regen, unsichtbaren Ufern und Riffen.

„Ich schlag' den schweren Anker an! Versuch' ihn gegen den Wind zu bringen und zu halten!"

Elga schreit ein „Ja!", das kaum zu hören ist. Sie gibt hart Steuerbord-Ruder. Anfangs schnell, dann nur noch zentimeterweise kommt das Schiff auf. Es verliert an Fahrt. Der Wind brüllt. Ich schlage mit fliegenden Händen den 25-kg-Anker an. Er hat extra breit geschmiedete Flunken.

Elgas Stimme von achtern: „- geht nicht - fällt ab!"

Mein Verstand sieht jeden Griff, den ich tue, glasklar. Wenn ich jetzt nicht schnell genug arbeite, stranden wir auf dem Riff. Und eine Stimme betet verzweifelt in mir: laß uns klarkommen! KAIROS treibt quer vorm Wind. Der Wind schreit. Die Maschine ist zu schwach gegen diese Bö.

Jetzt: der Kettenschäkel sitzt sicher am Anker. Ich lasse den Anker fallen. Er fällt und fällt und reißt die Kette hinter sich her. Die Bucht scheint bodenlos geworden zu sein. Schemenhaft ist an Backbord die dunkle Masse eines Berges zu erkennen. Der Regen läßt nach.

Elga stoppt die Maschine. Und rasselnd läuft immer noch Kette aus - 50 Meter. Das ist die gesamte Länge. Mit angehaltenem Atem warten wir. Es gibt einen federnden Ruck. Endlich richtet sich der Bug gegen den Wind. Der Anker faßt. Wird er halten? Wir beobachten den dunklen Ufersaum, der sichtbar wird, und den schemenhaften Berg. Wir haben keinerlei Vorstellung, in welchem Teil der Bucht wir sind, wie tief das Wasser ist. Der Bergschatten, der Uferstrich verschieben sich nicht. Der Anker hält.

Der Wind läßt weiter nach. Das sonst ruhige Wasser der Bucht zieht braun und gurgelnd vorbei, als ich es mit der Stablampe anleuchte. Die Bäche der Bucht müssen zu reißenden Flußläufen geworden sein.

Zitternd vor Kälte und Erregung finden wir uns in der Kajüte wieder. Wir frottieren uns warm. Wir ziehen trockene Sachen an. Wir nehmen jeder einen Schluck aus der Rumbuddel. Dann wärmt Elga das Geburtstagsessen auf.

Der Morgen kam grau und regnerisch. Wir lagen 200 Meter vom Ostufer ab, eine halbe Seemeile von unserem alten Ankerplatz entfernt. Der Wind wehte schwach. Ich arbeitete eine Stunde, um den Anker mit 50 Meter Kette aus 27 Meter Tiefe aufzuholen. Wir haben keine Ankerwinsch. Immer wieder rutschte mir die glitschige Kette durch die Hände. Sie war von winzigen, scharfen Muscheln bewachsen.

Wir liefen in den hinteren Teil der Bucht zurück und ankerten an der alten Stelle. Am Nachmittag kam die Sonne durch.

Kein Windhauch jetzt zum Abend. KAIROS liegt bewegunglos. Elga betrachtet Muscheln, die sie während der letzten Tage sammelte. Über die Fläche der Bucht treiben langsam die Farbflecke einiger Blüten, die der Sturm losriß.

Meine Hände brennen immer noch wie Feuer. Die Sonne geht unter. Die Kathedralenberge stehen feierlich über dem spiegelnden Wasser. Sie färben sich rot, dann blau, schließlich dunkelblau und sinken in die Nacht.

Kurz nach dem Einschlafen weckt mich der Wind. Ich schaue aus der Luke. Im Norden wetterleuchtet es. Der Wind kommt in Stößen. Ich sitze, bis mir die Augen zufallen. Der Anker hält, das Schiff ist sicher: gute Nacht.

*Bora Bora, im Juli 1965*

In unserem Wohnzimmer in Blankenese verbreitete die Lampe abends warmes Licht. Vorm Fenster heulten Winterstürme. Wir saßen über Stapeln von Büchern und Karten. Wir dachten voraus, versuchten intensiv, ein Bild dieser Inseln, Küsten, Buchten zu gewinnen. Es war, als ob wir unsere Zukunft bereits lebten.

Jetzt ankern wir hier in der Bucht Faanui der Insel Bora Bora. Es ist Abend. Die Petroleumlampen verbreiten warmes Licht in der Kajüte. Draußen am Ufer stehen Palmensilhouetten über der mondbeschienenen Küstenlinie. Es ist, als ob unsere Gegenwart schon damals in Blankenese begann.

Vielleicht liegt im Erfahren dieser zeitlichen Verschmelzung der Grund für unsere Fähigkeit, diese Reise sinnvoll durchzuführen. Was wir damals erwartungsvoll hofften und intensiv planten, leben und erleben wir jetzt. Traum und Wirklichkeit, Gegenwart und Zukunft beginnen sich zu decken. Wir empfinden, daß das Leben mehr ist als nur ein planloser Zeitablauf von der Geburt bis zum Tod.

Von der Insel Moorea, wo die Fallbö Kairos fast aufs Riff warf, segelten wir zur Insel Huahine: 100 Seemeilen Westnordwest. Der Passat wehte gleichmäßig mit Stärke 4. Er schwankte während der Nacht jedoch erheblich in seiner Richtung. So mußte jeder von uns seine Freiwachen für Segelmanöver unterbrechen.

Bei dem ruhigen Wetter hätte der Rudergänger die Manöver allein machen können. Doch unser Grundsatz ist, daß keiner das Cockpit verläßt, wenn der andere nicht an Deck ist. „Mann über Bord", wenn das Schiff segelt *und* der andere schläft: diesem grausigen Alptraum können wir nur durch konsequente Vorsicht begegnen.

Morgens lag Huahine voraus. Die Insel bot ein gefälliges Bild: weniger steil, weniger wild als die bisher angelaufenen Inseln.

Nach dem Frühstück studiere ich die Seekarte und lese das Handbuch: Küstenbeschreibung, Landmarken, lokale Winde, Gezeiten, Untiefen, Ansteuerungskurse, Ankerplätze. Dabei entsteht der Plan des Anlaufens, entscheidet sich die Wahl des Ankerplatzes. Nach der Lektüre bespreche ich das mit Elga.

Huahine wurde 1769 von Captain James Cook entdeckt. Er hatte weder eine Seekarte noch ein Handbuch. Vorsichtig brachte er seine Endeavour an die Insel heran - sicher unter gekürzten Segeln.

Vom Vorschiff kommen die Lotungen: „50 Faden, kein Grund!" - „40 Faden, Grund!" - „35 Faden, Grund, Sandboden!"

Zwei Kabellängen voraus brandet eine lange Dünung über das Riff.

Vom Vortopp: „Dunkles Wasser ohne Brandung im Riff - Steuerbord voraus!"

Der Kapitän befiehlt eine Kursänderung. Bootsmannspfeifen trillern zum Segelmanöver. Nackte Seemannsfüße klatschen über die Decks.

Erneutes Loten. Aufmerksames Beobachten von Wind, Seegang und Brandung.

„Das muß eine Einfahrt sein, Sir", sagt der Wachhabende.

„Möglich. Lassen Sie beidrehen und den Kutter zu Wasser bringen. Stellen Sie fest, ob eine Durchfahrtsmöglichkeit besteht."

Bestand diese Möglichkeit nicht, so begann alles wieder von vorn. Kam die Nacht, so mußte man von der Insel ablaufen und es am nächsten Tage weiter versuchen.

So begann das „Bild" einer Insel zu entstehen. Ihre geographische Lage, eine Beschreibung ihrer Form und ihrer Küstenlinien wurde bekannt. Vielleicht brachte der Entdecker bereits Karten von Teilvermessungen mit.

Mit diesen Kenntnissen arbeitete ein anderer Kapitän weiter. Ein nächster folgte. Jeder Bericht rundete das Bild der Insel. Das System der Berichterstattung wurde im Lauf der Jahrhunderte verbessert. Geographische Gesellschaften, Hydrographische Institute sammelten die Berichte, tauschten sie aus. Seekarten und Bücher wurden herausgegeben, laufend ergänzt und berichtigt.

Heute nehmen wir diese Bücher zur Hand und lesen in zehn Minuten, was Generationen von Seeleuten mit Mut, Können und Verantwortungsbewußtsein gesammelt haben, woran Zeichner, Sekretäre und Beamte ameisenhaft arbeiteten, um die gewaltige Menge des Stoffes nutzbar zu machen. Auch heutzutage werden Seekarten und Handbücher durch Schiffsmeldungen laufend ergänzt.

Der Wind ließ nach. Wir mußten die Riffeinfahrt, die zu unserem Ankerplatz führte, vor Dunkelheit erreichen. Deshalb warfen wir die Maschine an. Unter Segel und Maschine kamen wir schnell voran.

Nachmittags liefen wir in etwa 50 Meter Abstand an dem Korallenriff entlang, von dem jede dieser Südseeinseln umgeben ist. Elga saß an der Pinne. Ich stand auf dem Bug. Von dort konnte ich Untiefen an ihrer Färbung im klaren Wasser rechtzeitig erkennen. Nicht immer sind die Seekarten dieser selten besuchten Inseln zuverlässig.

„Da ist der Mont Paco - siehst du?" rief ich nach achtern.

Elga hob bestätigend die Hand. Sie machte die notwendige Kursänderung. Wir waren um die Nordspitze der Insel herum. Backbord rollte Brandung über das Riff. Dahinter lag die Lagune, in deren Wasser sich die Palmen und die Berge der Insel spiegelten. Die dampfende Brandungslinie zeigte Backbord voraus eine Lücke: die Einfahrt.

„Peilung?" rief ich.

Die Brandungslücke wurde zusehends breiter. Der Mont Paco im Hintergrund schob sich darüber.

„135!" rief Elga.

Es war noch zu früh. Der Mont Paco mußte 125° peilen. Mit der gleichzeitigen Peilung einer kleinen, weißen Bake in 115° konnten wir auf den Einlaufkurs gehen. Das Donnern der Brandung wurde laut und drohend, je näher wir der Einfahrt kamen.

Wie von Geisterhand gehoben, richteten sich die Dünungsrücken vor dem Riff auf, höher, noch höher. Es entstand ein steiler, hellgrün-durchsichtiger Kamm. Er fiel nach vorn über: eine tobende weiße Gischtflut donnerte über das Riff. Lief das Wasser ab, so wurden Korallenblöcke sichtbar - nur kurz, denn der nächste Brecher kam.

Ich barg die Segel. Es wehte nur schwach aus Richtung der Einfahrt. Ich gab Elga mit der Hand das Zeichen für mehr Fahrt. Wir brauchten einen kräftigen Anlauf, falls Strömung auslaufen sollte. KAIROS begann zu vibrieren: voll voraus!

Achtern peilte Elga über den Kompaß. Ich starrte voraus - Strom, Untiefen? Glatt zwischen den tobenden Brandungen lag die Einfahrt - in ihrer Unbewegtheit ebenso unheimlich wie die Katarakte über dem Riff.

„125!" Elga schwenkte auf den Kurs in die Einfahrt.

„Da ist die Bake!"

„115!" bestätigte Elga.

Wir waren in der Einfahrt. Zu beiden Seiten in je 100 Meter Entfernung rollten die Brecher mit Geräuschen wie fahrende Güterzüge. Wasserstaub hing wie Dampf über der Szenerie - himmelhoch. KAIROS rutschte auf einem Dünungsrücken in die Lagune. Das Grollen der Brandung tönte achteraus. Elga steuerte zum Ankerplatz vor einem Uferstreifen silbrigen Korallensandes. Das Wasser war kristallklar. Trotzdem begann ich mit dem Senkblei zu loten. Die Oberflächenspiegelung kann täuschen. 50 Meter vorm Ufer fiel unser Anker.

Wir klarten KAIROS auf: seine Seeklarheit ist unsere Sicherheit. Wir nahmen Ankerpeilungen, um ein mögliches Driften feststellen zu können. Wir riggten die Sonnenpersenning auf und pumpten das Schlauchboot auf. Dann setzten wir uns ins Cockpit und betrachteten die neue Insel.

Der einzige Weiße auf Huahine ist der französische Gendarm, bei dem wir am nächsten Tage unsere Ankunft meldeten. Ihm zur Seite steht ein polynesischer Übersetzer, da die Insulaner kein Französisch sprechen - ausgenommen die Kinder in der evangelischen Missionsschule.

Der Ankerplatz in der Lagune war wenig geschützt. Mit dem Schlauchboot ruderten wir zwei Tage später in den hinteren Teil der Bucht und loteten ihn aus. Wir stellten ein Korallenriff fest - zu beiden Seiten umfahrbar. Dahinter war die Wassertiefe zum Ankern ausreichend, der Grund Schlick. Vorsichtig verholten wir KAIROS zum neuen Ankerplatz. Das Wasser war braun und trüb. Ein Fluß führte Schlamm in die Bucht.

Am Südufer stand eine Fischerhütte aus Holz und Stroh, neben ihr das Kochhaus. Die Einwohner waren Vater und Mutter und sieben Kinder. Das achte war auf dem besten Wege. Selbst ich konnte das sehr leicht erkennen, weil die Frauen dieser Insel einen Pareu tragen: ein geknotetes buntes Tuch von der Hüfte bis zu den Knöcheln. Für den Dorfbesuch oder an Sonntagen wird der Pareu einfach „eine Etage höher gehängt“: nun bedeckt er den Oberkörper bis zu den Knien hinab. So simpel sind hier die Modeprobleme.

Unsere Verbindung zu dieser Familie war sprachlos. Sprechen blieb unverstanden. Die erste Annäherung erfolgte von Land aus. Die älteren Kinder kamen in einem Auslegerkanu zu uns gepaddelt - zwei Mädchen, ein Junge und zwei weitere, deren Bekleidung und Haarwuchs nicht verrieten, ob sie Jungs oder Mädchen waren. Die beiden Kleinsten blieben zurück und verfolgten vom Ufer aus das gewagte Abenteuer ihrer Geschwister.

Sie kamen längsseits. Fünf Augenpaare schauten uns an. Wir fragten auf französisch, ob sie an Bord kommen wollten. Die älteste Tochter schien das fast zu verstehen. Sie hielten eine flüsternde Beratung. Dann schüttelten alle fünf schweigend die Köpfe und schauten uns an.

Der Junge, nach abermaliger geflüsterter Beratung, brachte vier Papayas zum Vorschein. Er legte sie auf unser Deck. Alle fünf lächelten sanft. Dann schauten sie uns an.

Elga fragte, was sie für die Papayas haben wollten. Sie verstanden nicht. Elga holte Schokolade und legte sie in ihre Reichweite. Wieder folgte eine leise Beratung. Dann schossen fünf Hände vor - ein Griff. Lächeln und Strahlen.

Sie saßen und schauten uns an. Sie paddelten erst fort, nachdem wir wieder unsere Beschäftigungen aufgenommen hatten. Am nächsten Morgen ruderte Elga hinüber, um Fisch einzukaufen. Der Fischer war gerade vom nächtlichen Fang zurückgekommen. Er gab Elga reichlich davon und lehnte jegliche Bezahlung ab. Elga brachte ihm anschließend einige Angelhaken als Gegengeschenk. Sie berichtete, daß er sich sehr gefreut habe - mit einem großen, zahnlosen Lachen in seinem faltigen Gesicht.

Menschen wie diesen wurde unsere Zivilisation gebracht. Bereicherte sie das? Wenn wir zu Hause erzählen werden, was wir von *ihnen* lernten - wird man nicht lächeln? Einfachheit, Bescheidung und die Fähigkeit, niemals unzufrieden zu sein.

Der Verkehr auf Huahine wird, soweit die Uferwege befahrbar sind, von einigen jeep-artigen Autos aufrechterhalten. Wir fuhren zur Ostküste.

Vor einem schwarzen Felsvorsprung endete die Straße. Wir bezahlten den Fahrer. Er wendete und fuhr winkend davon. Ein schmaler Fußpfad führte um den Felsen herum.

Da lag ein Dorf. Sieben oder acht Hütten standen auf Pfählen an der Wassergrenze der Lagune. Ihre Wände waren aus Bastmatten, ihre Dächer palmenblattgedeckt. Vor den Hütten im Wasser lagen die Einbäume der Fischer festgemacht. Jedes hatte einen schmalen Ausleger. Zierlich und elegant sahen sie aus. Hütten und Boote, Pfähle und Palmen spiegelten sich ungebrochen im Wasser. Blauer Rauch stieg hier und dort auf. Den Hintergrund bildeten die grünen Riffinseln jenseits der schmalen Lagune.

Wir gingen langsam weiter. Kinder, nackt, langhaarig, mit vor Schreck kugelrunden Augen, liefen wie Wiesel in die Hütten. Es dauerte nicht lange, bis ihre Köpfe vorsichtig neben dem Türpfosten erschienen. Neugierig lugten sie. Landseitig von den Hütten war ein Platz angelegt. Ein alter Mann mit grauem Haar kam uns bis zur Mitte entgegen. Er trug einen Lendenschurz aus rotem Tuch und ein weißes europäisches Hemd. Er lächelte. Als wir vor ihm standen, reichte er erst Elga, dann mir die Hand. Nach polynesischer Sitte legte er mir dabei die freie Hand auf die Schulter.

„Jorana!" sagte er zweimal sehr feierlich, das heißt: seid gegrüßt.

Elga erklärte, wer wir waren und woher wir kamen.

Er verstand nicht. Er lächelte höflich. Zahnlosigkeit entstellte sein geprägtes Gesicht. Dann sprach er. Wir verstanden ihn nicht. Er machte schließlich eine großzügige Bewegung ins Tal hinein und trat zur Seite.

Wir gingen langsam auf dem Uferpfad weiter. Er war schattig, sodaß wir die einsetzende Mittagshitze nicht spürten. Zwischen den Palmenstämmen liefen handtellergroße Landkrabben hin und her. Bei unserem Nahen huschten sie in ihre Erdlöcher. Draußen in der Lagune sprang ein Fisch und fiel klatschend ins Wasser zurück. Wir setzten uns ans Ufer. Das Wasser war klar wie Luft. Es war so ruhig, daß wir nicht erkennen konnten, wo es begann. Jedes Sandkorn, jeder Stein, jeder Korallenstock war sichtbar - gelb, grün, braun, violett. Voraus weitete sich die Lagune seeartig. Türkisfarbige Flächen zeigten die Sandgründe, orangefarbige die Riffe an. Eine aufgespülte Sandinsel strahlte blendend im Mittagslicht.

Wir sagten nichts. Jedes Wort hätte zerstört.

Für den Polynesier ist die heiße Mittagsstunde, was für uns die Mitternacht: Geister gehen um. Er bleibt in seiner Hütte. Daran hat das Christentum wenig ändern können.

Neben uns, ehemals rechteckig in die Lagune hineingebaut, lagen die Trümmer eines alten, polynesischen Treppenaltars. Seine Plattform war noch erhalten. Aber schief und geborsten standen darauf die behauenen, übermannsgroßen Steinplatten. Sie zeigten einst die Plätze der heidnischen Priester an, wenn sich die Gemeinde zum Gebet versammelte.

Etwas weiter entfernt stand eine unvollendete, steinerne Kirche. Ihr Bau war eingestellt worden. Er mußte der kleinen Dorfgemeinschaft große

Schwierigkeiten bereitet haben. Der Polynesier ist religiös. Er ist zu glücklich, um fanatisch zu sein. Als die weißen Missionare ihm erklärten, der Christengott sei größer als alle anderen Götter und Götzen, selbst als alle Tabus, war er bereit, die neue Lehre anzunehmen. Nun baut er Kirchen aus Stein, die sehr groß und sehr teuer sind und deren Bauweise er nicht ganz versteht.

Ich blickte zum Treppenaltar. Geisterhaft in der Mittagsstunde flimmerte heiße Luft. Glaube, *Furcht*, Hoffnung opferten dort jahrhundertelang. Der Tempel wurde zerstört. Grob war über den Eingang der Kirche gemeißelt: Glaube, *Liebe*, Hoffnung. Diese Kirche steht unvollendet.

Über der Lagune flossen leuchtende Farben hitzezitternd ineinander. Sonst schien nichts zu geschehen.

Erst als die Schatten der Sonne lang wurden, gingen wir zurück. Die Siedlung zeigte jetzt menschliches Leben. Männer arbeiteten an ihren Kanus. Frauen wuschen bunte Tücher oder schnippelten Kopra - Kokosstücke, die auf Holzroste zum Trocknen in die Sonne gelegt werden. Wir erhielten hier und da einen scheuen Gegengruß. Die Kinder waren nicht mehr so ängstlich wie am Vormittag. Der alte Mann mit dem grauen Haar wartete auf dem Dorfplatz. Er reichte uns die Hand, wie man es bei Eingeweihten tut.

„Maururu", sagte er feierlich, das heißt: habt Dank. Dann trat er zur Seite.

Wir gingen zu dem schwarzen Felsvorsprung zurück, überschritten die Schwelle zur Straße. Die Felsen diesseits glühten blutrot im Sonnenuntergang. Wir fühlten die Fähigkeit, niemals unzufrieden zu sein.

Unsere Mühe, den hinteren Teil der Bucht ausgelotet zu haben, wurde belohnt. Fünf Tage wehte der Wind fast stürmisch aus West in die Bucht. Wir lagen sehr ruhig in unserem „Hinterhof".

25 Seemeilen westlich der Insel Huahine liegen die Inseln Raiatea und Tahaa. Wir wollten für eine Nacht im Schutze Raiateas ankern und dann am folgenden Tag 15 Seemeilen Westnordwest nach Bora Bora segeln.

Wir liefen bei gutem Wetter nach Raiatea hinüber und ankerten in einer Bucht an der Ostküste. Für eine Nacht ruhigen Passatwetters bot sie ausreichend Schutz.

Zwei weiße Polizisten standen neben ihrem Auto am Ufer. Sie riefen, sie wollten unsere Pässe sehen.

Wir hatten nicht die Absicht, an Land zu gehen. Das Schlauchboot war verstaut. Die Polizisten riefen ununterbrochen. Es blieb mir nichts anderes übrig, als das Schlauchboot von seinem Platz unter der Hundekoje hervorzuholen und aufzupumpen. Wir ruderten zu den Ordnungshütern hinüber.

Sie studierten unsere Pässe wie spannende Kriminalromane. Derjenige, der mehr Gold auf Schultern und Képi trug als der andere, sagte etwas.

Elga übersetzte: „Sie wollen unsere Pässe stempeln.“

„Bitte“, sagte ich.

Das hatte ihrerseits einen Wortschwall zur Folge.

„Soweit ich sie verstehe“, sagte Elga, „haben sie weder Stempel noch Stempelkissen bei sich.“

»Wie schade“, sagte ich.

Der Goldgeschmückte sprach lange und charmant auf Elga ein und zeigte wiederholt nach Norden.

„Sie wollen unsere Pässe mitnehmen“, sagte Elga.

»Wo gibt’s denn das!“

„- und wir können sie morgen früh gestempelt im Hafen abholen.“

„Non!“ sagte ich.

Auf die Herren wirkte das wie ein Pistolenschuß. Der Goldgeschmückte sprach kurz und hart. Mit der rechten Hand schlug er sich dabei immer in die linke Hand. Seine Augen verhafteten mich bereits.

„Non!“ sagte ich. „Nous partirons - äh, demain. Cette nuit - also, dormir seulement - voilà!“ Ich zeigte auf KAIROS, der friedlich vor Anker lag.

Die Herren blieben von meinem sprachlichen Marathonlauf völlig unbeeindruckt. Der weniger mit Gold Geschmückte steckte die Pässe ein. Sie fuhren ab.

Ich wußte jetzt nur noch *ein* Wort auf französisch. In den Sprachen der Erde ist es das meistgebrauchte aller Uniformträger. Aber ich sagte es nicht, obwohl es zur Situation paßte. Das Mißtrauen der Beamten lag in den Atombomben-Versuchen auf einem südlichen Atoll begründet. Arme Erdkugel.

Am nächsten Morgen holten wir auf der Polizeistation des Hafens unsere Pässe ab und segelten nach Bora Bora. Die Sonne schien heiß. Die Einfahrt durchs Riff war mit Fahrwassertonnen markiert. Bora Bora wird hin und wieder von amerikanischen Passagierdampfern angelaufen. Wir liefen in die Bucht Faanui und machten an einer halbzerfallenen Pier fest - nicht längsseits, da wir sonst sofort Ungeziefer an Bord gehabt hätten, sondern mit Buganker und langen Heckleinen. Am nächsten Morgen kam ein polynesischer Hilfspolizist und klarierte uns ein.

Bei unseren Gängen am Ufer der Bucht kommen wir oft an einer kleinen Hütte vorbei. Sie steht inmitten von Bananenstauden. Wir brauchen grüne Bananen für unsere Fahrt nach Samoa. Sie halten sich über eine lange Zeitspanne.

So fragen wir eines Tages die junge Frau, die im Eingang der Hütte sitzt.

„Ja“, antwortet sie in gebrochenem Französisch, „ihr könnt Bananen haben. Bananen hier nikt gut. Bananen dort -“ sie zeigt in den Busch, „gut.“

Ihr kugelrundes Gesicht lächelt gewinnend unter dem langen, wunderschönen Haar. Sie ist nicht groß. Ihre Figur ist ebenso kugelrund wie ihr Gesicht. Sie erwartet ein Baby. Doch ihr fortgeschrittener Zustand nimmt nichts von dem Charme, den sie zauberhaft ausstrahlt - gleich, ob sie sitzt, geht oder spricht, ob sie ihr einjähriges Töchterchen auf den Arm nimmt oder aufdringliche Hühner fortscheucht.

Während wir den Zeitpunkt des Treffens verabreden, kommt die uralte Mutter angehumpelt. Ihre dick geschwollenen Elefantiasisbeine tragen sie kaum. Doch voller Einverständnis mit dem morgigen, großen Geschehen nickt sie eifrig und grinsend.

»Kein Geld", sagte die junge Frau abschließend, „nein, kein Geld!"

Wir wissen, daß sie eine Gegengabe erwartet und sich nun bis morgen ununterbrochen darauf freuen wird.

Wir kommen am nächsten Vormittag zurück. Es liegen bereits zwei kräftige Stauden säuberlich auf einer Bastmatte vor der Hütte. In großer Aufregung humpelt die Alte hin und her. Ein paarmal ruft sie gellend in den Busch hinein. Dann zeigt sie uns die Hütte, durch deren Dach die nächtlichen Schauer Ströme von Wasser getrieben haben.

Wir warten. Mir wird das schließlich zu dumm. Elga gibt der Alten unser Gegengeschenk: zwei in Seidenpapier eingewickelte Glasbecher. Ich bin gerade dabei, mir die beiden Stauden an einem Bastriemen über die Schulter zu hängen, als die junge Frau mit ihrem Mann kommt.

Im rechten Arm trägt sie ihre Tochter, in der linken Hand eine Bananenstaude. Der Mann bringt zwei weitere Stauden an einem Stock über der Schulter. Wie bei einem schönen Tier zucken und spielen die Muskeln unter seiner braunen Haut.

„Ich heiße Tehapai!" sagt der Mann.

„Ich Tipea", sagt die Frau und fügt schüchtern hinzu, wobei sie das Töchterchen wiegt: „Dies ist Manolita!"

Die Alte zeigt unsere Glasbecher vor. Sie haben Goldränder, was großes Entzücken hervorruft.

„Wir jetzt mit Bananen zu euch", sagt Tehapai.

„Ja!" sagt Tipea begeistert.

Ich wehre ab. „Aber nein! Zwei Stauden hier genug. Ich kann tragen. Ich - kräftig!" Ich schlage auf meinen Oberarm.

Tipea wird rot und läuft fast in den Busch. Tehapai lacht. Irgend etwas habe ich falsch gemacht.

Später erklärt er mir, daß das Schlagen auf den Oberarm für Polynesier eine sehr männliche, aber auch sehr zweideutige Geste sei.

Nach langem Hin und Her - Tipea hat sich gefaßt und lächelt wieder charmant - setzt sich eine Bananenkarawane in Bewegung. Vorweg Tehapai mit drei Stauden an einem Stock, dann Tipea mit Tochter rechts und Staude links, dann Elga mit fünf großen Papayas, als Gegengabe von den Polynesiern auf unsere Gegengabe gegeben, und zum Schluß ich. Tehapais ganzen Stolz darf ich schieben: das nagelneue Moped.

Wir wandern auf dem Uferweg entlang. Jeder, der uns begegnet, hält zu einem langen Gespräch. Tehapai vorne gibt große Erklärungen. Ich hinten mache große Berechnungen. Wenn das so weitergeht - vier Kilometer sind's bis zur Pier - dann kommen wir gerade zu Mitternacht an.

Wir erreichen die Pier zwölf Stunden früher, als von mir errechnet. Es sind uns keine Leute mehr begegnet. Alles lädt seine Lasten ab. Wir schwitzen und lachen und sagen uns lustige Dinge, die wir nicht verstehen. Darüber lachen wir erneut und schwitzen noch mehr.

Die beiden helfen uns mit großem Geschick, Bananen, Papayas und Manolita überzusetzen. Die Bananenstauden tauchen wir ins Wasser, um Ungeziefer zu töten.

An Bord verhalten sie sich zunächst stumm. Dann wollen sie Wasser haben - „Viel Wasser", sagen sie. Als wir ihnen eine Pütz voll Wasser hingestellt haben, waschen sie sich die Füße. Es ist nun an uns, stumm zu sein. Ich denke an die zahllosen weißen Besucher, die es nicht einmal für nötig hielten, ihre schmutzigen Straßenschuhe zu säubern, wenn sie an Bord kamen.

Wir bieten ihnen zu trinken an. Tehapai verlangt Wasser und trinkt es in einigen großen Zügen. Tipea nippt bald vorsichtig an einem Becher Kakao. Sie will sich totlachen: sie mag ihn nicht.

Sie sitzen und schauen sich alles an. Dann beginnen sie zu fragen. Die Genauigkeit ihrer Fragen überrascht uns trotz aller Sprachschwierigkeiten maßlos. Der Instinkt längst vergangener Seefahrergenerationen lebt in ihnen - Generationen, die in schnellen Segelkanus den Großen Ozean bezwangen, derweil in Europa die Mittelmeervölker vorsichtige Reisen an den Küsten eines Binnenmeeres machten.

Jeden Tag besuchen die beiden uns nun. Sie bringen jedesmal Geschenke mit: ein geschlachtetes Huhn oder Kokosnüsse oder Früchte. Sie stören nie. Da sie völlig andere Zeitvorstellungen haben, kommen sie oft, wenn es uns nicht „paßt".

Wir setzen sie dann ins Cockpit, wo sie murmelnd miteinander sprechen. Daß wir uns nicht immer um sie kümmern, stört sie keineswegs. Es geht ihnen nicht nur um Unterhaltung. Sie wollen etwas anderes. Es ist schwer in Worte zu fassen. Sie wollen „mit" uns sein, wollen uns spüren - im Sinne jenes alten Glaubens, der „Mana", das ist Geist, Lebensstärke und Mut, von einem Menschen zum anderen fliegen läßt. Hin und wieder kräht Manolita los und wird beruhigt.

Als wir uns eines Abends auf der Pier verabschieden, sage ich beiläufig und lachend: „Tehapai, wir sind Freunde."

Wie ein Stoß geht es durch den Körper des Polynesiers. Er richtet sich auf und legt mir die Hand auf die Schulter.

„Ja - Freunde!" sagt er mit heiserer Stimme. Er steht noch einen Augenblick bewegungslos vor mir, die Hand schwer auf meiner Schulter. Dann verschwindet sein Schatten in die Nacht.

Ich rudere nachdenklich zu „Kairos" hinüber. Ich spüre, daß dieser Primitive nun bereit ist, alles mit mir zu teilen. Was aber, so muß ich mich fragen, bin ich bereit mit ihm zu teilen? - Nichts. Uns trennen Welten, die tiefer als der Sternenhimmel da über mir sind. Der Gedanke macht mich nicht froh.

Wir zeigen Tehapai und Tipea bei ihren abendlichen Besuchen viele Bilder. Wir geben ihnen Erklärungen dazu. Wir versuchen herauszubekommen, ob ihnen die Mythen und Heldengeschichten ihrer Vorfahren bekannt sind. Sie sind es nicht.

Götter liebten sich und zeugten Inseln. Licht kam, um Meer und Inseln für Männer sichtbar zu machen, die das Meer befahren und die Inseln bevölkern konnten. Die Priester erzählten es so und fügten Strophe um Strophe hinzu, was zu ihrer Lebenszeit geschah. So wuchs das Lied und zog mit den Polynesiern den langen Weg ihres Schicksals. Von Asien zu den Inseln des chinesischen Meeres, von dort zu den Atollen Melanesiens, von dort nach Fidschi, nach Tonga, nach Samoa, nach Tahiti und Bora Bora, nach Hawaii und zu den Marquesas, zum fernen Neuseeland.

„Wißt ihr, daß eure Vorfahren hier von Bora Bora fortgesegelt sein könnten und bis Hawaii kamen?"

Ihre Augen leuchten. Aber sie verneinen höflich.

Bora Bora wurde von tahitianischen Kriegskanus angegriffen, der Inselhäuptling besiegt. Die Priester verfluchten ihn. Sie huldigten den neuen Göttern der Sieger. Der Häuptling sammelte seine letzten Getreuen.

In der Nacht, die er für die letzte seines Lebens hielt, träumte er. Er stand im Bug eines segelnden Doppelkanus. Ein fremder Sternenhimmel über ihm drehte sich um einen bewegungslosen Stern. Unter dem bewegungslosen Stern glühte ein furchtbares Feuer. Unter dem Feuer war Land.

Der Häuptling stellte sich nicht zur Schlacht. Er täuschte Verhandlungsbereitschaft vor. Er ließ heimlich ein großes Doppelkanu ausrüsten. Er wählte dreißig Paddler aus - treu ergebene Männer, zäh bis zum Verhungern und mutig bis in den Tod. Dreißig Mädchen ließ er aussondern - nicht die schönsten, aber die kräftigsten.

Das Doppelkanu wurde mit allem beladen, womit Menschen auf einer unbewohnten Insel ein neues Leben beginnen können: Schweine, Hühner,

Kokosnüsse, Tarowurzeln, Brotfrüchte und vieles mehr. Zur Verpflegung von Mensch und Tier wurde in großen Mengen ein Brei aus Brotfrüchten hergestellt, der lange genußfähig bleibt. Wasser wurde in Bambusrohre gefüllt, die Enden mit Lehm verschlossen.

Ein Priester, zu alt um den neuen Göttern zu dienen und überzeugt, daß der Traum des Häuptlings ein überirdisches Gebot sei, beschwor die Tabus für die Reise. Kein Mann durfte ein Mädchen berühren. Kein Tier durfte geschlachtet werden. Keine Pflanze durfte zu anderem Zweck als zur Erhaltung berührt werden - unzählige Tabus. Stumm lauschten Männer und Mädchen den uralten Beschwörungsformeln.

Der Priester bestimmte diejenigen Männer, die das neue Land mit ihrem Blut segnen sollten. Als Todgeweihte begannen sie die Reise.

Dann trug er mit zitternden Händen rote, schwarze, gelbe Steine in die Bambushütte des Doppelkanus. In diesen Steinen lebten die Götter.

Die Fahrt begann in klarer Nacht. Wo war der bewegungslose Stern? Sie steuerten Ost, wie es die Überlieferung sagte. Aber dort lag das feindliche Tahiti - nicht nach Ost!

So steuerten sie Nordost. Die Versuchung war groß, den altbewährten Navigationsmethoden zu folgen - Sonnenauf- und -untergang, Wellenschlag und Wellenzug, der durch Inseln und Strömungen beeinflußt wird, Sternenstand und Sternenbewegung. Aber wo war der bewegungslose Stern?

Angst und Gebete - Gebete und Angst.

Tage vergingen. Sie segelten und sie paddelten. Wochen vergingen. Sie dursteten und hungerten. Monate zogen über sie hin. Sie begannen zu sterben. Der Häuptling stand jede Nacht im Bug seines Kanus, verzweifelt doch unbeirrbar. Wenn der Morgen graute, sank er erschöpft zusammen.

Und eines Nachts, niedrig über dem nördlichen Horizont, stand der bewegungslose Stern. Sie hielten auf ihn zu. Und jede Nacht war deutlicher zu erkennen, daß der fremde Sternenhimmel sich um diesen Stern drehte.

Sturm kam heulend. Sturzseen wuschen halbtote Männer und Frauen über Bord. Böen aus schwarzen Wolken zerrissen die Mattensegel. Doch der Kurs war klar. Der Stern war klar, wenn wolkenlose Nächte ihn wieder sichtbar machten.

Eines Nachts glühte unter dem Stern ein furchtbares Feuer. Lähmende Angst erfaßte die Menschen. Auch den Häuptling packte Grauen. Aber er ließ den Priester beten und den Steuermann den Kurs auf das Feuer halten. Wo war das Land, das ihm verheißen war?

Der Tag kam. Der Stern verschwand und mit ihm das Feuer. Kein Land war zu sehen. Die Götter hatten mit ihnen gespielt. Der Priester betete sterbend. Der Häuptling verzagte. Die Menschen sanken wie tot zusammen. Steuerlos trieb das Kanu.

Als die Sonne sich neigte, schleuderte ein Brecher es auf den Strand einer vulkanischen Insel. Die Überlebenden nannten das neue Land Hawaiki.

Ich kann diese Geschichte Tehapai und Tipea wegen der Sprachschwierigkeiten nicht erzählen. Könnte ich es - was würde es nützen?

So sitzen wir und sagen zueinander: „Gutes Wetter gestern - schlechtes Wetter heute - viel Fisch gestern - Absegeln morgen.“ Über uns im tropenglitzernden Sternenlicht stehen die Bergklötze Bora Boras - unverändert, seitdem jenes Kanu die schützende Lagune verließ, um in die absolute Ungewißheit zu segeln. Ein Kanu, beladen mit Ahnung und Traum, beladen mit einer Handvoll Menschen, die Ahnung und Traum zur Wirklichkeit machten.

Morgen schenke ich Tehapai unsere große Regenpersenning für seine Hütte. Morgen verlassen wir Bora Bora und segeln 1100 Seemeilen Kurs West nach Samoa.

*Tutuila, im September 1965*

Wir liegen längsseits der Pier im Hafen von Pango Pango. KAIROS ist aufgeklart. Abendbrot haben wir draußen auf See gegessen. Wir holen jetzt eine Flasche Rotwein hervor, um unsere Ankunft zu begießen.

Als die Flasche halb geleert ist, steht ein älterer, kräftig gebauter Mann auf dem Kai.

„Ich heiße J. - bin der Hafenkapitän hier“, sagt er freundlich.

„Kommen Sie an Bord, Capt'n!“

Er steigt an Deck, blickt aufmerksam über Schiff und Takelage.

KAIROS liegt im Licht der Hafenlampen weiß vor der Dunkelheit der Nacht. Wir stellen uns vor.

„Trinken Sie ein Glas mit, Capt'n?“

Wir klettern in die Kajüte hinab und setzen uns. Wieder gehen seine Augen zielsicher hin und her.

„Gutes, kleines Schiff“, sagt er. „Von wo?“

„Hamburg. Ausgelaufen vor einem Jahr und drei Monaten.“

„Sie kommen jetzt -“

„- von Bora Bora.“

Elga schenkt ihm ein. Er probiert den Wein.

„Das ist neu für mich“, sagt er lächelnd, „als Amerikaner auf einem Hamburger Schiff französischen Wein zu trinken.“

„Sie sind viel herumgekommen, Capt'n?"

„Genug." Er schweigt für einen Augenblick. Dann wieder lächelnd: „Jetzt sitze ich hier in American Samoa - okay, man wird nicht jünger. Wie war Ihr Törn? Erzählen Sie's mir!"

Und ich erzähle:

„Wir haben vor unserer Abfahrt sorgfältig das Wetter beobachtet; Windrichtung, Barometerstand, Luftfeuchtigkeit und Temperatur täglich aufgezeichnet. Wir wollten nach Möglichkeit nicht in eine Störung mit Westwinden hineinlaufen.

Es kam der günstige Augenblick: KAIROS schwojte in den Wind, als wir die Heckleinen von der alten Pier losmachten."

„Die Pier in Bora Bora!" sagt Captain J.. „Die haben wir im Krieg gebaut. Da machten Transportschiffe fest."

„Ich hatte Schwierigkeiten mit dem Anker. Er saß hinter einem Korallenblock. Die Jungs von der neuseeländischen Ketsch MARMARY, die vor einigen Tagen eingelaufen war, halfen mir. Zu dritt brachten wir den Anker aus dem Grund.

Um 11.00 Uhr setzten wir Segel. Wir segelten eine Ehrenrunde für unsere Freunde und winkten. Dann liefen wir aus. Draußen faßte uns eine lange Dünung aus dem Süden des Großen Ozeans. Wir gingen auf Westkurs.

Das Wetter war sonnig, der Wind östlich. Die großartige, graugrüne Kulisse Bora Boras wurde hellblau und unwirklich, je weiter wir uns entfernten. Am Abend verschwand sie in Dunst und Dunkelheit achteraus.

Beim Auslaufen war aus unbekanntem Grund - möglicherweise schlechtes Benzin - die Maschine abgesprungen. Dadurch war Kühlwasser vom Auspuffrohr in die Zylinder und weiter in den Vergaser zurückgeleckt. Ich trocknete also die Zylinder und reinigte den Vergaser - kein Vergnügen bei dem noch heißen, benzinstinkenden Motor. Der Schweiß floß in Strömen. Trotz geöffneter Luken brachte der schwache Wind keinen Luftzug in die Kajüte.

Am Abend war die Maschine wieder einsatzbereit. Ich löste Elga an der Pinne ab. Sie bereitete das Abendbrot. Es gab Tomaten und Maiskörner mit Eiern und Reis.

Meine Wache begann. Langsam zog KAIROS in die wolkenverhangene, sternenlose Nacht. Der leichte Wind kam aus Ostnordost. Das Kompaßlicht verbreitete einen schwachen Schimmer. Groß stand die Dunkelheit ringsum. Elga schlief. Ich wachte und steuerte unseren Kurs.

Moorea, Huahine, Bora Bora - vorbei! Warum waren wir nicht geblieben? Wer in die Südsee segelt, verfällt ihr. Oder er segelt weiter und wünscht sich Zeit seines Lebens dorthin zurück.

KAIROS holte über und der Großbaum knarrte.

Weiter Kurs West nach Samoa."

Der Captain vor mir lächelt. Er trinkt einen langen Zug aus seinem Glas und setzt es bedachtsam auf den Tisch. Er greift ins Bücherbord, nimmt ein kleines, schwarzes Buch heraus, das da seit dem Stapellauf von KAIROS steht.

„Lesen Sie darin?" fragt er.

„Ja - manchmal, Capt'n."

„Hierin steht: der Herr hat's gegeben, der Herr hat's genommen, der Name des Herrn sei gelobt. Das ist, was Sie erleben, mein Junge. Und nun erzählen Sie weiter!"

Er stellt das Buch an seinen Platz zurück.

„Nach zwei Tagen mit mäßigen, nordöstlichen Winden drehte der Wind auf Südost und nahm bis Stärke 5 zu. Der Himmel sah unfreundlich aus: große Kumuluswolken mit Schauern, hohe Oberbewölkung in grau-weißer Formation. Die Abendsonne schuf goldene und violette Farben, die eine plötzliche Dunkelheit verschluckte. Das gewohnte tropische Abendglühen - kurz und sehr stark - blieb aus. Der Wind wehte bald mit Stärke 6. Wir refften das Großsegel.

Noch während der Nacht zogen die Wolken ab. Die See wurde grob. KAIROS lief hohe Fahrt. In der Takelage summte der Wind.

Er blieb konstant, ja, nahm am Morgen noch zu. Schönwetterwolken zogen auf. Fliegende Fische sprangen in Scharen. Wir drehten ein weiteres Reff ein, da KAIROS im Seegang manchmal hart auf dem Ruder lag. Die Geschwindigkeit wurde durchs Reffen nicht geringer. Aber wir hatten die Freude, ein williges Schiff zu steuern.

Dann drehte der Wind auf Ost und ließ nach. Wir setzten die Passatsegel. Sie steuerten. Diese Nacht konnten wir schlafen.

Schon am nächsten Tage sprang der Wind unter einigen Schauern wieder auf Südost. Wir mußten das Steuerbord-Passatsegel bergen. Dafür setzten wir das Großsegel. Am Abend waren schon wieder fünf Reffs einzudrehen: der Wind wehte mit Stärke 6 bis 7.

Und dabei blieb es. Im Rigg stand alles auf Biegen und Brechen. Rollend, steigend, fallend brauste KAIROS durch die Seen. Das Kielwasser wurde zu einer langen, gischt-marmorierten Bahn - tags im Sonnenlicht funkelnd, nachts phosphoreszierend.

Der Achterholer des Backbord-Passatsegels brach. Segel und Spinnakerbaum wurden nach vorn gerissen. Das Segel schlug wie rasend. Der Baum donnerte gegen das Vorstag.

Elga stürzte aus friedlichem Schlaf an die Pinne - ich aufs Vorschiff. Es gelang mir, das Segel zu bergen, bevor es sich zu Fetzen schlug oder der Baum Schaden erlitt.

Anschließend spleißte und setzte ich einen neuen Achterholer. Ich hatte die Schwäche des alten in Moorea zwar bemerkt, aber gedacht: er wird schon noch halten – na, klar! Aber mit ‚wird schon' und ‚na, klar' kann man nicht zur See fahren. Ich hätte das eigentlich wissen sollen.

Als alles wieder stand, hatten wir drei Stunden Schlafenszeit verloren – beide: während ich arbeitete, hatte Elga steuern müssen.

Es lief eine gewaltige See. Über die Dünung aus Süd setzte sich eine steile Windsee. KAIROS tanzte. Die Segel sangen. Kein Etmal lag unter 120 Seemeilen. Schaum und Brausen ringsum. Dies war das große Lied der Südsee. Passat und Seegang waren seine Melodie, Schinderei und Müdigkeit seine Strophen. Es erfaßte uns wie ein Rausch, erfüllte uns und trieb uns voran: Kurs West nach Samoa!

Elgas Ekzem brach wieder auf und bereitete ihr große Schmerzen. Ich wachte manchmal länger, um ihr mehr Ruhe zu gönnen. Dann konnte ich beim Wachwechsel die Augen einfach nicht mehr aufhalten.

Bei unverminderter Stärke wurde der Wind unruhig in seiner Richtung. Das bedeutete oftmaliges Trimmen der Segelstellung. Unter den waltenden Umständen konnte Elga das nicht allein machen. Raus aufs Deck!

Es wehte und wehte und wehte. Das Schiff verlangte alle Kraft: hol' dicht die Schot!

Hinterher lag ich mit pumpender Lunge und jagendem Puls schweißnaß in der Koje und konnte nicht schlafen. Angst stieg in mir auf, wenn Brecher gegen die Bordwand knallten. Herr im Himmel, laß alles stark und sicher sein! Und Trotz antwortete. Zum Teufel, wir segeln dieses Schiff bis ans Ende der Welt!

Wachwechsel und Navigation. Es wehte. Essen und Schlafen. Und es wehte, wehte –

KAIROS tanzte über die gewaltige See.

Am Mittag des neunten Tages standen wir 162 Seemeilen östlich von Pango Pango. Am Morgen des folgenden Tages sahen wir an Steuerbord die drei hohen Inseln der Manua-Gruppe. Sie gehören zu American Samoa. Das Mittagsbesteck setzte uns 41 Seemeilen vor unser Ziel.

Wir segelten nun eine Regatta gegen den Sonnenuntergang. Wenn wir vor Einsetzen der Dunkelheit einlaufen konnten, gewannen wir eine ‚Bauernnacht'. Kamen wir zu spät, so mußten wir, beigedreht wartend, eine weitere Nacht auf See verbringen. Zwar hat die Bucht von Pango Pango Richt-Leuchtfeuer, aber die Einfahrt im Dunkeln zu machen, schien nicht verlockend.

Etwa um 15.00 Uhr kam die Insel Tutuila voraus in Sicht. Es war diesig. KAIROS lief gut – gut genug? Um 18.00 Uhr bei Sonnenuntergang lag die Inselsilhouette klar vor uns. Wir konnten im roten Dunst, der vom letzten Sonnenlicht durchleuchtet wurde, deutlich die Einschnitte der Buchten ausmachen. Da war die Bucht von Pango Pango! Langsam fiel die Nacht. Wir hatten unsere Regatta verloren.

‚Ach was!' sagte Elga. ‚Wir laufen ein.'

Ich sah mir die Seekarte an. Tutuila hat kein Ringriff. Ich legte Peilungen und Kurse fest. Es würde gehen. Wir aßen schnell Abendbrot.

Der Wind wehte unverändert frisch. Ich barg das Vorsegel. KAIROS verlor an Fahrt. An Land wurden Lichter sichtbar. Seit langem hatten wir keine so hell beleuchtete Insel angesteuert.

‚Da sind die Richtfeuer! Da ist Breakers Point!'

Elga ging auf den Einfahrtskurs. Ich peilte über den Kompaß. ‚Ja! Laß ihn laufen so!'

Im Buchteingang fielen von den steilen Inselbergen heftige Fallböen nieder. KAIROS sprang geradezu in den Hafen.

Dann waren wir im hinteren Teil der rechtwinkligen Bucht. Ich lotete vergeblich nach einem geeigneten Ankerplatz. In gutem Abstand vom Ufer war das Wasser zu tief. Am Ufer sprangen Korallenriffe jäh auf. Wir kreisten ein paar Mal. Weitere Fallböen winselten über uns hinweg. Im Schein der Hafenlampen war eine Pier zu erkennen. Wir gingen längsseits und machten fest. Ein samoanischer Zöllner in amerikanischer Uniform fertigte uns ab."

„Hier an der Pier liegt Ihr Schiff schlecht", sagt Captain J., als er sich verabschiedet. „Verholen Sie dort an den Leichter. Er wird nur selten benutzt und liegt an starkem Bojengeschirr. Das ist der beste Platz, den ich Ihnen hier im Hafen geben kann."

„Danke, Capt'n."

„Lassen Sie den Captain. Meine Freunde nennen mich Tuck - okay?"

„Okay. Ich heiße Jürgen."

„Wie ist das? Churgen?"

„Sagen Sie George - ist etwa dasselbe. Und meine Frau heißt Elga."

„Gut. Ich hole Sie beide morgen zu einer Inselrundfahrt ab. Bye!"

Einige Tage später sitzen der Stellvertretende Staatsanwalt von Pango Pango und seine Frau zum Nachmittagskaffee bei uns an Bord. Sie ist Deutsche. Das Gespräch springt zwischen Deutsch und Amerikanisch hin und her.

„Worüber sprechen unsere deutschen Hausfrauen?" fragt der Staatsanwalt. Er ist ein kluger, junger Mann - zu klug für diese kleine Insel. Nach amerikanischer Sitte begannen wir, uns nach einer halben Stunde mit dem Vornamen anzusprechen.

„Über Kleider. Elga will sich mit der Maschine Ihrer Frau ein neues Kleid nähen."

Ron grinst. „Ich dachte, es würden deutsche Kuchenrezepte ausgetauscht. - Welchen Weg sind Sie gesegelt?"

Ich erzähle es ihm. Er hört aufmerksam zu. In seinen großen Augen liegt Unruhe. Dann fragt er: „Und immer hier in diesem – Boot gelebt? Das ist ja wie ein Gefängnis! Ich würd's nicht aushalten. Schon die Insel hier macht mich verrückt. Okay, in zwei Jahren lebe ich wieder in den Staaten und kann American Samoa vollkommen vergessen. Aber ich frag' mich manchmal, wohin das läuft. Die Regierung pumpt Millionen rein, um Eingeborene zu erziehen und heranzubilden, die sich gegenseitig Kokosnüsse klauen oder sich mit alten Autos anfahren – bong! Ich muß die Idioten anklagen! Diese Insel, George, ist noch schlimmer als Ihr schwimmendes Gefängnis: sie ist ein Zuchthaus."

„Ron übertreibt immer stark", sagt seine Frau. „Ich bin ganz gerne hier. Man kann eine Menge lernen."

„Ick habue einue tuktigue Hausfrauu", sagt Ron auf deutsch. „Immuer lörnen!"

Wir lachen. Sie laden uns zum Abendbrot ein.

Es lebt noch eine andere deutsche, mit einem Amerikaner verheiratete Frau in Pango Pango. Erika ist in unserem Alter. Ihr Mann Jim ist bei der Gesundheitsbehörde tätig.

Elga hat am Vormittag unsere Wäsche in Erikas Waschmaschine gewaschen. Nachdem ich während des Vormittags an Bord einige der empfangenen 33 Briefe beantwortet habe, gehe ich zum Bungalow hinauf.

„Wenn Jim kommt, essen wir zu Mittag", sagt Erika. „Er ist an Bord des norwegischen Frachters, der heute morgen einlief."

Wir sitzen am Fenster des Bungalows, das einen umfassenden Blick über die Hafenbucht zuläßt.

Erika erzählt. „Ich habe Sehnsucht nach Deutschland. Jim wird andauernd versetzt. Ich möchte eine ständige Wohnung haben – in Braunschweig zum Beispiel, wo ich aufgewachsen bin. Aber das geht natürlich nicht. Jim ist sehr ehrgeizig."

Jim stürzt ins Haus. Er trägt zwei Filmkassetten unterm Arm.

„He, Leute!" sagt er. „Laßt uns gleich was essen! Hinterher sehen wir uns diese Filme an, die ich mir von dem Norweger auslieh. Ein Western und ein Krimi – Klasse!"

Erika hat das Essen mit viel Liebe bereitet. Wir genießen es sehr.

Jim ißt hastig. Kaum fertig, zündet er sich eine Zigarette an und steht auf. „Ich baue schon mal den Projektor auf. Muß nachher gleich wieder weg!"

Nach dem Essen gehen Erika und Elga ins Nebenzimmer. Jim und ich sehen uns die Filme im verdunkelten Hauptraum des Bungalows an. Jim sitzt gelassen, die Beine hoch auf einem herangezogenen Stuhl. Er scheint vollkommen entspannt.

Kaum ist das letzte Feuergefecht auf der Leinwand verhallt, baut er mit schnellen Griffen Projektor und Tongerät ab. „Muß weiter, alter Knabe! Die haben da Ärger mit ihren Wasserleitungen. Baut man diesen Kanakern eine 1a-Wasserversorgung für 'ne Menge Geld - und nicht mal sauberhalten können sie's! Zum Teufel!"

Die Filmkassetten unterm Arm stürzt er aus dem Haus.

„Vergiß nicht -" ruft Erika ihm nach. Er ist bereits weg. Unten auf der Straße startet ein Wagen mit quietschenden Rädern.

Erika und Elga räumen das Zimmer auf. Ich sitze am Fenster und schaue über die Bucht. Erika weint leise.

Wir sind bei einem Verwaltungsbeamten eingeladen. Fast die ganze amerikanische Kolonie ist versammelt. Es wird viel Whisky getrunken.

„Na, George-Weltumsegler", sagt der Hausherr, während er mir an der Hausbar einen neuen Whisky mixt, „wie gefällt Ihnen American Samoa? - Hier, prost!"

Von der Wand über der Bar starren polynesische Götterfiguren auf uns herab.

„Bin jetzt drei Jahre hier", fährt unser Gastgeber fort und stürzt den Inhalt seines Glases hinunter. „- ah! Kleine Insel und zu viele Amerikaner. Das ist nicht gut. Intrigen jede Menge, Klatsch jede Menge. Na, ja - ich will nicht klagen. Die Samoaner lernen zwar nichts von uns und dauernd hat man Ärger im Büro mit ihnen - aber ich komm' zurecht. Sehen Sie, George, ich hab' mein Auto und meine Frau - prima Auto und prima Frau! Ich hab' meine drei Kinder und meinen Eisschrank, mein Hi-Fi-Radio -"

Von einem Schaltbrett an der Bar stellt er die plärrende Musik von leise auf laut, was den Protest seiner Frau auslöst.

„Prost, George!" sagt er dann. „- ah! Jetzt haben wir Fernsehen auf der Insel - erste Klasse! Ich hab' den Bungalow hier mit Gärtner und zwei samoanische Mädchen für meine Frau. Und ich vergaß: meine Frau hat ihr eigenes Auto - klar! Was will ich also mehr? Kommen Sie, alter Knabe, trinken wir noch einen Whisky! Prost! - ah!"

Captain J. kommt. Er nimmt mich beim Arm und führt mich in einen Nebenraum, wo Elga mit seiner Frau Reathia und einer philippinischen Krankenschwester sitzt.

„Nehmen Sie's nicht ernst, was er Ihnen alles erzählt, mein Junge", sagt der Captain. „Von seiner Sorte gibt's 'ne ganze Menge hier. Und alle versuchen, diese armen Inseln zu verwalten und aus den Samoanern gute - ja, was? - gute Amerikaner zu machen. Ach, mein Gott! Ich bin Hafenkapitän hier - okay! Alles andere ist nicht mein job. Ich werde mich hüten, da meine Nase reinzustecken. Aber die Haare sträuben sich mir manches Mal!"

Zwei junge Samoanerinnen tragen große Platten mit kaltem Aufschnitt herein.

Der Captain fährt fort: „Wir können nicht mit Entwicklungshilfe und Eisschränken, mit Autos und Fernsehen, selbst nicht mit einer Universität für Samoaner einrenken, was vor 200 Jahren tragisch begann. Wir können nur versuchen, die Samoaner zu verstehen. Dann würden wir davon ablassen, ihnen unsere Zivilisation aufzupfropfen, die nicht für sie gemacht ist.

Als die Europäer die Samoa Gruppe entdeckten, trafen sich zwei Welten, die so verschieden voneinander waren und blieben, daß nur eine überleben konnte. Das war die unsere. Wir waren stärker. Aber heute haben wir ein schlechtes Gewissen - oder was? - und reden und zahlen. Und machen alles nur noch schlimmer.

Als der Holländer Roggeveen 1722 als erster Weißer mit den Samoanern in Berührung kam, da fragten sich seine Begleiter hinsichtlich der Eingeborenen: sind sie Menschenfresser? Und die Samoaner fragten sich in bezug auf die Weißen: sind sie Götter?

Für beide Seiten kam die Antwort 65 Jahre später, als Besatzungsmitglieder aus dem Geschwader des Franzosen de La Perouse auf Samoa Wasser holen wollten. Es kam zu einem Gefecht zwischen Weißen und Samoanern. Die Weißen starben unter Keulenschlägen. Also waren sie keine Götter. Und die Samoaner scharrten die erschlagenen Franzosen ein. Sie waren keine Menschenfresser.

Den Entdeckern folgten die Missionare. Sie predigten den braunen Heiden: du sollst nicht töten, du sollst nicht stehlen, du sollst nicht ehebrechen, du sollst nicht fluchen.

Dann kamen die Vagabunden. Es war eine Gruppe entkommener Strafgefangener, die den Kapitän ihres Transportschiffes samt Besatzung umgebracht hatten. Sie landeten auf Samoa.

Sie schlugen sich in dem gefundenen Paradies alle tot. Einer blieb nach. Er hieß Tom the Devil. Mit Hilfe seiner Feuerwaffen war es ihm ein leichtes, auf der Insel ein ‚Kaiserreich' zu gründen. Er beging darin jedes Verbrechen und jede Schamlosigkeit, die sein Gehirn erdenken konnte.

Die Samoaner fragten ihre Missionare, wenn wir nicht töten, stehlen, ehebrechen, fluchen dürfen, warum denn er? Ich weiß nicht, was die Missionare antworteten. Verstanden haben es die Samoaner wohl kaum.

Anfangs war ihnen ein Mann mit Schußwaffen bei ihren fortgesetzten Inselkriegen sehr brauchbar. Doch als die Furcht vor seiner Hemmungslosigkeit überhand nahm, schlugen sie ihn tot. Auch wenn es ihnen die Missionare verboten hatten.

Zu den protestantischen Missionaren gesellten sich katholische, zu den katholischen evangelistische, zu den evangelistischen reformierte. Die einen beteten so, die anderen so. Die Samoaner hörten zu und verstanden nicht: der christlichen Götter waren zuviele. Sie nahmen das alles nicht so ganz ernst, denn sie sind heiteren Gemüts.

Entdecker - Missionare - Vagabunden. Die Samoaner lachten. Sie merkten gar nicht, wie sie entwurzelt wurden.

Nun kamen die Händler. Denn wo Christen leben, hebt sich der Lebensstandard. Kleider für den Kirchgang, Gewehre für den Krieg, Uniformen und Zylinder für die Häuptlinge, Helme für die Krieger. Und Licht, ihr Christen, für eure Hütten! Stallaternen, erste Petroleumfüllung frei, 20 Cents das Stück!

‚Hast du Geld, Kanaker?'

‚Kein Geld. Aber ich Lampe dort für Haus!'

‚Du kriegst die Lampe, klar. Bringe mir Kopra.'

So begann der Inselhandel. Die Samoaner blieben den Händlern verschuldet. 1842 nahm der Koprahandel nennenswerte Ausmaße an.

Ein Deutscher namens Godeffroy reiste durch die Südsee, um die Möglichkeiten des Koprahandels zu prüfen. Er gründete auf Samoa eine Niederlassung. Sie wuchs rasch, weil die Deutschen in ihrer Gründlichkeit die Kopragewinnung industrialisierten. 1869 entstand dem Hause Godeffroy Konkurrenz. Eine amerikanische Gesellschaft versuchte, es den Deutschen nachzutun und baute auf Samoa die Kokospalmen ebenso in Reih und Glied auf wie die Deutschen. Die Gesellschaft ging pleite. Aber das amerikanische Interesse an Samoa war geweckt.

Man brauchte eine Bunkerstation für die Dampfer im Australiendienst. Eine amerikanische Reederei sandte einen Beauftragten. Er berichtete 1871 über die Samoaner: ‚– eine Rasse großer und schöner Menschen, die jedoch nichts vom Segen der Arbeit weiß, da all ihre Wünsche erfüllt zu sein scheinen.' Über die Deutschen: ‚– sie sind um ihre ausgedehnten und gut geleiteten Plantagen zu beneiden.' Und über die Bucht von Pango Pango: ‚– hier geht uns der beste Südseehafen durch unsere Säumigkeit verloren.'

Die US-Navy schickte einen Kreuzer, dessen Kommandant die Bucht von Pango Pango kartografierte und mit den Häuptlingen ‚Verträge' abschloß. Ein Marinestützpunkt wurde errichtet.

Um ihre Interessen zu wahren, setzten die USA einen Konsul ein. Das Gleiche taten die Deutschen. Und die Engländer schickten auch einen. Schließlich lebten ja auch ein paar Engländer auf Samoa.

Und die Samoaner? Sie waren nun Christen. Sie trugen Kleider. Die Krieger hatten Gewehre und die Häuptlinge trugen Uniformen. Sie führten ihre Stammeskriege wie seit Jahrhunderten. Sie merkten zunächst nicht, daß ihr Leben und ihre Kriege aufmerksam von den drei Konsuln beobachtet wurden - merkten nicht, daß sie um deutsche, amerikanische, englische

‚Interessengebiete‘ kämpften. Die Konsuln stritten sich nicht - bitte, meine Herren, keine internationale Krise! Aber man bewaffnete ‚seine‘ Samoaner besser. Man überzeugte diesen oder jenen Oberhäuptling, Anspruch auf die Gesamtherrschaft über Samoa zu haben.

Einige Häuptlinge erfaßten, daß sie für völlig unverständliche Dinge gebraucht wurden. Vielleicht hatten sie es auch nur satt, von jedem Feigling hinterrücks erschossen zu werden, anstatt wie in alten Tagen tanzend mit der Kriegskeule zu kämpfen. Sie gingen zu dem englischen Konsul und sagten: ‚Britannia serr gutt! Großes Reik! Wir zu Britannia - Friede!‘

Da standen sie in zerschlissenen Phantasieuniformen, den zerbeulten Zylinder auf dem Kopf: die Nachfahren großer Seefahrer, die Erbauer kunstvoller Häuser. Sie hatten für jede Zeremonie, für jede Handlung einmal einen besonderen Kopfputz, einen bestimmten Schmuck gehabt. Da redeten sie gebrochen in einer fremden Sprache und verschenkten ihre Inseln.

Wilde Reaktion in Washington und Berlin. Konferenzen. Man kommt zu keinem Ergebnis. Kanonenboote und Kreuzer der Großmächte laufen Samoa an und ankern in der Bucht von Apia.

Telegramm: ‚Drei deutsche Kriegsschiffe versuchen Eingeborene unseres Interessenbereiches zu entwaffnen. Eingeborene kämpfen weiter. Wahlloses Schießen und Niederbrennen ohne Rücksicht auf amerikanisches Eigentum.‘

Tagesbefehl: ‚Wir werden kämpfen und, wenn es sein muß, mit wehender Flagge sinken.‘

Diese Flagge flattert in einem steifen Nordostwind. Der Wind nimmt von Stunde zu Stunde zu. Das Barometer fällt. An Bord der Kriegsschiffe - drei deutsche, zwei amerikanische, ein englisches - wird man sich darüber klar, daß ein tropischer Wirbelsturm im Anzuge ist. Die in die Bucht von Apia laufende See wird steil und brechend.

Diese Bucht hat die Form eines V. Sie ist durch kein Ringriff geschützt. Doch ihren Seitenufern sind steile Korallenriffe vorgelagert, deren Oberkante überhängt.

Die Kraft eines Taifuns ist mörderisch. Der Gewalt von Wind und Seegang ist mit einem Schiff auf offener See kaum zu widerstehen. In einer offenen Bucht ist der Seegang tödlich.

Auslaufen also? Das hieße, die Interessen des Vaterlandes im Stich lassen. So werden auf den Schiffen fieberhafte Vorbereitungen getroffen, den Taifun in der Bucht abzureiten. Dieser seemännische Unsinn geschieht am 14. März 1889.

Um Mitternacht dreht der Wind auf Nord und nimmt bis auf Orkanstärke zu. Er steht direkt in die Bucht hinein, die eine schwarze, tobende Hölle wird. Es besteht keine feste Grenze mehr zwischen Wasser und Luft.

Am 17. März läßt der Orkan nach. Die Bucht liegt leergefegt. Die Schiffe sind gesunken, gestrandet, zu Wracks geschlagen. 150 Seeleute kamen ums Leben. Nur der englische Kreuzer HMS CALLIOPE unter Captain Kane RN entkam. Als nur noch ein Ankertroß von vieren hielt, entschloß sich der Kommandant, die Bucht zu verlassen. Es gelang unter Aufbietung aller Maschinenkraft.

Die Samoaner bringen Hilfe. Mit Kanus bergen sie Überlebende von den Wracks. Mann vor Mann bilden sie lebende Ketten übers Riff, um die Verwundeten an Land zu holen. Das Seewasser weicht ihnen die Phantasieuniformen und Frackschöße hinweg. Nackt, muskulös stehen sie in der Brandung des Meeres, das ihre Urväter zu diesen Inseln brachte.

Die Großmächte, ihrer Kanonen beraubt, beschließen, die Samoa Inseln international zu verwalten. Es scheitert. Sie versuchen, eine Regierung aus Samoanern zu bilden, die mit der Beratung der Konsuln regiert. Es mißlingt. Schließlich teilt man Samoa. Die westlichen Inseln werden deutsche Kolonie, die östlichen werden von den Amerikanern übernommen. Die Bezeichnung ‚Kolonie' lehnen die Amerikaner ab. England scheidet mit der Zusicherung aus, auf den benachbarten Tonga Inseln ungestörte Handlungsfreiheit zu erhalten.

Die Deutschen verlieren Samoa im Ersten Weltkrieg an die Neuseeländer. Die Amerikaner verwalten ihre Inseln unter dem Schlagwort: Samoa den Samoanern. Im Zweiten Weltkrieg werden die Inseln schwerbefestigte Bollwerke gegen die Japaner. Nach dem Kriege machen die Neuseeländer ihre Inseln, die ungeheure Verwaltungskosten verschlingen, selbständig. Der neugegründete Staat ist heute so gut wie bankrott - auf Inseln, die früher eine Bevölkerung ernährten, ‚die nichts vom Segen der Arbeit weiß'.

Und wir Amerikaner hier? Wir sind in eine Entwicklung geschliddert, deren Zukunft keinen Weißen Mann jemals interessierte. Entdecker - Missionare - Vagabunden - Händler - Großmächte. Wir zahlen und zahlen und sagen: Samoa den Samoanern.

Ich hab' euch die Insel gezeigt. Was habt ihr gesehen? Samoanische Götterfiguren dekorativ und sinnlos in den Bungalows der Weißen. Und amerikanische Waschmaschinen protzig wie Götzenbilder in den Hütten der Eingeborenen. Nichts steht mehr auf seinem richtigen Platz hier."

Aus dem Hauptraum des Bungalows dröhnt Musik. Einige Paare tanzen. Viele drängen sich um die Hausbar, wo der Gastgeber Getränke verteilt und die Lautstärke der Musik reguliert.

„Meine Familie kommt aus dem Süden der Vereinigten Staaten", sagt der Captain schleppend. Er wirkt plötzlich müde. „Wir haben dort noch sehr viele Probleme ähnlicher Art. Mein Urgroßvater war Südstaaten-Offizier im Bürgerkrieg. Ich glaube, er kämpfte auf der falschen Seite."

„Bei Gettysburg?“ frage ich.
„Ja.“
„Mein Urgroßvater war dort mit den Truppen der Nordstaaten.“
Der Captain starrt mich an. „Nun – er kämpfte wenigstens auf der richtigen Seite.“ Er steht auf und lächelt schwach. „Wir trinken jetzt ein Glas auf unsere Urgroßväter, mein Junge. Aber wir tun's bei mir zu Hause.“
Wir verlassen den lauten Bungalow. Jemand ruft betrunken über die plärrende Musik hinweg: „Three cheers for this lovely prison island!“
Wir gehen am Hafen entlang. Unter der Neonlampe vorm Kopraschuppen stehen einige junge Samoaner und rauchen. Sie tragen Cowboystiefel und Texashüte.
Der Captain grüßt sie. Sie lachen freundlich und sorglos.

*Kandavu, im November 1965*

Unsere Impfpässe wurden vom Tropeninstitut in Hamburg mit dem Vermerk unserer Impfungen ausgestellt. Ist die Schutzzeit einer Impfung abgelaufen, so gehen wir zum Hafenarzt, der uns nachimpft. Das ist natürlich nur an Plätzen mit entsprechenden Krankenhäusern möglich.
Die letzte Nachimpfung hatten wir uns in der Panama Canal Zone gegen Typhus, Paratyphus und Cholera geben lassen. Inzwischen war die Nachimpfung gegen Cholera fällig geworden. Im Krankenhaus von Pango Pango erhielten wir sie.
Ich ließ dort gleichzeitig zwei entzündete Stellen an meinem linken Fuß behandeln. Sie rührten von zwei winzigen Korallen-Schnittwunden her, die tiefe, daumennagelgroße Löcher geworden waren. Durch die Behandlung mit einer entsprechenden Salbe schlossen sie sich nun sehr schnell. Wir nahmen diese Salbe in den Bestand unserer Bordapotheke auf.
Am Vormittag unseres Abreisetages kamen Captain J. und seine Frau an Bord. Wir hatten einander ins Herz geschlossen. Während seine Frau gerührt von uns Abschied nahm, gab er mir die Hand und sagte: „Bye, George, Gott segne dich. You will make it.“
Er gab Elga einen Kuß auf die Stirn. „And you too, I'm sure.“ Er stieg ins Hafenboot, das von drei Samoanern längsseits gehalten wurde. Er half seiner Frau hinein und gab den boys das Zeichen zum Ablegen. Seine Frau winkte weinend. Er drehte sich nicht mehr um.
Doch als unsere Segel hochgingen, als KAIROS langsam Fahrt aufnahm,

sah ich den Captain auf der Pier stehen - groß und bewegungslos inmitten des zappelnden Lebens um den Kopraschuppen herum. Er sah zu uns herüber.

Ich weiß nicht, was er in jenem Augenblick gedacht hat. Ich wünsche mir, daß diese unbekannten Gedanken KAIROS begleiten, solange sein Kiel durchs Wasser zieht. „Bye, Capt'n!"

Den Fidschi Inseln östlich vorgelagert liegt eine Kette von Korallenriffen und Atollen, Lau Inseln genannt. Es gibt zwei Durchfahrten: eine im nördlichen Teil, eine im mittleren. Die nördliche Nanuku Passage ist 16 Seemeilen breit und hat ein Leuchtfeuer. Wir entschieden uns für sie, denn die andere Durchfahrt verfügt über keinen Leuchtturm.

KAIROS lief, als hätte er überhaupt keinen Bodenbewuchs. Es wehte frisch aus Südost und wir hatten nur wenig eingerefft. Mein Tauchen in Pango Pango hatte gezeigt, daß sich eine Unmenge von Muscheln und Seegras am Schiffsboden angesetzt hatte.

In der ersten Nacht und während des folgenden Tages hielt der Wind mit Stärke 6 bis 7 durch. Wie gewöhnlich nach langem Hafenaufenthalt wurden wir seekrank. Wir fühlten uns elend und nahmen Seekrankheitstabletten. Wir schalteten unser Innenleben auf „stur" - das beste Mittel, mit so etwas fertig zu werden.

Dann wurde das Wetter für einen Tag zauberhaft schön. Unsere gedrückte Stimmung wich. Die Sonne schien aus einem wolkenlosen Himmel. Das Meer funkelte. Der Wind ließ nach - drehte aber auf Nordost, später auf Nord. Im Südwest sammelten sich abends unter hohen Wolkenschleiern dunkle Regenwolken: Passatstörung.

Sie kam mit Böen aus westlichen Richtungen und Regen. Wir refften. Wir mußten kreuzen und Kurse steuern, die überall hinführten - nur nicht zur Nanuku Passage. Wolken verdeckten Sonne und Sterne. Astronomische Navigation war nicht mehr möglich. Wir koppelten unsere Standorte, das heißt: wir trugen die von uns geschätzten Distanzen mit ihren jeweiligen Kursen in die Seekarte ein. Meeresströmungen konnten wir dabei nicht berücksichtigen, da das Handbuch über sie nur sehr vage Andeutungen macht. Trotz aller schönen Kurslinien und Kreuze auf der Seekarte wußten wir keineswegs, wo wir *genau* waren.

Nach 38 Stunden läßt der Regen nach. Mit einer Bö in Stärke 7 springt der Wind auf Süd. Wir gehen auf direkten Kurs. Der Himmel bleibt wolkenverhangen. Kein Abendrot, wie es sonst nach Passatstörungen üblich ist: rabenschwarz kommt die Nacht.

Während meiner ersten Nachtwache heult der Wind im Rigg - ein Laut, der die Dunkelheit nicht gemütlicher macht. KAIROS liegt, ordentlich gerefft, weich auf dem Ruder. Ich setze mich so bequem zurecht, wie es geht, und steuere. Wir haben schon schlimmere Nächte erlebt.

Aber meine Gedanken kommen nicht zur Ruhe. Was, wenn das Wetter morgen nicht aufklart? Was, wenn übermorgen ebenfalls nicht? Dann stehen wir mit gekoppeltem Standort vor der Nanuku Passage. Wir können ebensogut nördlicher oder südlicher oder sonstwo stehen: wir kennen unsere Versetzung nicht.

Das bedeutet Nervenanspannung und Aufregung - und wird doch eines nicht beheben: die Gefahr.

Es sind noch 200 Seemeilen bis zur Nanuku Passage. Ich beruhige mich: jede Entscheidung kann noch rechtzeitig getroffen werden.

KAIROS fegt durch die schwarze Nacht. Hin und wieder weht Gischt übers Deck und trommelt auf mein Ölzeug.

Rechtzeitig - das heißt: *jetzt!* Ich sitze plötzlich aufgerichtet, als könnten die Riffe und Inselchen jeden Augenblick voraus als Hölle sich brechender Seen auftauchen.

„Elga!“

Sie steckt den Kopf verschlafen aus der Luke.

Ich sage: „Das Wetter klärt sich nicht. Wir haben jetzt Zeit und Platz genug, um beizudrehen und eine Aufklarung abzuwarten. Wir werden etwa Nordwest treiben - mit 1 Knoten. Koppele auf der Karte unseren Standort für jetzt, 22.00 Uhr. Prüfe, ob wir beigedreht treibend von der Zephyr-Bank freibleiben. Sicherheitsabstand 20 Seemeilen. Überlege dir bitte, ob meine Entscheidung richtig ist. Wenn du meinst, sie ist: zieh’ dich an und komm’ raus, damit wir beidrehen.“

Minuten später kommt Elga. „Von der Zephyr-Bank bleiben wir klar.“

Und dann drehten wir bei. Wir lagen anderthalb Tage so, trieben mit 1,5 Knoten Westnordwest, lasen, hörten Radio und waren alle Sorgen los. Draußen hing der Wolkenhimmel bis auf die See nieder.

Die Zephyr-Bank wurde 1875 vom Schoner „Zephyr“ gesichtet. Spätere Erkundungen bestätigten die Beobachtung. Aber Lotungen von verschiedenen Schiffen ergaben kein einheitliches Resultat. Es ist möglich, daß die Bank sich laufend verändert. Ein 70 Seemeilen entfernt liegender, tätiger Vulkan legt die Vermutung nahe, daß die Veränderungen der Bank vulkanischen Ursprungs sind.

Am Morgen nach der zweiten Wolkennacht ging die Sonne in großer Klarheit auf. Der Wind kam aus Südost zu Süd mit Stärke 5. Wir befreiten KAIROS aus der Lage, in die wir ihn mit stark gerefftem und mittschiffs geholtem Großsegel „eingeklemmt“ hatten, so daß er ohne Fahrt mit dem Wind getrieben war.

Wir refften aus und setzten die Fock 1. Wie ein zu lange gezügeltes Pferd lief KAIROS los. Vorwärts!

Ich bekam eine saubere Vormittagssonne in den Sextant. Am Mittag ebenso. Elga zeichnete ein kleines, exaktes Kreuz in die Seekarte.

Wir öffneten die Luken. Frische Luft wehte durch die Kajüte. Wache, Freiwache, Wache. Wir waren durch die unfreiwillige Ruhe so ausgeschlafen, daß der Freiwächtler lesen konnte, statt schlafen zu müssen.

Abendessen: Dosengulasch mit Makkaroni und Gewürzgurken. Sonnenuntergang: im Abendglühen hing eine zarte Mondsichel. Die Nacht wurde klar. Millionen Sterne funkelten in atemberaubender Pracht.

Wache, Freiwache. Kurs lag an - vorwärts: um Mitternacht kam der Schein des Leuchtfeuers in der Nanuku Passage über den Horizont.

Am Morgen hielten wir unseren Einzug in die Inselwelt der Fidschi Gruppe. Eine Seemeile an Backbord auf flacher Sandinsel stand der Leuchtturm. Wir machten die erforderlichen Kursänderungen. Noch 180 Seemeilen bis Suva auf verschiedenen Kursen.

Inseln ringsum - blau und fern, bunt und nah, hoch und wild, flach und brandungsüberspült. Weiße Sandstrände schimmern in unwirklicher Helligkeit. Grüne Lagunen leuchten herüber. Kaum eine Wolke am Himmel. Die Sonne gleißt. Sanft wie ein Traum fällt der Wind in unsere Segel.

Ich setze die große Genuafock.

Als ich anschließend nach australischen Sendern in den Kurzwellenbereichen unseres Transistorenempfängers suche - die Station WWVH mit ihrem Zeitzeichen ist sehr schwach geworden - finde ich Musik: Beethovens Fünfte Symphonie. Ich stelle auf volle Lautstsärke und gehe an Deck.

Während der Nacht wehte es hart von Backbord querein. Die Genuafock hatten wir gegen die Fock 1 auswechseln müssen. Knallend brach sich die Dwarssee an der Bordwand und sandte Schleier von Gischt über das Schiff.

Heute nacht passieren wir den 180. Längengrad. Wir haben die Erde halb umsegelt, an Bord ist alles wohl! Wieviele andere, von der Südsee kommend, haben enttäuscht oder verzweifelt diesen Längengrad übersegelt. Oder tot: die Ketsch WING ON aus San Francisco trieb mit zwei Toten und einer bewußtlosen Frau über den 180. Längengrad.

Sie segelte im August 1940 mit dem Ziel Marquesas Inseln von Frisco ab. Zwei Ehepaare waren an Bord - Bud und Eve C., Chester und Fern T.. Beide Männer waren Seeleute aus der Berufsschiffahrt, keine Yachtleute also. Man hatte Proviant nur für vier Wochen, die voraussichtliche Reisezeit, an Bord. Mit der Wasserversorgung beging man den gleichen Fehler.

Die WING ON erreichte die Marquesas nie.

Ende November fand ein Geistlicher das Wrack der WING ON gestrandet auf dem Riff der Insel Vanua Levu hier in der Fidschi Gruppe - tausende von

Seemeilen westlich ihres Ziels. „Hilfe! Kein Wasser! Kein Proviant!" war in 3 Fuß hohen Buchstaben auf die Segel gemalt worden.

Der Rumpf war zu zwei Dritteln mit öligem Seewasser gefüllt. Im Vorschiff ragte der Kopf einer Frau aus dem Wasser. Es war Fern. Sie war völlig ausgezehrt, sprach aber noch: „Fragt Eve, wo mein Portemonnaie ist –"

Der Geistliche rettete sie aus dem Wrack. Er fand in der Kajüte die Körper von Bud und Eve. Sie waren tot. Fern wurde das Leben erhalten.

Aus dem aufgeweichten Logbuch konnte man nur mit Mühe entziffern, was geschehen war. Es berichtete von dem stehengebliebenen Chronometer des Schiffes, von Verwirrung in der Navigation, von den *nicht* in Sicht gekommenen Marquesas, von schließlich eingeschlagenen westlichen Kursen, von Hunger, von Durst, von Sturm und von Verzweiflung. Mitte Oktober konnten sie vor Schwäche keine Ruderwachen mehr gehen. Anfang November stand nur noch eine Dose Aprikosen zur Verfügung. Chester war schon tot, die anderen so erschöpft, daß sie die Leiche kaum über Bord werfen konnten.

Man wollte Einzelheiten von der geretteten Fern erfahren. Sie hatte das Gedächtnis verloren.

KAIROS boxt sich durch steilen Seegang über den 180. Längengrad. Ich ducke mich unter sprühender Gischt. Unser Kurs ist Südsüdwest.

Captain Bligh von der BOUNTY segelte ebenfalls ohne Proviant und Wasser über diesen Längengrad, nachdem die Meuterer ihn im Kutter ausgesetzt hatten. Das offene, mit 19 Männern überladene Boot mußte ständig ausgeschöpft werden, damit es nicht sank. Krankheiten und Auszehrung nahmen zu. Bligh hielt seine verhungernde und verdurstende Mannschaft in eiserner Disziplin, damit Verzweiflung, Todesangst und Wahnsinn nicht die Oberhand gewannen.

Sie ruhten auf einer kleinen Insel im australischen Barriere Riff aus. Bligh mußte die Männer mit der blanken Waffe wieder ins Boot treiben, nachdem sie Wasser gegen den Durst und Muscheln gegen den Hunger gefunden hatten.

Blighs Sextant rettete ihnen das Leben. Das Boot erreichte die damals einzige europäische Niederlassung in diesem Teil der Erde: die holländische Insel Timor jenseits der Torres Straße. 3600 Seemeilen hatte Bligh in offenem Boot durch unbekannte Gewässer zurückgelegt. Welch hervorragende Seemannschaft! Aber als Kapitän hatte er sein Schiff an Meuterer verloren.

Die See ist unerbittlich, aus jedem Anfang mit Fehlern macht sie ein Ende ohne Gnade. Paß auf! KAIROS steigt und fällt. Kurs Südsüdwest. Wasser rauscht übers Leedeck. Sterne werden zwischen Wolken sichtbar. Es ist Zeit zur Wachablösung.

Am nächsten Morgen trug ich ins Logbuch ein:

*Datumssprung von Mittwoch, den 29. September 1965, auf Donnerstag, den 30. September 1965. Bordzeit: mittlere Greenwichzeit plus 12 Stunden.*

Bis hier hatten wir auf unseren westlichen Kursen nach je 15 abgesegelten Längengraden, das heißt also 12mal, die Uhr um eine Stunde zurückstellen müssen. Nun übersprangen wir 24 Stunden. Bis zum Erreichen des Längengrads 0, der durch Greenwich führt, werden wir die Uhr nun wiederum nach je 15 Längengraden um eine Stunde zurückstellen.

„Zum ‚richtigen Augenblick' - kaïros - werden wir wieder in Hamburg sein - da kann nichts passieren!" sagte Elga lachend.

Wir segelten an den Inseln Nairai und Ngau vorbei, ließen sie hart an Steuerbord und gingen auf Westkurs: direkt nach Suva an der Südküste der Insel Viti Levu. Es waren noch 60 Seemeilen bis zum Hafen.

Der Nachmittag verging im Zeichen goldenen Sonnenlichts, das durch starken Dunst fiel. Am Abend rollte KAIROS durch eine violette See, deren Schaumköpfe vom Licht der untergehenden Sonne rosa überhaucht wurden. Schwach zeigte sich Steuerbord voraus die Küstenlinie Viti Levus.

Nachts bei völliger Flaute liefen wir unter Maschine in die Richtfeuer-Linie, die durch die Riffeinfahrt in die Hafenbucht von Suva führt. Wir ankerten vor dem Gebäude des Royal Suva Yacht Club. Bevor wir zur Koje gingen, saßen wir noch einen Augenblick und sahen zu den Lichtern am Ufer hinüber.

Bei Sonnenaufgang setzte ich die Flagge „Q" - „an Bord ist alles wohl, erbitte freie Verkehrserlaubnis."

Vor dem Frühstück kam der Hafenarzt und gab uns Landeerlaubnis. Nach dem Frühstück ruderten wir an Land.

Die Fidschi Inseln sind britische Kronkolonie. Die Hauptstadt Suva ist ein Babylon - jedenfalls kommt sie uns so vor. Fidschi-Insulaner, Inder in großer Zahl, Chinesen, Weiße beleben die Straßen. Der Autoverkehr wird durch Verkehrsampeln geregelt.

„Halt!" schreit Elga. „Rotes Licht!"

Moderne Häuser in Stahl und Glas, asphaltierte Straßen, ein großer Autobusbahnhof links, ein großer Gemüsemarkt rechts - Völkerwanderung dazwischen, bunt und verwirrend. Rufe, Schreie, Gespräche in fidschi, chinesisch, hindustani, englisch. Selbstbedienungsläden, Fotogeschäfte, Basare. Amerikanische Touristen. Über allem der in Bau befindliche Turm des Postgebäudes.

Nach unserer Anmeldung beim Zoll gehen wir zum deutschen Konsulat, wo wir unsere Post abholen.

Mittags herrscht grelle Hitze in den Straßen. Militärmusik. Fidschi-Polizisten winken den Verkehr zur Seite. Die Eingeborenen-Wache zur Ablösung vor dem Gouverneurspalast marschiert vorbei. Rote Uniformröcke. Gleichschritt.

Wir flüchten in die Stille des Immigration Office. Wir setzen uns auf die Wartebank.

Tack! macht ein Inder hinter der Balustrade auf seiner Schreibmaschine. In der Stille summt eine Fliege.

Es kommt ein riesiger Fidschi-Polizei-Sergeant und blickt uns freundlich an. Wir erklären, wer wir sind. Er nimmt unsere Pässe und verschwindet mit ihnen durch die Tür eines Büros.

Wir setzen uns wieder auf die Bank und warten. Tack. Eine Fliege summt. Eine volle Stunde vergeht.

Der riesige Sergeant kommt zurück. Er hält eine Akte. Aha! Er sagt in mäßigem Englisch, wir sollen morgen wiederkommen, unser Fall müsse dem Kolonial-hm-hm - unverständlicher Titel, aber sicher ganz hohes Tier - vorgelegt werden. Dann will er wissen, wieviel Geld wir haben.

Mir steigt die Galle hoch. Doch Elga zückt freundlich das Portemonnaie aus ihrer Handtasche und sagt: „Also, wir haben US-Traveller-Schecks."

Sie beginnt, Scheck für Scheck auf den Balustradentisch zu zählen.

„Wieviel ist das in Fidschi-Geld?" fragt der Sergeant.

Ich schlucke böse Worte hinunter. Elga rechnet es um. Der Sergeant schreibt die Summe in unsere Ein-Seiten-Akte.

Der Sergeant sieht mein Gesicht und sagt beschwörend: „Es tut mir sehr, sehr leid. Aber Sie morgen nachmittag wieder hierherkommen. 14.00 Uhr, bitte."

„Warum denn?"

„Sie haben kein Visum."

Am Nachmittag verhandelten wir mit den beiden Werften am Hafen wegen einer Slipmöglichkeit für KAIROS. Die Regierungswerft war teuer, die private Werft mäßig teuer. Wir schlossen mit der letzteren ab, wobei wir dem neuseeländischen Werftleiter sagten, daß der Abschluß nur vorbehaltlich unserer Einreisegenehmigung gelten könne.

„Die Kolonie hat sehr scharfe Bestimmungen", sagte der Werftleiter. „Die Inseln sind übervölkert. Zwischen Fidschi-Leuten und Indern kommt es immer mehr zu politischen Spannungen. Die Fidschi-Leute sind faul. Sie haben Landbesitz. Die Inder sind fleißig. Sie wurden vor 150 Jahren von den englischen Plantagenbesitzern als Arbeitskräfte geholt. Sie vermehrten sich wie Karnickel. Heute haben sie die absolute Mehrheit und sagen zu den Fidschi-Leuten: ‚Diese Inseln gehören uns, ihr Faulpelze!' Naja - Sie werden schon eine Einreisegenehmigung bekommen."

Abends saßen wir in gedrückter Stimmung an Bord.

Es war da auch noch ein Brief in der Post gewesen, der uns mitteilte, daß eine bedeutende Segelzeitschrift in Deutschland nicht mehr an meinen Berichten interessiert sei.

„Weißt du was?“ sagte ich. „Wir machen uns jetzt einen großen Gin mit Zitrone - einen gewaltigen! - und feiern ein Fest!“

Das taten wir.

Wir warten im Immigration Office. Pünktlich um 14.00 Uhr sind wir erschienen und haben uns auf die Bank gesetzt. Tack! macht der Inder auf seiner Schreibmaschine.

Um 16.00 Uhr wird das Büro geschlossen. Ein Polizist fragt: „Worauf warten Sie?“

Wir erklären es. Der Polizist denkt angestrengt nach. „Warten Sie draußen“, sagt er schließlich.

Wir stehen also auf der Straße.

Nach einer weiteren halben Stunde kommt unser riesiger Sergeant und führt uns in das Büro eines weißen Polizei-Majors. Es riecht nach Staub. Eine altmodische Pendeluhr tickt. An der Wand hängt das Bild der Queen im Krönungsornat.

Der Major sitzt hinter seinem Schreibtisch. Khakiuniform mit Schulterriemen, rosa Gesicht mit Schnurrbart. Auf dem Tisch liegen Mütze, ausgerauchte Pfeife und Lederstöckchen, wie es englische Offiziere zu tragen pflegen.

Wir dürfen auf zwei wackeligen Holzstühlen Platz nehmen.

Der Major: „Sie sind -“

Ich: „Ja.“

Der Major: „Sie haben kein Visum für die Kronkolonie.“

Ich: „Nein.“

Der Major: „Warum nicht?“

Elga: „Wo hätten wir denn ein Visum für die Kronkolonie beantragen sollen?“

Der Major (macht eine Handbewegung wie um die halbe Erde herum): „Bestimmt nicht hier.“

Ich (mir langt's mal wieder): „Major! Wir haben Inseln besucht, wo es keinen Konsul Ihrer Britannischen Majestät gibt. Wir sind nach Suva mit einem Schiff gekommen und wollen nichts weiter, als entsprechend einklariert werden.“

Der Major: „Sie haben keine Fracht nach oder von diesem Hafen. Sie haben 72 Stunden Zeit, Wasser und Verpflegung zu nehmen. 36 Stunden sind davon bereits abgelaufen. Übermorgen verlassen Sie diesen Hafen.“

Elga: „Unmöglich! In Neuseeland wehen jetzt die Frühjahrsstürme."

Ich: „Unsere Yacht muß auf die Werft. Mit dem derzeitigen Bodenbewuchs ist das Schiff nicht mehr seetüchtig. Außerdem müssen verschiedene Reparaturen ausgeführt werden. Mit der Werft haben wir bereits einen entsprechenden Abschluß gemacht."

Der Major (blättert die Seite unserer Akte hin und her): „Wieviel Geld haben Sie?"

Ich: „Das steht in der Akte da. Hier ist außerdem ein Kontoauszug meiner Bank. Wir können jederzeit telegrafisch Geld abrufen."

Der Major: „Sind Sie bereit, eine Kaution von 100 Dollar per Kopf zu hinterlegen."

Ich: „Ja."

Der Major: „Ich gebe Ihnen Aufenthaltsgenehmigung für eine Woche."

Elga: „Und dann - hinein in die Frühjahrsstürme!"

Der Major: „Eventuell verlängere ich die Genehmigung."

Ich: „Wovon ist denn das abhängig?"

Der Major (greift nach Pfeife, Mütze und Stöckchen): „Von Ihrer Führung in der Kronkolonie."

Am nächsten Tag zahlen wir unsere Kaution ein. Der riesige Fidschi-Sergeant grinst, als er unsere Pässe stempelt.

Kairos wurde aufgeslipt, der Boden gereinigt. Ich grundierte und strich die Bordwände. Unter den Holzleisten der Reling hatten sich Roststellen gebildet. Die Holzleisten wurden durch eingeborene Arbeiter entfernt und - nachdem ich das freigewordene Eisen sorgfältig mit Teer konserviert hatte - wieder aufgesetzt. Unser Patentlog, das mit seinem Propeller stationär am Kiel und mit der Uhr im Cockpit angebracht war, baute ich aus. Ich verkaufte es an einen speedboat-fahrenden Engländer. Die Löcher im Rumpf wurden zugeschweißt.

Dieses Log war nach jedem längeren Törn so stark von Muscheln und Seegras bewachsen, daß es nicht mehr anzeigte. Wir maßen dann mit der Stoppuhr die Geschwindigkeit des an der Bordwand vorbeiströmenden Wassers. Wir haben darin nun solche Erfahrung, daß ein Blick allein über die Bordwand genügt, um die Fahrt des Schiffes festzustellen. Mit dem Patentlog verschwand der einzige navigatorische „Luxus" von Bord. Je mehr technische Raffinessen an Bord einer stark beanspruchten Hochseejacht sind, desto störanfälliger wird das Schiff. Die einfachen, robusten Hilfsmittel sind immer die zuverlässigsten.

Hardy W., der Skipper des 20 Meter langen Schoners Barlovento, saß bei uns an Bord. Das zweite Mal schon lag er hier über sechs Wochen fest. Die Schäden an seiner elektrischen Anlage führten immer wieder zu Kurzschlüs-

△ *„Es lief eine gewaltige See."*
▽ *„Samoanisches Haus auf der Insel Tutuila."*

△ *„Der Bursche mit dem wilden Gesicht sagte: ‚Du da! Frau da! Ihr, wir, alle groß Spaß!'"*
▽ *„Wenn wir ans Weltmeer dachten, lief uns eine Gänsehaut über den Rücken."*

△ *„Wir nutzten die Gelegenheit zur Überholung des Schiffes."*
▽ *„Sieh die Berge!" flüsterte er eindringlich.*

△ „Wir setzten die gerefften Passatsegel."
▽ „Ein Paar Palmen windzerzaust – ein wenig Sand strömungsumspült."

sen, deren Ursachen entweder nicht gefunden oder mit den beschränkten Mitteln auf der Insel nicht beseitigt werden konnten.

„Teufel“, sagte er kopfschüttelnd, „wir verlieren Zeit. Wir drehen fürs amerikanische Farbfernsehen über den Walfang der Insulaner. Junge - euer Schiff! Da kann ja einfach nichts passieren. Und dann noch aus Stahl! Ihr braucht nie Sorgen wegen des Teredowurms zu haben, der mein Holzschiff jederzeit befallen kann.“

„Bau’ eine Barlovento aus Stahl“, sagte ich.

„Ja“, sagte er versonnen, „wenn die Aufnahmen beendet sind.“

Er saß und blickte sich unseren simplen Kairos an. Er war Millionär mit eigener Insel in den Kleinen Antillen.

Nach zehn Tagen Werftaufenthalt rutschte Kairos wie neu und strahlend weiß gestrichen in sein Element zurück. Wir waren froh, dem Schmutz der Werft entronnen zu sein. Leider hatten wir nicht verhindern können, daß Küchenschaben in großer Zahl Bilge und Schränke bevölkerten.

Die tropischen Küchenschaben werden fingergliedgroß. Abends beginnen sie zur Parade aufzumarschieren. Klatsch - brrr! Und leider liegt ihre Geburtenziffer höher als jede Abschußmöglichkeit. Elga und ich führen einen ständigen Kammerkrieg. DDT scheint für die lieben Tierchen eine Leckerei zu sein, und Flit begrüßen sie als besonders dezente Eigenart der Herberge. Bleibt also nur der Nahkampf.

Wie in Samoa folgte auch in Suva eine Einladung der anderen. Die Gastfreundschaft kannte keine Grenzen. Es wurde alles getan, um uns die Insel zu zeigen. Wir hatten viele Gäste an Bord, für die sonntägliche Kreuzfahrten in der Bucht beliebte Höhepunkte wurden.

Auch schien unsere „Führung in der Kronkolonie“ ausreichend zu sein. Unsere Aufenthaltsgenehmigung wurde alle 10 Tage anstandslos verlängert.

Elga hatte unsere Lebensmittelbestände mit 40 Prozent mehr als nötig ergänzt. Da die neue Konservenlast das Magnetfeld des Schiffes ändern konnte, prüften wir den Kompaß vermittels Azimutpeilungen der Sonne.

Wir machten unsere Abschiedsbesuche. Fünf Wochen waren seit unserer Ankunft vergangen.

Wir verließen Suva gestern noch vor der Morgendämmerung und segelten am Mittag in diese Bucht auf der Insel Kandavu ein. Kandavu liegt 50 Seemeilen nach Süd innerhalb des Großen Astrolabe Riffs.

Zwei Fidschi-Leute paddelten in einem Einbaum heran und fragten, ob sie uns helfen könnten. Wir verneinten höflich.

Ein weiteres Kanu schob sich aus dem Schatten des Ufers. Vier Insulaner saßen darin - große, dunkle Kerle. Als sie längsseits lagen, fragten sie, ob sie sich das Schiff ansehen könnten. Wir verneinten höflich.

Vom Ufer kam ein Langboot angerudert. Ich zählte vierzehn große, dunkelbraune Kerle. Auch sie kamen längsseits. Ein Bursche mit wildem Gesicht fragte in grausigem Englisch, ob wir nicht an Land kommen wollten. Wir verneinten höflich.

Der Bursche mit dem wilden Gesicht fragte: „Du da! Wieviel Männer drinnen Besatzung?“

Ich machte ein Gesicht, als befehligte ich ein Schlachtschiff. Ich beugte mich über die Reling und sah mir das Innere ihrer Boote an. Jeder der großen, dunklen Kerle hatte dort sein Buschmesser liegen. Sie waren etwa 50 Zentimeter lang. Man kann die Klingen in jedem Chinesenladen in Suva kaufen. Mir gefiel nur nicht, daß unsere großen, braunen Freunde die Griffe für ihre Klingen sehr liebevoll aus Holz oder Knochen selbst geschnitzt und befestigt hatten - etwas *zu* liebevoll.

Ich ging zum Kartentisch hinunter, holte unsere Leuchtpistole hervor und lud sie. Ich legte sie griffbereit auf die oberste Stufe des Niederganges und stieg mit Kommandantenlächeln wieder aufs Deck.

Die Insulaner starrten uns an, grinsten hin und wieder, unterhielten sich flüsternd, klopften hier und dort. Wir kamen uns vor wie Affen im Zoo.

Der Bursche mit dem wilden Gesicht sagte: „Du da! Frau da! Alle Männer dieses Schiff! Heute abend groß Tanz! Dorf da! Ihr, wir, alle groß Spaß! Trinken Kava!“

Wir lehnten die Einladung höflich ab. Aber Höflichkeit ist Anschauungssache. Nach Fidschi-Auffassung hatten wir bereits drei Unhöflichkeiten begangen: wir hatten Hilfe abgelehnt, wir hatten ihren Besuch verweigert, wir hatten ihre Einladung nicht angenommen.

Kava ist ein Getränk. Getrocknetes Wurzelpulver wird mit Wasser gemischt. Das ergibt eine weißgelbe Flüssigkeit von kreideähnlichem Geschmack. Sie brennt auf Zunge und Lippen und wirkt, wenn überreichlich getrunken, lähmend und betäubend. Kava wird geehrten Gästen in einer polierten Kokosnußschale gereicht, nachdem es in überlieferter Zeremonie hergestellt worden ist.

Wir hätten gern eine solche Zeremonie mitgemacht. Aber unter den gegebenen Umständen wagten wir nicht, KAIROS allein zu lassen, wenn die Nacht kommen würde.

Die Geduld unserer großen, braunen Freunde hatte Grenzen. Ihre Belagerung splitterte auf. Als erstes ruderte das Viererkanu fort, dann wurde die Hauptmacht des Langbootes abgezogen und schließlich entschloß sich auch das Zweierkanu zur Abfahrt. Die Bucht lag wieder leer. Einige Reiher fielen ins Uferdickicht ein.

Ich stieg in die Kajüte und legte die Leuchtpistole in entladenem Zustand in ihr Fach.

Der Nachmittag verging, ohne daß etwas Besonderes geschah. Elga las. Ich schrieb.

Am Abend saßen wir im Cockpit und tranken Gordon's mit Zitronensaft. Millionenfach tönte das Zirpen der Zikaden. Vom Dorf, das hinter den Mangroven liegen mußte, klang der Gesang einer Frau. Das Wasser der Bucht lag still und geheimnisvoll. Ein Hund bellte heulend.

„Worüber denkst du nach?“ fragte ich.

„Ich überlege, wie wir hier grüne Bananen bekommen können“, antwortete Elga. „Diese großen Männer sind mir unheimlich.“

„Da liegt ein anderes Dorf weiter nördlich. Hörst du den Hund?“

Bang! kam es vom schwarzen Ufer.

Bang-bang!

Wir saßen plötzlich aufgerichtet und atemlos. Eine Trommel in der Nacht. Gesang, Hundegebell, ja selbst das Zirpen der Zikaden verstummten vor dem Ton des uralten Instruments. Absolutes Schweigen setzte ein.

Bangbang-bong! Schweigen.

Dann in sich fortsetzendem Takt: weiter, immer weiter! Plötzlich ein Wechsel im Takt, der erschreckend ist. Die Töne werden rasend schnell, brechen jäh ab.

Tam! kommt es von jenseits. Groß und rot steigt in diesem Augenblick der Mond über die Berge und gießt sein Licht in die Bucht.

Tam-tam! macht die zweite Trommel.

Tamtam-tom! Und weiter und schneller in das wartende Schweigen der Nacht hinein.

Wieder die erste Trommel hier - die zweite Trommel dort. Frage und Antwort?

Die Trommeln verstummten ebenso zögernd, wie sie erwacht waren. Stimmen, Gesang und Zikadengezirp wurden laut. Der Mond hatte ein Zwölftel seines Weges über den Himmel zurückgelegt.

Heute vormittag ruderte ich zum Mangrovenufer hinüber und dann nordwärts an ihm entlang. Ich fand einen tunnelartigen Kanal im Dickicht und bog in ihn ein. Der Kanal führte zu einem Flußarm, dessen Bett fast ausgetrocknet war. Einige Kanus lagen am sumpfigen Ufer. Moskitos sangen.

Ich stieg an Land. Das Mangrovendickicht lockerte sich. Ich gewann festen Boden, auf dem Palmen und Mandelbäume standen. Etwa einhundert Meter voraus sah ich die Blätterdächer von Hütten vor dem Grün des Busches, der sich hügelwärts hob. Hühner gackerten. Ein Hund winselte. Ich stolperte fast über ein schwarzes Schwein, das bewegungslos neben einem vermoderten Stamm gelegen hatte. Es sprang grunzend auf.

Ich fand einen Pfad, der das Vorwärtskommen erleichterte. Die Hütten waren nun deutlich zu erkennen. Ich hörte Kinder plappern und schreien. Eine Frauenstimme lachte grell. Das Hacken einer Axt erklang.

In der dunklen Türöffnung der nächstgelegenen Hütte erschien ein Mann. Er sah mich und verschwand sofort. Ich blieb stehen und wartete.

Schweigen legte sich über das Dorf. Ich rührte mich nicht. Schließlich erschien ein alter Mann mit grauem Haar. Er blickte zu mir herüber und nickte, als ich die Hand grüßend hob. Ich sah, daß er gestern nicht mit in den Booten gewesen war.

Langsam und würdig kam er heran. Ich ging auf ihn zu, so daß wir uns halben Weges trafen. Er trug einen Sulu, den langen Hüftrock der Fidschi-Leute, und eine zerrissene englische Militärjacke. Sein Gesicht unter dem dichten, eisengrauen Krusselhaar war zerfurcht. Das rechte Auge fehlte, eine schlecht verheilte Wunde klaffte dort. Mit dem verbliebenen Auge blickte er schnell und aufmerksam.

„Mbula!“ sagte ich - das heißt: sei gegrüßt.

„Mbula!“ Er stand zwei Schritt vor mir und betrachtete mich mißtrauisch.

„Sprichst du englisch?“

Er nickte.

„Dies ist ein schöner Platz“, sagte ich.

„Dies mein Platz!“ Kreisende Handbewegung um Himmel und Erde. „Mein Dorf!“

„Du bist der Häuptling.“

„Ja!“ Aufleuchten des Auges. Dann plötzlich mit starrem Gesicht: „Du von Schiff da? - Wieviel Besatzung?“

„Es ist ein sehr starkes Schiff aus Eisen, ganz aus Eisen.“

Das beeindruckte ihn sichtlich.

„Wir wollen Bananen eintauschen“, fuhr ich fort.

Er begann zu überlegen. Ich bot ihm eine Zigarette an, die er gierig paffte, nachdem ich ihm Feuer gegeben hatte.

„Gut“, sagte er schließlich, „du Bananen.“

„Zwei Stauden, nicht zu groß und grün.“

Männer kamen. Sie grinsten und erwiderten meinen Gruß. Sie waren ebenfalls nicht in den Booten gewesen. Aber ich mochte ihre langen Messer nicht, die sie lässig in der rechten Hand trugen.

Es ist lächerlich, wir leben im 20. Jahrhundert, die Stadt Suva mit Betonbauten und Verkehrsampeln liegt nur 50 Seemeilen entfernt - und doch wird man vor einigen langen Messern in braunen Händen sofort mißtrauisch und ängstlich. Die Fidschi-Leute sind eine Mischrasse zwischen Polynesiern und Melanesiern. Sie haben von der Freundlichkeit der Polynesier ebensoviel wie von der Verschlagenheit der Melanesier.

Koch, sagte ich zu mir, bringen Sie diese Sache jetzt mit Ruhe in Ordnung.

Ich reichte dem Häuptling mein Zigarettenpäckchen und die Streichhölzer. „Gib deinen Männern davon“, sagte ich. „Und schick’ sie zum Bananenschlagen.“

Sie griffen nach den Zigaretten - leider mit der linken Hand.

„Wenn Sonne da“, sagte der Häuptling und zeigte nach Westen, „dann Bananen hier für dich.“

„Ich bringe dir ein schönes Geschenk. Mbula!“ Ich reichte ihm die Hand.

Auch jedem der Männer gab ich die Hand. Sie streckten die Hände aus und wechselten dabei das Messer in die Linke. Na, endlich. Ich ging ins Mangrovendickicht zurück. Von dort blickte ich mich noch einmal um. Alle rauchten und hielten die Messer links.

Kurz vor Sonnenuntergang holten wir die Bananenstauden. Wir schenkten dem Häuptling ein blaues Hemd. Wir hielten uns nicht unnötig lange an Land auf.

Jetzt sitzen wir im Cockpit und horchen in die Nacht. Die Zikaden singen am Ufer. Ein Hund bellt. Der Mond steigt über die Berge. Aber die Trommeln schweigen.

Ich gehe in die Kajüte, wo auf dem Kartentisch die Seekarte bereitliegt. Sie ist noch weiß und unberührt, ohne unsere Kurslinien und Standorte. Hier ist die Fidschi Gruppe mit der Insel Kandavu im Großen Astrolabe Riff. Dort unten ragt die Nordspitze Neuseelands ins Kartenweiß. 1000 Seemeilen dazwischen: Kurs Süd - hinaus aus den Tropen, hinein in die südlichen Breiten, wo die Westwinde wehen.

Die Südsee liegt hinter uns.

*Kawau Island, Weihnacht 1965*

Als die Sonne sich neigte, peilten wir Cape Washington, die Südwestspitze der Insel Kandavu, 2 Seemeilen an Backbord querab. Während des Tages waren wir an der Küste der Insel entlanggesegelt. Nun blieben ihre Hänge achteraus. Der Horizont im Süden lag frei.

Der Passat wehte frisch aus Südost. KAIROS lief auf Steuerbordbug hoch am Wind. Das gereinigte und gemalte Unterwasserschiff gab uns schnelle Fahrt. Schwungvoll setzte das Schiff in die Seen, die dunkelblau und schaumgeschmückt heranrollten. Wellenberg - der Bug hob sich hoch und warf wehende Gischt. Wellental - tief fiel das Schiff und rannte in die nächste Welle, die den Bug jäh wieder anhob. Es gab keine Pause.

Müdigkeit und leichter Schweiß auf der Stirn waren die ersten Anzeichen beginnender Seekrankheit.

Ich belegte die Pinne, kontrollierte am Kompaß den Kurs und überließ das Schiff dann sich selbst.

Es ist für eine Yacht mit kleiner Besatzung sehr wichtig, daß das Schiff sich „an den Wind legen" läßt und dann mit belegter Pinne Kurs hält. Jede Yacht ist durch Segel und Rumpfform ein ausbalancierter Körper, dessen segelndes Gleichgewicht durch den Druck des Windes und den Gegendruck des Wassers hergestellt wird. Durch Änderung von Ruder- und Segelstellung kann dieses Gleichgewicht beeinflußt werden. Ist es richtig „eingestellt", belegt der Rudergänger Pinne und Schoten: das Schiff hält nun allein den Kurs am Wind. Diesen Zustand müssen wir kontrollieren. Aber die Kontrolle, etwa stündlich mit gleichzeitigem Ausguck durchgeführt, fällt uns im Vergleich mit den ermüdenden Ruderwachen nicht schwer.

Der Passat blieb gleichmäßig. Wir taten für 48 Stunden nichts weiter, als daß wir unsere Sonnenhöhen nahmen und ausrechneten und unser Essen kochten. Ansonst lagen wir in den Kojen, schliefen, hörten Radio oder lasen. Unsere Seekrankheit besserte sich schnell.

Die Etmale lagen gut über 100 Seemeilen. Der Kurs war Süd zu West. Hin und wieder war eine Ruderkorrektur notwendig.

Die Vorderluke, durch ein Jahr Tropensonne ausgedörrt, war der überkommenden Gischt nicht gewachsen. Sie leckte stark. Eine Pütz half.

Wir standen nach drei Tagen an der südlichen Grenze des Passatgebietes. Der Wind wurde schwach. Ich benutzte die Pause, um die Vorluke zu dichten. Schauer zogen auf. Wir mußten bei umlaufenden Winden wieder Ruderwachen gehen.

Gleich nach der Kulminationsbeobachtung der Sonne frischt der Wind in einer heftigen Regenbö auf. Wir reffen, noch bevor Elga unter Deck geht und unsere Mittagsposition ausrechnet.

Uuuiii! kommt der Wind und KAIROS neigt sich. Der Seegang nimmt schlagartig hohe Formen an – ein Zeichen, daß dieses Wetter anhalten wird. KAIROS beginnt zu kämpfen.

In einer zweiten Bö springt der Wind auf Süd und wird stürmisch. Noch steht die Fock 1. Das ist zuviel. Ich halte das Schiff, so gut es geht, bis Elga mit der Rechnerei fertig ist. Ölzeugbekleidet kommt sie an Deck und übernimmt die Pinne. Ich krieche nach vorn, um die Fock zu bergen.

Das Vorschiff ist wasserüberspült. Es kostet Anstrengung, das Segel herunterzubekommen.

„Wir setzen die Baumfock!" schreie ich, als ich mit der abgeschlagenen Fock 1 nach achtern komme.

Elga sitzt zusammengekauert als Ölzeugbündel im waagerechten Regen.

Der Weg unter Deck zur Segelkammer ist wie ein Boxkampf. Ich muß schließlich auf allen Vieren kriechen.

Der Wind faßt mich, als ich mit der Baumfock ins Cockpit klettere. Der Himmel ist stahlgrau, die schwarze See weißgescheckt. Teufel, es weht jetzt mit Stärke 8 bis 9. Und dagegen sollen wir ansegeln.

Ich schlage die Baumfock an, nachdem ich das Vorschiff erreicht habe. Eine Hand fürs Schiff, eine Hand für mich. Es dauert sehr lange. Schließlich bringe ich das Segel hoch. Ich krieche ins Cockpit und lege die Fockschot dreimal um die Winsch. Dann beginne ich, das Segel dichtzuholen.

Das geliebte Ölzeugbündel hinter mir gibt Ruderhilfe und schreit „Noch zwei Pulls! Dann haben wir's!"

Ruck - ein Pull. Die Schot beginnt zu knirschen. Die Gischt eines Brechers deckt uns zu. Und Ruck - ein zweiter Pull mit aller Kraft. Die Schot bricht.

Uuuuiiiih-ha-ha! macht der Wind hysterisch.

Die Fock schlägt wie rasend. Ich berge sie. Dann bringe ich eine neue Fockschot-Talje aus unseren Reservebeständen an. Auch das dauert sehr lange. Beine und Arme sind bleischwer geworden.

Es ist endlich getan. Ich heiße das Segel zum zweiten Mal. Der Wind brüllt vor Lachen und reißt beim Dichtholen des Segels das Schotauge aus. Von der Schot nicht mehr gehalten, fetzt das Segel wiederum hin und her. Durch Salzwasser und Regen, durch die brüllende Gewalt des Windes hindurch arbeite ich mich nach vorn und berge das Segel. Zum Teufel mit diesem Wind!

Er heult vor Vergnügen. Der Seegang wird schlagend. Gischt weht von den Wellenkämmen auf: es sieht aus, als geschehe es durch unsichtbare Hände.

Mit dem beschädigten Segel krieche ich wieder zurück ins Cockpit. „Dagegen kommen wir nicht an. Beidrehen mit zwei weiteren Reffs!"

Mein geliebtes Ölzeugbündel nickt ernst. „Und dann was Ordentliches essen."

Uuuuiiiih!

Ich drehe keuchend die Reffs ins Großsegel. Elga hilft durch entsprechendes Auffieren der Schot. Ich fühle meine Hände gar nicht mehr, obwohl sie bluten.

Wir legen Kairos, der unter dem nun sehr kleinen Großsegel keine Fahrt voraus mehr läuft, an den Wind, indem wir die Pinne nach Lee belegen. Wir gehen in die Kajüte. Dort reparieren wir zunächst das Segel. Dann essen wir. Sollen wir nun einen weiteren Versuch machen?

Uuuuiiiihh! Das Wetter sieht nach Weltuntergang aus.

Gut, dann nicht. Wir liegen verhältnismäßig ruhig auf der groben See. Das

Deck bleibt trocken. KAIROS läßt sich von keinem Brecher packen. Sie fallen windwärts in den Wasserwirbeln zusammen, die das treibende Schiff erzeugt. Elegant reitet es über die weiterlaufende Dünung hinweg. Es bereitet Vergnügen, diesem verblüffenden Schauspiel zuzusehen.

Am Abend nahmen wir einen Zug aus der Rumbuddel - einen großen. Denn es war sicher, daß dieses Wetter sich vorläufig nicht ändern würde.

„Nicht zu glauben", sagte Elga, „wie KAIROS das macht! Ich dachte immer, es wäre Seemannsgarn, wenn die alten Seebären vom Beidrehen erzählten: ‚- sett ick mi dahl un smeuk mien Piep!'"

Wir lachten. Wir fühlten uns erleichtert. Eine alte Ungewißtheit war von uns genommen. Wir wissen zwar theoretisch alles übers Beidrehen, aber bei richtigem Sturm hatten wir es noch nicht durchgeführt. Nun war es ganz selbstverständlich geschehen.*)

Dann legten wir uns schlafen. Ich hielt in der ersten Nachthälfte, Elga in der zweiten stündlich Ausguck. KAIROS trieb. Wir hatten die Ankerlaterne ins Rigg gehängt, weil in der wehenden Gischt die Positionslampen nicht sichtbar gewesen wären. Das Ankerlicht beschrieb torkelnde Kreisbögen da oben. Wie Leuchtspurgeschosse fegten die Regentropfen durch seinen Schein.

20 Stunden wehte es stürmisch. Dann konnten wir wieder Segel setzen. Südsüdost Stärke 5. Wir heißten die reparierte Baumfock, ließen einige Reffs im Großsegel - eine Segelfläche, unter der KAIROS wiederum selbst steuerte. Kurs Südwest lag an. Einige Schauer standen noch ringsum, sonst war der Himmel hoch und rein.

Wir segelten während der folgenden Tage durch das subtropische Hochdruckgebiet. Das Barometer stieg. Wir mußten wieder Ruderwachen gehen, denn der Wind kam schwach aus verschiedenen Richtungen. Unsere Etmale wurden klein. Aber wir genossen das gute Wetter.

Der Sonnenschein erleichterte uns den einsetzenden Klimawechsel. Nachts wurde es bei 17° für uns bereits sehr kühl. Wenn der Freiwächtler in seine Koje kroch, mußte er sich mit kalten Füßen abfinden. Lange Hosen und Pullover wurden hervorgeholt. Dabei fand Elga unsere Gummiwärmflasche. Sie wurde mit einem Freudengeheul begrüßt.

Die Tage wurden länger. Die Morgendämmerung stieg früher im Osten auf. Und abends hing das Licht langanhaltender über dem schon dunkel gewordenen Wasser. Aber die Tage brachten kein kräftiges Farbenspiel. Alles schien von einem fahlen Grau überzogen. Je weiter südwärts wir kamen, desto umfassender wurde es. Der Große Südliche Ozean lag vor uns - ein Ring von Wasser um die ganze Erde, ein Ring von Stürmen ebenfalls. Unsere

---

*) s. „Das Logbuch der Kairos" Verlag Delius, Klasing & Co.: S. 91, 171, 253.

innere Anspannung wuchs trotz des gerade so gut überstandenen Sturms. Die Nächte wurden kälter. Wir fröstelten in unserer warmen Kleidung.

Eines Abends stand eine dunkle Wolkenwand im Westen. Sie verschluckte die Sonne. Der Wind wurde flau und das Meer plötzlich lautlos. Sehr hohe Dünung lief aus Süd.

Wir sahen an diesem Abend unseren ersten Albatros. Niedrig über die dünende See kam er herangeschossen - ein großer, braun-weißer Vogel mit über 2 Meter Flügelspannweite. Er steilte schräg empor und zog in weitem Bogen davon. In einiger Entfernung wiederholte er den kurvenden Schrägflug, was ihn dicht hinter unser Heck brachte. Es war Fliegen, das keine Grenzen zu kennen schien. Sekundenlang sah ich sein Auge. Es war starr und kalt, konnte jede Grenzenlosigkeit ohne Furcht ertragen. Die Seemanns-Sage weiß, daß in jedem Albatros die Seele eines im Südmeer Ertrunkenen lebt.

Der wilde, grau-rote Himmel, das dunkle Wasser, der unerreichbare Flug des Albatros - wir fühlten uns mit einem Mal einsam auf dieser weiten, wüsten See. Welt ohne Maß und Erbarmen, ohne Hoffnung und Erinnerung: Tor zu unmenschlichem Tod. In einer Wolkenlücke über uns stand in entrückter Schönheit der Planet Venus. Aber vor den Toren des Großen Südlichen Ozeans scheinen Sterne zu weit entfernt, um Trost zu schenken.

Schwarz, mit Regen und Böen aus West sank die Nacht. Wir waren allein. Fahl stieg der Morgen auf. Es fror uns.

Es war Nacht, als wir die Bay of Islands, Neuseeland, ansteuerten. Kurz vor Mitternacht kam der Schein des Leuchtfeuers von Cape Brett über den Horizont. Es wehte so hart aus Nordost, daß ich mich nicht dazu entschließen konnte, vor dem Wind in die Bucht einzulaufen. Zwar gab das Feuer von Cape Brett gute Peilmöglichkeiten und die Bucht sollte Einsteuerungs-Feuer zeigen. Doch zwischen Leuchtfeuer und Einsteuerungs-Feuern lagen drei „dunkle" Seemeilen. Diese Distanz konnte durch jederzeit einsetzenden Regen, der die Feuer unsichtig machen würde, verlängert werden. Kein Risiko: warten also.

Ich ließ Elga schlafen und segelte mit aufgefierten Schoten langsam auf und ab. Mit Beidrehen war es hier nicht getan. Wir standen zu dicht an der Küste und mußten mit Schiffsverkehr rechnen. Langsam vergingen die Stunden. Mich fror erbärmlich. Kaum wahrnehmbar sickerte Tageslicht durch Sprühregen und treibende Wolken.

Dann sah ich sie: 8 Seemeilen im Westen lag wie ein unwirklicher Schatten die neuseeländische Küste - grau wie ein südliches Thule.

Ich saß müde und steif und starrte zu dem Schatten hinüber, der mit steigendem Licht deutlicher wurde. Was alles tun Menschen, um eine graue

Küste unwirklich aus Regen, Dunst und Sturm auftauchen zu sehen – darüber dachte ich nach, während langsam eine große Freude in mir erwachte. Ich setzte meine schmerzenden Glieder in Bewegung und weckte Elga.

Wir steuerten den Kurs in die Bay of Islands und liefen unter Schauern und bei denkbar schlechter Sicht in die Bucht. Zahllose Seevögel, darunter wieder Möwen, die es in den Tropen nicht gibt, umflogen das Schiff.

Der Seegang ließ nach. Unsere Anspannung wich, Muskeln und Nerven lösten sich wohlig. Die Ufer der Bucht schlossen sich schützend um unseren Kurs.

Eine letzte Halbinsel war zu umsegeln. Die Wolken teilten sich ein wenig. Sonnenstrahlen fielen auf grünes, bewaldetes Land. Die Landzunge gab den Blick auf Port Russell frei, die Niederlassung an der Ostküste der geschützten Bucht. Weiße, saubere Holzhäuser zwischen Kiefern und Pappeln, bunte Blumenbeete, Rasenflächen, Bänke an einem Uferweg, ein Anlegesteg für den Küstendampfer, einige Motorboote auf der Reede vor Anker. Dahinter sanfte Hügel mit Wiesen, mit Tannen, mit Laubwald.

„Das sieht wie Blankenese aus!“ ruft Elga.

„Nein, wie Norwegen!“ rufe ich.

„Ich weiß genau, wie es hier aussieht!“

„Ich auch!“

Und wir schreien uns in überschäumender Freude das Wort ins Gesicht, das uns in Regen und Sturm, in Kälte und Einsamkeit Kraft und Ausdauer gab: „Neuseeland!“

Am Nachmittag kam der Doktor mit einem Motorboot zu unserem Ankerplatz. Er brachte den Zollbeamten und einen Mann vom Agriculture Office mit. Die beiden letzteren waren 45 Meilen per Auto von Whangarei gekommen. Man hatte sie telefonisch von unserem Einlaufen benachrichtigt. Sie bedankten sich sogar noch, daß wir unser Kommen über das deutsche Konsulat in Suva avisiert hatten. Nach den dortigen Erfahrungen hatten wir das für erforderlich gehalten. Die Abfertigung geschah schnell und freundlich.

Wir gingen an Land. Die Sonne war durchgekommen. Die winzige Ortschaft erschien uns wie ein Traum. Jedermann lachte und grüßte. Wir kauften in einem Geschäft an der Uferstraße ein: frisches Brot, frische eisgekühlte Butter, frische Milch, frisches Fleisch. Von einer liebenswürdigen Dame, die ebenfalls einkaufte, wurden wir gleich zum Abendessen am nächsten Tag eingeladen. Ihr Name war Monika B.

Es war kurz vor 17.00 Uhr. Wir rannten zum Postamt und holten unsere postlagernden Briefe.

Dann, wie mit allen Schätzen dieser Erde beladen, gingen wir zum Anlegesteg zurück, wo unser Schlauchboot lag. Die Sonne stand golden über dem jenseitigen Ufer der Bucht. Das Wasser schimmerte. In Goldglanz und Schimmer lag die Silhouette von KAIROS.

Ich stieß Elga an. Wir blieben stehen. Wir sahen auf das vertraute Bild unseres Schiffes. Wir sprachen kein Wort.

Am nächsten Abend folgten wir der Einladung von Monika B. Ihr Mann Bryan war Farmer in Südafrika gewesen. Er hatte seine Zuckerrohrfarm verkauft, da er die Zukunft für Europäer in Südafrika nicht sehr optimistisch beurteilte.

Bryan stellte uns die Festmacherboje auf der Reede vor seinem Hause zur Verfügung. Wir verholten KAIROS dorthin. So hatten wir nur einen kurzen Weg zu den Annehmlichkeiten, die uns das Haus bot: warmes Bad, Frischwasserversorgung, Waschmaschine und Bücherschrank. Die Gastfreundschaft war unbegrenzt.

Abends saßen wir oft mit unseren Freunden auf der Terrasse. Wir hatten von dort einen weiten Blick über die Bucht. Wurde es kühl, gingen wir ins Haus und setzten vor der Wärme des flackernden Kamins unsere Gespräche fort.

Diese Gastfreundschaft schenkte uns vorweihnachtliche Freude - eine Geborgenheit, die wir um so mehr empfanden, als sich die Natur jetzt zur Weihnachtszeit sommerlich veränderte. Es wurde zunehmend wärmer.

Wir nahmen Abschied von Bryan und Monika, die wir im nächsten Jahr wiedersehen werden. Bei gutem Wetter segelten wir an der Ostküste Neuseelands entlang nach Süden. Anhand der Seekarte wählten wir Buchten aus, die für die Nacht geschützte Ankerplätze versprachen. Während der Tage glitten wir an der reichgegliederten Küste vorbei: *ohne* Seewachen und immer in Sicht von Land. Das war völlig ungewohnt und gab uns das Gefühl von Urlaub.

Whangamumu, Whangaruru hießen die Buchten, die wir anliefen. In Whangarei, einer kleinen Stadt mit einem sehr geschützten Yachthafen, blieben wir lange.

Die Namen kommen aus der Maori-Sprache. Whanga heißt Hafen. Die anderen Silben sagen über die Eigenschaft des Hafens aus. Es entstehen Namen wie „Stiller Hafen“ oder „Felsiger Hafen“. Die Maoris waren die polynesischen Entdecker Neuseelands. Im 14. Jahrhundert kamen sie in großen Doppelkanus von den tropischen Inseln im Norden. Sie segelten den gleichen Weg wie wir.

Die Entwicklung der Maoris blieb in vielem derjenigen der tropischen Polynesier ähnlich. Doch das Klima und die Art des Landes forderten Anpassung. Hier konnte man nicht reife Früchte vom Baum pflücken, man mußte Felder bestellen. Der Fischer hatte sich mit Wetterumschlägen abzufinden, der Jäger mit ausgeprägten Jahreszeiten. Das formte den Maori und härtete ihn ab. Er wurde widerstandsfähig, wendig und geschickt, auch selbstbewußt, stolz und unbeugsam. Und in allem entwickelten diese Kannibalen eine ausgeprägte Ritterlichkeit.

Ihre Tabu-Religion leitete sich von denen anderer polynesischer Kulturen ab. Rangi war der Himmel, der Vater aller Dinge. Papatuanuku war die Erde, die empfangende und gebärende Mutter. Tangaroa wurde als Gottheit des Meeres verehrt, Tane als Schützer des Lebens. Ruwaimoko war die Gewalt der Erdbeben, er beherrschte die Unterwelt. Tu, der Rotgegürtelte, war der Gott des Männergeschlechts und des Krieges. Über allem schwebte der Geist der Ersten Ursache. Sein Name Iomatangora - was so viel bedeutet wie: Gott mit dem unsichtbaren Antlitz - durfte nicht ausgesprochen werden, es sei denn vom Priester im Gebet.

Nach der Entdeckung durch die Europäer vollzog sich die Geschichte Neuseelands wie auf allen pazifischen Inseln: Missionare - Vagabunden - Händler - Großmächte. Aber die Maoris ließen sich nicht überrennen.

Die Berichte des Kapitäns James Cook hatten in England großes Interesse für Neuseeland geweckt. In der Mitte des 19. Jahrhunderts wurden die englischen Siedler zahlreich.

Die Maoris warnten die Siedler. Sie räumten das Inventar aus den Häusern, bevor sie diese niederbrannten - welch zartbesaitete Kannibalen.

Die Siedler hatten ihr Land von einer Gesellschaft in London gekauft, die behauptete, das Maori-Land rechtmäßig von den Stammeshäuptlingen erworben zu haben. Den Maoris war Landverkauf in europäischem Sinne völlig unbekannt. Aber die Äxte, Messer und Gewehre, die von Vertretern der Gesellschaft als „Tauschobjekte" angeboten wurden, hatten sie gerne genommen. Als die Siedler nicht nachgaben, stürmten die Maoris die Niederlassungen und metzelten nun erbarmungslos nieder, was sich ihnen entgegenstellte. Den anrückenden Strafexpeditionen legten sie in unübersichtlichem Gelände vernichtenden Hinterhalt. Qualm, Schießen, Blut.

„Dies ist unser Land!" schrien die tätowierten, kriegstanzenden Maoris.

„Unser Land!" riefen die englischen Siedler.

„Hier sind die Verträge!" sagte die Gesellschaft in London. Sie legte dem Parlament die von schriftunkundigen Häuptlingen mit Phantasiezeichen versehenen Urkunden vor.

Den Truppen der Engländer gelang es nicht, die Maoris entscheidend zu schlagen. Die Maoris waren nicht in der Lage, die Engländer von den Inseln zu vertreiben. Der Krieg schien ohne Ende und für beide Seiten ohne Erfolg.

Der britische Gouverneur Hobson rief schließlich die Maori-Häuptlinge zu einem Palaver in Waitangi an der Bay of Islands zusammen. Die meisten kamen. Das Palaver dauerte zwei Tage und führte zu einem Vertrag, der am

6. Dezember 1840 geschlossen wurde. Hobson versicherte sich, daß die Häuptlinge alle Einzelheiten dieses Vertrages verstanden. Die Häuptlinge machten dem Gouverneur ihre Entschlossenheit klar, keinen Fuß Land an Weiße zu geben, solange der Verkauf nicht von einer Kommission beider Parteien an Ort und Stelle geprüft worden war.

„Dies ist unser Land", sagten sie. „Wir lassen es uns nicht auf eine Art nehmen, die wir nicht verstehen."

„Können unsere Völker nicht gleichberechtigt nebeneinander leben?" *fragte* Hobson. „Platz genug ist vorhanden."

„Ja", sagten die Häuptlinge, „gleichberechtigt. So wie wir in alter Zeit, seid nun ihr über das große Wasser gekommen. Wir haben nichts gegen euch, solange ihr uns achtet."

Nicht gleich brachte der Vertrag von Waitangi Frieden, da Gleichgültigkeit und Nichtverstehen einerseits, Kannibalismus und heidnische Raserei andererseits schwer zu überwinden sind. Doch Rücksichtslosigkeit und kriegerischer Einsatz brachten keiner Seite Erfolg. Es siegte schließlich jene Einsicht, die den Vertrag von Waitangi beschlossen und besiegelt hatte. Dieser Vertrag gilt noch heute.

Die Maoris hatten große Schwierigkeiten, sich dem neuen Leben auf ihren Inseln anzupassen. Es schien für eine Zeitlang, daß sie dieser Aufgabe nicht gewachsen sein würden. Wie sollte dieser Sprung jemals durchgeführt werden – von Tabu-Religion, kannibalischem Buschkrieg und Stammestradition zu Christentum, Frieden und europäischer Lebensart? Die intellektuelle Wendigkeit der Maoris machte es möglich. Einige nehmen heute hohe Plätze in Regierung und Wissenschaft ein. „In Neuseeland gibt es keine Eingeborenen und keine Europäer mehr. Es gibt nur Neuseeländer", sagte mir ein weißer Neuseeländer. Historische Gefühlsrückstände wie bei uns in Europa und Rassenprobleme wie in anderen Ländern der Erde sind unbekannt. Für Elga und mich aus Deutschland ist das Erleben dieses Landes deshalb wie eine Offenbarung.

In Whangarei lag Kairos mit Bug- und Heckleinen zwischen zwei Pfählen – wie die neuseeländischen Yachten im Hafen auch. Das entband uns seit Balboa zum erstenmal von der ständigen Aufmerksamkeit, die jedes Ankern erfordert.

So konnte ich einige Reparaturen durchführen, die ich immer wieder aufgeschoben hatte. Ich erneuerte vom Bootsmannsstuhl aus die Rolle des Backbord-Fockfalls, deren Bohrung durch ständige Benutzung ausgeschliffen worden war. Das alte Auspuffrohr, in Fort de France, Martinique, schon einmal repariert, baute ich aus und ließ ein neues anfertigen. Die Bowdenzüge, die von der Maschine zum Cockpit führen, wechselte ich gegen rostfreien Draht aus, den ich in einer Rohrleitung verlegte. Damit waren wir die immer wieder auftretende Oxydation in den Bowdenzügen los. Ich malte das Kajütsdach, wozu wir in Suva nicht gekommen waren.

Wir hatten die Absicht gehabt, Weihnachten in Auckland zu sein. Nach unserem Reiseplan sollte es von dort zu Beginn des neuen Jahres weiter nach Australien gehen. Diese Absicht änderten wir.

Wir wollen nun in Neuseeland bleiben, bis die Jahreszeit der tropischen Wirbelstürme im Norden vorbei ist. Die ständige innere und äußere Bereitschaft an Bord, die vielen Eindrücke des letzten Jahres, auch die Schönheit Neuseelands und die Gastfreundschaft seiner Menschen legten uns diese Entscheidung nahe. Wir fühlen uns im Augenblick reisemüde.

Elga hatte ans deutsche Konsulat in Auckland geschrieben: man schickte uns unsere wartende Post nach Whangarei. Neben den Arbeiten am Schiff gab es viele Briefe zu beantworten. Die Artikel für Hamburger Zeitungen mußten geschrieben werden. An Freunde und Bekannte, die wir auf unserer Reise kennengelernt haben, sandten wir allein 35 Weihnachtsgrüße.

Ehe wir es uns versahen, war das Fest da.

„Morgen“, sagte Elga.

Ich sah von der Schreibmaschine auf, die ich auseinandergenommen hatte, weil der Wagen hakte. Vor den Gartenhäusern am Hafen blühten Blumen. Eine Möwe saß auf dem Duckdalben hinter unserem Heck. Große, weiße Sommerwolken segelten über den Himmel, in den hinein die dunkelgrünen Tannen des Uferhanges ragten. Von der Stadt tönte das Summen des Verkehrs. Die Sonne schien warm.

„Wir werden morgen einen Waldspaziergang machen“, sagte ich.

„Und für den Abend bereite ich ein großes Festessen vor“, fügte Elga hinzu.

Am nächsten Nachmittag standen wir auf dem Aussichtspunkt 400 Meter über der Stadt Whangarei. Das Wetter war unverändert sommerlich. Wir blickten über das hügelige Land, dessen Wälder bis an den Horizont reichten. Als silbernes Band zog der Fluß durch die Landschaft, bildete den kleinen Hafen am Stadtrand und weitete sich ostwärts zu geschwungenen Buchten, bevor er nahe dem steil aufspringenden Küstengebirge ins Meer floß. Unten auf den Parkplätzen Whangareis leuchteten unzählige Autoscheiben im Sonnenlicht - glitzerten, als hätte die Stadt eine festliche Weihnachtsbeleuchtung angezündet. Wir setzten uns ins hohe Gras. Kiefernduft wehte warm über uns hinweg.

„Von mir aus kann Weihnachten immer ein Sommerfest bleiben“, sagte Elga.

Ich legte mich zurück und sah in den blauen Himmel. „Dies ist ein herrliches Land. Noch nie habe ich in einem wirklich freien Land gelebt.

Hier möchte ich bleiben - weißt du, für immer. Ich werde uns ein Haus bauen, irgendwo an einer dieser Buchten. So, wie es der Colonel in Whangaruru gemacht hat."

„Unsere Leute zu Hause leben falsch", sagte Elga. „Einfachheit gilt bei uns als Armut. Aber im Einfachen liegt gerade der Sinn. Weißt du, was ich möchte?"

„Na?"

„Das Haus, das du hier baust, einrichten."

Auf dem Rückwege schnitten wir uns Zweige von Pohutukawa-Bäumen. Die Blüten dieses Baumes brechen zu Weihnachten auf, sie sind türknaufgroß und bestehen aus unzähligen, stecknadellangen, roten Blätterchen, die winzige, gelbe Spitzen haben.

An Bord stellte Elga die Zweige in eine Vase und schmückte sie mit Lametta. Es war ein Strauß, der vollkommen zu dieser sommerlichen Weihnacht paßte. Zum Abend aßen wir bei Kerzenschein. Anschließend las ich die Weihnachtsgeschichte vor.

Für die Neuseeländer ist Weihnachten nach dem Gottesdienst das, was für uns Pfingsten ist: der Winter ist vorüber, die Urlaubs- und Reisezeit beginnt. Im Yachthafen herrschte am ersten Weihnachtstag Hochbetrieb. Es war richtig ansteckend. Auch wir liefen aus und ankerten in einer Bucht nahe der Flußmündung. Wir badeten. Das Wasser war noch sehr kalt.

Am Abend kamen Yachten und Motorboote zum Ankern in die Bucht. Von einer Motoryacht kam ein Dingi längsseits. Ein kräftiger Mann und eine zierliche Frau saßen darin.

„Ich heiße Gordon B.", sagte der Mann. „Dies ist Lyn. Was habt ihr da für eine Flagge am Heck?"

Wir sagten, daß wir aus Deutschland kämen. Sie luden uns ein. Bald saßen wir mit den beiden, sowie mit Lyns Eltern an Bord ihrer Motoryacht. Es gab allerseits so viel zu erzählen, daß jegliches Gefühl für Zeit verschwand.

Als wir schließlich zu KAIROS hinüberrudern wollten, sagte Gordon: „Im Yachthafen von Auckland sind Liegeplätze knapp. Solange wir auf Urlaub sind, könnt ihr unseren Liegeplatz dort haben. Und wenn wir zurückkommen, werde ich's irgendwie einrichten, daß ihr einen guten Platz bekommt."

Der Morgen des zweiten Weihnachtstages sah mich wie eine Rakete aus der Koje schießen.

„Wir müssen los - sofort!"

Elga war sprachlos vor Überraschung.

Der Wetterbericht hatte ein Tief mit auffrischenden, westlichen Winden gemeldet. Die Bucht lag nach Westen offen und hatte schlechten Ankergrund. Nach Whangarei zurückzulaufen, verspürte ich keine Lust. Wir gingen Anker auf, refften das Großsegel und liefen los. Frühstück gab es beim Segeln.

Zunächst sah es aus, als wolle das Wetter regnerisch werden. Doch überraschenderweise blieb es bei zunehmenden Winden sonnig und warm. Die Küste lag in blau-grüner Schönheit zu Steuerbord. An Backbord zogen zahllose Yachten auf Ferienfahrt über den Horizont.

Um unseren Ankerplatz hier in der Bucht Bon Accord auf der Insel Kawau zu erreichen, mußten wir am Nachmittag durch eine schmale Meerenge kreuzen. Sie wird von Kawau einerseits und dem Festland andererseits gebildet. Der Wind wehte genau aus der Enge heraus und wurde wie in einer Düse verstärkt. Durch starken Gezeitenstrom stand eine unangenehme, kurze See. Ölzeug raus! Mit drei Kreuzschlägen, Leedeck immer unter Wasser, arbeiteten wir uns voran. Während der Küstensegelei fahren wir unser Schlauchboot auf Deck gezurrt: es wurde fast fortgewaschen.

Nun sitzen wir friedlich im Cockpit. KAIROS liegt auf 5 Meter Wasser vor 30 Meter Kette in einem geschützten Seitenarm der Bucht. Dreißig Yachten aller Art und Größe ankern um uns herum. Welch Andrang!

Einige Holzhäuser stehen am Ufer. Jedes hat einen Steg, an dem ein Motorboot liegt. Die Insel hat keine Straßen. Wer den Nachbarn besuchen will oder zum Festland reist, muß es per Boot tun.

Von den Höhen hinter den Häusern grüßen dunkle Tannen. Ihr Rauschen im Wind klingt vertraut.

„Neuseeland!" sagt Elga, als wären wir hier schon immer zu Hause gewesen.

Wir hören im Radio das Weihnachts-Oratorium von Bach.

Am Silvesternachmittag machten wir einen Spaziergang auf kaum betretenen Pfaden. Die Waldbestände der Insel Kawau sind unberührt.

Zunächst gehen wir durch ein Gehölz von Ti-Bäumen. Ihre immergrünen Blätter sitzen büschelartig am Ende der Zweige. Die grau-mageren Stämme wirken wie tot und klappern beinern aneinander, wenn der böige Wind in die Blätterkronen fällt. Aus dem Grau dieses Totenwaldes kommen wir in ein grünes Bachtal, das in seiner üppigen Vegetation fast tropisch wirkt. Wir gehen am Bach entlang bergauf. Das Tal wird zerklüftet, verliert seinen sumpfigen Charakter. Fichten und Kiefern, unbekannte Laubbäume wachsen hier. Bemooste Steine leuchten grün im fleckigen Sonnenlicht. Unsichtbare Quellen tropfen. Wurzeln liegen wie erstarrte Schlangen überm Erdboden. Gestürzte Baumriesen modern. Farnbäume stehen auf steilen Hängen. Wir klettern an ihren geschuppten Stämmen vorbei. Über uns bilden ihre grüngerippten Blätterbögen ein skurriles Dach.

Manchmal ist das Vorwärtskommen schwierig. Wir legen eine Atempause ein. Dabei beobachten wir den tanzenden Flug der Fächerschwänze, etwa meisengroße Vögel, die halb hüpfend, halb fliegend dicht über dem Boden Insekten fangen. Wir hören den Ruf des Tui-Vogels in der Ferne. Wie eine Glocke klingt er durch die Tiefe der Wälder.

Wir bezwingen einen Hügelrücken, der mit dichtem Gestrüpp bewachsen ist. Oben streifen wir durch hüfthohes Gras zu einem Kieferngehölz. Zwischen den dunklen Nadelzweigen sehen wir unter uns hellblaues Wasser leuchten, auf ihm das weiße Bild unseres Schiffes. In großen Sprüngen laufen wir zum felsigen Ufer hinab.

Der Wind, der tagsüber in wilden Stößen über die Bucht fegte, läßt am Abend nach. Klar steht der halbe Mond im zartroten Abendhimmel. Morgen beginnt das Jahr 1966.

*Auf See, im Mai 1966*
*(24° 31' Süd, 168° 04' Ost)*

Wir liegen beigedreht.

Wir liegen bereits 36 Stunden so. Der Wind aus West nimmt nicht ab - im Gegenteil: seit heute Mittag frischt er bis zu Stärke 8 auf. Das Wetter ist sonnig, wie es bei stürmischem Passat sein kann - nur kommt der Wind aus entgegengesetzter Richtung. Es ist eine Wetterlage, wie sie die alten polynesischen Priester beschworen, wenn die Kanus auf östliche Fahrt gehen sollten.

Ich nehme an, daß ein sich verstärkendes Tief ostwärts abzieht und auf seiner Rückseite einen langen Schweif westlichen Windes hinter sich herzieht.

Wir beunruhigen uns nicht wegen des Wetters. Wir haben Zeit. Es spielt wirklich keine Rolle, ob wir einen Tag früher oder später in Nouméa eintreffen. Das Gefühl: auf dem Meer „zu Haus" zu sein - früher oft absichtlich ins Bewußtsein gerufen - erfüllt uns selbstverständlich.

KAIROS treibt elegant über die aufgewühlte See. Hin und wieder trommelt Gischt aufs Kajütdach oder Wasser gurgelt in den Speigatts. Hier in der Kajüte huschen die Strahlen der Nachmittagssonne über Fußboden und Kajütswände: ununterbrochen schlingert das Schiff.

Ich habe mich an die Leeseite des Tisches gesetzt und die Schreibmaschine so gegen die Tischleiste gestellt, daß sie nicht rutschen kann. Ich will versuchen, ohne allzuviele Tippfehler etwas zu schreiben.

Wir sind glücklich, wieder auf See zu sein. Die zweite Hälfte unserer Reise beginnt.

Elga liest. Sie liegt, mit Kissen gut verkeilt, in ihrer Koje und blättert Seite um Seite.

Hin und wieder stellen wir den Radioempfänger auf den französischen Sender Nouméa ein. Elga will für unseren Aufenthalt dort ihre Sprachkenntnisse auffrischen. Gestern suchten wir uns Musik im Kurzwellenbereich. Wir hörten Mozart und Chopin - heute die erste Sinfonie von Beethoven.

Wir halten ausgedehnte Mahlzeiten. Da Frischbrot von Neuseeland noch vorrätig ist, macht Elga zum Frühstück Toast. Mittags wird Brot, Butter, Wurst, Käse und Mondaminpudding mit Obst serviert. Die warme Abendmahlzeit umfaßt zwei bis drei Gänge. Ich vergaß: zum Nachmittagskaffee gibt es Rosinenpuffer. Von diesem Kuchen gaben uns neuseeländische Freunde allein drei als Abschiedsgeschenk mit. Wir tun also alles, um unsere neuseeländischen Fettbäuche, die während der ersten anstrengenden Tage auf See an Umfang verloren, wieder auf ihren Idealzustand zu bringen.

Ich habe während der letzten 36 Stunden viel Schlaf nachgeholt. Anfangs fühlte ich mich erschöpft und abgespannt. Das ist jetzt vorbei. Ich sitze gern im Niedergang - die Luke halb geöffnet - und beobachte das Meer. Tagsüber glänzt die bewegte See hart im flimmernden Sonnenschein. Wir nähern uns wieder den Tropen. Nachts umgibt uns das Bild einer mondbeschienenen Sturmsee. Brecher rollen pausenlos. Nach all der Vielseitigkeit der letzten Monate in Neuseeland genieße ich die Einfachheit dieses Erlebens. Ich sehe die Sonne aufgehen und untergehen, sehe die Wolken, die Sterne, den Mond. Ich beobachte den pfeilschnellen Flug der Sturmtaucher. Der letzte Albatros blieb im Süden zurück.

Es liegt eine Art von Glück in diesem Sitzen und Schauen. Unser Aufenthalt in Auckland war schön - doch hier auf See setzt wieder das Erleben ein, das uns formt. Die Vielseitigkeit der großen Stadt hatte etwas Hektisches. Hier herrscht Ruhe - trotz aller windgetriebenen Wildheit der See. Hat man sich an ihren schreckeinflößenden Anblick gewöhnt, so ist sie kein Feind, vielmehr ein gewaltiger Freund, der in Bewunderung zu achten ist.

Wir haben über ein Vierteljahr das Leben in Auckland beobachtet. Zivilisation hat die Natur zur Seite geschoben: durch Neonlicht, durch Lärm, Gestank, Rauch und vieles mehr. Zwar streben Tausende übers Wochenende hinaus, um die Natur zu suchen. Aber geht das mit Autoradio und Fernsehkoffer auf überfüllten Campingplätzen?

Ein paar Bergsteiger, Wüstenwanderer, Hochseesegler suchen abseits. Sie finden mehr als die anderen. Sie bezahlen die erlebte Herrlichkeit oft genug mit einem Hundeleben. Das ist persönliche Einstellungssache, außerdem eine Frage des geistigen und körperlichen Trainings.

Ich sprach in Auckland mit Peter M., der die neuseeländische Himalaja-Expedition unter Sir Edmund Hillary mitmachte. Er verlor durch Erfrierungen beide Unterschenkel und Teile seiner Hände. Das hindert ihn nicht, zu segeln und darüber hinaus Antarktis-Expeditionen auf Schiffen der Marine mitzumachen. Er sagte mir: „Die Leute bedauern mich. Das ist Unsinn. Für mich hat es sich gelohnt da oben. Andere werden auf der Autobahn zu Tode gefahren, ohne jemals gekämpft zu haben."

Draußen donnert ein Brecher unter dem Schiff hindurch. Es neigt sich heftig. Ich halte die Schreibmaschine fest. Dann gehe ich zur Luke und blicke hinaus. Die See läuft wild, aber da ist nichts Ungewöhnliches. Nach einem Blick über Segel, Kompaß und Horizont kehre ich an meinen Platz zurück.

Während der Tage auf der Insel Kawau lernten wir so viele Menschen kennen, die dort mit ihren Yachten ankerten, daß wir später in Auckland drei Wochen brauchten, um allen Einladungen nachzukommen.

Jack W., Verkaufsleiter einer Elektrogesellschaft, fuhr mit uns zu den Schwimmbädern der nahen Berge, wo das Wasser heiß aus dem Boden kommt. Für Elga waren diese Thermalbäder ein wahres Labsal, das ihrem oft schmerzenden Rücken überaus gut tat. Durch Jack lernten wir den Redakteur der Yachtzeitschrift „Seaspray" kennen. Mit ihm und seiner Frau Joane verband uns bald nicht nur seglerisches Interesse.

Wir kamen in die Familienverhältnisse eines neuseeländischen Wirtschaftswunder-Mannes hinein. Wir erlebten bei ihm die gleiche flache Erfolgsphilosophie wie bei seinen deutschen Kollegen.

Wir führten lange Gespräche mit Neil C. und seiner Frau. Er ist Hochschullehrer und konnte uns sehr viel Interessantes über die Maoris und die neuseeländische Geschichte erzählen. Er besuchte Museen mit uns – Besuche, die ebenso vielseitig waren wie die Abende in seinem Haus.

Ron und Thetis G. wurden uns elterliche Freunde. Sie nahmen uns oft zu Fahrten in die Umgebung Aucklands mit. Immer wieder holten sie uns vom Yachthafen ab, wenn Ron sich eine neue Fahrt ausgedacht hatte. Wie alle Neuseeländer war er sehr stolz auf die Schönheit seines Landes.

Eines Tages erhielten wir Besuch von einem Mitglied unseres Blankeneser Segel-Clubs. Herr B. hatte geschäftlich in Auckland zu tun. Er wußte von unserer Reise durch meine Berichte in der Clubzeitschrift und gab uns Nachricht von seinem Kommen. Wir saßen einen ganzen Nachmittag zusammen und unterhielten uns.

Die Stadt im Hintergrund mit ihren Häusern, Türmen und Grünflächen, der uns umgebende Yachthafen mit seinen Schiffen und Masten schienen mit einem Mal nicht mehr auf der anderen Seite der Erde zu liegen. Als

Herr B. sich verabschiedet hatte, kam uns zum Bewußtsein, daß er mit dem Flugzeug in ein paar Tagen wieder in Blankenese sein würde, wohingegen unser Heimweg mit einer Vielzahl unbekannter Abenteuer noch anderthalb Jahre dauern soll.

Bryan S. kam eines Tages an Bord. Es gab ein großes Hallo. Vor einem Jahr auf Antigua in den Westindischen Inseln lieh er uns seine Seekarten und Handbücher für den gesamten Pazifik. Mit seiner neuen Ketsch WIDGEON war er 1100 Seemeilen von Sydney über die stürmische Tasman See gesegelt. Wir saßen eine ganze Nacht zusammen - über seinen Seekarten - und erzählten ihm von der Südsee.

Die englische Yacht SHIREEN lag neben uns im Hafen. Wir hatten sie in Spanien, in Panama und Papeete getroffen. Ihr Skipper Mike hatte sich in Auckland verheiratet. Er wollte in Neuseeland bleiben. Wir sahen oft zu der Yacht hinüber - der letzten, die auf gleichen Kursen wie wir die große Reise von Europa gemacht hatte. Nun blieb auch sie zurück.

Irgendwo mußte noch die TAKEBORA sein.

„Hast du von Maurenbrecher gehört?“ rief ich zu Mike hinüber.

„Soll in Sydney sein!“ rief er zurück. „Will hinter dem Barriere Riff nordwärts zur Torres Straße segeln.“

Ich mußte zum Zahnarzt. Er stammte aus einer alten Maori-Familie. Er hatte drei Brüder. Einer war Rechtsanwalt, einer war im Parlament, einer war Bischof. Ich unterhielt mich mit ihm wie mit einem sehr gebildeten Europäer. Er zeigte eine gewinnende Herzlichkeit - auch als er mir erklärte, die restlichen Zähne meines Oberkiefers, die den Fall aus dem Mast vor Madeira überstanden hatten, müßten gezogen werden.

„Bitte?“ fragte ich entsetzt.

„Sie sind für die Brücken zu schwach geworden“, sagte er. „Ich mache Ihnen eine Prothese. Morgen vormittag.“

Ich versuchte, wie ein alter Maori-Krieger tapfer zu lächeln. Ich erkundigte mich nach den Kosten.

„Sie sind von weither übers Meer gekommen“, sagte er lächelnd, „und haben noch einen langen Heimweg. Ich berechne Ihnen einen Vorzugspreis.“

Ich bedankte mich.

Am nächsten Vormittag geschah es. Am übernächsten Vormittag bezahlte ich die Rechnung. Sie war nicht hoch - ein Maori hält sein Wort.

Zu meinem Geburtstag überraschte mich Elga mit vielen Geschenken. Da gab es eine kleine Pütz für meine Rasur auf See. Zwei Pfund Schokoladenpralinen schufen die Möglichkeit lukullischer Orgien. Und in der Kajüte leuchteten am Abend zwei neue Lampenschirme, die Elga aus alten Seekarten geschnitten und geklebt hatte.

In ihrem Schein las ich aus unseren Tagebüchern vor. Die Erlebnisse meines vergangenen Lebensjahres nahmen wieder Gestalt an. Es klingt so ungewohnt, wenn ich schreibe: „mein“ Lebensjahr - denn es ist doch alles „unser“.

Wir befaßten uns mit der Reparatur des Schlauchbootes. Gordon B. versuchte mit uns, eine Reparaturwerkstatt ausfindig zu machen. Keine traute sich, die zahllosen undichten Stellen des Kunststoffgewebes zu flikken. Schließlich vulkanisierte Gordon die morschen Stellen in seiner Auto-Werkstatt. Es war ein Versuch - doch wider Erwarten gelang er. Abschließend klebten Elga und ich mit einem Spezialkleber einen neuen Boden auf das Boot. Diese zeitraubenden Arbeiten waren nicht zu umgehen, da Schlauchboote in Neuseeland weder hergestellt noch importiert werden.

Der Sturm unserer vielen Besuchsverpflichtungen ließ nach. Freundschaften entwickelten sich. Wir lebten nun, als wären wir niemals von fern über das Meer gekommen. Neuseeland kennt keine Fremden. Wenn wir gewollt hätten, so wäre eine Ansiedlung ganz selbstverständlich vor sich gegangen. Wir sprachen oft über diese Möglichkeit - auch mit unseren Freunden, die jede Hilfe zusagten. Wir sind ja noch jung genug, um neu anfangen zu können. In Neuseeland fehlen Arbeitskräfte.

Aber dieser Schritt hätte die Aufgabe unserer Reise bedeutet. Wir hätten auf halbem Wege etwas im Stich gelassen, dessen Vollendung wichtiger ist als die Anstellung in einer Firma, wichtiger als ein geregeltes Leben an Land. So entstand der Plan, in späteren Jahren nach Neuseeland zurückzukehren - ein Grundstück zu kaufen, Bäume zu fällen und ein Haus zu bauen. Ein phantasiereicher Traum? Ja.

Aber zwischen Traum und Wirklichkeit liegen drei Dinge als realisierende Kraft: fester Wille, eiserne Geduld und das, was wir Gnade Gottes nennen. Als wir unsere Reise zu planen begannen, hatten wir 900,- Mark auf dem Konto, und wenn wir ans Weltmeer dachten, lief uns eine Gänsehaut über den Rücken - jetzt liegen wir zwischen Neuseeland und Neukaledonien beigedreht, Elga liest und ich schreibe, während der Wind im Rigg heult. - Ans Gegenteil der Gnade Gottes dachte ich nicht: die Bürokratie.

Gordon und Lyn schlugen eines Tages vor, für drei Tage mit uns ins Thermalgebiet um Roturoa und den Taupo-See zu fahren. Der frühe Morgen war golden durchsonnt, als die beiden uns im Auto abholten. Durch das noch schlafende Auckland fuhren wir nach Süden. Die flache, kanaldurchzogene Hauraki Ebene erinnerte uns an die heimatliche Marsch. Doch die Höhenzüge des Kauma Range im Südosten - blaudunstig und von dunklen Talschatten durchzogen - gaben der Landschaft fremdländischen Reiz.

Am südlichen Ende des Gebirgszuges bogen wir von der Hauptstraße in einen Talweg, der zu einem der zahlreichen Thermalbäder führte. Das Wasser des Bades dampfte in der frischen Luft des Sommermorgens. Wir schwammen lange. Anschließend frühstückten wir in einem kleinen Restaurant inmitten von Hangwiesen und Bergwäldern.

Weiter ging die Fahrt nach Südwesten. Stundenlang fuhren wir durch wildes, unberührtes Land. Die Windungen und Spiralkurven der Straße zeugten von den Schwierigkeiten ihres Baus.

Von den Mamaku Bergen hatten wir einen umfassenden Blick über den See Roturoa mit dem gleichnamigen Städtchen an seinem Ufer. Im Süden des Sees liegt das Gebiet vulkanischer Tätigkeit: siedende Schwefelteiche, mit der Pünktlichkeit eines Uhrwerks springende Geysire, kochender Schlamm, dampfende Felsen – durchflossen von schäumenden Gebirgsbächen, eingerahmt von dunklen Kieferngehölzen und grünen Waldgebieten. Es ist eine Landschaft urweltlicher Eindringlichkeit.

Die Maoris des Arawa-Stammes, des mächtigsten in der neuseeländischen Vergangenheit, haben das Gebiet zu einer Art Naturmuseum gestaltet. Hier stehen die alten Maori-Häuser mit reich geschnitzten Giebeln, wie sie die Vorfahren bauten. Hier sind die großen Versammlungshäuser nachgebildet worden, unter deren kunstvoll geflochtenen Dächern die Männer palaverten. Die modernen Maoris haben auf dem Gipfel eines Hügels einen Pa der alten Maoris, ein Festungsdorf, in natürlicher Größe nachgebaut.

Ich sonderte mich während unseres Ganges durch das Modelldorf von den anderen ab und setzte mich in den Schatten der Pallisade.

Der Mittag war heiß.

Die Häuser mit ihren Giebeln, die Wachttürme über den Verteidigungsanlagen, die geschnitzten Ahnenpfähle mit ihren wilden Gesichtern, die Stille über dem niemals bewohnten Dorf – diese Eindrücke verdichteten sich mir für Sekunden zum Verstehen. Die Maoris gaben ihr Naturdasein auf, fügten sich in die europäische Zivilisation und überlebten, ohne ihre guten Eigenschaften, wie Fröhlichkeit und Ritterlichkeit, zu verlieren.

Der flimmernde Mittag ist polynesische Geisterstunde.

Ich sah zu einem Ahnenpfahl in der Pallisadenmauer auf. Das hölzerne Gesicht blickte starr über mich hinweg: drohend, mit herausgestreckter Zunge. Es schien, mit höhnischer Grimasse etwas zu verfluchen. Unsere Verbissenheit, unsere Unritterlichkeit?

Die Sekunde des Begreifens verflog. Die Sonne hatte den Zenit überschritten. Ich kehrte zu den anderen zurück.

Wir übernachteten in einem Hotel. Das heiße Wasser in unserem Duschraum kam direkt aus dem Erdinneren, bevor es sich durch die Chromdusche über unsere Körper ergoß. Wir schliefen fest und gut trotz der Schwefeldünste, die die warme Nacht durchzogen.

Am nächsten Tag fuhren wir weiter nach Süden zum Taupo-See. Schaffarmen lagen in der hügeligen Landschaft. Zweimal im Jahr ist Schur. Um ihren dicken Pelz erleichtert, kehren die Tiere anschließend in die Weidegründe zurück. Ställe gibt es nicht. Auf der Nordinsel erlaubt das Klima eine ganzjährige Weidezeit. Auch die Viehfarmen haben keine Stallungen. Wie eine Villa liegt das Farmhaus im Lande, von einigen Wirtschaftsgebäuden umgeben.

Wir durchfuhren an diesem Tage den ganzen Landstreifen vulkanischer Tätigkeit. Überall dampfte es. Ungeheure Energien werden frei. Um sie zu nutzen, wurde in einem Tal ein großes Kraftwerk gebaut. 116 Bohrlöcher - das tiefste geht 1300 Meter ins Erdinnere - liefern heißen Wasserdampf von 265°. Er wird auf Turbinen geleitet. Wir gingen an unzähligen, endlos scheinenden Druckleitungen entlang, die über kahle, felsige Hügel gelegt wurden. Überall toste Dampf und zischten Ventile. Es war eine Welt, wie sie Kafka als Hölle hätte beschreiben können. In der Ordnung der silbernen Hochdruckleitungen, auf den Schalttafeln der Kontrollhäuser lag ein höllischer Zwang: stärker als das Chaos im Erdinnern zu bleiben. Unter der sichtbaren Organisation lebte unmenschliche Ruhelosigkeit.

Wir badeten im Taupo-See. Zum Mittag kauften wir uns jeder ein gebratenes Huhn.

Nachmittags fuhren wir am Ostufer des Sees entlang. Über wildem Buschland hoben sich Schneeberge - gleich neben ihnen der Kegel eines Vulkans. Gleichmäßig stieß er seine grau-weißen Eruptionswolken aus.

Am Abend sahen wir fern im Süden den Mount Egmont. Sein Gipfel glühte rot-weiß über dem abenddunklen Land. Dieser erloschene Vulkan wird an Schönheit wohl nur noch vom Fudschijama übertroffen.

Für unsere neuseeländischen Freunde war das alles nichts Besonderes - „just New Zealand" wie Lyn es ausdrückte - aber Elga und ich konnten die Blicke von dieser Landschaft nicht lösen.

Am folgenden Tag kehrten wir nach Auckland zurück. Viel Arbeit wartete dort auf uns.

KAIROS war am Unterwasserschiff mittlerweile so bewachsen, daß wir dringend auf einen Slip mußten. Unsere Freunde halfen großzügig. Kostenlos und für unbegrenzte Zeit wurde uns ein Privatslip zur Verfügung gestellt. Er lag am Nordufer des Flusses Waitemata, der Stadt Auckland gegenüber.

Während des Slippens machte es Mühe, KAIROS auf den nicht passenden Slipwagen zu bekommen. Aber alle halfen - halfen auch beim Reinigen des Unterwasserschiffes bis spät in die Nacht hinein. Die Frauen hatten inzwischen für Brot, kaltes Fleisch und Bier gesorgt. Der Tag endete als überaus lustige Picknick-Party.

Für zwei Wochen blieben wir auf dem Slip. Wir nutzten die Gelegenheit für eine vollkommene Überholung des Schiffes. Es stand lotrecht, so daß wir weiterhin auf ihm wohnen konnten – Villa KAIROS. Abends kam für gewöhnlich irgend jemand und holte uns zum Baden und Abendessen ab. Manchmal behielten wir die Freunde zu einem Abendbrot an Bord unserer „Villa", was stets gern angemommen wurde, da der Neuseeländer Boote über alles liebt.

Es war mittlerweile März geworden. Zurück im Yachthafen von Auckland begannen wir, das Schiff seeklar zu machen. Verpflegung wurde eingekauft und verstaut. Auf einer Aufsetzbühne im Hafen überprüfte ich das Schwert in seiner Halterung im Kiel, reinigte und malte es, was auf dem Slipwagen nicht möglich gewesen war. Das gesamte Laufende Gut der Takelage wurde mit Terylene-Leinen neu geschoren.

Unsere Seekarten und Handbücher für die Strecke Neuseeland/Kapstadt trafen per Dampfer von England ein. Wir hatten sie gleich nach unserer Ankunft über einen Seekarten-Verlag bestellt. Wir arbeiteten sie durch, um den vorliegenden Gesamtplan nun im Detail zu bestimmen. Es waren etwa 80 Seekarten und 5 Handbücher – reichlich ausgewählt, um bei unvorhergesehenen Kursänderungen auch Kartenmaterial benachbarter Seegebiete und Küstenstrecken (Afrika) zu haben.

Es näherte sich der Zeitpunkt unseres Abschieds. Jack fuhr uns noch einmal zu den heißen Bädern. Gordon und Lyn luden uns zu einer Rundfahrt auf ihrer Motoryacht ein. Ron und Thetis mit all ihren Bekannten gaben ein festliches Abschiedsessen. Neil schenkte uns ein Buch mit Maori-Legenden zur Erinnerung. Joane sagte tröstend: „Wie seid ihr beiden glücklich dran: nun könnt ihr eure Traumreise zu zweit fortsetzen!"

John unterbrach sie fast unwirsch: „Ach, Joane! Sie müssen es immer wieder wagen."

Und alle sagten: „Ostern sind wir auf der Insel Ponui. Segelt dorthin! Wir geben euch ein großes Bord-Abschiedsfest!"

So taten wir.

Und am Ostermontag, reich beschenkt und mit allen Segenswünschen bedacht, segelten wir aus der Bucht. Unsere Freunde standen auf ihren Yachten.

„Gute Fahrt! – Alles Gute! – Kommt bald wieder!" klang es schwach und schwächer. Dann war nur noch das Winken dieser Menschen erkennbar, die Neuseeland für uns zu einer zweiten Heimat gemacht haben. Wir weinten wie sie.

Wir segelten an der Ostküste entlang nordwärts. Das Land und seine Ufer zeigten sich unverändert grün, doch die Sonne zog jetzt einen kurzen Bogen über den Himmel. Eine herbstliche Frische wehte mit dem Wind, der unsere Segel füllte. Wir ankerten in verschiedenen Buchten. Der Kreis schloß sich. Das winzige, verschlafene Port Russell grüßte uns wieder - nicht mit blühenden Blumen doch mit volltragenden Apfelbäumen. Bryan und Monika öffneten uns in Gastfreundschaft wieder ihr Haus.

Herbststürme setzten ein. Einer brachte uns in große Bedrängnis. Bryan hatte mir ausdrücklich versichert, daß seine Festmachtonne stark genug sei, KAIROS in jedem Sturm zu halten. So unterließen wir es, bei Aufzug des Sturmtiefs in eine Bucht zu verholen, die gegen Südwestwind besser geschützt war.

Als der Wind mit Stärke 9 auf Südwest sprang, begann das Bojengeschirr zu treiben. Ich war gerade an Bord geschwommen - mit dem Schlauchboot konnte ich nicht mehr durch die Brandung rudern - um den Tampen zu prüfen, der das Schiff mit der Bojenkette verband. Der Tampen war in Ordnung.

Als ich aufsehe, erstarre ich: das Schiff treibt. Der Wind steht genau aufs Ufer zu. Ich werfe die Maschine an, um den Zug auf das Bojengeschirr zu mindern.

Plötzlich hängt Elga an der Reling und ruft: „Hilf' mir rauf!" Sie hat vom Ufer aus alles beobachtet. Obwohl Bryan sie zurückhalten wollte, ist sie hergeschwommen. Ich ziehe meine triefende Frau an Deck.

„Mensch, Elga! - Halt' ihn mit der Maschine!" schreie ich. Sie nickt.

Ich schlage den großen Anker an.

„Voll voraus, voll!" brülle ich und slippe die Kette. KAIROS kämpft sich gegen Wind und kurzen Seegang vom Ufer fort. Dann drückt eine Bö das Schiff herum. Ich lasse den Anker fallen.

Er hält nicht.

Der Sturm läßt etwas nach. Jetzt faßt der Anker. Unter der nächsten Bö beginnt er wieder zu treiben. Erst wenige Meter vorm Ufer reicht die Kraft der Maschine aus, uns freizubringen.

Ich weiß nicht mehr, wie lange wir versuchten, die Strandung zu verhindern: Anker auf - Anker nieder. Es war hoffnungslos. Immer wieder verloren wir in den Böen die wenigen Meter, die wir in ihren Pausen gewonnen hatten. Meine Kraft war zu Ende.

Ein Neuseeländer - schwerkrank, wie wir später erfuhren - ruderte zu uns heraus, nachdem er ein Motorboot verständigt hatte. Er half uns, bis das Motorboot kam und uns mit seiner starken Maschine freischleppte - in die geschützte Bucht, die aufzusuchen wir versäumt hatten.

Am nächsten Tag machten wir unserem Helfer einen Besuch, um uns nochmals zu bedanken.

„Wie können Sie der Boje eines Farmers trauen!" sagte er. Er hatte recht.

„Bryan ist ein hilfsbereiter Mann", konnte ich nur antworten.

Die weiteren Stürme ritten wir sicher vor unserem schweren Anker in der kleinen Bucht ab. Dann meldete der Wetterbericht die ersehnte Wetterlage. Ein sich verstärkendes Hoch lag westlich von Neuseeland. Es würde südliche Winde bringen. Wir nahmen Abschied von Bryan und Monika.

Am Abend eines windigen Tages verschwand die Küste Neuseelands in Schauern und Dunkelheit Backbord achteraus. Bevor die Bordroutine mit den Seewachen begann, saßen wir noch einen Augenblick gemeinsam im Cockpit. Der Kurs nach Nouméa, Neukaledonien, lag an. Wir fühlten uns seekrank. Die Abschiedsstimmung machte uns stumm.

Bevor ich die Pinne zu meiner ersten Nachtwache übernahm, schloß ich Elga in meine Arme. Unsere Ehe kann sich nirgendwann stärker bewähren als in den Augenblicken, da wir Freunde und Sicherheit verlassen, um mit unserem Schicksal allein zu sein.

Wir segelten bei sonnigem Wetter mit Südwinden zwischen Stärke 5 und 7 nordnordwestliche Kurse. Für drei Tage lagen die Etmale stets über 140 Seemeilen. Dann wurde der Wind flau. Wir erwarteten den Südost-Passat. Er kam nicht. Dafür entwickelte sich ein Tiefdruckgebiet, in dessen stürmischem Rückseitenwetter wir jetzt beigedreht liegen.

Es ist Mitternacht. Nach dem Abendessen hat sich Elga schlafen gelegt. Ich sitze in der halbgeöffneten Luke. Das Heulen des Windes im Rigg ist um eine Nuance leiser geworden. Die See im weißen Schein des Mondes rollt weniger stark.

Ich prüfe Kompaßlicht und Positionslampen, blicke ringsum über den leeren Horizont. Ich will mich noch für ein paar Stunden in die Koje hauen. Wir werden bald weitersegeln können.

So geschah es am nächsten Morgen.

*Neukaledonien, im Mai 1966*

Elga weckte mich nach 7 Tagen Seefahrt und Bordroutine zur Morgendämmerung. Erstes, goldgelbes Tageslicht zeichnete einen scharfen Horizont. Im Osten standen grau-braune Wolkenbänke. KAIROS rollte heftig mit schwachem Westwind in den Segeln.

„Land?" fragte ich.

Elga blickte nach Osten. „Nein, nur Wolken."

Ich war verschlafen und brachte entsprechend vorsichtig den Sextant und die Stoppuhr an Deck. Ich nahm die Höhen von Venus und Atair für zwei astronomische Standlinien.

Wir fühlten uns nicht sehr glücklich. Die Mittagsposition des Vortages hatte eine Westversetzung ergeben – so groß, daß sie auch bei Berücksichtigung der starken Meeresströmung fehlerhaft sein mußte. Die zur Kontrolle am Nachmittag durchgeführte Sonnenbeobachtung hatte die unwahrscheinliche Größe der Versetzung zwar reduziert, aber Sicherheit hatte sie uns nicht zurückgegeben. Die Hauptinsel von Neukaledonien, Grande Terre, hat ein 40 Seemeilen nach Süd vorspringendes Korallenriff. Man kann auf ihm stranden, ohne etwas von der Insel zu sehen. Wir hatten während der Nacht gut von ihm freigesteuert und mußten nun westlich der Insel stehen. Hier ist das Riff dem Inselufer nur 15 Seemeilen vorgelagert. Vor dem Landfall mußten wir wissen, wo wir *genau* standen: deshalb unsere zusätzlichen Navigationsbemühungen.

Als Elga gerade mit dem Ausrechnen der Standlinien beginnen wollte, sah ich Land. Deutlich ließ die aufgehende Sonne es als Silhouette unter den roten Schauerwolken erscheinen.

„Da ist Land, soviel du haben willst!“

Elga kam an Deck. „Ich weiß gar nicht, was *du* immer von ungenauer Navigation redest“, sagte sie erleichtert.

Es war nun nicht schwer, die Küste zu identifizieren und mit Hilfe von Landpeilungen die Riffdurchfahrt anzusteuern. Mittags hatten wir sie passiert. Das Wrack eines Dampfers lag verrostet auf dem Südriff. Wir segelten durch die riesenhafte Lagune nach Nouméa. Abends ankerten wir im Yachthafen und machten mit Heckleinen am Steg des Cercle Nautique fest. Zoll und Einreisebehörde kamen an Bord. Wir füllten Formulare aus und erhielten die notwendigen Stempel in unsere Pässe. Eine kleine, dunkelhäutige Angestellte des Yachtclubs brachte unsere Post. Wir hatten Lektüre für den ganzen Abend und die halbe Nacht.

Ein Neuseeländer – Jack heißt er – schenkte uns frisches Brot. Wir aßen es gleich und tranken ein großes Glas neuseeländischen Sherry dazu. Jack erzählte, daß er schon vier Jahre mit seinem Boot hier im Hafen liegt. Er ist Bootsbauer und verdient gut an den Reparaturen, die ihm die wassersporttreibenden Franzosen geben.

Auf der Westseite des Yachthafens lag das Club-Gebäude des Cercle Nautique inmitten gepflegter Blumenbeete und sorgfältig gesprengter Rasenflächen. Auf der Ostseite der kleinen Bucht hoben sich buschbewachsene Steinklippen. Die offene Nordseite war durch einen kürzlich gebauten Wellenbrecher geschützt. An den beiden Stegen des Hafens lagen Yachten und Motorboote – alle etwas verschmutzt und verkommen.

Eines Abends stand ein nicht großer Mann mit breiten Schultern auf dem Steg. Er stellte sich als Monsieur Albert H. vor - in Neukaledonien und der angrenzenden Südsee allgemein als Bebe bekannt, wie er sagte.

Sein Wuchs, auch sein energisches Gesicht neigten etwas zur Verfettung. Es war ein Zeichen des Wohllebens in den vergangenen Jahren. Als Franzose sprach er ein hervorragendes Englisch. Wir kamen schnell ins Gespräch und baten ihn in die Kajüte. Wir öffneten eine Flasche französischen Rotwein.

Bebe erzählte, während draußen ein blutroter Abendhimmel verglühte. Wir merkten sofort: er war Seemann von ganzem Herzen. Er war der Typ eines Mannes, wie es ihn heute im Pazifik nicht mehr gibt.

Vor der Jahrhundertwende stellten weiße Kapitäne mit ihren Schonern die Handelsverbindungen zwischen den Inseln Melanesiens her. Sie brachten Post, Verpflegung, Material zu den einsam gelegenen Pflanzungen. Als Rückfracht nach Port Moresby oder Rabaul luden sie Kopra. Es fuhren auch „Passagiere“ mit: Eingeborene, die als Arbeitskräfte rekrutiert worden waren und zu anderen Inseln transportiert wurden.

Der dunkelhäutige, krusselhaarige Melanesier war als Arbeiter auf den Pflanzungen der Weißen sehr gefragt. Er war weitaus fleißiger als sein polynesischer Vetter.

Die Schoner-Kapitäne schenkten den Häuptlingen allerlei Firlefanz und erhielten die Erlaubnis, mit den männlichen Eingeborenen Arbeitsverträge abzuschließen. Der Kapitän erklärte, für welche Insel der Nachbarschaft und für welche Plantage der Vertrag gelten sollte. Das stimmte nicht immer genau. Manche Eingeborene fanden sich schließlich auf Guanoinseln vor der südamerikanischen Küste wieder. Hauptsache war, der „boy“ hatte seine drei Kreuze unter den vorbereiteten Vertrag gemacht. Für jeden boy im Laderaum erhielt der Kapitän eine gute Summe als „Passagegebühr“ - vom Empfänger, der Arbeitskräfte brauchte.

Nach Ablauf des Vertrages hatte der boy Anspruch auf freie Rückfahrt. Aber für Kapitäne und Pflanzer war dies eine Sache von sehr untergeordneter Bedeutung.

Entdecker - Missionare - Vagabunden - Menschenhändler. Die Willigkeit der Melanesier ließ nach. Die Findigkeit der Kapitäne, sich dennoch boys zu beschaffen, wurde immer größer. In der Auswahl der Methoden waren sie nicht zimperlich. Vom Alkohol bis zum Bombardement der Dörfer war jedes Mittel recht. Die Betrunkenen oder Fliehenden wurden eingefangen.

Die Eingeborenen setzten sich zur Wehr. Das rief die Großmächte auf den Plan. Kriegsschiffe kamen „zum Schutz der weißen Staatsangehörigen“. Ihr Erscheinen führte über kurz oder lang zur Annexion der Inseln durch europäische Mächte.

Natürlich gab es sehr viele Kapitäne, die ehrlichen Handel trieben. Sie waren eine Gruppe verlorener Romantiker. Der Traum vom irdischen Paradies in der lockenden Südsee hatte sie zu den Inseln getrieben.

Aber das Paradies war anders als erträumt.

Das Segelschiff war alt und erforderte ununterbrochene Fronarbeit. Die Palmeninseln wurden durch Ungeziefer, Hitze und ständige Suche nach Fracht zu Alpträumen. Segeln im Passat mit der eingeborenen, unzuverlässigen Besatzung wurde stumpfsinnig. Die Ankunft im Hafen, der Verdienst an der Fracht bedeuteten ein paar Tage in einem Kakerlaken-verseuchten Hotelzimmer und ein paar Nächte in der Bar. Alkoholismus oder Verbitterung waren die Folgen dieses Lebens. Die Konkurrenz wuchs. Küstendampfer fuhren schnelle Liniendienste. Die Schoner verrotteten. Und Bebe? Wir hatten die Kajütslampen angezündet und die Gläser neu gefüllt.

„Als man von diesen Schoner-Kapitänen schon längst nicht mehr sprach", erzählte er, „wurde ich von englischen Eltern in Nouméa geboren. Als der Krieg ausbrach, war ich nach guter Ausbildung in Australien Bankangestellter hier. Ich verdiente gut. Ich heiratete. Aber ich träumte von Segelschiffen und Palmenstränden. Es drängte mich fort. Ich kann das nicht erklären.

Ich erwarb eine 20-Meter-Ketsch, taufte sie EVALITTA und setzte sie instand. Ich musterte eine eingeborene Besatzung an. Ich kündigte meine Stellung. Da ich kein Kapitäns-Patent habe, heuerte ich einen arbeitslosen, australischen Marineoffizier. Aber die Behörden hier erkannten australische Patente nicht an.

Wir segelten nach Sydney, um unter australischer Flagge zu fahren. Wir wurden nicht registriert, weil die EVALITTA nicht den Vorschriften entsprach. Schließlich erklärte sich der Konsul eines mittelamerikanischen Staates bereit, die EVALITTA gegen eine entsprechende ‚Gebühr' in das Schiffsregister seines Landes einzutragen. Jetzt konnte ich Handel treiben.

Sechs Wochen warteten wir in Sydney auf Fracht. Es gab keine. Hafengeld, Gehalt für den Steuermann, Löhne für die Besatzung: ich war pleite.

Wir segelten nach Norden zu den Salomon Inseln. Der Steuermann war ein guter Seemann und ein wilder Säufer. Solange er nüchtern war, verstanden wir uns prächtig. War er betrunken, so imponierte ihm nur meine Faust.

In den Salomonen bekamen wir Fracht: Kopra. Wir klapperten die Inseln ab, luden den Laderaum voll und brachten den Kram nach Port Moresby.

Ich war glücklich. Ich hatte die EVALITTA, ich hatte mein Abenteuer! Ich verdiente soviel, daß ich meine Unkosten decken und leben konnte. Dann erhielt ich einen Brief meiner Frau –" Hier wurde die Erzählung unseres Freundes ein wenig verworren. Wir verstanden jedoch, daß er keineswegs daran dachte, den Wünschen seiner Frau nachzukommen.

„Geld!" rief Bebe voller Verachtung in unserer Kajüte. „Ich lief zur nächsten Kopra-Fahrt aus, um es zu verdienen."

Er schilderte sehr ausführlich, wie er mit seinem Steuermann die Gefahren der Korallensee meisterte. Er entkam Riffen und Strömungen, überlebte zwei Wirbelstürme. Er lag beigedreht in rabenschwarzen Regenböen und pumpte sich mit Steuermann und Besatzung das Mark aus den Knochen, um die leckgesprungene EVALITTA schwimmend zu halten. Er liebte dieses Leben. Er liebte auch seine verlassene Frau - nur etwas weniger. Er wollte irgendwann zu ihr zurückkehren. Wir glaubten ihm das.

Dann geschahen zwei Explosionen in Bebes Leben. Eine seelische: fassungslos saß er eines Tages vor der gerichtlichen Verfügung seiner Ehescheidung. Und eine tatsächliche: die EVALITTA flog in die Luft. Das geschah in Australien, wohin Bebe sie als Vorsichtsmaßnahme gegen eine Zwangsvollstreckung geschickt hatte, während er in Nouméa weilte. Die Ursache der Explosion blieb ungeklärt. Steuermann und Besatzung kamen mit dem Leben davon. Gerüchte von Schmuggel gingen um.

Bebe saß in unserer Kajüte und schluckte herzergreifend. Seine Stimme stockte. Schließlich faßte er sich und sagte: „Daß ich zu allem Jammer auch noch sie verlieren mußte! Sie war schön. Ich habe sie geliebt, mon dieu, I loved her! Sie war ein Engel trotz aller Schwierigkeiten, die ich hatte. Ich habe ein Bild von ihr - hier.“ Er holte eine abgegriffene Fotografie aus der Brieftasche und gab sie Elga.

Elga zuckte unmerklich zusammen.

„Sie ist schön, nicht wahr? Sehen Sie sich ihre Linien an.“

„Aber Ihre Frau!“ sagte Elga. Das Bild zeigte die EVALITTA!

„Ich war jung damals“, sagte Bebe treuherzig, „sehr jung. Jahre später sah ich manches ein. Ich arbeitete hart als Auto- und Maschinenvertreter und heiratete meine zweite Frau. Ich hatte geschworen, niemals wieder zur See zu fahren. Wir haben eine kleine Tochter. Wir sind zufrieden.“

Er sah zum Kartentisch hinüber. „Wenn Übersee-Yachten einlaufen, komme ich jedesmal zum Hafen herunter. Ich bin froh, mit euch Leuten sprechen zu können. Sie verstehen - über Schiffe und die langen Kurse.“

Als er sich spät verabschiedete, lud er uns ein. Mit Frau und Tochter, sowie einer ihm befreundeten Familie T. wollte er eine ganzwöchige Inselrundfahrt machen.

„Ich habe Urlaub“, erklärte er. „Sie kommen mit. Jack, der Neuseeländer, achtet auf Ihr Schiff. Wir fahren mit zwei Wagen an die Nordostküste. Es gibt ein paar Hotels da. Für Sie nehmen wir ein Zelt mit. Dann wird's nicht so teuer.“

Er gab uns ein Buch über die Insel Grande Terre, in dem alles Wissenswerte stand. Denn er war mit der festen Absicht zum Hafen gekommen, uns auf seiner Reise mitzunehmen.

Ein paar Tage später ging die Fahrt los.

Die Insel ist ein durchschnittlich 1100 Meter hoher, durch geologische Faltung entstandener Gebirgszug. Sie ist bei 400 Kilometer Länge nur etwa 50 Kilometer breit. Das zweitgrößte Korallenriff der Erde umschließt sie. Den steilen Hängen des Zentralgebirges sind hügelige Küstenstreifen vorgelagert. Sie sind bewohnbar und wurden von den Franzosen nach einigen grausamen Kriegen mit den melanesischen Eingeborenen kultiviert. Die regenreiche Ostküste ist überaus fruchtbar.

Die Entdeckung von Nickelerz begründete die Bedeutung der Insel. Das Erz wird im Tagebau gewonnen. Wir besuchten eine Mine im Süden. In endlosen Barackenreihen, fast völlig abgeschnitten von der Außenwelt, leben weiße Ingenieure mit ihren Familien, eingeborene, javanische und tonkinesische Arbeiter. Die Siedlung hat Schule und Krankenhaus. Über allem liegt hoffnungslose Trostlosigkeit - verursacht durch unbesiegbaren Staub bei Trockenheit und bodenlosen Schlamm bei Regen. Hinter den Baracken heben sich die von Bulldozern kahlgewalzten, roten Terrassenberge mit den hellfarbigen Flözen. Vor den Baracken spült das Wasser der Lagune träge und flimmernd an den dunklen Strand, auf dem Stapel rostigen Materials lagern. Der Arm eines riesigen Förderbandes reicht weit über den Ufersaum hinweg, um das Erz in die Schiffe zu laden, die es nach Nouméa zur Verhüttung bringen. Lärm von Motoren, Aggregaten, Bulldozern und Lastwagen hängt als fortwährende Geräuschkulisse über der Mine. Wir verhielten uns sehr zurückhaltend im Minengelände. Fälle von Dengue-Fieber und Typhus waren in der letzten Zeit aufgetreten.

Wir fuhren zur Übernachtung in ein Busch-Hotel 50 Kilometer nordwärts. Es wurde von einem Mischlings-Ehepaar geführt. Sie: dick und fett und freundlich - er: drahtig und gut aussehend und höflich.

Da es zum Zelten zu spät und zu naß war - es hatte während des Nachmittags tropisch geregnet, bekamen wir ein Zimmer angewiesen.

Während Elga sich um unseren Seesack kümmerte, den wir als Reisegepäck mitführten und der irgendwo im Auto zwischen den zahlreichen Koffern der Familie H. lag, inspizierte ich das Zimmer. Das Hotel war eine amerikanische Nissenhütte aus dem Krieg. Irgendwie waren weitere Zimmer angebaut worden. Ihren Zusammenhang mit dem Hauptgebäude konnte ich in der Dunkelheit nicht erkennen.

Unser Zimmer hatte ein riesiges Doppelbett und ein Sofa von 1777. Zwei Nachttische standen am Kopfende des Bettes. Auf einem blakte die Petroleumlampe.

Ich hob vorsichtig die Strohmatte auf dem Boden hoch. Eine Spinne und zwei große Kakerlaken hielten dort Palaver. Mit dem Fuß beförderte ich die Tiere zur ebenerdigen Tür hinaus. Die Kakerlaken waren willig, die Spinne verhielt sich störrisch. Aber der Umzug gelang schließlich zur Zufriedenheit aller.

Mein Blick wanderte über die Wände. Sie waren fleckig, doch ungezieferfrei, soweit ich das im flackernden Licht erkennen konnte. Gut. Aber unter dem Waschbecken hing eine wimmelnde Traube daumengroßer Tierchen.

Kakerlaken, dachte ich, befördere sie raus, bevor Elga kommt. Unter meiner vorsichtigen Fußbehandlung fiel die Traube zu Boden. Ich wollte sie mit einem zweiten liebevollen Fußschub hinausbringen, als die Tierchen einzeln aufzufliegen begannen. Nun sind tropische Kakerlaken auch mit dieser Gottesgabe begnadet - nur sie summen beim Fliegen nicht. Diese Insekten taten das sehr laut.

Elga kam in diesem Augenblick ins Zimmer.

Ich sprang sie an. „Wespen - raus!"

Sie hatte sofort zwei Tiere im Haar. Während ich sie in die Nacht hinausriß, schlug ich ihr mit der flachen Hand über den Kopf. Es knirschte beachtlich. Hinter uns im Zimmer ertönte böses Brummen.

„Ich dachte -" sagte Elga schwach, „dich hätte der Wahnsinn gepackt."

Unsere Meldung wurde vom Besitzer-Ehepaar mit gelassener Heiterkeit entgegengenommen. Monsieur bewaffnete sich mit einer großen Flitspritze und entschwand in Richtung Wespenzimmer. „Ahh - ça c'est rien!" sagte Madame freundlich-begütigend. Der drahtige Monsieur kam nach ein paar Minuten zerstochen und hilflos zurück.

Jetzt zeigten wir gelassene Heiterkeit und zogen in ein anderes Zimmer. Außer einem Giganten-Bett mit Messingknäufen war es noch mit einem winzigen Tisch für die Petroleumlampe eingerichtet.

Meine Inspektion erbrachte eine Spinne und zwei Kakerlaken - waren es dieselben? Monsieur stand wie ein Franktireur mit sozusagen „durchgeladener" Flitspritze daneben. Unters Bett schaute ich nicht. Mein zoologischer Forschungsdrang wurde durch das Wissen gedämpft: was ich nicht weiß, macht mich nicht heiß.

Zum Abendessen vereinten sich die Familien H. und T. und Koch im Speisesaal des Hauses. Bebe erzählte von Moskito-Netzen, die er aufzuspannen für richtig befunden habe, nachdem -

„Moskito-Netze!" sagte Monsieur T. verächtlich. „In unserem Zimmer war eine große Ratte. Bedauere außerordentlich, keine Kanone bei mir zu haben."

Der Franzose liebt es, gut und ausgedehnt zu speisen. Unser Diner setzte sich aus französischer und melanesischer Kost zusammen. Tintenfisch, als Salat bereitet, Krebse, ebenso hergerichtet, doch gewürzt mit scharfem Wasweiß-ich. Suppe, die als Brot-Bouillon bezeichnet werden konnte. Wild, auf Zwiebeln und Thymian gebraten - das gab den guten Mundgeruch für den nächsten Tag. Huhn, so richtig großes, zähes Huhn, das noch gackert, wenn man es ißt.

Ich glaube, wir waren alle satt, nachdem Madame den letzten Gang mit frischem Obst serviert hatte. Wir tranken zum Essen französischen Wein und brachen französisches Brot - ganz auf französische Art: die Brotkrumen müssen nach dem Mahl den ganzen Tisch bedecken. Ich tat das mit deutscher Gründlichkeit. Die Unterhaltung geschah auf Englisch. Voilà - eine internationale Tafelrunde!

Dann stiegen Elga und ich in unser Giganten-Bett. Die Messingstreben klirrten gefährlich. Auf den Messingknäufen glühten die Reflexe des Mondscheins, der durchs Fenster ins traute Kämmerlein fiel, nachdem wir die Lampe gelöscht hatten.

Draußen in der Tropennacht klang das tausendfache Zirpen von Zikaden und Grillen, schrillte hin und wieder der Ruf eines Nachtvogels. Elga neben mir entschlummerte sanft - von meinem Arm zwar männlich, doch völlig ungenügend gegen einen möglichen Ansturm von Spinnen, Kakerlaken, Wespen und Tausendfüßlern geschützt. Bevor ich einschlief, bedachte ich voller Genuß, daß es Schlangen auf den Inseln des Pazifik nicht gibt.

Mit Sonnenaufgang setzten wir unsere Fahrt fort. Strahlend hob sich die Sonne über den dampfenden Dschungel. Wir überquerten die zahlreichen Flüsse der Ostküste auf Seilfähren.

Auf einer Sandbank des Tewaka-Flusses blieb unser Fährprahm stecken. Der melanesische Fährmann schien sich darüber zu freuen. Nicht so Bebe und Monsieur T. Sie versuchten, durch schnelles Hin- und Herfahren der beiden Autos, die Fähre wieder flott zu machen. Doch schwitzend gaben sie schließlich auf. Sie klappten die Autositze nieder und legten sich schlafen. Die Gespräche der Frauen, die Spiele der Kinder - Familie T. hatte ebenfalls ein Töchterchen - wurden leiser, verstummten dann.

Heiß zogen die Stunden über uns hinweg. Unendlich langsam hob die Tide den Wasserspiegel des Flusses. Im Gebälk der Fähre knarrte es. Ich hockte mich neben den melanesischen Fährmann, der im Schatten des Autos zu schlafen schien.

Rechts zum Meere hin waren die Flußufer flach und sandig. Einzelne Palmen standen schräg vor dem hitzeweißen Himmel. Uferbänke und Schlamminseln glänzten flimmernd. Das Treibgut an ihren Rändern zeigte phantastische Formen und Farben - zersplittert und weiß wie Knochen, zerdrückt und schwarz wie Tod, zerfleddert und braun wie Verwesung. Fern über der Flußmündung rollten die schäumenden Brecher des Meeres auf die Barre - lautlos, von der heißen Luft zauberisch in die Höhe gespiegelt.

Links lag eine kleine Sandinsel im Fluß, auf der viele Palmen standen. Die

Ufer des Tales waren teilweise von hohen Bambusdickichten, teilweise von Mangroven gerahmt, unter deren Stelzwurzeln violetter Schatten lag. Geisterhaft flog ein Reiher auf und strich über die buschbewachsenen Hügel zu den Zentralbergen im Hintergrund ab. Steile Schroffen ragten dort düster in drohende Schauerwolken hinein. Die Eingeborenen glauben, daß böse Dämonen in den Bergen hausen.

Plötzlich sagt der Fährmann: „Du - serr ruhigerr Mann." Er spricht französisch.

„Ich betrachte das Land", gebe ich zur Antwort.

Er sagt leise: „Siehst du die Berge?"

„Ja - natürlich."

„Sieh' die Berge!" flüstert er eindringlich. Er will mich am Arm packen, aber er wagt es nicht.

Wir saßen bewegungslos und schwiegen. Nichts geschah. Ich fühlte die Anwesenheit des Fährmanns ungewöhnlich stark - und durch sie etwas von dem dämonischen Zauber, der die Umwelt dieser Eingeborenen auch heute noch belebt. Er treibt klagend in den Strömungen der Flüsse, raunt durch dunkle Dschungelnächte und droht in finsteren Regenschleiern. Er ist nicht faßbar, nicht beweisbar. Er gehört zu einer fremden Welt, die offiziell nicht existiert.

Offiziell war das Auto des Gendarms, dem wir später auf der Schotterstraße begegneten, nachdem unser Fährprahm das Ufer erreicht hatte. Neben dem Gendarm saß ein katholischer Priester. Unsere Autos hielten kurz nebeneinander. Wir erfuhren: im Eingeborenen-Dorf am Fluß lag ein Mann im Sterben.

„Das ist wieder so ein Zauber-Firlefanz", sagte der Polizei-Sergeant. Als er mein Gesicht sah, fügte er hinzu: „Sie bringen sich um, indem sie sich Härchen von den Unterseiten der Bambusblätter in die Nahrung mischen. Macht den Darm kaputt. Motiv: böser Blick oder sowas -"

„Fahren Sie, Sergeant!" sagte der Priester. Der Polizist gab Gas.

Eine Woche lang reisten wir über die Insel. Bebes Zelt bewährte sich großartig. Monsieur T. hatte häufig Reifenpannen, die wir in gemeinsamer Arbeit behoben. Bebe litt hin und wieder an Schmerzen - Krankheiten als Folge seiner wilden Seefahrerzeit. Seine Frau führte reichlich Tabletten mit.

Die Stimmung auf der Fähre zwischen den Ufern mit ihrer Umwelt begleitete mich während der ganzen Fahrt, auch während unseres weiteren Aufenthaltes. Wenn ich in die Gesichter der Eingeborenen blickte - ich meine, sie halten uns für unwissend. Und sind wir es nicht - blind gegenüber unserer Umwelt?

Unsere Zeit ging zu Ende. Wir schlugen Segel an.

Heute morgen schenkte Bebe uns einen großen Karton mit besonderen Lebensmitteln und einer Flasche Rum.

„Abschiednehmen ist das Schlimmste beim Reisen“, sagte er bedrückt. „Lebt wohl!“

*Thursday Island, im Juli 1966*

Gestern gingen wir hier auf der Reede vor Anker. Port Kennedy ist eine Niederlassung aus Staub und Dreck.

Sechsmal prüfte ich heute nacht unsere Ankerpeilungen.

Denn KAIROS liegt unruhig. Alle Augenblicke kommt die Ankerkette mit einem heftigen Ruck pall. Dann poltert es in der Klüse, als schöbe der Klabautermann Kegel.

Mit 4 bis 5 Knoten läuft die Tidenströmung unterm Schiff hindurch. Der Weststrom steigert sich unter dem heulenden Südost-Monsun auf 6 Knoten. Der Oststrom steht gegen den Wind. Das wirft eine kabbelige See auf.

Diese Reede ist nichts für Yachten. Sie wird von dem schmalen Meeresarm zwischen Thursday Island und Horn Island gebildet. Die Inseln schützen nicht - im Gegenteil: sie wirken wie eine Düse auf Wind und Strömung.

Die Umstände erschweren das Schreiben. Ich kann mich nicht konzentrieren. KAIROS liegt nicht sicher.

Vor vier Wochen manövrierten wir mit flauem Wind aus der nordwestlich von Nouméa gelegenen Riffdurchfahrt hinaus. Mittags standen wir frei vom Riff und gingen auf nördlichen Kurs. Die Navigation ließ uns nun nicht mehr zur Ruhe kommen.

Steuerbord lag das Kaledonien-Riff, Backbord in etwa 120 Seemeilen Entfernung die Chesterfield-Riffe. Dazwischen gab es eine weit verstreute Ansammlung von Untiefen. Ihre Lage ist unsicher. Sie wurden 1882 entdeckt. Ein Vermessungsschiff konnte die Entdeckung nicht bestätigen: es fand die Untiefen nicht - dafür aber andere etwa 70 Seemeilen südlich.

Das ist typisch für die Korallensee. Auf der Seekarte tragen Inseln und Riffe oft den Vermerk, daß ihre genaue Position nicht bekannt ist. Zwischen Neukaledonien und Neuguinea zeigt die Seekarte große Flächen in schlichtem Weiß: kein Schiff hat dort jemals Lotungen durchgeführt.

Unerforscht sind ferner die starken Meeresströmungen, die von den Gezeiten beeinflußt werden - besonders in Küstennähe. Das erschwert es, sie im voraus zu bestimmen.

Die Wirbelsturmzeit der Korallensee liegt zwischen November und Mai. Aber auch außerhalb dieser Jahreszeit wehen hin und wieder Wirbelstürme.

Von dieser Art Gewässer lagen 1400 Seemeilen vor uns. Schauer setzten ein. Doch als wir zwischen den Chesterfield-Riffen mit 50 Seemeilen an Backbord und dem Kaledonien-Riff mit 60 Seemeilen an Steuerbord standen, klarte der Himmel plötzlich auf. Das Barometer sank bei seinem tropischen Tagesgang tiefer als auf das übliche Minimum.

Ein großer Hai - der erste, den wir auf unserer Reise sahen - folgte dem Schiff für Stunden.

„Ich mag mich überhaupt nicht rühren, wenn ich ihn sehe", sagte Elga.

Am Abend war der Himmel klar - bis auf den Westen. Dort standen hohe Cirren. Bei Sonnenuntergang begannen sie, wie aus eigener Kraft zu leuchten - blutrot, rostbraun, messinggelb. Noch lange nach Sonnenuntergang glühten sie purpur-lila.

KAIROS segelte. Wir steuerten. Solche farbigen Wolken sind Wirbelsturm-Vorzeichen. Uns erfüllte lähmende Angst, die unsere Mägen aushöhlte. Ich konnte beim Abendbrot kaum schlucken.

Jedes Schiff, auch eine kleine Yacht, hat eine reelle Chance, einen tropischen Wirbelsturm durchzukämpfen. Es muß genügend Seeraum vorhanden sein, um beidrehen und treiben zu können. Doch hier umgaben uns Riffe und Untiefen.

Radio Nouméa meldete, daß eine Störung über den Hebriden läge. Sturmwarnung wurde nicht gegeben. Und weitere Vorzeichen für einen Wirbelsturm blieben aus. Keine vorauslaufende Dünung, keine übergroße Lufttrokkenheit, kein Hof um den Mond. Das Barometer stand zitternd auf der Stelle. Wir segelten weiter. Die Entfernung nach Nouméa war zu groß. Zurücklaufen hätte uns nur tiefer in den Griff der Riffe gebracht. Die Bordroutine lief.

Elgas Ruf zum Wachwechsel riß mich aus unerwartet tiefem Schlaf. Ich stürzte zum Barometer. Es stieg. Ich kletterte an Deck. Der Himmel war klar.

„Gott sei gedankt!" sagte Elga in tiefer Überzeugung.

Das Wetter wurde schön. Der Südost-Monsun nahm zu, frischte bis Stärke 7 auf. Wir kamen aus dem Gebiet der zweifelhaften Untiefen heraus. Über die weiße Fläche der Seekarte konnten wir den direkten Kurs nach Port Moresby absetzen. Die See wurde sehr grob. Wir heißten die gerefften Passat-Segel, unter denen das Schiff sich für vier Tage selbst steuerte. Dann drehte der Wind etwas. Segelwechsel - Ruderwachen.

Der durchstandene Schreck wirkte nach. Wir fühlten uns ausgelaugt. Kopfschmerzen quälten uns. Die grobe See erforderte das Tragen von Ölzeug. Unsere Hautbeschwerden setzten ein - Jucken, Stechen. Lief Schweiß in die entzündeten Stellen, so brannten sie wie Feuer. Elga litt unter heftigen Zahnschmerzen.

Nach jeder Wache, die der Rudergänger normalerweise mit einer kurzen Eintragung ins Logbuch abschließt, zeichneten wir Stromdreiecke, koppelten die Distanzen und trugen den Schiffsort in die Karte ein. Das kostete jedesmal eine halbe Stunde Freiwache.

Die Bewölkung nahm zu. Immer schwerer wurde es, die Sonne zu schießen. Schließlich setzte feucht-schwüles Schauerwetter ein. Unter den Peitschenhieben dunkler Böen segelten wir auf die Küste Neuguineas zu, die in ihrer ganzen Länge von Korallenriffen eingeschlossen wird.

Am Vortag unseres Landfalls setzte plötzlich der Weststrom aus, der gleichmäßig gewesen war. Sollten wir *mit* ihm weiternavigieren - oder *ohne* ihn? Beides konnte verkehrt sein.

Wir navigierten *ohne*. Mit unwahrscheinlichem Glück erhielten wir am nächsten Tag durch Wolken und Regenböen hindurch zwei Vormittagsbeobachtungen der Sonne. Sie ergaben Standlinien, die 32 Seemeilen weiter westlich lagen als unser Koppelort! Wir waren bereits an der Riffdurchfahrt nach Port Moresby vorbei. Die Strömung hatte wieder eingesetzt.

„Nordkurs jetzt“, sagte Elga, „damit wir die Küste in Sicht bekommen.“

Die Sicht betrug 3 Seemeilen. Das Küstenriff liegt 5 Seemeilen vor der Küste. Wir hockten im Cockpit und starrten voraus, um rechtzeitig die Brandung über dem Riff auszumachen. Der Südost-Monsun trieb mit Windstärke 6 bis 7 schwarze Schauer vor sich her. In den Wolken über uns brummte ein Flugzeug.

Was dann geschah, war ein Wunder: gerade zur Kulminationszeit kam die Sonne so lange durch die Wolken, daß ich ihre Höhe in den Sextant bekam. Mit den Standlinien des Vormittags ergab das einen Schiffsort.

Elga rechnete. Dann rief sie herauf: „Neuer Kurs am Kompaß 11°!“

Ich fühlte mich von einer Zentnerlast befreit. Ich saß und steuerte in neu gewonnener Sicherheit auf unser Ziel zu. Die Freude erfüllte mich so, daß ich Elga nach dem Mittagessen durchschlafen ließ. Wie schön kann es sein, eine Yacht zu steuern! Zum Nachmittag klarte es auf. Land kam in Sicht. Da das Wrack auf dem Riff neben der Einfahrt! Dort die Einfahrtsbaken!

Am Abend fiel unser Anker in der Hafenbucht von Port Moresby vor dem Gebäude des Papua Yacht Club. Das Schiff lag still. Unsere Muskeln entspannten sich. Rot und gold glühte der Abendhimmel auf. Ich räumte Seekarten, Handbücher, Stromatlanten und Gezeitentafeln in die Fächer. Unsere Nerven entspannten sich auch.

Am nächsten Morgen, als die Hafenbarkasse die Herren der Behörden brachte, rammte sie mit erheblicher Fahrt unsere Steuerbordseite. Nach langwierigen Verhandlungen wegen der Haftpflicht konnten die Beschädigungen auf der örtlichen Werft behoben werden.

Unser Aufenthalt gestaltete sich abwechslungsreich. Viele Australier zeigten uns, was es in der Umgebung von Port Moresby zu sehen gab. In Neuguinea hört der Einfluß des Weißen Mannes einige Meilen hinter den Häfen auf. Dort beginnt das „dunkle“ Neuguinea, das zwar theoretisch von Australien verwaltet wird, das sich aber auf Grund seiner Unzugänglichkeit nicht öffnet.

Die Papuas wohnen in Hütten, die auf Pfählen nahe der Hochwassergrenze der Flüsse stehen. Die Männer jagen nach Nahrung – vielleicht auch nach den Köpfen ihrer Nachbarn. Präparierte Köpfe bedeuten Ruhm, Macht und Zauberkraft. Die Frauen arbeiten auf den armseligen Feldern. Magisches Pulver und Zaubertanz, Frauenraub und Menschenfraß spielen trotz aller Bemühungen der christlichen Missionen die gleiche Rolle, wie sie es zur Steinzeit getan haben. Es geschieht manchmal, daß der Distrikts-Beamte von seinem mühseligen Patrouillengang nicht zurückkommt. Keine weiße Frau geht in Port Moresby nach Sonnenuntergang allein auf die Straße.

Dies ist nicht die freundliche Welt Polynesiens mit grünen Palmeninseln. Krokodile und Schlangen lauern. In den Sümpfen der Flußniederungen warten Moskitos als Überträger von Malaria und anderen Krankheiten. Spinnen, Skorpione und Blutegel leben im Dschungel.

Regelmäßig nahmen wir Tabletten zur Vorbeugung gegen Malaria.

In seltsamem Kontrast zu den Autofahrten, die der Reporter David P. und seine Frau June mit uns machten, standen die Abende im Bungalow von Christina und Tony C. Aus tropischem Busch kamen wir in einen Bungalow, dessen Einrichtung nichts Provisorisches hatte. Bei den anderen Bungalows spürte man immer den „Zwei-Jahres-Neuguinea-Kontrakt“ der Bewohner. Hier nicht. Wir saßen in einem geschmackvoll eingerichteten Raum. Oft hörten wir Musik.

Ähnlich war es bei Con und Gisela K., in deren Haus unsere lebhaften Diskussionen niemals vor Mitternacht endeten. Tony und Con waren Juristen im Verwaltungsdienst. Sie wußten sehr viel von der Insel. Christina und Gisela waren Deutsche. Die Abende hatten eine unwiederbringliche Atmosphäre: wir sprachen über moderne Probleme – fern im Hinterland ballten sich urweltliche Gewitter über unerforschten Regenbergen.

Elgas Zahnbehandlung war abgeschlossen. Wir setzten Segel, nachdem wir Proviant und Wasser ergänzt hatten. Die Yachten des Papua Yacht Club geleiteten uns bis zur Riffausfahrt der Lagune. Dort drehten sie ab.

„Wünsche Ihnen gute Fahrt!“ ging das Signal auf dem Schoner CIMBA hoch. Wir dankten durch Winken.

Die in Dunst geschleierten Berge Neuguineas verschwanden achteraus. Vor unserem Bug lag der Golf von Papua. Er ist ein flaches Gewässer, in das sich von Süden her die Ausläufer des australischen Barriere-Riffs erstrecken.

20 Seemeilen südöstllich der Mündung des Fly Rivers in den Golf liegt eine kleine Insel aus Sand und Koralle. Sie ist nur 3 Meter hoch. Ein 19 Meter hohes Gittergerüst mit einem Leuchtfeuer steht auf der Insel. Sie heißt Bramble Cay.

Diese Insel ist die Ansteuerungsmarke für die riffverseuchten Gewässer der Torres Straße. Wer Bramble Cay nicht findet, gerät in ein Labyrinth, aus dem nur großes Glück wieder heil herausführt. Starke Gezeitenströme erschweren die Navigation. Zwischen einigen Inseln erreichen diese Strömungen 9 Knoten zur Springzeit. Der vermessene Teil der Straße führt in Nordost-Südwest-Richtung an einer Kette winziger, meist unbewohnter Inseln entlang. Sie liegen auf großen Korallenriffen. An Wendepunkten stehen unbewachte Leuchtfeuer. Sie liegen so weit auseinander, daß für uns das nächtliche Befahren der Straße unmöglich ist. Unsere Geschwindigkeit ist zu gering. Wir sind auf die Peilungen der Inseln im Tageslicht angewiesen.

Während der Nordwest-Monsun weht, von November bis Mai, fegen schwarze Regenböen über die flaschengrünen Wasserflächen der Torres Straße, unterbrochen von dampfenden Flauten. Von Mai bis Oktober steigert sich der Südost-Monsun bei schönem Wetter oft heftig und wirft eine kurze, im grellen Sonnenschein grün-weiß glitzernde See auf.

Während der zweiten Nacht im Golf von Papua kam das schwache Feuer von Bramble Cay über den Horizont. Viel zu früh und viel zu weit an Steuerbord, obwohl wir am Vortage ein genaues Mittagsbesteck gehabt und sehr sorgfältig weitergekoppelt hatten. Uns fiel ein Stein vom Herzen.

Wir drehten bei und warteten auf die Morgendämmerung. Im ersten Tageslicht bestimmten wir unseren Standort durch Peilungen von Bramble Cay. Dann liefen wir auf Südwest-Kurs in die Torres Straße ein. Die Sonne ging auf. Der Wind nahm aus Südost bis Stärke 6 zu. KAIROS unter viermal eingerefftem Großsegel und Fock 1 ging auf Höchstgeschwindigkeit. Gischt sprühte. Riffbrandung und Sandinsel 2 Seemeilen an Backbord voraus!

Elga trug unsere Kompaßpeilungen in die Karte, zeichnete ein Stromdreieck und bestimmte den Vorhaltewinkel. „20 Seemeilen bis zur Stephens Insel!“ rief sie herauf und gab mir den Kurs an.

Wir lösten uns stundenweise an der Pinne ab. Einer war immer am Kartentisch mit der Navigation beschäftigt. Seewachen brauchten wir nicht zu gehen, da wir nachts im Lee einer geeigneten Insel ankern wollten.

Drei Stunden später hatten wir Stephens Island an Backbord querab – in sicherem Abstand seines Riffs. Kursänderung. KAIROS boxte sich durch den kurzen Seegang. Die Gischt über dem Bug leuchtete in Regenbogenfarben.

Kaum war Stephens Island unter der Kimm verschwunden, als Dalrymple Island seine windgebeugten Palmenkronen über dem Horizont zu zeigen begann. Grün, immer grüner mit einem milchigen Stich wurde die Wasserfarbe ringsum. Unsere Augen brannten. Sonnenbrillen konnten wir wegen der wehenden Gischt nicht tragen. In der Kajüte zeigte das Thermometer 32°.

Keats-, Marsden-, Rennel Island voraus! Es ging wie mit der Eisenbahn. Peilungen, Stromdreieck, Kursänderung.

Am Mittag loteten wir uns mit dem Senkblei vorsichtig an die Leeseite der Rennel Insel heran, wo Seekarte und Handbuch auf 7 Meter Wasser einen guten Ankerplatz versprachen. Wir fanden ihn und waren erstaunt, wieviel Schutz die winzige Insel bot. Die Giebel einer verfallenen Siedlung ragten über das Buschwerk des Ufers - ebenso ein Rest von Kirchturm. Einige gebleichte, schiefe Grabsteine standen im Sande. Wer mochte hier gehaust haben? Das Rascheln der Palmenblätter im Wind gab keine Antwort.

Als das Licht der Sonne über den Osthorizont flammte, gingen wir Anker auf. Es wehte stärker als am Vortage.

Arden Islet voraus! Ein paar Palmen windzerzaust - ein wenig Sand strömungsumspült. In Luv Brandung über dem Riff. Vorbei.

Wir passieren weitere Inseln. Sie gleichen sich in unheimlicher Weise: ohne Peilung und Vergleich auf der Seekarte würden wir in die Irre segeln.

Als der Leuchtturm auf dem Bet-Riff sichtbar wird, peilt er zu weit nach Ost. Die Strömung steht stärker als die Tidentafel angibt. Wir müssen den Kurs zunächst auf Südsüdwest, dann auf Süd ändern, um vom Riff klarzukommen. Der Brandungsgürtel kommt in Sicht - sehr nah, fast zu nah. Wir segeln nun hoch am Wind, Leedeck unter Wasser. Aber weiteres Reffen kommt nicht in Frage. KAIROS muß laufen, sonst schaffen wir es nicht. Jetzt peilt der Leuchtturm querab. Langsam wandert seine Peilung aus - Westnordwest, Nordwest.

Geschafft! Elga lacht über ihr ganzes nasses Gesicht. Ich lache auch. Dort über dem Riff toben Seegang und Strömung in einem wahren Hexentanz.

Gebannt starren wir auf das Toben in 50 Meter Entfernung. Uns wird klar: wer da hineingerät, ist verloren. Grauen faßt nach uns. Wir lachen nicht mehr.

Wir gehen auf Westkurs zum Ankerplatz hinter der Sue Insel. Nach dem üblichen Loten fällt der Anker.

Der letzte Tag unserer Durchfahrt wurde ruhig. Der Südost-Monsun mäßigte sich. Friedlich glitten wir durch stilles Wasser. Ein Leuchtturm noch, eine Doppelinsel folgte, dann tauchte an Backbord über flimmerndem Horizont der australische Kontinent auf und voraus die dem Kap York vorgelagerten hohen Inseln.

Thursday Island kam schließlich nach einigen Kursänderungen um Sandbänke und Riffe herum hinter Wednesday Island in Sicht. Menschenfreunde hatten in dem komplizierten Fahrwasser sogar Tonnen ausgelegt. Sie waren jedoch nicht immer zu sehen, da der starke Strom sie unter die Wasseroberfläche drückte. Nachmittags gingen wir auf der Reede von Port Kennedy vor Anker.

Elga machte die Rumbuddel auf und ich drei Flaschen Bier, die mir ein Freund in Port Moresby zum Abschied geschenkt hatte. Wir wurden recht lustig. Nicht wegen des bißchen Rums oder des bißchen Biers - aber Korallensee und Torres Straße lagen hinter uns. Der Große Ozean war überquert.

Nach einigen Tagen vor Anker verholten wir KAIROS an die morsche, halb verfallene Landungsbrücke. Im Lee der Brücke machten wir mit einer Vorleine und der Ankerkette fest. Vier Heckleinen brachten wir zu Pfählen aus.

Strom und Seegang waren auch hier so stark, daß zunächst einmal zwei Achterleinen brachen, dann kurz darauf ein Heckpoller aus dem Deck gerissen wurde. Den Poller konnte ich mit Bordmitteln reparieren und wieder einsetzen.

Wir liegen hier neben der Sloop ZINA II aus Sydney. Ihr Skipper Jim F., Australier russischer Abstammung, will um die Erde segeln. Er ist ein lebhafter, nervöser Mann in meinem Alter. Jeden Morgen sagt er mir dasselbe: „Lauft ihr heute aus? Oha - oha - seht diese Wolken da. Der Wind ist gut - ha! Passatsegel hoch und nichts wie los. Das ist gar nichts! Aber diese Wolken da. Nein! Ich laufe nicht aus! Bei euch ist das ganz was anderes. Ihr seid zu zweit und habt ein Stahlschiff."

„Bleib' ruhig, Jim", sage ich. „Reg' dich nicht auf. Komm' rüber und frühstücke mit uns."

Wir versuchen, ihm zu helfen. Aber nach einer Stunde in seiner Gesellschaft sind wir stets so deprimiert, daß wir schweigsam werden.

Port Kennedy hat bessere Tage gesehen, als hier eine große Flotte von Perlfischern lag. Die Zucht von Kunstperlen hat die Perlfischerei ruiniert. Auf der Reede liegen die ausgedienten Lugger und verrotten, bis sie sinken. Die schräg aus dem Wasser ragenden Maste bilden ein trauriges Grabmal.

An Land führen unsere Gänge an Häusern vorbei, die größtenteils leer stehen. Blinde Fenster und zerfallene Dächer schaffen die Atmosphäre makabrer Leere. Der Monsun faßt den herumliegenden Abfall und treibt ihn durch die staubigen Straßen. Irgendwo klappert eine losgerissene Regenrinne. Hin und wieder begegnen uns Menschen, weiße oder schwarze, deren Gruß phlegmatisch und gleichgültig ist.

Eines Tages steht eine gutaussehende Frau auf den morschen Planken der Landungsbrücke. Sie ruft: „Haben Sie etwas von der TAKEBORA gehört? Ich heiße Fran Maurenbrecher."

Die Namen klingen so vertraut, daß ich sofort antworte: „Und ob! Kommen Sie an Bord."

In der Kajüte sehe ich, daß Fran Maurenbrechers Gesicht verängstigt und sorgenvoll ist.

„Wo - wo haben Sie ihn gesehen?" fragt sie fast gierig.

„Gesehen? - Nein. Wir haben nur von ihm gehört. Fast in jedem Hafen, den er vor uns anlief."

Sie blickt uns in großer Enttäuschung an. Elga und ich schweigen.

Zuerst zögernd, dann immer aufgeregter beginnt sie zu sprechen. Ihr Mann Hans war holländischer Fliegeroffizier. Vor Jahren lernten sie sich in Indonesien kennen. Er quittierte den Dienst und bereitete sich in Holland auf eine Einhand-Weltumsegelung vor. Er lief mit der TAKEBORA aus. In Neuseeland trafen sie sich wieder und heirateten. Sie kauften dort ein Haus. Sie wollen dort leben, wenn Hans seine Weltumsegelung beendet hat. Er hatte sie einhand begonnen und wollte sie so auch weiterführen. Fran flog zu den Häfen, die ihr Mann anlief: Sydney, Brisbane, Gladstone, Cairns. Vor Tagen landete sie mit der Linien-Maschine auf Horn Island und kam hier ins „Grand Hotel", einem Holzhaus mit Bretterverschlägen.

Sie wartete auf Hans. Er kam nicht. Er wurde überfällig. Sie ging zum Hafenmeister. Sie ging zur Lotsenstation, wo die Lotsen wohnen, die die Dampfer durch das Barriere-Riff bringen. Sie ging zum Funker der Wetterstation. Alle zuckten mit den Schultern. Sie lief zur Polizeistation. Der Polizist schrieb einen Bericht.

Aus ihrer Ungewißheit wurde lähmende Angst.

Sie telefonierte mit Holland - ein nervenzerrüttendes Unternehmen von diesem Nest aus - um die holländische Luftwaffe zu benachrichtigen. Diese bat die australische Luftwaffe um Hilfe. Eine Suchaktion wurde gestartet.

Die Flieger sahen nichts in dem riesigen Gebiet zwischen Cairns und Thursday Island - nichts als die Brandung über den Riffen. Die Küste ist unbewohnt, das Hinterland Busch und Wüste.

Fran endet. Sie weint. „Ich glaube, daß Hans lebt. Aber was soll ich tun?"

Wir sitzen über der Karte der australischen Nordost-Küste. Mir geht die Möglichkeit durch den Kopf, mit KAIROS in das Gebiet zu fahren.

Aber wir haben keine Spezialkarten. In dieser Jahreszeit müssen wir gegen Wind und Strom kreuzen, was viel zu lange dauern wird. Unsere Maschine ist für diese Aufgabe zu schwach. Ich zucke mit den Schultern: wie all die anderen - und komme mir schäbig vor.

Auf dem Flugplatz von Horn Island steht eine Privatmaschine. Fran chartert sie am nächsten Tag und fliegt mit dem Piloten das Gebiet ab, so weit der Treibstoff reicht. Umsonst.

Als Jim, der zwischen Hysterie und Selbstgefallen schwankt - „Hilf Himmel, ich bin denselben Weg gekommen!" - mit dem Funker der Wetterstation über die Chancen des Vermißten spricht, hat dieser einen lichten Moment. Er hat vor etwa vierzehn Tagen beim Nachtdienst ein rotes Raketensignal über den Riffen im Norden gesehen. Jim erzählt uns das stotternd vor Aufregung.

Wir alarmieren den Hafenkapitän. Er stellt seine Barkasse mit eingeborener Besatzung für den nächsten Tag zur Verfügung.

Am Morgen steht Fran zitternd auf der Brücke und fragt, ob ich mitkommen könne. Ich sage zu. Um 08.00 Uhr.

Elga sagt beim Frühstück: „Ich kann allein mit KAIROS nicht klarkommen, wenn hier etwas passiert."

„Wir müssen dieser Frau helfen."

„Dann fahre ich", sagt Elga.

Der Vorschlag gefällt mir nicht. Aber Elga bei der Suchaktion zwischen den Riffen oder ich: *wir* müssen helfen. Wenn etwas passiert, dort oder hier, es ist *unser* Schicksal.

Elga geht. Ich bleibe. Vor Tagen haben wir gelacht, bevor wir mit Grauen auf die Hölle über dem Bet-Riff blickten. Das Lachen war uns vergangen. Das Grauen blieb - für diesen Tag. Am Abend kommen sie zurück. Sie haben nichts gefunden. Am nächsten Morgen erhält Fran die Meldung von der Polizei, daß ein Buschläufer Wrackteile südlich des Kap York gefunden habe. Die Polizei hatte endlich eine Suchmeldung über Funk herausgegeben, der Buschläufer über Funk geantwortet.

Fran fliegt mit der Chartermaschine zum Lager des Buschläufers. Sie kommt verzweifelt zurück. Der Tramp hat Holzteile und einen Rettungsring mit der Aufschrift TAKEBORA - „oder so ähnlich, Ma'am" - gefunden. Auch Konserven, die er versteckt hält. Den genauen Fundort konnte oder wollte er nicht angeben. „Er war zerlumpt gekleidet und unrasiert. Er hatte ein Galgengesicht", erzählt Fran. Und dann flüstert sie: „Er trug ein gut gereinigtes und geöltes Gewehr im Arm -" Sie verbirgt das Gesicht in den Händen.

Ein Fischkutter teilt per Funkspruch mit, daß er die TAKEBORA gesichtet hat - als zerschlagenes Wrack auf dem Bligh Reef. Dieses Riff liegt weitab vom Kurs, der gewöhnlich von Schiffen hinter dem Barriere-Riff genommen wird. Vom Skipper keine Spur - ebensowenig vom Dingi.

„O Gott, o Gott!" sagt Jim. „Ich habe schreckliche Stürme über dem Barriere-Riff erlebt!"

Fran ist nahe vor dem endgültigen Zusammenbruch. Sie klammert sich an die letzte Hoffnung: das fehlende Dingi.

„Er ist stark", sagt sie unter Tränen. „Er hat mit dem Dingi die Küste erreicht. Er kennt den Busch. Er hat lange in Indonesien gelebt. Er wird sich durchschlagen. Und ich - ich werde suchen, bis ich ihn gefunden habe."

Wir sitzen in unserer Kajüte. Es ist Abend. Der Lampenschein spiegelt sich warm im Mahagoniholz. Draußen wimmert der Monsun in der Takelage.

Ich denke an den Captain in Samoa: „ - gegeben - genommen -“ Wir alle steuern unsere Kurse und wissen nicht, ob wir ankommen. „ - der Name des Herrn sei gelobt.“

Morgen fliegt Fran nach Cairns ab. Morgen laufen wir aus.

# Im Indischen Ozean

*Cocos (Keeling) Island, im September 1966*

Wir ließen das alles hinter uns: die deprimierende Niederlassung aus Staub und Dreck, die morsche Landungsbrücke, die Erinnerung an Frans Tränen und den nervösen Jim.

Der Südost-Monsun schob uns mit Windstärke 4 aus dem Fahrwasser zwischen den Inseln in die Arafurasee. Über dem australischen Festland im Süden hingen einige Schauer. Sie lösten sich zum Nachmittag auf. Die Sonne kam durch.

Kurz vor Mitternacht passierten wir das Feuerschiff Carpentaria. Es ist die westliche Ansteuerungsmarke der Torres Straße. Einige Dampferlichter waren zu sehen. Sie verschwanden. Klare Sternennacht umgab uns.

Das Wetter wurde schön. Wir konnten die Passat-Segel setzen. Nachts übernahmen sie die Arbeit des Steuerns. Am Tage gingen wir - sozusagen freiwillig - unsere Ruderwachen. Es war herrlich, im Cockpit zu sitzen, den sanften Wind zu spüren und den Ablauf des Tages zu erleben.

Strahlend hob sich die Sonne in einen wolkenlosen Himmel. Die Farbe der flachen See leuchtete in tiefem Flaschengrün. Über dem Horizont nahm der Dunst einen rosa-braunen Schimmer an. Alle Farben änderten sich ständig mit dem Zug der Sonne, wurden nach der blendenden Mittagsstunde wieder tief und voll. Die Sonnenuntergänge zeigten einmalige Pracht. Der Wind trieb den Staub der australischen Wüste über die See. Durch diesen Dunst fiel die Sonne wie ein feuriger Ball zum Westen. Als rotwabernde, riesige Kreisfläche berührte sie den Horizont und versank. Die Tiefe des Himmels über uns strahlte erst grün, später tiefblau. Rosige Dunstflächen hingen im All. Dann erloschen die Farben. Sterne begannen zu funkeln.

Nach unserem Abendtrunk kochte Elga das Essen. Anschließend gingen wir zur Koje. Wir hielten abwechselnd halbstündigen Ausguck. Das war erforderlich, da unser Kurs etwas nördlich des Dampferweges entlanglief. Die australische Küste sahen wir nicht mehr. Wir begegneten drei Schiffen. Eines stoppte nachts und beleuchtete uns mit seinem Scheinwerfer, bevor es weiterfuhr.

Wie damals im Großen Ozean wurden die Tage zu Räumen, die wir durchsegelten. Der Südost-Monsun wehte friedlich - etwas unruhig in der Richtung, was oftmalige Korrektur der Selbststeuerung notwendig machte. Wann zuletzt hatten wie eine solche Gleichmäßigkeit des Wetters erlebt?

Wir rechneten. Es war auf der Fahrt zu den Marquesas gewesen. Sie lag anderthalb Jahre zurück.

Ausgedehnte Flauten sind in der Arafurasee häufig. Doch sie verschonten uns. Nach kurzen Pausen begann der Monsun immer wieder zu wehen. Wir hatten ursprünglich geplant, Port Darwin anzulaufen. Wir beschlossen, direkt nach Christmas Island weiterzusegeln.

„Mit Australien soll es auf dieser Reise nichts werden“, sagte Elga.

„Wenn wir später in Neuseeland leben“, sagte ich, „haben wir Australien direkt vor der Haustür.“

„Ich möchte dann zur Norfolk Insel“, meinte Elga.

Wir machten Pläne. Wie schnell läßt die See alle Mühsal vergessen, wenn sie nur ein wenig Sonnenschein und sanften Wind schenkt.

Kurz vor Sonnenaufgang spielten zwei Wale an Steuerbord in einiger Entfernung. Ein gewaltiger Schwanz hob sich über die perlmuttfarbene See. Wir sahen die Fontänen und hörten ihr Blasen. Delphine besuchten uns häufig. Sie lieben wie die Wale die kalte Meeresströmung, die an der Westküste Australiens nach Norden fließt.

Häufig beobachteten wir Seeschlangen - etwa zwei Meter lange, armdicke Tiere, die schlängelnd im Wasser schwammen. Sie zeigten eine braune Färbung mit dunklen Querstreifen. Kam das Schiff ihnen zu nah, tauchten sie.

Wir verließen die Arafurasee und segelten in die Timorsee. Ihr Boden hebt sich zu zahlreichen flachen Bänken, bevor er in die großen Tiefen des Ozeans abfällt. Bei dem ruhigen Wetter war nicht zu erwarten, daß über den Untiefen Brandung stehen würde. Wir gingen ihnen trotzdem aus dem Wege. Wir hielten Ruderwachen für eine Nacht.

Am nächsten Morgen zeigte das Meer die tiefblaue Farbe des Ozeans. Unser drittes Weltmeer lag voraus.

Am Abend - Kairos steuerte sich wieder selbst bei Ostwind Stärke 4 - feierten wir dieses Ereignis mit einer Flasche Wein. Uns war feierlich zumute. Wir haben auf unserer Reise eine Menge gesehen und erlebt: neue Denkweisen eröffnen sich daraus. Wir haben das alles mit eigener Kraft erreicht. Wir wurden frei. Nicht dadurch, daß wir tun und lassen konnten, was uns gerade einfiel - vielmehr: daß wir uns dem Wagnis unserer Umwelt stellten und uns ihr einordneten. Diese Umwelt ist die See.

„Wenn sie es einmal nicht mehr sein wird“, sagte Elga nachdenklich. „Ich glaube, wir haben viel von ihr gelernt. Die Aufgaben zu Hause werden uns leicht fallen.“

„Hoffen wir es.“ Ich mochte daran noch nicht so gern denken.

„Immerhin“, sagte Elga, „sind wir jetzt auf dem Heimweg.“

„Und glücklicherweise ist er noch sehr lang.“

Die Bugwelle rauschte sanft. KAIROS lag sicher auf seinem Kurs, zog hinein in die Fülle irdischer Herrlichkeit, die voraus lag.

Als ich am nächsten Morgen blinzelnd an Deck stieg, sagte Elga: „Asia terra est."

Sie wies nach Steuerbord. Blau-braun im frühen Tageslicht lagen dort die hohen Berge der Insel Timor. Wir blickten schweigend zu der 50 Seemeilen entfernten Erscheinung. Asien!

Nach dem Frühstück schlugen wir den Atlas auf: Indonesien, Malaya, China, Rußland, Indien - Geschichte, Kulturen, Religionen. Das ist alles sehr fremd für uns. Was geschieht in Asien? Kommunismus in China, Krieg in Vietnam, Unsicherheit in Indonesien, Hungersnot in Indien, Diktatur in Rußland. Und bezeichnend für unsere Reise: wir können nicht hin. Es gärt dort für kommende Jahrzehnte. Wir können nur durch die Reste der brökkelnden Welt fahren, die einst vom Abendland aus entdeckt wurde: Entdekker - Missionare - Vagabunden - Händler - Großmächte. Und nun wir. Das ist zum Lachen. Es ist selten eine so „nutzlose" Reise wie die unsere gemacht worden: keine Entdeckung, keine Religion, kein Geschäft, keine Politik - nicht einmal Urlaub. Einfach nur wir.

„Elga", sage ich, „unsere Reise ist völlig ohne Zweck."

„Ja", sagt Elga. „Darum haben wir ja auch überall so viele Freunde."

In den folgenden Tagen wurde es wolkig. Es bildeten sich Kumulusbänke, die von Horizont zu Horizont reichten. Sie brachten Schauer, manchmal Böen, die KAIROS springen ließen. Von Süden her setzte eine hohe Dünung ein. Zusammen mit der Windsee aus Südost entwickelte sich eine steile Kreuzsee. Unser ruhiges Segeln war vorbei. Der Wind frischte bis zu Stärke 6 aus Südost auf. Die Böen erreichten nicht selten Stärke 8. Die Heftigkeit der Schauer steigerte sich.

Weil wir so lange die Freude einer klaren, riff-freien Blauwasserfahrt entbehrt hatten, störte uns das alles nicht sehr. Es wehte - laß es wehen! Wir refften nicht einmal. KAIROS rollte - solange er sich selbst steuerte, laß ihn rollen! Es regnete - fein, Regenwasser spülte das zersetzende Salz von Ölzeug und Schiff.

KAIROS lief die besten Etmale seines 11jährigen Bestehens. Sie lagen immer über 140 Seemeilen, mit Spitzen bei 164 und 168 Seemeilen. In der letzten Woche dieser Fahrt legten wir 1098 Seemeilen zurück. Das entsprach einer Durchschnittsgeschwindigkeit von 6,5 Knoten. Der westwärts setzende Strom half dabei. Wir gerieten in einen Rausch des Segelns. Es war begeisternd. Erst hatte im Süden Australien gelegen, jetzt lag im Norden Asien. Wir *segelten* zwischen den Kontinenten unserer Erde hindurch.

Das letzte Mittagsbesteck brachte uns 115 Seemeilen östlich vor Christmas Island. Wir setzten den Kurs auf den Nordpunkt der Insel ab, hinter dem die Flying Fish Cove liegt. Sie ist in der Jahreszeit des Südost-Monsuns der „Hafen“ der Insel. Dort wird Phosphat verladen. Während des Nordwest-Monsuns liegt sie ungeschützt. Dann ruht die Schiffahrt.

Am Nachmittag bargen wir die Passat-Segel. Von 18 Nächten hatten wir durch sie 15 schlafen können. Wir setzten Großsegel und Fock 1. Während meiner ersten Nachtwache brachten Schauer so viel Wind, daß wir die Fock bergen mußten. Bei Elgas Wache zog sich der Himmel restlos zu. Die Böen erreichten Sturmstärke. Mit gerefftem Großsegel drehten wir bei und legten uns schlafen – mit stündlichem Ausguck.

Der Morgen kam vollkommen schauerverhangen. Die Sicht war miserabel. Wir mußten warten. Unzählige Vögel umflogen das Schiff – Fregattvögel, Tölpel, Tropikvögel.

Um 09.00 Uhr bekomme ich die Sonne in den Sextant. Während Elga rechnet, lege ich mich wieder schlafen. Wenn Kairos beigedreht liegt, schlafe ich besonders gut: es ist nichts anderes mehr zu tun.

11.00 Uhr. Elga weckt mich mit Mühe: „Los, los, du Schlafmütze! Die Sonne!“

Ich schieße die Sonne, die sehr schnell wieder hinter treibenden Wolken verschwindet. Die Wolken hängen ganz niedrig über der See. Der Wind ist auf Stärke 8 heruntergegangen. Elga rechnet. Ich lege mich schlafen.

Elga 15 Minuten später: „Hier ist unser Schiffsort! Kurs 308° am Kompaß, 26 Seemeilen: jetzt können wir ran an die Insel!“

„Ooooch! Muß das sein?“ Ich wühle mich hoch. Durchs Kajütsfenster sehe ich Regen und windgepeitschte See.

Es gelingt Elga, mich zu überzeugen, daß es nichts Schöneres gibt, als Christmas Island bei stürmischem Monsun anzulaufen. Nachdem ich mich rasiert habe, gehen wir auf Kurs.

Wir segeln durch eine See, wie wir sie in unserem Leben noch nicht gesehen haben. Diese riesigen Wellenzüge, deren Brecher*kronen* allein das Ausmaß stürmischer Ostseewellen haben, bilden sich über dem Schelf der Insel.

Nach zwei Stunden kommt Christmas Island in Sicht. Wir laufen in das ruhige Wasser der Leeseite. Der Wind wird von der terassenförmigen Insel abgedeckt. Unter Maschine gehen wir an eine Boje dicht vor der Bootsbrük-ke. Die Sonne kommt durch und überstrahlt die Bucht mit gelbem Licht.

Vom Kran auf der Bootsbrücke wird ein Motorprahm zu Wasser gelassen, der den Zollbeamten, den Doktor und den Polizisten an Bord bringt. Nach der Abfertigung nimmt der Prahm eine Heckleine von uns an die Brücke mit. Wir liegen jetzt mit dem Bug zur Dünung zwischen Tonne und Brücke. Der Prahm wird wieder aufgehievt. Kein Boot bleibt im Wasser liegen, da jederzeit Seegang einsetzen kann. Wir müssen bereit sein, zu jeder Stunde die Bucht verlassen zu können.

Wir hatten KAIROS aufgeklart. Wir saßen auf dem Kajütsdeck und genossen den Anblick der sonnebeschienenen Siedlung an den Terrassen der Steilküste, über der das Phosphat-Werk wie eine moderne Zwingburg lag, als ein Mann herangerudert kam.

Er stellte sich als Roy B. vor. Wir unterhielten uns, luden ihn zu einem drink ein und gewannen einen Freund. Roy ist Australier, Ingenieur und Vermesser bei der Phosphat-Gesellschaft. Er kennt die Insel und den Dschungel auf ihrer Hochebene aufs beste.

Er nahm uns sogleich zu einem Essen bei seinen chinesischen Freunden mit. Das Land „schwankte" erheblich: unser Gleichgewichtsgefühl mußte sich wieder umstellen.

Roys Freunde waren zwei chinesische Lehrerfamilien. Der Sprung ins Land-Erleben hinein war wie ein Traum. Kleine, gelbe Menschen in Pyjama-Kleidung, freundlich-schlitzäugige Gesichter, zierliche Bewegungen. Wir sprachen englisch. Die Unterhaltung hatte ein Niveau, dessen sich kein Heidelberg-Student hätte zu schämen brauchen.

Und dann das Essen: Schälchen auf Schälchen, Platten auf Platten, unzählige Gerichte, zahllose Beitaten, Hirseschnaps und australisches Bier. Es gab keine Löffel, keine Gabeln und Messer. Der Hausherr zeigte mir, mit Eßstäbchen umzugehen. Ich versuchte es. Die allgemeine Heiterkeit ringsum ermutigte mich.

„George -", sagte unser Gastgeber, „Dschordsch, Sie müssen die Stäbchen sooo halten - nein - einen so und den anderen sooo - ja!"

Ich hatte es auf ein saftiges Fleischstück abgesehen.

„Nein", sagte der Gastgeber, „Sie müssen nicht sooo machen, Dschordsch - sondern sooo!"

Das Fleischstück war ausgesprochen hinterhältig - vielleicht war es noch nicht ganz tot?

„Ach, Dschordsch", sagte unser Gastgeber lächelnd, „Sie sind ein sehr großer, aber auch sehr ungeschickter Mann - sooo!" Ich machte sooo: das Fleisch sprang in die Luft. Ich fing es mit der freien Hand ein, bevor es auf irgendeiner Seidenhose Unheil anrichten konnte. Ich schlang es hinunter.

Roy sagte: „Sooo ungeschickt ist er auch wieder nicht."

Elgas Eßversuche waren weit weniger auffallend.

Christmas Island gefiel uns sehr. 300 Weiße, 2000 Chinesen, 700 Malayen und einige Inder leben sinnvoll nebeneinander. Die Phosphat-Gesellschaft stellt jeden an seinen Platz. Für jede Religion war ein Gotteshaus gebaut worden, jede Gruppe hat ihre Schule. Sie achten einander und stehen sich nicht eifersüchtig im Wege: malayische Kranführer, chinesische Lastwagenfahrer, weiße Ingenieure.

Roy hatte malayische Freunde. Sie zeigten uns, wie man Schildkröteneier sucht. Die Weibchen legen ihre Eier in eine Sandkuhle, die sie oberhalb der Hochwassergrenze graben. Sie verschließen die Kuhle sehr sorgfältig. Was sie jedoch verrät, sind die Spuren vom und zum Wasser. Mit einem langen Stock stocherte unser Malaye den Boden ab, fand das Nest, „ertastete" die Brauchbarkeit der Eier. Waren sie noch nicht von der Hitze des Sandes angebrütet, so wurden sie ausgegraben. Sie sind so groß wie Ping-Pong-Bälle. Ihre Schale ist nicht spröde wie die der Vogeleier. Ihr Eiweiß gerinnt nicht beim Braten und Kochen. Das war der Grund, weswegen wir sie nicht aßen. Die Malayen lachten. Für sie sind die Eier Leckerbissen.

Roy nahm uns in seinem Landrover oft zu Fahrten über die Insel mit. Er zeigte uns den Dschungel, in dem Landkrabben von 20 Zentimeter Durchmesser - ohne die Beine - mit riesigen Scheren leben. Er fuhr uns zu Stellen, wo der Dschungel gerodet und die Humusschicht von Bulldozern fortgewalzt worden war. Die Phosphaterde war freigelegt. Greifbagger und Kräne hoben sie in Lastwagen, die sie zur Flying Fish Cove brachten. Dort wird das Phosphat in einer entsprechenden Anlage abgesondert, getrocknet und in Silos gelagert, bis es mit einem Transportband in die an Bojen liegenden Frachtschiffe geladen wird.

Ein feiner, gelber Staub wehte ständig über Bucht und Bungalows. An Verladetagen verdichtete er sich zu nebelartigem Dunst.

Wir sprachen deutsch auf Christmas Island. Im Krankenhaus arbeitete eine deutsche Oberschwester. Und wir spielten Skat. Ein deutscher Mechaniker betreute die Maschinen des Phosphat-Werks.

Roy führte uns in eine Kalksteinhöhle. Er hatte sie entdeckt und erforscht. Es war keine Touristenhöhle mit ausgeschlagenen Geländergängen und Prachtbeleuchtung. Kriechend, rutschend und kletternd drangen wir ins Erdinnere vor. Enge Tunnel wechselten mit tönenden Hallen. Unsere Taschenlampen brachten Wunder über Wunder in unseren Blick. Erdtiefe Stille und skurrile Formen in glitzernder, getropfter Schönheit umgaben uns.

Auf dem Rückweg hörten wir das Meer *im* Felsen grollen. Es bahnt sich unterirdische Kanäle in den weichen Kalkstein. Dort tobt es wie ein gefangenes Ungeheuer, wenn Tide und Brandung besondere Druckverhältnisse schaffen.

Die ZINA II lief ein. Ich ruderte ihr mit dem Schlauchboot entgegen, um Jim beim Festmachen an der Tonne zu helfen. Der Korallenboden der Bucht ist schlechter Ankergrund.

„Hallo, Jim! Wie war der Trip?“ frage ich, als ich an Bord klettere. Jim starrt mich an. Sein Gesicht ist gelb unter der Sonnenbräune.

„Jim, wir machen die ZINA dort an der Tonne fest. Dann gibst du mir eine Heckleine ins Schlauchboot, die ich an der Brücke festmache. - Na?“

Jim - er hat die Segel vor der Bucht geborgen - kuppelt die Maschine aus, geht aufs Vorschiff und läßt den Anker fallen.

„He, Jim! Was ist los?“

„Jede Nacht sind die Wellen übers Schiff geflutet. Und wie! Ich konnte nicht schlafen. Seid ihr auch in den Orkan gelaufen? O Gott, ein Orkan! Diese Wellen: 12 Meter hoch! - Ihr nicht? Da habt ihr wieder mal Glück gehabt.“

Ich bin ratlos und sage vorsichtig: „Jim, um diese Zeit gibt es hier keine Orkane. Der Monsun -“

„Was soll ich machen? Was? Soll ich aufgeben?“

„Jim -“

„Ich will aber nicht aufgeben!“

Es blieb mir nichts anderes übrig, als ihn allein zu lassen. Später trafen wir den Doktor vor dem Postamt. Er hatte Jim einklariert.

„Der macht's nicht“, sagte der Doktor. „Reden Sie ihm zu, daß er aufhört. Ich will beim Manager versuchen, daß er mit seiner Yacht Platz auf einem Frachter nach Sydney bekommt.“

Die Fregatte HMAS DIAMALTINA kam in die Bucht. Auf ihrem Deck war 1945 der Waffenstillstand zwischen Australien und Japan unterzeichnet worden. Der junge Kommandant gab einen Empfang an Bord. Er lud auch uns ein - persönlich von seiner Pinaß aus, die er in einigem Abstand neben uns halten ließ. Er legte die Hand an die Mütze.

„Sind Sie der Capt'n dieses Schiffes, Sir?“

Hatte er „Sir“ gesagt?

„Ich erlaube mir, Sie und Ihre Besatzung heute abend zu einem Empfang auf Her Majesty Australian Ship DIAMALTINA einzuladen!“

„Vielen Dank - ahem, Herr - Sir! Meine Besatzung wird sich riesig freuen!“

„Gutes, kleines Schiff, die KAIROS, Sir.“

„Ja, Sir.“

„Von wo, Sir?“

„Hamburg, Sir.“

„Donnerwetter, Sir!“

„Ja, Sir.“

Er legte die Hand an die Mütze. Fast hätte ich es auch getan. Ich trug gar keine Mütze.

Meine Besatzung hatte während des ganzen Nachmittags „Putzen und Flikken". Als ich sie am Abend im Cocktalkleid den Offizieren der Fregatte vorstellte, hatte das einen immensen Erfolg. Ich war wahnsinnig stolz auf meine Besatzung und trank mit den wenigen älteren Herren, die Elga nicht umringten, viel Whisky. Es wurde sehr lustig - fast wäre ich in die australische Marine eingetreten. Aber das hätte Schwierigkeiten mit der Besatzung gegeben.

Der Empfang auf der DIAMALTINA hatte weitere Empfänge an Land zur Folge, zu denen wir nun auch geladen wurden. Der letzte wurde von Mr. B., dem Administrator der Insel, gegeben. Seine Frau ist Deutsche. Elga befreundete sich sehr mit ihr. Mr. B. ist ein direkter Nachfahre jenes Fletcher Christian, der die Meuterei auf der BOUNTY führte und auf der Insel Pitcairn erschlagen wurde, als sich die Meuterer gegenseitig umbrachten.

Mr. B. wurde auf der Norfolk Insel geboren, wohin die Nachkommen der Meuterer teilweise auswanderten. In seinem Besitz befindet sich das Logbuch der BOUNTY. Es enthält die Eintragungen Captain Bligh's ebenso wie die Berichte über das blutige Ende der Tragödie. Auch über das Fortleben der Kinder und Kindeskinder wird sorgfältig berichtet. Aus tragischer Verstrickung lösen sich schließlich doch klare Linien sinnvollen Lebens.

Die DIAMALTINA lief aus. Die ZINA II wurde auf einen Phosphatfrachter verladen.

Jim strahlte, als er Abschied nahm. „Bin nicht der richtige Mann für kleine Schiffe, nein, nein, bin ich nicht! Hab' kein Glück, so wie ihr! Lebt wohl!"

KAIROS blieb allein auf der Reede zurück. Der Aufbruch nahte auch für uns. Wir hatten fünf Tage auf Christmas Island bleiben wollen - 15 Tage waren daraus geworden.

Roy brachte zwei Riesensäcke mit Post seiner malayischen Freunde für ihre Verwandten auf Cocos Island. Mit der Post, mit vielen Abschiedsgeschenken und guten Wünschen versehen, liefen wir aus.

Der Monsun wehte zwischen Stärke 5 und 6 gleichmäßig, während wir nach Cocos Island segelten. Die See war grob. Das Wetter blieb klar. Wir hatten das viermal eingereffte Großsegel und die Baumfock gesetzt. Unsere Etmale lagen um 130 Seemeilen. Kein Segelmanöver wurde notwendig.

In der zweiten Nacht auf See wurde während meiner ersten Nachtwache die Horizontlinie unklar, der Himmel dunkel und das Meer hell. Der Horizont verwischte sich immer mehr. Er verschwand schließlich. KAIROS schien außerhalb aller Erfahrung in einem grenzenlosen Raum zu schweben. Das, was Wasser sein mußte, begann über seine ganze Fläche hin, in geisterhaftem Grün zu leuchten. Jetzt entstand wieder eine Horizontlinie zwischen dem strahlenden Meer und dem pechschwarzen Himmel, in dem die Sterne groß und rot funkelten. Die Erscheinung war unheimlich. Sie schien aus der Meerestiefe aufzusteigen. Sie hatte die gespenstische Unwirklichkeit eines Fotonegativs. Schwarz lag der Schaum von Bugwelle und Brechern auf der grünglühenden See.

Ich wollte Elga wecken, unterließ es aber. Es war meine Wache und es lag trotz aller Unheimlichkeit kein Grund vor, sie zu stören.

Das Meeresleuchten währte etwa eine Stunde. Dann nahm die Umwelt wieder ein normales Aussehen an.

Auf Elgas Wache wiederholte sich der Vorgang - doch schwächer, wie ich ihrer Schilderung entnahm. Er löste bei ihr die gleiche Reaktion aus: völlig hilflos einer unbekannten Naturgewalt ausgeliefert zu sein. Wie schmal ist der Weg durch die von uns gewohnte Umwelt. Tritt etwas Neues ein, so schrecken wir auf.

Einige Stunden nach Sonnenaufgang des vierten Tages preschte KAIROS hoch am Wind durch die Riffeinfahrt in die Lagune der Cocos Insel. Sie bildet mit vielen kleinen Riffinseln ein Atoll. Den Zusatz „(Keeling)“ trägt sie zur Unterscheidung einer gleichnamigen Insel im Großen Ozean. Keeling war der Name des englischen Kapitäns, der sie zusammen mit dem Schwesteratoll, 15 Seemeilen im Norden, entdeckte.

Hinsichtlich des Ankerplatzes herrschte bei uns Unsicherheit. Der geschützteste Platz liegt im Lee von Direction Island, der Nordost-Insel auf dem Ringriff. Auf ihr befindet sich eine Kabelstation, deren Unterwasserkabel das Ankern im Lee verbieten. Auf Christmas Island war uns gesagt worden, daß die Station außer Betrieb wäre. War somit das Ankerverbot aufgehoben?

Im flimmernden, grünen Licht der Lagune machten wir die Bojen aus, die das verbotene Gebiet kennzeichnen. Wir bargen die Segel und wollten unter Maschine gerade abdrehen, als ein Boot mit Außenbordmotor herangeschossen kam. Vier braune, unrasierte, überaus fidele Australier saßen darin. Sie kamen längsseits. Einer sprang zu uns an Bord.

„Hallo! Ich bin Lofty!“ Dann machte er eine umfassende Geste zu seinen Begleitern. „Das sind Tom, Bob und Dick! Ihr könnt dicht an die Küste ran und zwischen ihr und dem Rettungskreuzer dort ankern. Bester Sandboden.“

„Kabel?“ fragte ich.

„Die liegen weiter nördlich. Sind außer Betrieb.“

„Seid ihr von der Kabel-Station?“

„Nein, wir sind die Besatzung des Rettungskreuzers. Tom ist der Capt’n. Wir gehören zum Personal des Flugplatzes auf West Island.“

Die Palmen auf West Island waren jenseits der Lagune zu erkennen.

Lofty lotste uns zu einem guten Ankerplatz, 20 Meter von der Leeküste der kleinen Insel entfernt. Einige Bungalows waren unter ihren Palmen zu erkennen. Auf 7 Meter Wasser fiel unser Anker. Das Wasser war von kristallener Klarheit. Wir konnten jeden kleinen Stein, jedes Korallenstück auf dem Sandboden erkennen.

Elga stellte die Maschine ab. Ruhe - unwirklich erfüllt von dem fernen Donner der Brandung auf dem Riff und dem Rauschen des Windes in den Palmenkronen.

Unsere fidelen Gesellen luden uns allsogleich zum Essen ein.

Wir sagten, das Schiff müsse erst aufgeklart werden. Sie fragten, woher wir denn eigentlich kämen, wobei sie auf unsere Flagge am Heck wiesen.

„Aus Deutschland."

Sie schüttelten sich vor Lachen. Lofty boxte mich überaus freundschaftlich in das Boot zu den anderen. Mit Elga ging er etwas sanfter um.

„Los, kommt! Euer Schiff läuft euch nicht weg, ihr gründlichen Deutschen."

An Land in ihrem Bungalow lernten wir den Fünften im Bunde kennen. Es war Bert, der Koch.

An dem Essen, das sie uns servierten, fehlte nichts. Es gab sogar Eis aus einer riesenhaften Tiefkühltruhe. Sie vertilgten unheimliche Mengen. Ich tat es ihnen nach. Dann schickten sie uns mit Handtuch und Seife hinter den Bungalow, wo neben einer Werkhalle mit Slip für den Rettungskreuzer die Duschräume lagen. Wir duschten mit sonnenwarmem Regenwasser, das aus den Tanks über dem Dach kam. Tom hatte mir sein Rasierzeug geliehen. Es war ein Genuß, mit Wasser in unerschöpflichen Mengen zu spielen. Dann mußten wir von unserer Reise erzählen.

Das alles liegt nun schon drei Wochen zurück.

Wir lieferten unsere Postsäcke an die Malayen von Home Island ab. Sie kamen mit einem Motorboot längsseits. Sie arbeiten auf der Kopra-Plantage eines Mannes, dessen Vorfahr hier mit seiner Familie siedelte und das unbewohnte Atoll „in Besitz" nahm. Wir gaben den Malayen eine schriftliche Einladung für ihren Boß mit. Ich weiß nicht, ob sie in seine Hände kam. Als er später mit seinem Motorboot an uns vorbeifuhr, grüßte er nicht. Ungewöhnlich für einen Angelsachsen.

Wir holten von Mr. H., dem Manager der Kabel-Station, unsere Post. Er wohnt mit seiner Frau und einem Restkommando junger Männer noch in den Bungalows, um den Abbau der Station durchzuführen.

Auf Direction Island steht eine kleine Bronzetafel. Sie gedenkt des australischen Kreuzers SYDNEY, der in diesen Gewässern den deutschen Kreuzer EMDEN vernichtete.

Am 9. November 1914 wurde von der SYDNEY ein Funkspruch der Kabel-

Station auf Direction Island empfangen, der meldete, ein fremdes Kriegsschiff nähere sich dem Atoll. Die SYDNEY begleitete mit anderen Kriegsschiffen einen Truppentransport-Convoy, der zufällig nur 50 Seemeilen entfernt stand. Sie lief ab, um das „fremde Kriegsschiff" zu identifizieren.

Die EMDEN hatte ein Landungskommando an Land geschickt, das den Funkmast der Station zerstören sollte. Sie begann, von einem herbeigeorderten Versorgungsschiff Kohle zu bunkern. Als die Rauchfahne der SYDNEY sichtbar wurde, brach die EMDEN das Bunkern ab und ging Anker auf. Sie erkannte bald den australischen Kreuzer und eröffnete für diesen überraschend früh das Feuer.

Das Gefecht wurde beidseitig mit großer Härte geführt. Doch zwei Stunden später sah sich der Kommandant der EMDEN gezwungen, sein restlos zusammengeschossenes Schiff auf das Riff von North Cocos zu setzen.

Das Landungskommando der EMDEN und die Australier der Station hatten von den Dächern des Bungalows aus das Gefecht beobachtet. Man tauschte Ferngläser aus und trank gemeinsam australisches Bier. Als das Schicksal der EMDEN deutlich wurde, beschlagnahmte der Leutnant des Landungskommandos den Schoner der Kopra-Pflanzung auf Home Island. Er ließ ihn seeklar machen und segelte auf und davon.

Im zweiten Weltkrieg wurde ein australischer Kreuzer namens SYDNEY von einem deutschen Hilfskreuzer versenkt.

Wenn wir mit den fidelen, unrasierten Gesellen oder mit den wohlerzogenen, jungen Männern der Kabel-Station oder mit Mr. und Mrs. H. darüber sprechen, können wir alle nicht verstehen, daß Menschen unserer Völker hier unerbittlich kämpften.

Ich stehe oft vor der kleinen Bronzetafel. Ich denke zurück an das Gästebuch des deutschen Konsuls auf dem fernen Madeira, in dem ich den Namen der verlorenen EMDEN zum ersten Mal las. Die SYDNEY ging ebenfalls verloren. Was für nutzlose „Siege" erringen wir.

Die Tage vergehen in ruhigem Gleichmaß. Wir machen die notwendigen Instandsetzungsarbeiten an KAIROS. Wir haben das Schlauchboot mal wieder gründlich ausgebessert. Wir werden von den fidelen Gesellen oft zu Beefsteak, Eis und Bier, von Mr. und Mrs. H. hin und wieder zum Nachmittagstee auf der Terrasse ihres Bungalows eingeladen.

Wir baden viel – mit großer Vorsicht wegen der Haie. Wir waten aufs Korallenriff hinaus und betrachten Muscheln und Krebse. Wir laufen um Direction Island an Tagen mit geradem Datum links-, an Tagen mit ungeradem Datum rechtsherum. Wir sitzen stundenlang im Schatten unserer Sonnenpersenning und betrachten das Farbenspiel der Lagune im wechselnden Licht des Tages. Es ist unerschöpflich.

Wir wollen noch eine Woche bleiben.

Ununterbrochen donnert die Brandung auf das Riff, weht feiner Salzwasserstaub über die Lagune, raschelt der Wind in den Palmenkronen. Das gibt unserem paradiesischen Dasein einen Hauch von Unruhe: außerhalb des Riffs wartet der Indische Ozean. Wind weht. Wolken ziehen.

*Mauritius, im Oktober 1966*

Von Backbord grüßen die grauen Wälle von Fort George herüber. An Steuerbord liegen die Ruinen von Fort William. Voraus über den Häusern von Port Louis droht als schwarzer Block die Zitadelle der Stadt. Graudunstige, steil aufsteigende Berge mit Gipfeln so spitz wie Nadeln grenzen das Bild ein.

Das Wasser vor der Hafeneinfahrt ist weiß unter den Sturmböen. Unsere Segel – es standen die Sturmfock und das achtmal eingedrehte Großsegel – sind geborgen. In dem von Korallenriffen begrenzten, schmalen Fahrwasser können wir nicht kreuzen. Die Maschine läuft „voll voraus". Ihre Kraft reicht gerade für 1 Knoten Fahrt aus: genau hinein in die Schlagkraft der Fallböen.

Die Flaggen stehen wie Bretter im Wind. Als ich sie setzte, fühlte ich so etwas wie Stolz und Freude, auch Triumph – nur sekundenlang. Der Wunsch, nicht mehr kämpfen zu müssen, verdrängt alle Empfindungen. Denn da ist Hoffnung, nun endlich dem Heulen des Windes, dem Donnern der See zu entrinnen: der Hafen.

Elga sitzt an der Pinne. Ihr Ölzeug, ihr Gesicht, ihr Haar, ihre Hände sind weiß von Salz. Rot und entzündet starren ihre Augen.

Das ganze Schiff ist weiß von Salz. Durch die Sturmwolken ringt sich mühsam eine fahle, heiße Sonne. Die winzigen Salzkristalle beginnen, wie Diamanten zu glänzen.

Ich zwinge mich zu den erforderlichen Arbeiten: Anker anschlagen, Fender und Leinen klarlegen, Vorsegel abschlagen, Schoten aufschießen. Meine Glieder sind wie Blei. Jede ihrer Bewegungen muß durch eine Willensanstrengung in Gang gesetzt werden, die wie Feuer durch die Nerven rinnt.

Die Lotsenbarkasse kommt. Auf ihrem Achterdeck stehen zwei wohlgekleidete Herren und ein Mann in weißer Uniform. Sie scheinen Abgesandte einer nicht mehr vorstellbaren Welt zu sein, in der es Ruhe, Sicherheit und einen nächsten Tag gibt. Die Barkasse scheert schäumend-übermütig vor unseren Bug. Der Uniformierte winkt zu folgen.

Hinter der Barkasse laufen wir in das Hafenbecken. Es ist windgeschützt.

Das Heulen im Rigg verstummt. Wir brauchen nicht mehr zu schreien, um uns zu verständigen. Im hinteren Teil des Hafenbeckens stoppt die Barkasse. Der Mann in Uniform gibt das Zeichen zum Ankern. Unser Anker fällt. Die Barkasse kommt längsseits.

Wir schälen uns aus unserem Ölzeug und empfangen die Herren der Hafenbehörde. Wir sind salzverkrustet, ungewaschen, verschwitzt. Wir können nur mit Mühe denken. Es fällt uns schwer, Worte exakt zu formen.

Die Herren - Inder in gut geschneiderten, europäischen Anzügen - sind sehr höflich. Ihre Gesichter zeigen einen Ausdruck zwischen erstaunter Neugier und ablehnendem Schreck. Ihre Höflichkeitsfrage: „Wie war die Reise?" klingt sinnlos.

„Danke", sagen wir, „es war -"

„Sie haben eine serr schöne Yacht!" sagen die Herren in akzentuiertem Englisch.

Seit 19 Tagen hat KAIROS ununterbrochen gegen Starkwind und tobende See gekämpft, nach drei Flautentagen vor Mauritius gegen einen vollen Sturm mit Windstärke 10. Wenn Stärke schön ist, dann ist KAIROS es wohl mit seinen roten Roststreifen, seiner abgewaschenen Farbe und seinem salzzerfressenen Deck.

Stempel knallen, Pässe werden lächelnd zurückgegeben. Die Herren verabschieden sich. Mit überschäumender Kraft prescht die Hafenbarkasse davon. Was für eine Kraftverschwendung in diesem Frieden.

Zu müde zum Aufnehmen unserer neuen Umwelt, zu erregt aber auch zum Schlafen, klaren wir KAIROS auf. Unsere Nerven wollen sich noch wehren, obwohl jetzt alles vorbei ist: gegen die Schläge des Seegangs, gegen das Trommelfeuer der Gischt, gegen den Ansturm des Windes. Ein Wille zum Durchhalten baute sich auf, den wir nicht einfach abschalten können.

Wir waschen uns mit viel Wasser. Wir brauchen nicht mehr zu sparen. Elga bereitet das Mittagessen. Wir kommen langsam zu normalen Empfindungen zurück. Ich schließe das Logbuch ab:

*1. Oktober 66, 11.00 Uhr: Port Louis, geankert nach Weisung des Lotsen im hinteren Hafenbecken. 5 Meter Wassertiefe bei NW, 20 Meter Ankerkette. Beide Laternenbretter wurden durch Seegang weggeschlagen. Sonst keine Schäden am Schiff.*

Wir setzen uns in die aufgeräumte Kajüte und verzehren unser Essen. Wir beginnen über dies und das zu sprechen. Schwarzer, starker Kaffee belebt uns. Wir steigen an Deck.

Hinter der Hafenmole stehen Häuser im Kolonialstil. Aus den Schuppen davor tragen Inder in langer Reihe Säcke und Kisten in Leichter. Ein kleiner Schlepper zieht die beladenen Leichter zu den weiter draußen zwischen Tonnen vertäuten Frachtdampfern. Ladebäume schwenken dort hin und her.

Am Ende unseres kleinen Hafenbeckens ist ein Stück Straße zu sehen, Palmen überschatten ein Denkmal. Autolärm weht herüber, auch das klagende Singen eines Bettlers. Inderinnen in bunten Saris, Männer mit Turban oder Fez gehen auf der Straße.

Fetzen indischer Musik von irgendwoher mischen sich mit japanischer Musik, die aus den Lautsprechern der Fischdampfer neben uns kommt. Wäsche ist dort zum Trocknen aufgehängt. Ein japanischer Bootsmann grinst herüber.

„Wie bunt", sage ich.

„Und schön", fügt Elga hinzu.

Wir waren angekommen.

Wir wußten bereits auf Cocos Island, daß uns eine harte Reise bevorstand. Die US-Pilot Chart trägt für den Monat September den Vermerk: *Im mittleren Indischen Ozean weht der Südost-Passat oft stürmisch.*

Wir schluckten also dreimal trocken - gingen Anker auf und wurden vom Wind aus der Lagune gefegt. Zwei Stunden später waren die Atollinseln achteraus verschwunden. Nur noch ein grüner Schimmer an der Unterseite der schweren Kumuluswolken - Reflex der schimmernden Lagune - erinnerte an die vergangene Herrlichkeit. Auch er ging bald verloren.

Unser Kurs war West zu Süd. Der Passat kam aus Südost zu Süd und wehte zwischen Stärke 6 und 7. Böen bis Stärke 8 waren häufig. Die See lief ungewöhnlich grob. Daran änderte sich nichts während der 19 Tage unserer Reise - die paar Flautentage südlich der Insel Rodriguez ausgenommen.

Wir konnten die Luken nicht offen halten. Zu keiner Stunde blieb der Rudergänger trocken. Um den Verbrauch durchnäßter Kleidung zu kürzen, mußten wir Ölzeug tragen. Wie üblich entzündete sich unsere Haut.

Bei Wachwechsel wehte einmal eine ganze Ladung Gischt in meine Koje. Ich konnte sie zwar wieder „trockenschlafen", aber eine widerliche Klebrigkeit blieb im Bettzeug. Sie brachte jede kleine Schramme zum Eitern. Ich wußte bald nicht mehr, wie ich sitzen oder liegen sollte.

Wir sagten uns: „Sitzen und Kurs steuern. Nichts anderes zählt. Unser Kurs ist die direkte Linie zum Ziel, wo die Quälerei aufhört."

Jenes Eingehen in Zeit- und Raumlosigkeit, wie wir es im Großen Ozean gelernt hatten, mußte sich nun bewähren, wenn es nicht unrealistisch und sinnlos während ruhiger Tage und Nächte geträumt worden war.

Glühendes Tageslicht, windkalte Nächte. Der Rudergänger mußte sich festbinden. Schauer, Böen, Seegang. Die weißgeaderten Wellenrücken wanderten in unerbittlicher Folge. KAIROS rollte in zwei Sekunden 30 Grad nach Lee und 20 Grad zurück nach Luv. Dabei wurde das Heck hochgedrückt, während der Bug fiel. Dann sank das Heck und der Bug stieg auf.

Wir saßen und steuerten. Nichts zählte. Das Heulen des Windes nicht, der viel zu seitlich einkam, um das Setzen der gerefften Passatsegel zu erlauben. Das Wehen der Gischt nicht, die das Schiff wie eine Wolke ständig einhüllte. Die Bewegungen des Schiffes nicht, die uns durch die Kajüte zu schleudern versuchten. Wir wurden immer müder und trotzdem immer froher, immer erschöpfter und dennoch immer sicherer. Denn wir hielten durch. Dies war der Ozean unserer Bewährung.

Eine Bö riß die Baumfock ein. Wir setzten die Sturmfock.

Die Eintragungen in mein Tagebuch waren ungewöhnlich kurz:

*12. Sept. Ausgelaufen. Grobe See - seekrank. Enger, diesiger Himmel mit Schauern. Die Sonne zeigt einen lila Hof. Miserabler Anfang.*

*13. Sept. Immer noch sehr grobes Wetter, aber wir haben uns nun daran gewöhnt. Etmal 142 Seemeilen. Das schafft.*

*16. Sept. Wilde Schauernacht, tagsüber handig. Wir schlafen während unserer Freiwachen gut, was uns viel Kraft gibt. Etmal 138.*

*17. Sept. Handig seit gestern. Wir kamen zur Ruhe und konnten Gedanken fassen. Nachmittags wieder heftige Schauerböen. Der Indische Ozean will uns das Segeln verleiden. Kann er das? - Es ist berauschend, ein Schiff allen Härten zum Trotz segelnd zu halten: fahren, fahren!*

Einige Tage folgten mit „flauem“ Wind Stärke 5 bis 6.

*20. Sept. Ein Alptraum von Nacht mit Regen und Böen Stärke 7 und 9. Es folgte ein grauer Tag. Wolken ließen Sonnenbeobachtungen kaum zu. Etmal 149. Jetzt segeln wir wieder in einen windigen, regenverhangenen Abend hinein. Wir haben die halbe Distanz geschafft.*

*22. Sept. Ruhige Nacht mit schönen Mondscheinwachen. Tagsüber wieder Windstärke 7 mit sehr grober See. Aber die Sonne scheint - ein Trost. Etmal 111 Seemeilen.*

*26. Sept. Es wäre unfaßbar schön, wenn es einmal trocken und handig bleiben würde. Aber es sieht nicht so aus. Wir pulvern uns mit Witzen auf. Etmal 123 Seemeilen.*

Jeden Tag um 17.30 Uhr, nachdem sie ihr Tagebuch geführt hatte, begann Elga mit der Bereitung des Hauptmahls. Die See konnte stehen, wie sie wollte: Elga tat ihre Arbeit. Die Luken mußten meist geschlossen bleiben, was beim Kochen auf dem Petroleumherd große Hitze in der Kajüte verursachte. Niemals gab es ein zusammengeschüttetes, aufgewärmtes Essen. Immer waren frische Sachen in der Konservenkost: Zwiebeln, Eier, Gewürze, Paprikaschoten. In 19 Tagen gab es kein Gericht zweimal. Das Essen schmeckte. Es gab Kraft. Kein einziges Mal verschüttete Elga auch nur einen Tropfen Wasser.

Jede Nacht um 23.00 Uhr begann Elgas vierstündige erste Nachtwache. Sie kam müde und lahm ins Cockpit gekrochen. Sie band sich fest und übernahm die Pinne: Kurs West zu Süd. Ich wunderte mich bei jeder Wachablösung aufs Neue, wie sie, einsam in Dunkelheit, Regen, Böen und Seegang hockend, mit dieser Kraftleistung fertig wurde. Jedesmal sagte ich: „Wenn es dir zuviel wird, bitte, weck' mich - hörst du!“ Sie hat mich aus diesem Grunde nie geweckt.

Der Wind ließ etwas nach, wurde unsicher in der Richtung. Segelmanöver, Ausreffen, Deck aufklaren, Fock 1 setzen. Die Arbeiten gingen mir nicht mehr leicht von der Hand.

Wir standen 350 Seemeilen vor Mauritius, als der Wind flau wurde. Wir konnten die Luken öffnen. Wir saßen bequem in der Sonne. Aber wir kamen nicht mehr voran.

An Steuerbord kamen die Umrisse der Insel Rodriguez in Sicht. Wir wollten sie nicht anlaufen. Einmal hat sie keinen guten Hafen, man ankert hinter Riffen auf der Reede. Zum zweiten wollten wir keine Zeit verlieren. Anfang November beginnt in diesem Seegebiet die Jahreszeit der tropischen Wirbelstürme - Zyklone genannt. Wir wollen dann in Südafrika sein. Einen ganzen Tag stand das Bild der Insel wie ein Traum am Horizont. Es lockte. KAIROS torkelte mit leeren Segeln über die dünende See.

Es kamen zwei wolkenlose Tage mit Katzenpfoten hier und da auf dem Wasser. Wir empfingen nun die Wettermeldungen der Station Mauritius. Ein starkes Hoch im Süden und ein Tief im Norden lagen fest. Das war die klassische Situation für die Bildung eines Wirbelsturmes. Ich zeichnete eine Wetterkarte, wobei mir die Hand leicht zitterte. Ich erinnerte, wie ich vor Jahren bei der Planung der Reise hier vor Mauritius neben den Monat „Oktober“ ein Ausrufungszeichen in die Karte gesetzt hatte.

Langsam kamen wir voran. Mauritius gab keine Sturmwarnung. Ich beruhigte mich.

Dann waren es tatsächlich nur noch 98 Seemeilen bis zur Nordspitze von Mauritius, 115 bis zum Hafen von Port Louis an der Westküste. Während meiner ersten Nachtwache nahm der Wind stetig aus Süd zu. Bei Wachwechsel mußte ich die große Fock bergen. Der Himmel hatte sich zugezogen. Im Süden stand eine Schwärze, die der Mondschein nicht mehr durchdrang. Die Wolken über uns zogen schnell. Es war viel Wind da oben. Ich setzte die Sturmfock und reffte das Großsegel fünfmal. Dann legte ich mich schlafen.

Elgas aufgeregte Stimme weckte mich: „Reffen!“

Die Bewegungen des Schiffes waren hart und wild. Ich stürzte ins Ölzeug und kletterte an Deck. Der Wind faßte mich und schleuderte mich gegen das Kajütschott.

Durch das Kreischen des Windes - noch nie hatte ich so etwas gehört - schrillte Elgas Stimmchen: „Das nimmt laufend zu!“

Der Anblick ringsum war ungeheuerlich. Die See rollte hohl und schlagend. Kein Wellenkamm war ohne Brecher, soweit man im Mondlicht sehen konnte. Wo keine Brecher tobten, war die See weiß vom Schaum der Vorgänger. Gischt flog wie Hagel, machte es unmöglich, nach Luv zu blicken. Schwarz hingen hier und dort Regenwände. Ansonst waren die jagenden Wolken von geisterhaftem Mondlicht durchleuchtet. Ein ununterbrochenes Poltern umgab uns. Es schien aus der Tiefe des Ozeans zu kommen.

Während ich reffte, wurde mir klar: wir hatten uns jetzt mit etwas auseinanderzusetzen, das zu umgehen zum Plan unserer Reise gehört hatte: Sturm. Sturm ist Natur, die vernichtet. Es gibt kein Erbarmen und keine Gnade, es gibt überhaupt keine menschlichen Begriffe mehr. Wir standen außerhalb aller Erfahrung, außerhalb aller Wünsche und Hoffnungen.

Ich zwang mich zur Ruhe. Ich prüfte im diffusen Licht den Großbaum. Das gereffte Segel bog ihn in der Mitte hoch. Er federte wie eine Gerte. Ich kroch durch strömendes Wasser - auf dem Luvdeck! - zum Cockpit zurück. Elga saß festgebunden und steuerte.

„Er liegt gut jetzt mit den Reffs!“ schrie sie.

Ich nahm ihr die Pinne ab, nachdem ich mich festgelascht hatte.

„Es ist noch nicht deine Wache“, protestierte Elga.

„Ich weiß!“ Ich mußte mit aller Kraft schreien. „Aber jetzt ist das hier mein Platz! Geh' runter und zeichne unseren Koppelkurs in die Karte. Sag' mir, wie weit wir vom Feuer auf Flat Island abstehen.“

Sie kroch zum Niedergang, wartete einen Brecher ab. Dann fiel sie fast in die Kajüte.

Ich beobachtete die See. Bei Windstärke 10 beginnt sie zu zerschlagen. Ich mußte zu den mondlicht-übergeisterten, herandonnernden Wellenkämmen *hoch*blicken. Unser Vorteil war, daß wir schräg *mit* dem Seegang liefen. An Beidrehen war nicht zu denken, da im Norden von Mauritius kleine Inseln und Untiefen liegen, auf die der Wind uns treiben würde. Er hatte auf Südost gedreht.

Das Kreischen des Windes war unerträglich. Ein Brecher überflutete das ganze Achterschiff. Ich schwamm an meiner Sicherungsleine. Panik sprang in mir auf. Das halten wir niemals durch, niemals. KAIROS richtete sich gegen Kreischen und Poltern mühelos auf, schüttelte das Wasser ab. Er machte das großartig. Ich fand meine Nerven wieder.

Die Luke öffnete sich um einen Spalt. Elgas Stimme: „47 Seemeilen bis Flat Island. Reichweite des Feuers 25 Seemeilen. Kurs unverändert zwo-neun-sechs am Kompaß.“

„Bleib' unten. Zieh' dich nicht aus. Leg' dich hin. Ich rufe, wenn ich dich brauche.“

Regen und Gischt prasselten wie Geschosse. Bei der herrschenden Sicht würde das Feuer von Flat Island in 10 Seemeilen Entfernung auszumachen sein. Das war unsere Chance. Die Gefahr der Grundseen über den Untiefen konnten wir mit Hilfe seiner Peilung vielleicht umgehen - ebenso, wie wir mit seiner Hilfe vielleicht die Einfahrt zur Meerenge zwischen Flat Island im Norden und der Insel Gunners Quoin im Süden finden konnten. Diese Meerenge ist 3 Seemeilen breit.

Ich überlegte fieberhaft. Nichts anderes konnten wir tun. Es war unmöglich, nach Süden hoch am Wind zu laufen. Es war ebenfalls unmöglich, nach Norden auszuweichen. Wir hätten dazu Halsen müssen: vor *diesem* Wind das Großsegel von Steuerbord nach Backbord zu bringen, hätte Segel oder Mast gekostet - wahrscheinlich beides.

Kurshalten also und diesen Dreck abwettern. Immer wieder wollte ich in Panik geraten, wenn von KAIROS nichts weiter als der Mast mit seinen winzigen Segeln *über* Wasser blieb. Das Steuern war schwierig. Noch schwieriger war es, mit mir selbst fertig zu werden.

Nach vier Stunden sah ich voraus den Blitz des Feuers. Ruhig bleiben. Da wieder. Wasser überm ganzen Schiff. Festhalten.

„Elga!“ brülle ich. „Das Feuer!“

Sofort öffnet sich die Luke um einen Spalt.

„Es peilt voraus. Zeichne unseren Kurs auf das Feuer in die Ansteuerungskarte. Sag', wie wir zu den Untiefen stehen werden.“

Wasser, Wasser über Deck. Verloren die Segel im Sturm. Aber das Schiff taucht wieder auf, sicher und selbstverständlich.

Elgas Stimme: „Wenn wir die Peilung des Feuers recht voraus behalten, bleiben wir von den Untiefen frei. Wir können bis auf 2 Seemeilen ans Feuer ran. Dann Kursänderung auf West zwischen den Inseln hindurch.“

„Du kannst mich jetzt für einen Augenblick ablösen.“

Unten in der Kajüte lege ich mich auf den Boden. Die Füße halte ich gegen den Kartenschrank gestützt, den Rücken gegen den Küchenschrank. Ich schiebe mir einen herumliegenden Segelschuh unter den Kopf. Es ist ruhig hier unten, fast friedlich nach dem Chaos da oben. Der Sturm scheint so weit entfernt, daß er mich nichts mehr angeht. Ich mache meinen Körper locker. Er wird schwer, als wolle er sterben. Polterndes Wasser rauscht irgendwo weit entfernt. Schmerzen, Brennen, Erschöpfung verlieren sich -

Als ich erwache, meine ich, Stunden geschlafen zu haben. Es ist nur eine halbe Stunde gewesen. Ich hänge mich über den Kartentisch und präge mir Inseln und Untiefen ein. Ein Riff heißt „Der Grobschmied“, ein anderes „Der Klempner“ - was für ein Spaßvogel hat sich das ausgedacht. Die Nordspitze von Mauritius heißt Cap Malheureux.

Ich arbeite mich ins Cockpit. Der Wind packt mich wie mit Fäusten. Die See ist höher geworden. „Kannst du noch?“

„Ja. Es ist grauenhaft. - Da ist das Feuer!“

Wasser im Cockpit, Wasser auf Deck, Wasser überall - prasselndes, schlagendes, saugendes Wasser. Aber KAIROS segelt. Wenn nur dieses Höllengeschrei des Windes nicht wäre!

Das Feuer peilt recht voraus. Unter ihm sehen wir den Schatten der Insel. Leuchtfeuer und Insel sind meistens von den gischtstäubenden Wellenrükken verdeckt, in deren Täler wir hineinfallen. Zwei Seemeilen Entfernung - wie sollen wir das schätzen bei den Schlägen dieses Abwrackbetriebes?

Ich löse Elga ab. „Wo bleibt Gunners Quoin?“

Wasserüberspült und windumheult segeln wir.

„Siehst du was?“

„Nein.“

Eine Regenbö verdeckt das Feuer auf Flat Island.

„Ich sehe nichts!“ ruft Elga.

„Ich gehe auf Westkurs - keine Wahl - “

Brecher fassen nach uns. Sie donnern wie Eisenbahnzüge. Es ist der hier flach werdende Meeresboden, der diese Brecher erzeugt. Nicht aufgeben, denke ich, steuern, o Gott!

„Da!“ ruft Elga. „Da - Brandung - Insel!“

Es ist Gunners Quoin. Wir sind zu früh auf Westkurs gegangen. Ich berichtige den Kurs. Jetzt kommt auch das Feuer durch den abziehenden Regen wieder in Sicht. Wir segeln in die Durchfahrt ein - gerade klar von Gunners Quoin mit dem „Grobschmied“ davor. Wir haben es geschafft.

Graue Morgendämmerung zieht herauf. Die Inseln zu beiden Seiten werden deutlich. Schnell steigt das Tageslicht und drängt die Nacht fort. Da ist unser Schiff. Mein Blick erfaßt Segel und Rigg, Blöcke und Fallen. Nichts ist schadhaft, nichts zerstört. Höher steigt das graue Licht. Da ist Elga. Blaß und übernächtigt, unverzagt und salzverkrustet. Wie liebe ich diese Frau! Ich sage es ihr. Sie lächelt.

Der Seegang ließ nach, je weiter wir Gunners Quoin Backbord achteraus peilten. Wir änderten den Kurs in den Schutz hinter Cap Malheureux. Das Wasser wurde ruhig - doch Fallböen wirbelten Wasserstaub auf. Von den Bergen und den Ebenen der Insel fielen aufgestaute Sturmböen über uns her. Hinter einer flachen Landzunge kam Port Louis in Sicht. Kurs Süd. Jetzt mußten wir kreuzen - 4 Stunden für 11 Seemeilen. Kein Meter wurde uns geschenkt.

Am Nachmittag unserer Ankunft kam Monsieur A., der indische Schiffshändler, an Bord. Er setzte sich in unsere Kajüte, nachdem er Elga Blumen überreicht hatte. Er wartete geduldig. Wir wußten nicht auf was. Wir hatten ihm gesagt, daß wir Proviant nicht brauchten.

Monsieur A. hat große, feuchte, rehbraune Augen. Er ist ein wenig fett und seine Handbewegungen haben etwas Beschwörendes, wenn er spricht. „Ich weiß, daß Sie nicht viel kaufen werden, aber wenn Sie kaufen, kaufen Sie bei mir!“

Er saß über zwei Stunden in unserer Kajüte. Elga bestellte 20 Eier.

Zusammen mit den 20 Eiern schickte Monsieur A. als kostenlosen Gruß: ein Pfund Kartoffeln, ein Pfund frisches Gemüse, eine Tafel Schokolade und eine Flasche Mauritius-Rum.

Was wir kaufen, kaufen wir nun bei ihm.

Am Abend hörten wir den Wetterbericht. Etwa 600 Seemeilen im Norden hatte sich der Zyklon „Angela“ gebildet. Wir fühlten den Schock, als würde uns ein Mal in die Seelen gestanzt, das Zeit unseres Lebens dort brennen soll. Nach dem Besuch von Monsieur A. hatte ich versucht, das Ereignis des Sturmes im Tagebuch zu schildern, wie wir kämpften und was wir alles taten – ich riß das Geschreibsel heraus und schrieb unter das Datum des Tages:

*Wir sind noch einmal davongekommen.*

Aus dem unruhigen und lauten Hafenbecken von Port Louis verholten wir bei gutem Wetter 10 Seemeilen nach Norden in die Grand'Baie. Es ist schön hier und ruhig. Fern im Süden, über dem mit Kasuarinen bestandenen Ufer sehen wir die Berge der Insel. Der übrige Horizont ist frei, denn die Bucht ist von einer weiten Ebene umgeben. Groß spannt sich der Himmel über die Zuckerrohrfelder.

An der Grand'Baie liegen viele Bungalows von Europäern. Auch das Gebäude des Segelclubs befindet sich hier. So währte es nicht lange, daß wir eine endlose Reihe von Bekanntschaften machten. Einladungen folgten auf Einladungen.

Nachdem am letzten Sonnabend mehr als zwanzig Besucher zu uns an Bord kamen, viele nur um der Sensation willen, brach ich zusammen. Am Sonntag hatte uns der Prokurist einer bedeutenden Handelsfirma zu einer Inselrundfahrt eingeladen – nur mit Mühe kam ich am Morgen hoch. Unlust und Schwäche waren kaum zu überwinden. Ich schaffte es irgendwie und die Fahrt wurde doch noch ganz lustig. Am Montag stand ich kurz vor Weinkrämpfen – ich wußte nicht warum. Ich versuchte, am Schiff zu arbeiten. Es ging nicht. Ich mußte mir eingestehen, daß ich am Ende war.

Elga sagte alle Verabredungen ab. Ich schlief tagelang. Elga sorgte sich sehr. Sie sagte, ich schlüge im Schlaf um mich. Die konsequente Ruhe brachte mich schnell wieder zu Kräften. Aber das Interesse an meiner Umwelt wuchs nur langsam. Dann begann ich, wie ein Scheunendrescher zu essen. Ich nahm mir einige Arbeiten an KAIROS vor – ganz langsam und ruhig. Elga half. Und schließlich konnten wir wieder lachen.

Aber den großen Empfang, den die mauritianische Hautevolee einem deutschen Margarinefabrikanten zu Ehren gab – er hatte uns mit Frau und Manager an Bord besucht – machte ich nicht mit. Elga ging allein. Sie erzählte mir von Indern und Inderinnen, von hohen Beamten und ihren Damen, von Diamantenkolliers und Orden, von kalten Buffets und Dienern, von strahlendem Licht. Es muß ein Fest wie aus „Tausend-und-einer-Nacht“ gewesen sein.

Auf den Zuckerrohrfeldern der Ebene, die unsere Bucht umgibt, sind Pyramiden aus großen Steinen aufgeschichtet worden. Die Negersklaven der Plantagen räumten diese Felsbrocken von den Feldern. Und da ihre Arbeitskraft billig war, ließen die Aufseher die Steine fein säuberlich zu Pyramiden bauen. Zusammen mit den einsamen Schornsteinen verlassener Zuckermühlen überragen sie die wogenden, grünen Felder und künden wie Monumente von der Geschichte und dem Reichtum der Insel. Dieser Reichtum führte nicht ins Glück.

1498 umsegelte Vasco da Gama das Kap der Guten Hoffnung. Er fand den Seeweg nach Indien. Um sich den Vorteil des Seeweges zu sichern, hielten die Portugiesen ihre Entdeckung geheim.

So ist nicht überliefert, wann Mauritius entdeckt wurde. Phönizier und Araber sollen die Insel schon vor den Portugiesen besucht haben. Die europäische Entdeckung geschah nach der Umschiffung des Kaps durch den Portugiesen Don Pedro Mascarenhas. Nach ihm wurde die Inselgruppe, die Mauritius mit den Inseln Réunion und Rodriguez bildet, Maskarenen genannt. Die Portugiesen setzten Schweine, Ziegen und Rinder aus. Ihre Schiffe hatten somit ein ständiges Depot von Frischfleisch auf den unbewohnten Inseln inmitten des Ozeans.

Holländer waren es, die als erste auf Mauritius zu siedeln versuchten. Aber sie fanden nicht genügend Unterstützung bei der Ostindischen Company, deren Interesse von Indonesien und dem dortigen Kampf mit den Portugiesen absorbiert wurde. Die Hollänger zogen ab. Der Name, den sie der Insel nach ihrem Freiheitshelden Maurice van Nassau gaben, blieb: Mauritius.

1715 besetzten die Franzosen die Insel, die über mehrere gute Naturhäfen verfügt. Indigo, Baumwolle und Kaffee, auch Zuckerrohr kamen zur Anpflanzung. Unter den Franzosen blühte die Insel auf.

Nach den napoleonischen Kriegen annektierten die Engländer Mauritius. Sie förderten den Anbau des Zuckerrohrs. Es schuf die Grundlage wirtschaftlichen Reichtums. Noch etwas taten die Engländer: als nach der Sklavenbefreiung die Neger nicht weiter auf den Pflanzungen arbeiten wollten, vielmehr das Leben von Fischern vorzogen, importierten sie indische Arbeiter. Und noch eines taten die Engländer: sie hielten sich strikt an den Vertrag, den sie mit den auf Mauritius lebenden Franzosen geschlossen hatten –

französischer Besitz, französische Lebensart, die französische Sprache blieben erhalten.

So gingen angelsächsischer Ordungssinn und französischer Esprit in 150 Jahren eine unnachahmliche Synthese ein. Diese Einmaligkeit ist zum Tode verurteilt.

Auf unseren Gängen durch Port Louis, auf unseren Fahrten über das Land: überall sahen und sprachen wir Inder. Sie - einst in ein paar unversicherten Schiffen als billige Arbeiter „importiert" - machen heute drei Viertel der mauritianischen Bevölkerung aus. Sie gehören allen Berufszweigen, allen Bildungsstufen, allen Religionen, allen Kasten an, die ihr Mutterland kennt. Die Inder vermehren sich. Die Inder sind fleißig. Die Inder sind klug. Die Inder sind Menschen mit uralten Überlieferungen. Sie fügen sich nirgends ein.

Da hockt der indische Bettler mit fliegenübersäten Schwären auf der Haut und fleht singend um eine Rupie. Fetzen bedecken seinen Körper.

Fetzen kleiden auch den indischen Wanderheiligen, der mit flammend ins Jenseits gerichteten Augen wie blind über die aussätzigen Beine des Bettlers hinwegsteigt.

Da geht die Inderin in grün-rotem Sari über die Straße. Ihr Gang ist stolz und geschmeidig. Sie trägt einen Korb auf dem Kopf und ihr Kind im Arm.

Da steht der indische Händler vor seinem dunklen Bazar und feilscht. Er hat noch nie die Straße verlassen, in der er geboren wurde und sterben wird.

Da fährt der blitzende Rolls Royce des indischen Handelsherren. Er reist jedes Jahr zur Kur nach Baden-Baden.

Mauritius, französischer Kultur und englischer Ordnung zum Trotz, ist eine indische Insel. Die Inder aller Religionen und Kasten wollen ihre politische Unabhängigkeit. Ihre verworrene Überzahl gewinnt jede Wahl. Aber gewonnene Wahlen machen noch kein selbständiges Land. Die Inder wählen und sehen sich gegenseitig nicht an: ihr Kastenwesen verbietet das. Die Inder wählen und verstehen einer den anderen nicht: ihre Religionen machen das unmöglich.

Und die weißen Mauritianer? Wir saßen im Salon von Madame L. Es hatte ein reichhaltiges Abendessen mit erlesenen Weinen gegeben. Beim Mokka begann die kleine Gesellschaft zu diskutieren, was jeden bewegt: Mauritius im Griff einer indischen Regierung. Man fand keinen Ausweg.

„Was sollen wir also tun?" - „Sie werden alles sozialisieren." - „Ruinieren." - „Die Plantagen." - „Geld transferieren." - „Geht schon nicht mehr." - „Auswandern." - „Ohne Geld?"

Es gibt keinen Ausweg. Sie schwiegen. Und dann erzählten sie uns fast feierlich von dem herrlichen Leben ihrer Vorfahren und Eltern. Wie sorgenfrei war das Leben! Zuckerrohr wuchs. Erst Sklaven, dann Inder taten die Arbeit. Der Reichtum kannte keine Grenzen.

Ich stand auf und ging zu dem tiefgezogenen, französischen Fenster „Made in England". Es stand offen. In der stillen Tropennacht schwamm KAIROS dunkel auf dem mondsilbernen Wasser der Bucht.

„Wie war es herrlich - war es schön - war es sicher - war es selbstverständlich - " murmelte es hinter mir.

Ich dachte an unsere Einsamkeit jenseits aller menschlichen Dinge, als der Sturm wehte. Vielleicht ist es das, was diesen armen Millionären fehlt: *jenseits* ihres Reichtums zu sich selbst zu kommen.

Als sie KAIROS in Scharen besuchten, fragten sie: „Wie fühlen Sie sich da draußen *allein*? - Haben Sie keine Angst so *allein*? - Wie konnten Sie bei Ihrer Ausreise einfach *alles* hinter sich lassen? Besaßen Sie denn nichts, was Ihnen *wert* war?"

Vom Garten herauf strömte der Duft von Hibiskus und warmer Erde - guter, schwarzer Zuckerrohrerde. Während ich in die Nacht starrte, fielen mir die Worte des indischen Schiffshändlers mit den geduldigen, rehbraunen Augen ein: wenn Sie kaufen, kaufen Sie bei mir.

Sie hatten recht, Monsieur A. Und wir alle haben unseren Preis zu bezahlen.

*Durban, im November 1966*

Im dunklen Bazar des Monsieur A., wo es immer vielfältig nach Indien und Arabien, aber auch eindeutig nach Katze roch, in einem der hinteren Räume, in dem der indische Händler seine Kunden mit einem Glas Bier oder Whisky zu bewirten pflegte, lernten wir Captain N. vom Motorschiff HORIZON, Durban, kennen. Wir kamen ins Gespräch. Auch die HORIZON hatte sich mit den Ausläufern des Zyklons „Angela" herumschlagen müssen. Es hatte an Bord Knochenbrüche und verrenkte Gliedmaßen gegeben.

Durch Captain N. hörten wir zum ersten Mal von einem deutschen Botaniker, der Passagier auf der HORIZON gewesen war.

„Ein großartiger, alter Herr", sagte Captain N. „Er ist über 60 Jahre alt, was ihn nicht hindert, täglich in tropischer Sonne Berge hinauf und hinab zu klettern, wenn er seine Pflanzen sammelt."

Wir lernten Herrn S. einige Tage später persönlich kennen, als er und wir Gäste einer deutschen Familie auf Mauritius waren. Er erzählte uns von

Pretoria, Südafrika, wo er mit seiner Familie lebt und am dortigen Botanischen Institut arbeitet.

Er bat uns, ihn zur Insel Réunion mitzunehmen. Ich hatte Bedenken. Wir hatten nicht die Absicht, diese Insel anzulaufen, weil wir den Indischen Ozean möglichst bald achteraus haben mußten. Die Jahreszeit der Zyklone schien früh einzusetzen. Außerdem bietet KAIROS für einen Passagier wenig Bequemlichkeit, auch wenn die Reise nur 24 Stunden dauert.

„Deswegen machen Sie sich keine Sorgen", sagte Herr S. „Ich bin an Bord arabischer Dhauen gereist. Ich werde nicht seekrank. Durch meine afrikanischen Reisen bin ich Strapazen gewohnt."

Die wenigen Schiffs- und Flugverbindungen nach Réunion paßten gar nicht in den Reiseplan des Herrn S. Wir hielten es außerdem für unhöflich, einem Landsmann nicht zu helfen. Ich willigte ein.

So kam es, daß KAIROS erstmalig mit einem Gast an Bord segelte und wir die Insel Réunion anliefen. Der alte Herr war ein mustergültiger Passagier. Stundenlang saß er geduldig auf seinem Platz, fand unser einfaches Essen fabelhaft und kroch am Abend brav in die für ihn im Vorschiff hergerichtete Koje. Wir segelten durch eine unruhige See in die Nacht hinein.

Am nächsten Morgen kam er ein wenig zerknautscht, doch heiteren Sinnes ins Cockpit. Er erklärte: „Ich habe gut geschlafen. Lärm der Bugwelle? Hat mich nicht gestört. Frühstück? Mir genügt eine Tasse Tee und ein Stück Brot."

Es tut gut, mit Menschen zusammen zu sein, die in der Einfachheit des Lebens Sinn finden. Nach dem Frühstück - dank Elgas Fürsorge war es etwas mehr als eine Tasse Tee und ein Stück Brot - setzte sich Herr S. in „seine" Ecke, schmauchte seine Pfeife und sah übers Meer. Es war ein Tag mit mäßigem Wind. KAIROS trug Vollzeug.

Für einen Botaniker muß das Meer eine schreckliche Einöde sein. Doch zum Glück kamen voraus die gewaltigen Konturen Réunions in Sicht. Freudig wandten sich die Augen unseres Botanikers dem neuen Sammelgrunde zu, dessen 3000 Meter hohe Berge sich hinter zunehmenden Wolken verbargen.

Mittags liefen wir in Port des Galets ein. Es ist ein winziger Hafen, den die Franzosen mit großen Anstrengungen gebaut haben, da die Inselküste keine Buchten aufweist. Nach den Hafenformalitäten brachten wir unseren Gast und sein Gepäck zum Bus nach St. Denis, der Hauptstadt an der Nordküste.

Wir kehrten an Bord zurück und saßen im Cockpit. Es war drückend heiß in dem kleinen, von hohen Kaimauern und Schuppen eingeschlossenen Hafen. Ich wollte den Abendwetterbericht mit der Großwetterlage abwarten, da wir ja nun aus dem tropischen Passatgebiet heraus nach Durban - 1500 Seemeilen im Südwest - segeln wollten. Die südafrikanische Küste ist „a hell of a coast“ mit heftigem Wettergeschehen. Vielleicht gab die Großwetterlage eine Möglichkeit, auf kommende Entwicklungen zu schließen. Am nächsten Morgen wollten wir auslaufen. Daraus wurde nichts.

François B. stand auf der Pier und betrachtete KAIROS mit sehnsüchtigen Blicken. „Sie segeln um die Erde?“ fragte er. „Könnte ich es doch auch!“

Wir saßen bald in angeregtem Gespräch. Er ist Klempner von Beruf. Als Madagaskar eine selbständige Republik wurde, gab es für weiße Handwerker keine Arbeit mehr. François verließ den Negerstaat mit Frau und Kind. Brasilien bot ihm wenig Möglichkeiten. Mozambique war nicht vielversprechender. Frankreich schien ihm zu eng. Nun lebte er auf Réunion und montierte Gittermaste für jeden Gebrauch. Er liebte diese Arbeit nicht. Der Verdienst reichte gerade aus, ihn und seine Familie zu ernähren.

Er war ein vertriebener Weißer Mann, wie es sie immer mehr geben wird. Er fragte uns nach allen besuchten Plätzen. Wenn wir erzählten, sprang brennende Neugier in seine Augen. Ich versprach ihm, an Bebe in Neukaledonien zu schreiben. Dort gibt es vielleicht für seinen Beruf Möglichkeiten im Bergbau. François lud uns zu einer Inselrundfahrt für den nächsten Tag ein. Als er gegangen war, fragten wir uns, ob mein Brief eine Hilfe für ihn und seine Familie sein könnte - vorausgesetzt natürlich, daß der Brief eine positive Reaktion auslöste. Wir mußten die Frage verneinen. Solange er keine Heimat in sich selbst findet durch einen Sinn, den er seinem Leben gibt, solange wird er unzufrieden und heimatlos bleiben. Ein gesicherter Beruf, ein gutes Einkommen, eine schöne Wohnung werden - je nach Veranlagung - eine sanfte oder quälende Täuschung bleiben. Trotzdem schrieb ich den Brief. François ist sehr jung.

Er machte nicht nur eine, er machte zwei Inselrundfahrten mit uns. Er war unermüdlich, uns die Schönheiten der Insel zu zeigen. Auf anderen Tropeninseln hatten wir die Berge immer nur von weitem sehen können, weil es keine Möglichkeit gab, durch den Dschungel an sie heranzukommen. Hier konnten wir auf Straßen mit reifentötenden Haarnadelkurven und haarsträubenden Steigungen in die Berge fahren.

Alpine Tropen hatten wir noch nicht gesehen. Aus der Dschungelvegetation der Täler fuhren wir durch den Busch, durch Wald, durch Krüppelkiefern zu schneebedeckten Gipfeln hinauf. Wasserfälle waren zahlreich. Von donnernden Wildwassern reichte ihre Vielzahl bis hin zu zarten Gebilden, deren fallendes Wasser zu Regenbogenfarben zerstäubte, bevor es die Tiefe erreichte.

Rèunion ist eine glückliche Insel. Die Kreolen, wie die Franzosen die Nachkommen der Negersklaven nicht ganz richtig nennen, sind französische Bürger. Es gibt keine Trennung nach Hautfarben. Überall in den Dörfern winkten schokoladenbraune Kinder. Die Erwachsenen lachten, wenn wir vorbeifuhren.

Als wir von den Bergen in die Küstenlandschaft zurückkehrten, sahen wir das Meer leuchten. Überm Horizont stand eine goldene Kumulusbank im Abendlicht. Durch die große Entfernung und unseren hohen Standort erschien sie unwirklich in Konturen und Ausdehnung: wir sehen von solchen Wolken ja nur die Bö, die aus ihren dunklen Unterseiten fällt. Hier und dort verschimmerte der Glanz des Ozeans im silberblauen Himmel. Nach der Eingrenzung durch die Berge die Unendlichkeit des Seeraumes: Elga und ich blickten uns an. Es gab nun keinen Aufschub mehr.

Wir segelten während der folgenden Tage Kurs Südwest zu West in unruhigem Passatwind. Er war nicht stark, wechselte aber häufig die Richtung. Immer wieder mußten wir während der Freiwache an Deck, um Segel zu schiften, Passatsegelbäume zu wechseln, Bullentaljen zu setzen. Wir wurden müde. Die sonst so stoische Elga zeigte Unruhe und Nervosität. Auch sie hatte mit dem Geschehen „Lady Angela" innerlich noch nicht abgeschlossen.

Die Bordroutine mit ihrer einzuhaltenden Regelmäßigkeit half uns. Sie ist ebenso unsentimental wie die See. Durch sie allein ist die Aufgabe zu lösen, ein Segelschiff segelnd zu halten. Müdigkeit, Abspannung, Hitze, Kälte, aber auch Erregung, Freude, Erfüllung - das alles zählt wenig im Hinblick auf das segelnde Schiff. Es muß den direkten Kurs laufen oder, wenn das nicht möglich ist, den günstigsten Kurs. Das kann nur durch präzise Navigation gewährleistet werden. Das Schiff muß die richtige Segelfläche führen, um schnell und gleichzeitig sicher zu sein. Es muß ständig überwacht werden. Laufendes Gut und Segel kommen immer wieder zum Schamfilen, wodurch sie sich schnell beschädigen können. Nur Vorbeugen kann das verhindern. Die Ruderwachen erfordern unablässige Aufmerksamkeit, die dem Kompaß, den Einzelheiten am Schiff, dem Wettergeschehen ringsum gilt.

Je früher eine einsetzende Veränderung in all diesen Dingen erkannt wird, desto eher können Maßnahmen getroffen werden. Im richtigen Augenblick zu einem richtigen Entschluß zu kommen - kaïros - ist für unsere Sicherheit, Schnelligkeit und Bequemlichkeit entscheidend.

Wir leben in ständiger Bereitschaft, die bis in den Schlaf hineinreicht. Wir „riechen" den Wind, „spüren" die See, „fühlen" das Schiff. Instinkte werden wach, die so alt sind wie die menschliche Angst vor der Natur.

Der Wind frischte auf. Ein erster Albatros umflog das Schiff. Wir freuten uns an seinem königlichen Flug. Doch wir wußten auch, daß er ein Botschafter des Großen Südlichen Ozeans war, in dessen Westwindbereich wir nun hineinliefen.

△ *„Keine weiße Frau geht nach Sonnenuntergang allein auf die Straße."*
▽ *„Sie zeigten uns, wie man Schildkröteneier sucht."*

△ „KAIROS steuert sich selbst bei Ostwind Stärke 4."
▽ „Die US-Pilot Chart für Monat September: ‚– weht der Passat oft stürmisch.'"

*„– an Tagen mit ungeradem Datum rechtsherum."*

Westwind mit Sonnenschein am nächsten Vormittag. Das Barometer fiel. In der Nacht folgte Südwind - kalt wie Polareis und böig bis Stärke 7 hinauf. Das Barometer sprang hoch.

Südostwind folgte: Stärke 5, dann 6, schließlich 7 bis 8. Dabei blieb es für zwei Tage. Unter stark gerefftem Großsegel und der in Mauritius reparierten Baumfock liefen wir durch die grobe See.

Der starke Wind wehte auf der Ostseite eines heranziehenden Hochs. Wir hofften, es würde südlich von uns stationär werden. Dann konnten seine Ostwinde uns schnell bis Durban bringen. Aber das Hoch entwickelte eine Gewitterfront und schwächte sich ab.

Als ich Elga um 03.00 Uhr ablöste, wetterleuchtete es heftig in Südwest. Warm und klebrig kam böiger Wind aus Nordost. Er ließ langsam nach, während das Wetterleuchten höher stieg. Da saß ich. Ein Stern hier am Himmel, dort noch einer - dann wurden sie von den konturlosen Nachtwolken verschluckt. Ich fühlte mich mutlos. Hatten wir es nicht hart genug gehabt? Konnten diese Wolken mit ihren Blitzen nicht hundert Meilen weiter südlich ziehen? Saß ich da nicht: müde, naß und erschöpft?

Das Wetterleuchten zog höher.

Ich weiß, was Müdigkeit, Erschöpfung und Angst sind. Aber nicht das Wissen genügt. Die Fähigkeit, diese Prüfungen immer wieder ertragen zu können - erst sie ergibt einen brauchbaren Seemann und einen in sich gefestigten Menschen. Der ganze Himmel voraus war Wetterleuchten. Nicht mein, Dein Wille geschehe.

Ich starrte auf den Kompaß und steuerte den Kurs. Es half nichts, wenn ich die Augen schloß. Ich mußte steuern: hinein in das aufziehende Dreckwetter.

Als die Dämmerung kam, war der Himmel grau überzogen. Die Gewitterwand zeigte bereits ihren Böenkragen. Der Wind schwieg. Ich weckte Elga zur Ablösung mit einer Art Schuldgefühl, ihr diesen Schlamassel nun zu überlassen. Wir besprachen die notwendigen Maßnahmen. Ich drehte das Großsegel um zwei weitere Reffs ein. Dann ging ich unter Deck - ungern. Ich legte mich in die Koje und schlief wider Erwarten ein.

Die Gewitterbö erreichte uns kurz nach dem 08.00-Uhr-Wachwechsel. Ich barg die Fock. Elga holte das Großsegel dicht und laschte die Ruderpinne nach Lee. Die Bö kam aus völliger Flaute heraus mit Windstärke 9. KAIROS legte sich schwer auf die Seite, wich aber, dem Gesetz des Beidrehens gehorchend, der Wucht des Windes aus. Treibend richtete er sich sofort wieder auf.

Nun war es da! Angst und Ungewißheit waren vorbei. Wir konnten, wenn nötig, die ganze Stärke unseres Schiffes wie auch unsere Erfahrung einsetzen.

„Warten wir es ab", sagte ich zu Elga, deren Gesicht schneeweiß geworden war. „Hab' keine Angst. Laß uns frühstücken."

Regen prasselte, Blitze zuckten, Donner rollte. Wir frühstückten - endlich einmal zusammen. Die Bö ließ nach einer halben Stunde nach. Der Regen wurde so stark, daß die Sicht keine 15 Meter betrug. Wir legten uns in die Kojen und holten Schlaf nach.

Am Mittag bei Südost 6 setzten wir wieder Segel und gingen auf Kurs. Achteraus im Osten hing die abziehende Gewitterfront wie ein geträumter Weltuntergang.

Auffrischender Nordwind folgte. Das Wetter wurde sonnig und warm. Wir standen 150 Seemeilen vor der südafrikanischen Küste. Das Barometer fiel schnell.

Aus starkem Dunst überm Horizont hob sich langsam eine zunächst leichte und hohe Wolkenbank. Sie verdichtete sich ständig von Südwesten her und zog gegen den Wind auf. Um 17.00 Uhr war der Himmel zugezogen. Kumuluswolken, oben hellgrau strahlend, unten schwarz voll Regen und Wind, standen etwa 5 Seemeilen Backbord voraus. Sie kamen sehr schnell auf uns zu.

Wir arbeiteten fieberhaft. Ich reffte das Großsegel achtmal ein und nahm die Fock weg. Elga bereitete im Cockpit alles zum Beidrehen vor. Einschließlich einer brennenden Sturmlaterne im Rigg war alles klar für die Sturmnacht, als die Bö über uns herfiel. West Stärke 7. Eine Viertelstunde später folgte eine zweite Bö aus Westsüdwest mit Stärke 8. Pause. Dann Südwest-Sturm Stärke 10.

Kairos war den Richtungen der Böen mit dem Bug gefolgt. Er lag mit etwa 60 Grad zum Wind und zu der schnell auflaufenden See. Das Leedeck war unter Wasser, doch kein Brecher konnte ihn fassen. Entweder brachen sie in den Wirbeln, die das treibende Schiff erzeugte, zusammen oder sie schoben das Schiff wie einen Korken vor sich her, wobei der Bug ihre Schlagkraft zerteilte.

Wir brauchten diesen Sturm nicht wie den vor Mauritius abzusegeln. Hier hatten wir Platz genug zum Treiben. In der schnell fallenden Dämmerung nahm die See bald ihr wildestes Aussehen an.

Wir aßen Schwarzbrot und Thunfisch aus Dosen. Die Krängung des Schiffes war fürs Kochen zu stark.

Das Kreischen des Windes im Rigg machte uns nervös. Es weckte mauritianische Erinnerungen. Wir tranken jeder einen halben Becher puren Rum. Dann legten wir uns in die Kojen, verkeilten uns mit Kissen und Fendern und versuchten zu schlafen. Ich überlegte, was zu tun wäre, sollte der Wind noch weiter zunehmen. Beutel mit Öl zum Glätten der See ausbringen –

Segel bergen - das Schiff würde dann mit dem Mast vor den Wind gehen - unsere vier 50-Meter-Leinen vom Heck aus nachschleppen lassen - und Öl, Öl, Öl in die See geben. Der Rum tat seine Wirkung und ich schlief ein.

Bei einem meiner Kontrollblicke zur Luke hinaus ließ ich den abgeblendeten Schein der Taschenlampe über Elgas Gesicht gleiten. Sie schlief. Ihr Gesicht zeigte vollkommen die ruhige Freundlichkeit, die ihr eigen ist. Haben wir den Schock überwunden, den „Angela" uns einjagte? Dort zu Luv in der Nacht konnte schon der Brecher rollen, der uns unter sich begräbt.

Ich wühlte mich in die Koje zurück.

Wir gehören nicht zu jenen glasharten, unerschütterlichen Yachtleuten, für die Flaute eben nur Flaute und Sturm eben nur ein Sturm ist - oder der Landfall nichts weiter als die richtige Annäherung ans Ziel. Für uns *lebt* die See leider in Schrecknissen und Gott sei Dank in Schönheiten. Wer annimmt, daß die See lebt, gibt seine Stärke preis. Er wird anfällig gegenüber der Unpersönlichkeit der See, da ihm gleichgültige Härte fehlt.

KAIROS holte schwer über, Wasser polterte übers Deck. Na? - KAIROS richtete sich wieder auf.

Vielleicht liegt aber in unserer Schwäche auch eine Fähigkeit: dem seelenlosen Meer eine Bedeutung zuzuschreiben, die den Sinn der Reisen, die wir über die Ozeane durchführen, anderen Menschen erklärt. So bleibt uns wohl nichts anderes übrig - Elga und mir - als die Angst zu ertragen, sie zu bekennen und dem lieben Gott die Ruderpinne zu überlassen, wenn unsere Kräfte nicht mehr ausreichen.

Ich schlief wieder ein. Ich war mit mir ins Reine gekommen.

Fahl in wässerigen Farben ging die Sonne auf. Sie verschwand sehr schnell wieder hinter Regenwolken. Die See bleckte ihre Zähne. Wir frühstückten. Anschließend hatte ich Zeit, mich endlich zu rasieren. *Wir* mögen nämlich keinen Bart.

Das Barometer raste in die Höhe. Am Mittag wurde es stetig. Der Himmel riß auf. Ich machte die Sonnenbeobachtungen schon bei ganz erträglichen 7 Windstärken. Nachdem Elga unsere Position berechnet hatte, setzten wir unseren Kurs auf einen Punkt nördlich von Durban an der afrikanischen Küste ab. Wir mußten den stark nach Süd setzenden Agulhas-Strom berücksichtigen. Unter gerefftem Großsegel und Sturmfock segelten wir weiter.

Schnell verlief sich die rollende See, als der Wind weiterhin abnahm. Die Stunden nach einem Sturm sind herrlich. Körper und Geist entspannen sich. Wir geben uns wohlig dem Frieden hin. Voraus klart sich der Himmel bis in seine tiefsten Tiefen auf.

Der Wind kam schwach aus Nordost, als wir uns der afrikanischen Küste näherten. Wir warfen die Maschine an, um Durban noch vor Eintritt der

Dunkelheit zu erreichen. Es war sehr diesig. Beiläufig, ganz unauffällig kam aus dem grauen Dunst die Küste in Sicht.

Für diesen Landfall hatten wir am härtesten seit unserer Ausreise von Hamburg gesegelt. 6500 Seemeilen Indischer Ozean lagen hinter uns - mehr als die Hälfte in stürmischen Winden zurückgelegt. Was für ein Landfall: wir tanzten nicht wie unter Spaniens Küste, wir waren nicht überwältigt wie beim Anblick der Insel Barbados, wir staunten nicht wie vor den Südseeinseln, wir saßen stumm und regungslos im Cockpit, wir fühlten keine Freude, nicht einmal Befriedigung. Doch eine große Erleichterung erfüllte uns.

Während des Nachmittags wurde die Küste deutlicher. Kurz vor dem Eintritt der Nacht kamen Häuser und Hafenanlagen in Sicht. Girlanden von Straßenlichtern flammten auf, Türme erleuchteter Fenster hoben sich. Der Schein des Lichtermeers wurde von den Wolken zurückgeworfen.

Wir mußten vor den Hafenmolen warten, da einige Frachtschiffe die enge, langgestreckte Hafeneinfahrt auslaufend passierten. Dann zeigte der Signalturm „Freie Einfahrt", die Lotsenbarkasse kam angeschäumt. Ein Lautsprecher quakte: „Ahoi, the yacht! Follow us! A pilot will board you inside the harbour."

Unter Maschine folgten wir dem Lotsenboot. Der Lotse kam an Bord und brachte uns zur Pier des Yachtklubs.

Sprechchöre brüllten über den Yachthafen: „KAIROS! KAIROS! - KAIROS!"

Was war das? Auf der Pier standen Menschen. Sie riefen und lachten. Sie nahmen unsere Leinen an, sprangen an Bord. Brot wurde uns gereicht. Im Nu hatte ich die Arme voll Bierflaschen. Blitzlichter flammten. „Willkommen in Durban! Willkommen in Südafrika!"

Vor mir stand plötzlich Kurt F., den wir mit seiner Yacht SAFARI während der letzten Tage auf Mauritius getroffen hatten. Durch unseren Aufenthalt in Port des Galets war er früher nach Durban gekommen. Er hatte von uns erzählt. Man erwartete uns also. Der Südwest-Sturm hatte in Durban starke Schäden angerichtet. Man machte sich Sorgen um uns. Ich wurde von Kurt getrennt. Ein Mann riesigen Wuchses schüttelte mich wie einen Hampelmann und brüllte lachend: „Gratuliere, gratuliere! Hier, nimm die Flaschen!"

Und ein anderer hieb mir seine Pranke auf die Schulter und sagte: „Good man, ihr müßt ja direkt durch die Hölle gesegelt sein!"

Als sich der Aufruhr verlaufen hatte - einer schrie: „Laßt sie in Ruhe jetzt! Sie sind müde!" - sammelten wir drei frische Brote und 18 Flaschen Bier ein. Kurt und seine Frau brachten uns sechs frische Eier.

Wir saßen in der Kajüte. Dann briet Elga die Eier, und ich brach das uns geschenkte Brot. Es wurde eine gesegnete Mahlzeit.

Durban ist eine große, moderne Stadt. Wolkenkratzerähnliche Neubauten säumen die palmenbestandene Uferstraße, an deren Ostseite der Indische Ozean seine weißrollende Brandung weit auf den Strand wirft. Vor den Badestränden sind im Wasser Netze als Schutz gegen die Haie gespannt.

Alles ist großzügig angelegt: die Straßen, die Plätze, die Grünanlagen. Schwarze Gärtner sind ständig beschäftigt. Der Hafen liegt in einer Bucht mit schmaler, geschützter Einfahrt. Die Hafenanlagen werden laufend ausgebaut.

Das Klima Durbans ist im Sommer zwischen November und April heiß und feucht. Fast jeden Abend entladen sich schwere Gewitter. Das Wetter, das wir schon jetzt für unsere Weiterfahrt im Januar sehr aufmerksam beobachten, bringt Perioden mit Sonne und Nordost-Winden, die von durchziehenden Küstentiefs unterbrochen werden. Ihr Durchzug erfolgt mit stürmischen Südwest-Winden.

„Hallo, Mädchen! Kennst du mich noch?“ ruft eines Mittags ein Mann von der Pier. „Ich bin Hasso E.“

Elga bessert gerade schadhafte Stellen an unserer Sonnenpersenning aus. „Hasso! So was! Komm an Bord. Dies ist mein Mann. Wie kommst denn du hierher?“

Hasso ist der Sohn einer mit Elgas Eltern befreundeten Familie. Sie waren Nachbarn in Hamburg.

Hasso bekommt einen Whisky. Er erzählt: „Ich wohne in Durban - schon eine ganze Zeit. Ich bin verheiratet und habe eine kleine Tochter. Es geht uns gut. - Ihr müßt uns besuchen. Ich hole euch heute abend ab. Ich habe deiner Schwester in Johannesburg versprochen, dich sofort zu mir ans Telefon zu schleifen. Sie macht sich Sorgen. Ihr schriebt, daß ihr Anfang November hier sein würdet. Das war vor zwei Wochen.“

Wir erklären, warum wir später gekommen sind.

„Na ja“, sagt Hasso. „Jetzt seid ihr hier. Keiner ist über Bord gefallen. Es ist also alles in Ordnung. Ich hole euch um fünf ab.“

Abends telefoniert Elga mit ihrer Schwester Anke, die mit Mann und drei Kindern nahe Johannesburg wohnt. Sie bekommt vor Aufregung einen ganz roten Kopf. Die beiden haben sich 15 Jahre nicht gesehen.

„Ja - gut - und euch? - Prima! - Die Kinder? - Ist ja toll! - Ja, wir freuen uns riesig! - Was? - Natürlich sind wir Weihnachten bei euch! - Wie geht's Werner? - So! - Morgen willst du kommen? - Wir sind ziemlich runter und an KAIROS muß viel getan werden. - Nur einen Tag mit dem Auto? - Du, gib uns noch acht Tage. Es ist auch wegen des Liegeplatzes, wenn wir sechs Wochen bei euch bleiben sollen. Das Schiff muß absolut sicher liegen. - Was? - Ja! - Nein! - Tüs, du!“

„Sie kann bei uns schlafen, wenn sie kommt!“ ruft Hasso.

Elga hat schon aufgelegt. Sie ist ganz atemlos.

Elfriede, Hassos Frau, sagt: „Ich kenne Anke. Die ist spätestens in drei Tagen hier. Und nun kommt. Ich hab' das Abendbrot fertig."

Unsere Zeit drängt. Schwitzend arbeiten wir von früh bis spät. KAIROS beginnt wieder zu glänzen. Wir bringen einige Segel zum Ausbessern zu einem Segelmacher. Wir kaufen ein neues Schlauchboot - ein englisches. Wann immer es nur geht, laufen wir ins Clubhaus, um eine Dusche zur Abkühlung zu nehmen. Unser altes, rotes Schlauchboot werfen wir, fein säuberlich zusammengefaltet, in den Ascheimer. Am Abend schwimmt es faltig und verbleicht auf dem öligen Hafenwasser. Als Besatzung trägt es drei kleine Negerlein, die munter mit Brettern paddeln. Rätselhaft bleibt, wie sie es aufpumpen konnten. Großes Geschrei erhebt sich, als die langsam, doch sicher entweichende Luft das stolze Gefährt zusammensinken läßt. Man rettet sich fachmännisch auf die Bootstreppe des Clubs und diskutiert das Ereignis. Ein weißer Bootsmann erscheint und verscheucht die drei kleinen Negerlein: „For whites only!". Er betrachtet bedächtig das Wrack. Dann nimmt er es auf, legt es zusammen und geht zielsicher mit ihm fort. Das ist das Schicksal unseres kleinen, roten Schlauchbootes.

„Ja", sagt Elga aufseufzend. „So eine Reise kostet Nerven."

Wir kaufen Seekarten für das nächste Jahr im Atlantik. Wir sitzen und planen. Dabei haben wir plötzlich unsere alte Seekarte des Nordatlantik auf dem Tisch. Sie zeigt unseren auslaufenden Kurs nach Westindien. Wir zögern für einen Augenblick. Der Kreis beginnt sich zu schließen.

Elfriede hat recht gehabt. Anke kommt nach drei Tagen. Sie bringt ihren elfjährigen Sohn Peter mit.

Die beiden Schwestern sind mit Peter zum Baden gefahren. Ich lege KAIROS sorgfältig in seine Leinen. Er liegt an der Südwest-Seite der Pier, woher die Sturmböen kommen. Einen anderen Platz konnte ich nicht bekommen. Ich bringe Anker und Ankerkette nach Luv ins Hafenbecken aus. Kurt hilft mir dabei. Er sagt: „Ich passe auf. Ihr seht euer Schiff in bestem Zustand wieder."

Elga und Anke kommen zurück. Wir laden unsere Siebensachen ins Auto. Türen klappen. Wir fahren in die große Weite Südafrikas.

*Bedfordview/Johannesburg, Dezember 1966*

Licht und Schatten flimmern. Mittagshitze lastet auf der Savanne. Die blattarmen Äste von Dornenbüschen und Schirmakazien geben der gelbbraunen Landschaft einen Silberschimmer, der am Horizont in staubigem Dunst verzittert.

Ein plötzlicher Windwirbel - heiß und trocken wie alles zu dieser Stunde - hebt eine Säule roten Sandes und läßt sie zischend an uns vorüberziehen. Für einen Augenblick, bevor sie in der wabernden Stille zusammenfällt, verdeckt sie den felsähnlichen Rücken, den wir in dem mageren Schatten eines Mopanibaumes entdeckt haben. Elefant? Nashorn? Der Rücken ist nur 50 Meter entfernt.

Wir warten. Die Hitze im Wagen wird backofenhaft. Leicht schüttelt der Motor im Leerlauf. Der graue Rücken rührt sich nicht. Unser Schweiß rinnt.

Doch jetzt: der Rücken bewegt sich! Wir sehen einen schlammüberkrusteten Hintern, darunter zwei gedrungene Säulenbeine. Nach rechts hin, neben der ledernen Flanke wird die spitze Linie eines Horns sichtbar. Das Nashorn macht Front. Die spielenden Ohren richten sich auf. Was wird es tun?

Im Hintergrund ziehen die langen Hälse von Giraffen über die wirre Linie des Busches, oft einhaltend in ihrer elastischen Bewegung und den kleinen Kopf mit den Stummelhörnern wendend. Als die Madenhacker, die auf dem Rücken des Nashorns sitzen, abfliegen, legt Werner den ersten Gang ein. Er läßt den Motor vorsichtig auftouren. Ein Bogen von Spannung springt auf. Jäger und Wild sind seine Pole. Ob eine Pfeilspitze sich auf das Wild richtet, Kimme und Korn eines Gewehrlaufs oder die Linse einer Kamera: in solchem Moment scheint die Welt still zu stehen. Das Nashorn senkt den Kopf und - wendet sich ab.

„Es geht zum Wasserloch", sagt Elga atemlos.

Werner wendet den Wagen und fährt an.

Ich sitze hoch im Fenster des Autos und versuche, den abwandernden Dickhäuter im Auge zu behalten. Erstaunlich schnell zieht er durch eine Senke, ist noch einmal in voller Größe zu erkennen, bevor er hinter Gestrüpp und Bäumen verschwindet. In einer Wolke von Staub bringt Werner den Wagen auf einem Hügel vor dem Wasserloch zum Stehen.

„Ich hab's aus den Augen verloren."

„Warten wir."

Der kahle Platz um das Wasser liegt verlassen. Der heiße Sonnenschein hat die Tiere in den Schatten getrieben. Über uns in den bleiernen Hitzeschleiern des afrikanischen Himmels kreisen einige Geier.

Wir geben das Warten schließlich auf. Während unserer Fahrt nach Norden machen wir Aufnahmen von Gnus und Zebras, die bewegungslos unter Schirmakazien stehen. Wir sehen einige Antilopen - Kudus, Impalas, zwei Springböcke - und hinter einer Biegung des Weges Giraffen, die in weichem Gummigalopp davonstieben. Zwei Stunden vor Sonnenuntergang fahren wir ins Camp. Es liegt auf einer Höhe über dem Olifant River. Von unserem Bungalow haben wir einen unermeßlichen Blick über Fluß und Savanne. Im Westen sinkt die Sonne blaß in rotem Dunst.

Die Camps im Krüger-National-Park sind Bungalow-Hotels. Sie liegen in einem Gebiet, das in seiner Größe etwa der Halbinsel Jütland einschließlich Schleswig-Holsteins entspricht. Der „Park" ist ein wildes, unberührtes Naturschutzgebiet. Von den Camps fährt der Besucher ins „Veld" und kann Afrika mit seinem Großwild erleben, wie es vor 100 Jahren war.

Beamtete Jäger beobachten die Wildbestände des Gebiets. Treten übermäßige Vermehrungen ein, so werden die Tiere gejagt. Es kommt auch vor, daß bösartige Tiere erschossen werden müssen. So wurde uns von einer Hyäne erzählt, die nachts ins Camp einzubrechen pflegte und nicht nur in den Abfalltonnen rumorte, sondern auch schlafende Menschen anfiel. Ein Elefantenbulle mußte getötet werden, weil er es nicht lassen konnte, Autos anzugreifen und die Karosserien einzutrampeln.

Wir duschen in unserem Bungalow. Vor dem Abendbrot sitzen wir abgekühlt auf der Terrasse bei einem Gordon's Gin aus der Reiseflasche. Flammend sinkt die Sonne. Hohe Wolken glühen rot in einem gelben Himmel. Braun-lichtlos wird die Fläche des Landes. Im hellen Band des Flusses ziehen die Silhouetten einer Elefantenherde. Urwelt und Urhimmel, muß ich denken - nur wir Menschen kennen Zeit.

Wir gehen zum Feuer hinüber, das schwarze boys entfacht haben. Wir braten Fleisch und rösten Kartoffeln. Wir essen aus der Hand. „Braaivleis" nennen die Südafrikaner diese Art einer Mahlzeit, die aus den Tagen der Trekburen stammt.

Vor Sonnenaufgang des nächsten Tages waren wir auf dem Weg zu einem Wasserloch im Osten. Wir fuhren durch die Furt eines wasserarmen Flusses. Als Werner den Wagen am jenseitigen Uferhang langsam emporfuhr, rief Elga: „Da! Hinter dem Busch!"

Unser Schwager bremste. Keine 5 Meter entfernt stand die Hyäne. Sie schreckte zusammen, hörte mit der Wühlarbeit in der Erde auf. Mit hochgestellten Rundohren, das Fell über dem buckligen Rücken gesträubt, verharrte sie bewegungslos. Ihre pupillenlos wirkenden, dunklen Nachtaugen waren auf uns gerichtet. Die Kadaverschnauze zog witternd Luft ein.

Klick! machte Elgas Kamera. Das Tier wandte sich zögernd ab. Wenig später entdeckten wir zwei weitere Hyänen, die in unserer Richtung den Weg entlangliefen.

Dann sahen wir Geier. Sie kreisten über einem Punkt, der in unserer Fahrtrichtung lag. Tiefer zogen die dunklen Vögel ihre Kreise. Schließlich schwebten sie wie Schatten des Todes nieder.

Die Ursache, die Hyänen laufen und Geier kreisen ließ, war Simba, der Löwe. Er ruhte links des Weges im Gras, keine 10 Meter entfernt. Er schüttelte lässig die Mähne und sah hin und wieder zur Seite, wo die Reste seiner Mahlzeit lagen. Sie waren nicht erkennbar. Das Flügelschlagen und gierige Gehüpfe von Geiern und Marabus verdeckte sie.

Simba putzte Schnauze und Pfoten. Weder die erhobene Pranke, noch das zarte Rosa der Zunge ließen Wildheit vermuten. Das Tier war gesättigt. Zärtlichkeit lag in seinen Bewegungen, eine sanfte Behaglichkeit. Es war, als hätte es seinen Lagerplatz inmitten von Grasrauten für ein Starfoto ausgewählt. Die bernsteinfarbenen Augen waren freilich mitleidlos. Zu ihnen paßte das zänkische Kämpfen der Geier: ein Tanz, der über blutigem Gedärm und zerrissenem Fell aufgeführt wurde.

Wir hielten auf einem sandigen Hügel vor dem Wasserloch. Es schien, als sähen wir im Rahmen der Windschutzscheibe einen Film über Afrika. Vor uns die Tränke mit schlammigen Rändern, dahinter eine Fläche aus Lehm und Gras, die durch Dornenbusch abgeschlossen wurde. Auf der Fläche dieser „Pan“ zog vielfältiges Leben: gelbe Herden von Impalas, schwarzweiße Ansammlungen von Zebras, dazwischen die dunklen Leiber wandernder Gnus neben grauen, hellgestreiften Kudus. Hunderte von Hufen wirbelten Staub auf. Plötzliche, übermütige Sprünge zuckten in dem ziehenden, sich ständig ändernden Muster auf. Gedränge am Wasser. Seitwärts und hinten hinaus standen aufmerksam sichernde Wachtposten. Mit dem steigenden Tag wurde das Leben am Wasserloch weniger zahlreich. Als der Dunst des Mittags sich silbern-braun über die Savanne legte, lag die Pan verlassen. Ein paar Antilopen als Nachzügler noch, eine Herde von Büffeln in drohender Schwärze - welch Gegensatz zu der Zierlichkeit vorher! - ein paar scheue Wasserböcke zum Schluß. Dann absolute, luftzitternde Stille.

Am Nachmittag rochen wir Elefanten. Wir stießen auf ihre Dunghaufen. Bald waren die Spuren ihres Zuges zu sehen: zerstörte Baumkronen, niedergerissene Äste, gestürzte Bäume. Vorsichtig folgten wird dem Wege, der in langgezogenem Bogen in eine Senke führte. Etwa 300 Meter entfernt, dort wo der Weg seinen tiefsten Punkt erreichte, stand ein Elefant. Er sah einem Termitenhügel ähnlich - doch Termitenhügel flappen nicht mit den Ohren.

Werner hielt an. Während wir noch durchs Fernglas das Tier beobachteten, schüttelten sich links von uns die Zweige des dichten Baumbestandes. Krachend wurde eine Lücke ins Laubdach gerissen. Gleich darauf hob sich in die Blätterlücke ein vorfühlender Rüssel. Tastend und zielstrebig suchend, faßte er ins Grün. Wieder Krachen und Rauschen. Wir sahen jetzt die graue Masse des Elefanten im Dickicht - keine 30 Meter entfernt.

„Aufpassen nach allen Seiten", sagte Werner. „Es ist nicht gut, mitten in eine Herde zu geraten."

Ein Elefant brach aus dem Gebüsch hervor. Stoßzähne, Rüssel, der riesige Kopf mit Ohren wie Haustüren erschienen zuerst. Die Linie des Rückens fiel rund zu den lederfaltigen Hinterbeinen ab. Der Schwanz pendelte. Er hatte eine richtige Kinderbuchquaste. Das Tier blickte weder rechts noch links. Seine Kiefer mahlten Laub. Die Rüsselspitze tastete über den Erdboden, suchte, fand ein Bäumchen, umschlang es sanft und riß es empor zum Maul, wo es im kauenden Schlund verschwand.

Ein dritter Elefant kreuzte vor uns den Weg.

„Los!" flüstert Werner aufgeregt. „Jetzt fotografiert."

Voller Genuß sammelt der Elefant vom Staub des Weges in seinen Rüssel und bläst ihn sich über den Rücken. Die Madenhacker sind nur so lange aufgeflogen, wie der Staubregen anhält.

Langsamen Schrittes, oft krachend Äste reißend, dann lautlos Gras und Büsche abweidend, zogen die Elefanten davon. Wie schön sind diese Tiere in ihrer Ruhe. Paläontologische Funde besagen, daß ihre Entwicklung vor 50 Millionen Jahren mit einem etwa schweinegroßen Tier ohne Rüssel und mit kleinen Stoßzähnen begann. Es lebte in der Sahara, als diese eine sumpfige Ebene war. 50 Millionen Jahre Entwicklung zogen an uns vorbei.

Als die Elefanten fort waren, kamen einige Warzenschweine des Weges. Sie sind abscheulich häßlich. Doch was besagt das? Vielleicht wird sich in einigen Millionen Jahren ein erhabener Riese aus ihnen entwickelt haben und man wird sagen: damals als es in Afrika Savannen gab -

Unser Besuch im Krüger-National-Park liegt schon einige Tage zurück. Ich sitze auf der Terrasse des Hauses. Werner und Anke sind im Geschäft. Die Kinder Peter, Katinka und Fufu haben Sommerferien. Sie steigen gerade mit Elga aus dem Schwimmbecken im Garten. Sie beginnen, Ball zu spielen.

Auch im Schatten des Baumes vor der Terrasse ist es warm. Im Norden, wo jenseits des Gartens mit Pferdespringplatz ein langgestrecktes, mit Wohnsiedlungen bebautes Tal sich zu flachen Hügeln hebt, stehen dunkelblaue Wolken. Fast jeden Abend gibt es ein Gewitter - kurz und heftig.

Es ist schön hier. Wir sind dankbar, einmal völlig entspannen zu können. Ich habe vorhin Hasso in Durban angerufen. Er sagte mir, daß KAIROS in

Ordnung sei: jeden Morgen führe er bei seinem Wege zum Büro am Yachthafen vorbei.

Elgas gebrochene Rippe wird hier in Ruhe heilen können. Sie rutschte in Durban auf der Pier aus.

Peter kommt von den spielenden Mädchen herüber. „Ich muß aufsatteln zum Trainieren. Sonntag ist Turnier", sagt er im Vorübergehen.

Ich ziehe mein Hemd aus. Es ist verschwitzt. Ich stelle den Transistorempfänger an, den wir von Bord mitgenommen haben. Ich höre Bantu-Musik. Sie hat immer den gleichen Rhythmus, einschläfernd oder wild aufpeitschend - in ihrem monotonen Unisono-Gesang liegt für mich die Klage eines ausweglosen Afrika.

Fufu kommt herbeigelaufen und fragt: „Warum hörst du immer diese Musik?"

„Ich mag sie."

„Aber sie ist von Negern."

„Sollen Neger keine Musik machen?"

„Ich weiß nicht. Keine meiner Freundinnen hört diese Musik."

Sie hüpft davon.

Ich lege mich in den Liegestuhl zurück und schließe die Augen. Vor einem Jahr erlebten wir Weihnachten in Neuseeland. Wir hörten die Weihnachtsbotschaft dort und sie traf zu: Ehre sei Gott in der Höhe und Friede auf Erden und den Menschen ein Wohlgefallen.

Dieses Jahr werden wir Weihnachten in einem Land feiern, in dem die Botschaft keine Erfüllung fand. Hier wurde kein Vertrag wie der von Waitangi geschlossen. Weder Weiß noch Schwarz übte Einsicht. Es wurde gekämpft, bis es für jede Verständigung zu spät war.

Ein Südafrikaner sagte mir: „Unsere Apartheid wird im Ausland völlig falsch verstanden. Wir tun für die Neger alles, was ihre Gesundheit, Erziehung und Entwicklung erfordert. Wir geben dafür Milliarden aus. Aber eine Gleichberechtigung der Schwarzen wäre das Ende unserer Republik."

Er hatte recht.

Der Südafrikaner fuhr fort: „Unsere Regierung hat versuchsweise Territorien geschaffen, in denen die Neger ihre Selbstverwaltung ausüben - natürlich ohne politische Rechte. Gelingt der Versuch, so haben wir schon viel erreicht."

Hatte er recht?

Da waren die kleinen Buschmänner, die seit Jahrtausenden als Jäger und Fruchtsammler in familiengroßen Banden das Land durchstreiften.

Da waren die Hottentotten, die von irgendwoher aus der Tiefe des Kontinents kamen und in endlosen Scharmützeln die Buschmänner bekriegten.

Da waren die Bantu-Stämme, die erobernd von Norden ins Land einfielen und Buschmänner wie Hottentotten in die Halbwüsten der Kalahari und des Betschuanalandes trieben. Immer wieder wurden sie von ehrgeizigen Häuptlingen zu Kriegszügen angetrieben, immer wieder von blutigen Häuptlingsintrigen aufgeputscht.

Und da waren die Holländer, die 1652 am Kap der Guten Hoffnung mit 90 Männern unter Jan van Riebeeck versuchten, einen Stützpunkt für die Ostindische Company zu gründen. Sie hatten unter Trockenheit, Sturmfluten, Krankheiten ebenso zu leiden, wie unter den ständigen Angriffen und Diebstählen der Hottentotten.

Die Holländer dringen ins Land vor. Bei den frommen Trekburen ist das Abschießen von Schwarzen nichts anderes als Jagd auf ein nicht genießbares Wild. 140 Jahre nach dem Bau des Pallisadenforts am Kap ist die holländische Kolonie doppelt so groß wie England. An ihren Grenzen herrscht ständiger Krieg mit den Bantu-Stämmen - vor allem an der Nordostgrenze.

In das von Buren, Hottentotten und Mischlingen bewohnte Gebiet stößt ein englisches Expeditionskorps vor. Holland ist mit Frankreich verbündet, das seinerseits mit England Krieg führt. Um den Franzosen die Benutzung des Hafens von Kapstadt unmöglich zu machen, besetzen die Engländer zunächst die Stadt. Die Buren revoltieren. Im Kapgebiet gelingt es den Engländern, durch geschickte Wirtschaftsmaßnahmen die Ruhe wieder herzustellen. Doch in den östlichen Gebieten herrscht bald offener Kampf. Die Buren sind gewohnt, fromm und rücksichtslos nach allen Seiten zu schießen. Und die Engländer bieten ein ebenso gutes Ziel wie Buschmann oder Bantu, Springbock oder Löwe.

Als die Engländer die Kolonie an die Holländer zurückgeben, herrscht in ihren östlichen Teilen das Chaos. Die Holländer werden damit nicht fertig. Drei Jahre später besetzen die Engländer wiederum das Land: als Kolonie der mit Napoleon verbündeten Batavischen Republik.

Dieses Mal ziehen die Engländer nicht ab. Sie lassen den Buren, was den Buren ist: die Verwaltung und den Klein-Krieg gegen die Bantu-Stämme. Sie öffnen England als Absatzmarkt für südafrikanische Produkte. Sie schaffen damit steigenden Wohlstand. Doch ihre liberale Auffassung hinsichtlich der Negersklaven findet zunehmende Ablehnung bei den Buren.

Das Farmleben der Buren ist ebenso wie ihr Viehzüchten von der Arbeitskraft der Sklaven abhängig. Als England Sklaven, Hottentotten und Mischlinge zu „free persons of colour" erklärt, fühlen sich die Buren trotz gezahlter Entschädigung betrogen. Ihre Vorrangstellung gegenüber den zahlenmäßig viel stärkeren Schwarzen scheint gefährdet.

Etwa zu dieser Zeit dringen Zulu-Stämme unter ihrem Häuptling Dingaan über Natal hinaus *nach Süden* vor. Nichts kann den gedrillten Regimentern des schwarzen Eroberers widerstehen. Er läßt seine Krieger im Zölibat leben und hetzt sie dann auf die Dörfer und Frauen seiner Feinde.

Die Buren erklären: „Wir können nicht mit den Engländern leben, die unsere Sklaven und Diener auf gleichen Fuß mit uns Christenmenschen stellen - entgegen den Gottesgesetzen und dem natürlichen Unterschied von Rasse und Religion.“

Der Große Trek beginnt im Jahre 1835. Hüh und hoh und voran! Fort von den gotteslästerlichen Engländern! Planwagen mit acht und mehr Ochsengespannen ziehen durch Savanne und Steppe *nach Norden*, über die Gebirge der Karru. Frauen und Kinder in den Wagen, Sklaven und Diener bei den Ochsen, die Männer zu Pferd mit der Büchse quer im Sattel. Herden werden den Wagen nachgetrieben. Staub wirbelt und senkt sich auf Wagenspuren, die bald überall durchs Land führen.

Die Buren singen Choräle. Sie sind ausgezogen, ein neues Land zu suchen - wie einst Gottes Volk das Land Kanaan. Ehre sei Gott in der Höhe! Sie ziehen durch den riesigen Kontinent, scheuen keine Strapazen, verlieren niemals die Hoffnung, bauen allabendlich die Wagenburg gegen Raubtier- und Negerüberfall, brechen den Widerstand feindlicher Bantu-Stämme und brennen die Dörfer der Besiegten nieder. Friede auf Erden! Das herrenlose Vieh der Schwarzen treiben sie den eigenen Herden zu. Sie trekken langsam. Manchmal erlaubt die Beschaffenheit des Landes nur einen Marsch von wenigen Meilen. Oft rasten sie auf guten Weidegründen, um das Vieh grasen zu lassen. Aber unaufhaltsam kommen sie voran.

Sie erreichen räderknarrend, herdenumblökt, täglich enttäuscht, täglich neuen Mut fassend, endlich das Gesegnete Land. Und den Menschen ein Wohlgefallen! Das Land ist reich und fruchtbar. Es ist Dingaans erobertes Land. Der Führer der Buren, Piet Retief, reitet voraus, um mit dem Zulukönig zu verhandeln.

Die Verhandlungen sind erfolgreich. Dingaan erklärt: „Bringt mir meine von den Mantadis gestohlenen Rinder zurück, so könnt ihr hier seßhaft werden.“ Der Bur nimmt keinen Anstoß an der Kürze des Palavers. Er ist am Ziel seiner Wünsche. Er kämpft mit seinen Buren die gestohlenen Herden des Zulukönigs zurück. Mit 70 Mann treibt er das Vieh in den Königskraal. Dingaan gibt ein großes Fest, dessen Höhepunkt der Kriegstanz seiner besten Regimenter wird. Im rasenden Takt der Trommeln springt der König plötzlich auf und ruft über tanzende Leiber, erhobene Speere hinweg: „Tötet die Weißen! Tötet sie alle!“

Und das geschieht.

Wie ein Schrei zieht die Nachricht nach Süden übers Highveld, wo die Geier noch an den Leichen der von anderen Burentreks erschossenen Ndebele-Kriegern fressen. Neue Schreckensmeldungen folgen. Weitere Buren, meist Frauen und Kinder, sind von den rasenden Zulus ermordet worden. Dingaan weiß, daß es um Sein oder Nichtsein geht. Wie Heuschrekkenschwärme kamen die Weißen ins Land: man muß sie wie Heuschrecken erschlagen.

Als ein Burenkommando unter Andries Pretorius anreitet, greift Dingaan an. Die Buren verschanzen sich in hügeligem Gelände hinter einem Fluß. Dingaan führt Regiment auf Regiment heran. Tausende von Kriegern stehen bereit. Hinter dem Fluß liegen nur 400 Weiße. Die Wellen der angreifenden Zulus bleiben im Feuer der verzweifelt schießenden Buren liegen. Immer wieder treibt Dingaan seine Linien vorwärts. Über Leichenhügel stürmen die Schwarzen vor. Rot färbt sich das Wasser des Flusses. Durch Blut waten die letzten Zuluregimenter zum Angriff.

„Tötet die Weißen! Tötet sie alle!“

„Schießt schnell, um Gottes Willen, schießt schneller!“

Am Abend bricht der letzte Angriff der Schwarzen zusammen. Der afrikanische Staub senkt sich auf 3000 tote Neger und fast 400 Weiße, die kaum fassen können, daß sie noch leben.

Das war die Schlacht am Blood-River, geschehen am 16. Dezember 1838. Das Datum ist als Dingaans Day nationaler Feiertag in Südafrika. Auch für die Schwarzen?

Die Macht der Zulus war gebrochen. Ihre Stämme hatten zu den mächtigsten der Bantus, ihre Krieger zu den unerschrockensten gehört. Zwischen Buren und Engländern vertieften sich fortan die Gegensätze. Die Buren gründeten den Oranje-Freistaat und die Republik Transvaal. Damit trennten sie die englische Kapprovinz vom englischen Rhodesien. Es kam zum Krieg.

Ohm Krüger führte die Buren. Er war ein entschlossener Mann. Der ständige Kleinkrieg gegen Bantus und Engländer hatte ihn hart gemacht. Das Sendungsbewußtsein des burischen Christentums erfüllte ihn stark.

Bei Yachtleuten steht Ohm Krüger in besonderer Erinnerung. Als er den ersten Weltumsegler, den Captain Joshua Slocum, empfing, sagte der Bur: „Sie segeln *um* die Erde? Nein, mein Freund. Sie können nur *auf* der Erde segeln!“ Ohm Krüger wußte nicht, daß die Erde eine Kugel ist. Und tatsächlich: in der Bibel steht nichts davon geschrieben.

Die Burenkommandos machten den schwerfälligen englischen Truppeneinheiten das Leben sauer. Die Engländer verloren die Schlachten und gewannen den Krieg. Die Buren-Staaten wurden englische Kolonien. Ohm Krüger floh in die Schweiz.

Nach dem Burenkrieg machten die Engländer Südafrika zum Dominion ihres Weltreiches. Sie verwalteten, so gut sie konnten – immer gegen die Stimmen der Buren, die sich nun Afrikaner nannten.

Die Bantus hatten keine Wahlstimmen. Sie verstanden nichts von Demokratie. Das Leben der Weißen, ihre Wirtschaft, ihre Religion, ihre Rechtsprechung, ihre Technik verwirrten sie. Sie versuchten, sich von der weißen Vorherrschaft zu befreien. Aber wie - ohne Waffen und inneren Zusammenhalt?

In christlicher Auffassung von Gewaltlosigkeit sowie heidnischem Festhalten an Zauberei breitete sich der Glaube aus, der Weiße Mann würde entmachtet, vernichte man die Gegenstände seiner so offensichtlichen Überlegenheit. Eine Welle von Diebstählen setzte ein. Warenschuppen wurden ausgeraubt, Läden geplündert. Die Schwarzen errichteten Scheiterhaufen und verbrannten das Eigentum der Weißen. Die Schwarzen beteten, Medizinmänner beschworen, Gesang tönte, Tanz führte in taumelnde Ekstase: denn jetzt mußte sich die Macht der Weißen mit ihren Gebrauchsgegenständen in Feuer und Rauch auflösen.

Aus dem Dominion Südafrika wurde nach dem Zweiten Weltkrieg eine selbständige Republik innerhalb des britischen Commonwealth. Negerregierungen gelten in dieser Staatengemeinschaft als gleichberechtigt. Die Republik trat deshalb aus. Sie ist nun ein unabhängiges Land, in dem vier Millionen Weiße elf Millionen Schwarzen *gegenüber*stehen.

Evelyn, das schwarze Hausmädchen, steht plötzlich vor mir.

„Master", sagt sie in ihrem harten Englisch, „ich hab' Essen aufgetragen. Die Missus, Peter und Katinka sind schon drin. Fufu noch nicht."

„Morgen ist Weihnachten, Evelyn."

„Ja, Master", sagt sie höflich und geht zur Cottage hinüber, in der sie mit dem anderen Gesinde wohnt. Das Gesinde: wie lange wird es noch höflich sein?

Fufu kommt mit einem Blatt Papier in der Hand auf die Terrasse gesprungen. "Sieh mal, was ich kann!"

Während sie mit ernstem Gesicht auf den Zettel blickt, beginnt sie Tanzschritte aufzuführen. Flüsternd zählt sie: „Eins und zwei und drei - links und eins -"

„Großartig, Fufu! Aber was soll der Zettel?"

„Ja, also - da hat Elga nämlich die Schritte und Figuren aufgeschrieben, die Katinka und ich euch morgen abend hier auf dem Rasen vortanzen. Weißt du, nach der Bescherung. Du darfst keinem etwas sagen, hörst du! Es ist eine ganz große und geheime Weihnachtsüberraschung!"

Ich ziehe mein Hemd an. Wir gehen nebeneinander ins Haus.

Fufu sagt: „Ich freue mich ganz doll auf Weihnachten! Du auch?"

Die Fenster des Eßzimmers sind geöffnet. Es ist angenehm kühl.

*Kapstadt, im März 1967*

Zurück in Durban klarten wir KAIROS auf und schlugen die Segel an. Mit der Ebbe ließen wir das Schiff auf einer Sandbank der Bucht trockenfallen und reinigten das muschelbewachsene Unterwasserschiff. Wir hörten ständig Wetterberichte.

Unsere Abfahrt wurde verzögert, weil mein linker Ellenbogen sich entzündete. Ich hatte ihn mir in Bedfordview aufgeschlagen. Der Doktor, zu dem ich ging, sagte: „Schneiden!" Nachdem er den Schnitt genäht hatte, sagte er: „Kommen Sie in acht Tagen wieder." Als ich nach dem Fädenziehen fragte, was ich zu bezahlen hätte, sagte er: „Gar nichts. Ich bin auch Segler. Kommen Sie gesund nach Hause!"

Ich denke manchmal, es wäre weit richtiger, unsere Reise nicht nach unseren Taten aufzuzeichnen, sondern nach denen jener Menschen, die uns halfen und Freundschaft entgegenbrachten.

Schon bei der Reiseplanung in Hamburg hatten wir mit Unbehagen an die Umsegelung Südafrikas gedacht. Wir hatten die Monate Januar und Februar dafür vorgesehen. Sie sind Sommermonate und die Westwinde wehen dann weniger stürmisch.

Die afrikanischen Segler sparten nicht mit guten Ratschlägen. In der Bar beim Whisky würzten sie ihre Erzählungen mit Schilderungen, wieviele Yachten am Kap gekentert, entmastet, gestrandet, zurückgeweht oder auch nur ganz schlicht beschädigt worden waren. Ich versuchte, über diese Geschichten Fakten zu sammeln - also Angaben über Jahreszeit, Wetterverhältnisse, Zustand der Yacht, Erfahrungen der Besatzung. Es gelang mir nicht. Das Bild blieb nebelhaft und düster, ungenau und schreckensvoll - entsprach ganz der Meinung, daß dieses eben eine Höllenküste sei.

Die südafrikanische Küste hat keine Buchten mit geschützten Ankerplätzen und wenig Häfen. Vor den Häfen steht bei stürmischem Wetter Brandung, die das Einlaufen über die Barre unmöglich machen kann. Starke Strömungen verursachen hohen Seegang. Wetterwechsel setzen schnell und heftig ein. Am Kap Agulhas, wie auch am Kap der Guten Hoffnung ist Nebel häufig. Kompaßstörungen durch erdmagnetische und lokale Einflüsse werden immer wieder festgestellt.

Das *wußten* wir. Aber es war schwer, bei den lebhaften Sturmschilderungen unserer Freunde keine Angst zu bekommen.

An einem Freitagabend war der Wetterbericht günstig. Am folgenden Sonnabend hatte ich unendliche Schwierigkeiten, unsere Schiffspapiere klarzubekommen. Zoll- und Hafenamt waren geschlossen. Schließlich fand ich einen Beamten, der mir die Papiere stempelte und unterschrieb.

Bei Nordostwind Stärke 5 und hohem Barometerstand verließen wir am folgenden Morgen den Hafen von Durban. Unser Doktorfreund - „nichts zu bezahlen, kommen Sie gesund nach Hause" - und andere Segler hatten uns ein Abschiedsessen gegeben. Sie standen auf der Pier und winkten. Wir waren so angespannt, daß wir nicht einmal Abschiedsschmerz empfanden.

Unter Maschine liefen wir in den Indischen Ozean hinein. Da war er wieder: Segel hoch! Der Seegang faßte uns. Nach dem langen Landaufenthalt hatten wir überhaupt keine Seebeine mehr.

Das Wetter blieb schön. Es wehte frisch. Steuerbord lag die Küste als blaugeschwungene Linie im starken Dunst. Die Nacht kam, mit ihr die erste einsame Wache an Deck.

Elga: „Brauchst du noch etwas? - Gute Wache!"

Ich: „Danke - und schlaf' gut!"

Einer wacht, damit der andere schlafen kann - der andere schläft, damit er für den anderen wachen kann. Obwohl wir uns kaum sehen und nur das Nötigste sprechen, liegt in der jeweiligen Einsamkeit eine große Erfüllung unserer Ehe. Denn jeder tut etwas für den anderen - achtmal am Tag.

Der nächste Morgen brachte so viel Dunst, daß die Küste unsichtbar blieb. Der Himmel bezog sich mit Gewitterwolken. Am Mittag nahmen wir noch schnell eine Sonnenhöhe. Das Barometer stand sehr tief. Wir wollten vor dem Wetterumschwung East London erreichen.

Das gelang. Mit Hilfe der errechneten Mittagsbreite näherten wir uns der Küste. Einige Gewitterböen erreichten uns. Ihr Regen schlug den Dunst nieder. Bei guter Sicht konnten wir den Hafen ansteuern. Wir hatten in 36 Stunden 265 Seemeilen gesegelt. Das entsprach einer Durchschnittsgeschwindigkeit von 8,4 Knoten bei achterlichen Winden zwischen 5 und 7. Der Algulhas-Strom hatte kräftig geholfen. Unser erster „Hafensprung" war getan.

„Wir haben selten Übersee-Yachten im Hafen", sagte der Lotse. „Großartig, daß Sie gekommen sind!"

Er wies uns einen sehr ruhigen Liegeplatz an.

Wir waren noch nicht richtig am Kai fest, als der Besucherstrom einsetzte. Da war die Familie B., Farmer aus Rhodesien, die sich in dem kleinen East London zur Ruhe gesetzt hatte. Sie lud uns für den nächsten Tag zu einer Rundfahrt ein. Dann kam der Vorsitzende des Segelclubs mit Gattin - vom Lotsen aus seiner Abendruhe aufgescheucht. Sie luden uns für den übernächsten Tag zum Essen ein. Dann erschien ein deutsches Ehepaar H. Von ihm wurden wir zu einer Landfahrt am Wochenende eingeladen. Andy kam auch an Bord. Er ist ein alter Fischersmann, der immer eine „seastory" weiß. Schließlich sprangen noch zwei Reporter der Zeitung an Deck.

Kann sein, daß da noch ein paar Leute mehr an Bord kamen - jedenfalls saßen wir wie Heringe in der Kajüte und tranken südafrikanischen Wein. Wir wurden immer lustiger und fanden es alle großartig, daß KAIROS nun also nach East London gekommen war.

Die Fahrt mit Herrn und Frau H. fand an einem Tage mit wolkenlosem Wetter statt. Wir fuhren weit ins Hinterland, wo Berge mit endlosen Tannenwäldern sich heben. Es war, als gingen wir im Schwarzwald spazieren.

Abends an Bord sagte Elga plötzlich: „Laß uns auslaufen. Gleich nach dem Abendessen. Die Schönheit heute hat mir Mut gegeben. Das Wetter ist ruhig und friedlich."

„Das Barometer steht nicht hoch genug. Wir kommen in dieser Nordostwind-Periode nicht nach Port Elizabeth."

Ich saß in der Luke. Aus der Ferne kam das Rollen der Brandung - rrrruummmh! Immer wieder.

Wir aßen schweigend unser Abendbrot. Elga ging zur Koje.

Ich setzte mich wieder in die Luke. Der Himmel war sternenklar.

Rrrruummmh!

Wie oft habe ich schon so gesessen. Auslaufen - nicht auslaufen? Keiner kann uns diese Entscheidung abnehmen. Sie bringt uns herrliche Tage auf blauem Wasser oder verzweifelte Kämpfe in einem nassen Chaos. Die Meinung anderer Segler: „Wetter? Mann, das kommt ja doch, wie es will! Auslaufen! Sei kein Feigling!" kann ich nicht teilen. Wieviele Yachten liefen mit uns von Europa aus: „Um die Erde! Ihr auch? Mensch, dann werden wir uns ja immer wieder begegnen!" Wo sind sie geblieben? Ich zähle es zu den ersten Pflichten eines Skippers, nach Möglichkeit *jedes* schlechte Wetter zu umgehen.

Zwei Tage später warfen wir die Leinen los. Vom Motorschiff KRÜGERLAND, Hamburg, winkten Männer. Es war bewölkt. Vom Oststurm des Vortages aufgeworfen, lief eine hohe Dünung. Der schwache Nordostwind füllte kaum unsere Segel. Langsam rollte und stampfte KAIROS an der Küste entlang, die sich als gelbes Dünenband nach Südwest hin in grauem Dunst verlor. Einige Albatrosse umkreisten uns in langgezogenen Bögen.

Grau und lichtlos fiel die Dämmerung. Die KRÜGERLAND lief von achtern auf und überholte uns. Sie änderte ein wenig den Kurs und brüllte dann mit dem Horn ihren Gruß zu uns herüber. Wir winkten und sahen der schlingernden Erscheinung nach, bis sie von der fallenden Nacht verschluckt wurde.

17 Knoten, dachte ich, in 37 Stunden ist sie in Kapstadt. Maschine stop. Aussteigen. Kein Kampf, keine Überwindung, keine Entscheidung, keine Bewährung. Der Mensch ist vor seinen Maschinen zum Beamten mit Ölkanne und Putzlappen geworden.

Die Nacht wurde ungemütlich. Es regnete heftig. Der Nordost wehte böig bis Stärke 6 hinauf. Am nächsten Vormittag liefen wir in den weitläufigen Hafen von Port Elizabeth ein. Nun hatten wir den zweiten „Hafensprung" gemacht.

Für das kommende Wochenende wurden wir von einem südafrikanischen Ehepaar deutscher Abstammung eingeladen. Wir konnten der Einladung nicht folgen. Das Barometer zeigte den erforderlichen, hohen Druck, um weiterzusegeln. Elga kaufte Brot. Ich ergänzte den Benzinvorrat. Dann liefen wir aus.

Als wir das Kap Recife querab peilten, konnten wir zum ersten Mal in diesem Jahr auf Westkurs gehen. Bislang hatten wir mit unserer Küstensegelei auf Südwest-Kurs die Entfernung nach Hamburg nur vergrößert. Kap Agulhas, der südlichste Punkt Afrikas, und das Kap der Guten Hoffnung lagen nun voraus. Wann und wie würden sie sich zeigen?

Unsere Umwelt veränderte sich schnell und spürbar. Die Küste an Steuerbord zeigte nicht mehr endlose Sanddünen vor einem hügeligen Grasland. Sie wurde felsig und steil. In geringer Entfernung hinter ihr hob sich das Küstengebirge bis zu 1500 Metern. Es war ein grandioser Anblick. Wir wußten von der Karte, daß hinter dem Gebirgszug das Gebiet der Kleinen Karru liegt - eine Halbwüste, die das Küstengebiet mit seiner reichen Pflanzen- und Blumenvegetation eingrenzt. Nach Norden folgen weitere Gebirgszüge, die den Buren auf ihrem Trek große Schwierigkeiten bereiteten.

Die Zahl der Seevögel nahm zu. Außer den Albatrossen, die mit dem Wind kamen und gingen, sahen wir Tölpel, Möwen, Kormorane, Kaptauben und Seeschwalben in großer Zahl. Seehunde tauchten auf und beäugten uns neugierig. Auch unsere alten Freunde, die Wale, ließen sich wieder blicken. War das Wetter ruhig, so hörten wir ihr Blasen und sahen ihre Fontänen. Nachts bellten die Seehunde klagend. Ihr Bellen gab der Stille ringsum eine verlorene Tiefe.

Das Wetter blieb gut und schwachwindig. Obwohl wir unsere Maschine nicht gerne gebrauchen, ließen wir sie laufen, um keine Zeit zu verlieren.

Am zweiten Tag wehte es frisch und warm aus Ost. Das Barometer fiel. Wir genossen sehr, vom Lärm der Maschine befreit zu sein. In einem fast strahlenden Blau lagen an Steuerbord die Outeniqua Berge - zerklüftet und urwelthaft. Unzählige Buschfeuer hatten sich durch Selbstentzündung auf den Hängen entfacht. Ihr Rauch hob sich zu schleierartigen Gebilden, die der Wind wie Gespenster an der Küste entlang trieb. Am Abend war die Küste fast unsichtbar geworden.

In violetten, rostbraunen und messinggelben Schleiern versank die Sonne. Der Wind schlief ein. Die immense Stille des windlosen Meeres umgab uns. Erst rot, dann gelb, schließlich weiß hob sich im Osten die halbe Scheibe des Mondes. Durch die Dunkelheit glühten die Brände auf den Bergen wie Augen. Im steigenden Mondlicht hoben sich die Bergkulissen schemenhaft gegen den Himmel ab, während sich an Backbord der Südliche Ozean bis zur Antarktis ausdehnte. KAIROS zog langsam durch das wogende Wasser, in dem sich Mond, Sterne und Feuer spiegelten.

Als ich Elga um 03.00 Uhr ablöste, stand sie noch für einen Augenblick im Cockpit. „Hier zum ersten Mal", sagte sie langsam, „habe ich den Sinn unserer Reise *gefühlt.*" Sie zeigte zu den Bergen im Feuerschein, in den Himmel und über das Meer: „Erde und Feuer, Luft und Wasser - *Weltreise!*"

Der nächste Morgen brachte ein völlig verändertes Bild. In Wolken, Brechern und fliegender Gischt war unsere Welt sehr klein geworden - und sehr naß. Es wehte aus Südwest mit Stärke 7. Der Seegang lief kurz und hart: Strom gegen Wind. Die Küste lag in Wolken und Nebel verborgen.

Wir beschlossen, den kleinen Fischereihafen Mossel Bay, 12 Seemeilen entfernt, anzulaufen und dort günstigen Wind abzuwarten. Schlag um Schlag kreuzten wir gegen den zunehmenden Seegang. Am frühen Nachmittag waren wir im Hafen.

Das Städtchen liegt an den Geröllhalden einer Landzunge. Bei Weststurm gibt der kleine Hafen guten Schutz. Stündlich klingt die Glocke der Kirche über Häuser und Hafen. Die Fischkutter, die hier ihren Stützpunkt haben, sehen wie norwegische Fangboote aus: gedrungene, kräftige Linien mit hochgezogenem Bug. Wir blieben einige Tage. Nebel zog über die See.

Das Land hinter Mossel Bay wurde von Buren besiedelt. Der englische Einfluß blieb gering. Die Leute sprechen Afrikaans. Und wenn sie auch des Englischen mächtig sind - sie sprechen es ungern und mit einem Akzent. Die Männer sind grobschlächtig, ihre Bewegungen bedächtig. Ihr Blick wandert gern zum Horizont. Die Frauen in ihren gewebten Kleidern zeigen noch etwas von jener Entschlossenheit, die sie hinter ihren schießenden Männern stehen und die Gewehre laden ließ. Von ihren Farmen kommen sie in verstaubten Autos zur Stadt und machen ihre Einkäufe. Der sie begleitende Negerboy schleppt Kisten und Säcke zum Auto.

In dem kleinen Museum begrüßte uns der Kustos: „Ah, endlich jemand, der sich für mein Museum interessiert!" Er blieb an unserer Seite und gab Erklärungen.

„Hier habe ich ein besonders wertvolles Stück", sagte er und zeigte auf ein Gewehr. „Diese Büchse hat dem Vortrekker –" er nannte einen Namen, den ich nicht verstand – „gehört. Sie hat später den ganzen Burenkrieg mitgemacht!"

Ich nahm das Gewehr – mit Erlaubnis des Museumsmannes – in die Hand. In den Kolben waren die Wappen von Transvaal und dem Oranje-Freistaat eingeschnitzt. Verschluß und Lauf waren sorgfältig gefettet. Sie zeigten keine Roststelle. Das Gewehr lag leicht und ausgewogen in der Hand. Wie von selbst fand es zur Schulter. Unwillkürlich blickte ich über Kimme und Korn: – Buschmänner, die um ihr Leben laufen – Zulu-Regimenter, die verbluten – Engländer, die mit vorgestreckten Bajonetten angreifen. Ich stieß das Gewehr an seinen Platz zurück.

Der Museumsmann lächelte stolz. „Und hier", sagte er, „habe ich ein anderes schönes Stück. Es ist das handgeschnitzte Kreuz eines Transvaal-Predigers."

Natürlich – nun haben wir die Schlacht gewonnen, nun müssen wir Gott danken.

„Wie gefällt Ihnen Südafrika?" fragte der Museumsmann.

„Es ist – sehr groß –" sagte ich.

„Es ist ein freies Land!" sagte er. „Es leben viele Ihrer Landsleute hier. Und alle haben es zu etwas gebracht!"

Als wir das Museum verließen, dachte ich darüber nach, warum meine Landsleute es in einem Land „zu etwas bringen" mögen, das keine Rassenfreiheit kennt. Das konnte natürlich reiner Zufall sein. Ich wollte mich am Sonnenschein freuen, der über der kleinen Stadt lag – es gelang mir nicht.

Als wir zum Hafen kamen, stand ein Mann mit seinem Wagen auf der Pier und sah zu KAIROS hinüber.

„Ist Ihr Schiff aus Kunststoff?" fragte er.

„Nein, Stahl."

Wir kamen ins Gespräch. Nach einer Weile stieg der Mann aus seinem Wagen heraus und stellte sich vor. Er war fast zwei Meter groß, hatte Schultern wie ein Schrank und ein freundliches Jungensgesicht.

„Ich heiße Herman S., meine Freunde nennen mich Boet." Er lachte und fuhr fort: „Das ist Afrikaans und heißt soviel wie Bruder. Ich habe 30 Meilen nordwärts geschäftlich zu tun. Haben Sie Lust mitzukommen?"

Während der Fahrt erzählte Boet. Er ist Bauunternehmer und hat viel zu reisen. „Aber das ist nicht wichtig. Zweimal im Jahr gehe ich mit Freunden auf Safari. Kalahari! Rhodesien! Früher fuhren wir hinauf nach Kenia. Aber da lassen die Schwarzen keine Südafrikaner mehr rein." Er erzählte von der Jagd, von guten und schlechten Schüssen. Seine Augen leuchteten.

In dem kleinen Landstädtchen George erledigte Boet seine geschäftlichen Dinge. Dann fuhr er mit uns weiter - nicht zurück, sondern in die Berge. Er brachte uns bis in die Wolken hinauf.

Dort hielt er in einer Ausweitung der Straße und stieg aus. Wir folgten. Es war kalt hier oben. Der Wind klatschte uns Feuchtigkeit ins Gesicht. Wir fröstelten.

Boet sagte: „Seht dort den Paß!" Er wies über das Tal zum jenseitigen Steilhang, der von Regen und treibenden Wolken fast eingehüllt war. Über seine wilden Geröllhalden führte ein Pfad.

„Das war für die Trekker der einzige Weg, um diese Bergkette zu überwinden. Jeder Ochsenwagen mußte einzeln mit den Gespannen auch der anderen Wagen hinübergebracht werden. Die Mühe mit gebrochenen Achsen und zersplitterten Rädern könnt ihr euch vorstellen. Dann die Viehherden. Und außerdem Wachdienst, Erkundungsritte und Jagd fürs tägliche Brot. Meine Vorfahren sind da hinübergezogen. Sie haben dieses Land mit Mühe und Arbeit erobert."

„Es gehörte den Bantu-Stämmen", sagte ich.

„Sie waren Eroberer wie wir", sagte Boet. „Wir waren stärker. Kann man uns daraus einen Vorwurf machen?"

„Nein. Aber diese ewige Schießerei, dieses bornierte Bibellesen -"

Ich blickte in Boets freundliches Gesicht.

Er sah mich lächelnd an. „Sprich weiter", sagte er.

Ich sah zum Paß hinüber. Da hatten diese Menschen vor der Entscheidung gestanden, diesseits zu bleiben oder den Übergang zu wagen, koste es, was es wolle. Bei dem, der nichts wagt, bleibt stets die Möglichkeit der Kritik.

„Wir haben es getan", sagte Boet. „Wir scheuten weder die körperlichen Strapazen, noch Tod und Teufel, noch die Folgen, die eintreten konnten. Wir glaubten, das Wort würde unsere Taten erlösen - nicht unser, Gottes Wort. Darum haben wir geschossen *und* gebetet. Meine Vorfahren haben darauf vertraut, daß ich ebenso tapfer und stark bin wie sie, um mit den Folgen ihrer Handlungsweise *gerecht* fertig zu werden. Und seht, *das* wollen wir Afrikaner hier in Südafrika. Dann ist nämlich nicht umsonst geschossen und gebetet worden."

Ich schwieg. Warum sagte ich nichts?

Wir fuhren weiter. In Regen, Nebel und Kälte blieb der Paß zurück. Die Straße senkte sich in Windungen. Die Wolken wurden höher und lichter, teilten sich. Plötzlich lag die Ebene der Kleinen Karru vor uns. Wolkenloser Himmel überspannte die Ebene. Sonnenhitze brannte. Das Land lag ohne Grenzen - wüstenhaft, doch immer wieder unterbrochen von Feldern menschlichen Fleißes. In der Ferne stand blau die nächste Gebirgskette.

Boet hielt den Wagen an. „Da!" sagte er.

Er ließ uns Zeit, alles zu betrachten. Dann löste er die Bremse des Wagens, der langsam über die einwandfreie Asphaltdecke der Straße hangabwärts zu rollen begann. Boet zeigte uns das Land. Wir fuhren in ein paar Stunden, wofür die Trekker ein paar Tage gebraucht hatten.

Am Abend, nachdem Boets Frau das Geschirr fortgeräumt und die Kinder zu Bett gebracht hatte, sagte unser Freund: „Ihr müßt dieses Land kennenlernen. Paßt jetzt mal auf! Wir stellen euer Schiff per Kran sicher an Land. Im Juni mache ich mit einigen Freunden eine Safari nach Angola. Wir besuchen Buschmänner und Negerstämme, die sonst kein Weißer sieht. Ihr kommt mit! Wir kennen das Land. Wir zeigen es euch. Na - wie ist der Vorschlag?"

Über diesen Vorschlag brüteten wir den ganzen nächsten Tag. Zunächst war Elga dafür - ich dagegen. Am Nachmittag war es umgekehrt. Afrika, das richtige Afrika lockte.

Am Abend hörten wir den Wetterbericht. Er sagte Ostwind voraus. Wir saßen im Cockpit. Der Himmel war von mittelhohen Wolken überzogen - ein gutes Wetterzeichen in diesen Breiten. Träge wiegten sich die Fischkutter im Hafenschwell. Irgendwo knarrte ein Fender. Ein Seehundskopf tauchte aus dem schwarzen Wasser auf und verschwand prustend. Spitz stand der Kirchturm vor dem lichtlosen Himmel. In der Stadt gingen die Lichter an.

Ich dachte plötzlich nicht mehr an Afrika. Ich dachte an Skandinavien: ein Fischerdorf hinter den Schären unter eisengrauem Himmel.

„Wir segeln nach Hause", sagte ich zu Elga. „Wir können nicht mit einer neuen, großen Sache beginnen, wenn wir die alte nicht abgeschlossen haben."

„Zu Haus warten unsere Eltern", sagte Elga.

Am nächsten Tag dankten wir Boet für seine Freundschaft und lehnten sein Angebot ab. Um nicht rückfällig zu werden, rasten wir zum Hafen, setzten Segel und liefen aus.

Kap Agulhas passierten wir unter Vollzeug bei Ostwind Stärke 5 um 17.00 Uhr des nächsten Tages. Der Himmel war vollkommen klar. Weiß leuchtete der Turm des Leuchtfeuers auf der flachen, unscheinbaren Landzunge des Kaps. Der Sonnenball senkte sich langsam zum westlichen, zum *atlantischen* Horizont. Schnaubend und gischtend setzte KAIROS den Bug in die Seen des Atlantik. Wir küßten uns und schrien vor Freude: „Kursänderung auf Nordwest! Heimatkurs! Laß ihn laufen, den guten, alten KAIROS! Halt ihn segelnd! Rolling home! Kaïros, kaïros!"

Dünn verloren sich unsere Stimmen zwischen Himmel und Wasser. Kap Agulhas versank in der aufsteigenden Nacht. Es lag nun kein Kontinent mehr zwischen uns und Europa.

Mit der Umsegelung des Kaps der Guten Hoffnung hatten wir kein Glück.

Während der Nacht wurde es flau. Drei Stunden arbeitete ich an der Maschine, die nicht anspringen wollte. Übermüdet gaben wir es schließlich auf. Als aus einer schnell aufziehenden Wolkenbank Nordwestwind aufsprang, reffte ich das Großsegel und setzte die Sturmfock. Die Wolken konnten nichts Gutes bringen. Es blieb für jeden noch eine Stunde Schlaf bis zum Tagesbeginn.

Dieser sah uns hoch am Wind in Regenschauern segeln, die der Nordweststurm vor sich hertrieb. Wir kreuzten: alle drei Stunden gingen wir über Stag. Wir standen 40 Seemeilen südlich des Kaps. Das Kreuzen erforderte navigatorische Mehrarbeit. Naß, kalt und hundemüde hing der Freiwächtler nach der Ablösung über dem Kartentisch und zeichnete den jeweils gesteuerten Kurs in die Karte, bevor er sich in die Koje fallen ließ.

Ich fühlte mich seekrank wie noch nie. Alles, was ich mühsam hinunterwürgte, kam ebenso mühsam wieder herauf. Ich versuchte es mit Brot, mit Äpfeln, mit Rosinen, mit Schokolade, denn man *muß* essen, wenn man seekrank ist: alles kam unverändert wieder ans Tageslicht.

„Versuch es mit Käääse!" schrie Elga.

Aber allein schon der Gedanke an Käääse –

KAIROS kämpft gegen donnernde Seen und heulenden Wind. Kurs West, Wachablösung, Wendemanöver, Kurs Nord zu Ost, Wachablösung, Wendemanöver. Elga hält sich wacker, doch am Mittag zeigt auch sie konkrete Symptome der Seekrankheit.

Der Himmel riß auf. Der Wind drehte etwas westlich. Im Norden kam der graue Schatten eines Berges in Sicht. Ehe wir ihn recht erkennen konnten, war er wieder hinter Schauern verschwunden. Nach der Peilung mußte es das Kap sein. Der Wind erreichte Stärke 9. An Beidrehen war nicht zu denken. Wir standen zu dicht unter der Küste. Auch hätten wir treibend alles verloren, was wir mühsam aufgekreuzt hatten.

Wir mußten segeln. Und wie so oft in der letzten Zeit gab uns der Anblick unseres triefenden, unermüdlichen Schiffes Halt und Ansporn. Das Wasser war eisig kalt. Es griff nach uns, wir saßen oft wie schwimmende Fleischbündel in unserer Sicherungsleine. Das Fleisch zählte nicht mehr. Es fror und zitterte und wimmerte. Niemand nahm Rücksicht darauf: das Meer nicht, der Sturm nicht, das Schiff nicht, unser Wille und unser Hoffen nicht.

So umsegelten wir das Kap der Guten Hoffnung. Als ich am Nachmittag ins Cockpit gekrochen kam, rief Elga: „Ich hab' es gleich! 5 Seemeilen hier an Steuerbord!"

Der Wind hatte auf Südwest gedreht und nachgelassen. Die Schauerwolken waren einer lockeren Bewölkung gewichen. Wir segelten Nordwest-Kurs. Über dem nachlassenden Seegang hing die rot-blaue Friedensstimmung eines frühen Herbstabends.

Und da lag das Kap! Ein Schimmer von Abendlicht überhauchte seinen blau-violetten Felshang, der sich steil und erhaben über die tobende Brandung hob. Ein großer Passagierdampfer, der nach Norden lief, wirkte unter ihm nicht größer als eine Streichholzschachtel.

Leichter und leichter wurden die Wolken über uns, sanft zog der Wind, und nur noch selten setzte KAIROS hart in die auslaufende Dünung. Was wir so lange entbehrt hatten: die Gewißheit, mit allen Schwierigkeiten fertig geworden zu sein – sie erlebten wir nun doch noch vor der steinernen Größe des Kaps der *Guten Hoffnung*. Der Indische Ozean lag achteraus.

Ich sagte zu Elga: „Du und ich und unser Schiff KAIROS – wir sind ja sehr klein. Aber wir haben es tatsächlich geschafft."

Wir refften aus. Der ungestörte Schlaf während der Freiwachen stärkte uns. Strahlend kam der Morgen. Als die Sonne sich über das Küstengebirge der Zwölf Apostel hob, begann für uns ein neuer Lebensabschnitt: wir steuerten *nördlichen* Kurs. 25500 Seemeilen waren wir nach West gesegelt, waren der uralten Lockung gefolgt, die der westliche Kurs auf die Seefahrer des Abendlandes ausübte. Wir haben Opfer gebracht. Aber wir haben dafür alles empfangen, was ein Menschenleben lebenswert macht.

Und glücklich steuerten wir KAIROS in den Hafen von Kapstadt, über dessen Kränen sich die blau-graue Schönheit des Tafelberges hob.

# Im Südatlantik

*St. Helena, im April 1967*

Vor 15 Tagen liefen wir von Kapstadt aus. Es liegt 1700 Seemeilen zurück. Gestern segelten wir hier ins Lee der Insel und machten an einer der Tonnen fest, die in der Bucht vor Jamestown ausgelegt sind. Die Bucht ist nicht mehr als eine leichte Einbiegung der felsigen Steilküste. Und Jamestown ist die Niederlassung St. Helenas. Sie liegt in einem tiefen und engen Tal, das zum Meer hin geöffnet ist.

Bevor uns wieder die leere Weite des Ozeans aufnahm, genossen wir in Kapstadt die Annehmlichkeiten der Zivilisation: frische Milch und Butter, frisches Brot und Fleisch, Wasser in unbeschränkter Menge zum Kochen und Waschen, Einladungen, Konzerte, Gespräche mit gebildeten Menschen, Tanz im Club, Autofahrten mit Familie K.

Kapstadt ist gewiß eine der schönsten Städte der Erde mit den Silhouetten des Tafelbergs, des Devils Peak und Lions Head über seinen alten und modernen Häusern, mit seiner abwechslungsreichen Umgebung, die Flachland ebenso wie Gebirge, Gartenland ebenso wie Farmland, Weinberge, Wälder, Karstgelände ebenso wie Steilküste und weitgeschwungene Strände aufweist.

Wir mußten uns aber auch auf die längste Teilstrecke unserer Reise vorbereiten: 7500 Seemeilen Atlantik bis England. Unsere Instandsetzungsarbeiten litten unter Zeitmangel. Der Royal Cape Yacht Club konnte uns seine Slipanlage nur für zwei Tage zur Verfügung stellen. Es war ein großes Entgegenkommen, daß uns diese Möglichkeit gegeben wurde. So arbeiteten wir von morgens früh bis spät abends, um das Unterwasserschiff zu reinigen, mit Korrosionsschutz zu versehen und zu malen. In äußerster Eile konnten wir die gleiche Arbeit an den Bordwänden abschließen.

Wieder im Wasser entwickelte Kairos sich zu einem Eisschrank. Während wir im warmen Sonnenschein schwitzten, litten wir ständig unter kalten Füßen. Bedingt war dies durch das kalte Wasser des Benguela-Stroms, der von Süden her an der südafrikanischen Westküste entlangführt. Zusammen mit den sehr kalten Nächten hatte das chronische Erkältungen zur Folge.

Unsere Arbeit wurde durch die enorme Schmutzentwicklung der Stadt erschwert. Ruß und Sott aus der Luft, Öl und Dreck aus dem Wasser setzten sich auf den frischgemalten Farben, auf den konservierten Flächen, auf den geölten Holzteilen fest. Unsere Aufgabe, Kairos gegen die klimatischen

Einflüsse der kommenden Reise zu schützen, war in Frage gestellt. Wir verzweifelten.

Ich reparierte die Maschine. Ein Auslaßventil war schadhaft geworden. Es gelang mir, das Ventil auszubauen und durch ein neues aus dem Reservebestand zu ersetzen.

Die Segel mußten durchgesehen werden, ebenso die Takelage. Elga saß über Verproviantierungslisten und machte Einkäufe. Über das schwappende, ölverpestete Hafenwasser ruderte ich die Kartons und Pakete an Bord, wo sie verstaut und gelistet wurden.

Weder für Geld noch gute Worte waren einige Dinge zu erhalten, die wir unbedingt brauchten. So suchte Elga tagelang nach Butter in Dosen. Als sie keine auftreiben konnte, mußte sie sich an den Ofen stellen und Schmalz ausbraten.

Wir waren immer wieder überwältigt von der Schönheit des Stadt- und Tafelbergpanoramas, doch in die Bewunderung mischte sich zunehmend Überdruß.

Der um die Jahreszeit vom Tafelberg oft in Sturmstärke niederfallende Südostwind ließ uns manche Nacht ohne Schlaf in den Kojen liegen. KAIROS riß an der polternden Kette.

Hasso E. in Durban hatte uns die Adresse seiner Verwandten in Kapstadt mitgegeben. Albert und Ellen K. wurden uns elterliche Freunde, deren Hilfe unseren Kapstadt-Aufenthalt trotz aller Schwierigkeiten zu einem großen Erlebnis machte. Sie zeigten uns auf Wochenendfahrten die Umgebung der Stadt. Ihre Wohnung stand uns jederzeit offen, wenn wir müde, hungrig und schmutzig die Tagesarbeit beendet hatten. Heulte der Südoster allzustark, so konnten wir in einem ihrer Zimmer schlafen. Zum Abendessen bereitete Ellen Mahlzeiten, von denen sie wußte, daß sie uns besonders gut schmekken würden. Albert ermöglichte uns die Beschaffung von Ausrüstung, für die ansonst tagelanges Suchen notwendig gewesen wäre. Immer waren sie bereit, uns zu helfen. Und unsere Fragen beantworteten sie nicht mit Worten sondern mit Taten.

Eines Abends las mir Albert K. aus einem Brief vor, den er einem Freund in Paris geschrieben hatte: „– ist mir die Lebensphilosophie dieser beiden Menschen, die allein um die Erde segeln, eine versöhnende Bestätigung geworden. Ohne die Grenzen von Religion, Rasse oder Hautfarbe zu beachten, suchen sie allein das Menschliche – wie sie es übrigens auch geben. Für Ellen und mich, die wir Deutschland verlassen mußten, weil wir Juden sind, ist diese Bekanntschaft eine große Erfüllung, eine Heimkehr gleichsam nach Jahren in der Fremde. Diese Reisenden zeigen uns, daß es überall eine geistige Heimat des Menschen gibt.“

„Ich lese Ihnen das vor“, sagte Albert K. dann, „nicht um Sie eingebildet zu machen, Sie junger Dachs, sondern um Ihnen zu zeigen, daß ich trotz meiner sarkastischen Spottgelüste Ihnen mit ganzem Herzen zugetan bin."

Er legte mir die Hand auf die Schulter und lächelte wehmütig. Wir standen auf dem Balkon hoch über Stadt und Meer. Ich konnte nichts antworten. Ich blickte nach Süden, wo wir das Kap der Guten Hoffnung umsegelt hatten. Dann sah ich nach Norden, wohin unser neuer Kurs führen sollte.

Eines Tages stand eine Riesengestalt auf der Pier und rief mit Stentorstimme: „KAIROS! He! Ahoi!"

Es war Boet. Er sei geschäftlich nach Kapstadt gekommen, so sagte er. Aber er sprach nur von der Safari nach Angola.

„Ihr wollt nicht in Südafrika bleiben - das sehe ich", sagte er und blickte über das Schiff, das mit angeschlagenen Segeln seeklar lag. „Ich wollte euch überreden, doch noch mit uns zu kommen. Aber ich verstehe eure Zielstrebigkeit - euren geradezu burischen Starrsinn!" fügte er, über das ganze Gesicht grinsend, hinzu. „Es gibt aber noch eine Möglichkeit. Ich halte mein Angebot aufrecht und wir machen unsere Safari, wann immer ihr wieder nach Südafrika kommt. Ihr habt hier soviel Freunde zu besuchen, sogar Verwandte in Johannesburg. Da plant ihr also eine Flugreise in, sagen wir, drei, vier Jahren! Da seid ihr wieder und - heia, let's go, Safari! Einverstanden?"

Wir waren einverstanden - und ob!

Nach einem Abendessen mit Steaks so groß wie Bratpfannen - er wußte das richtige Restaurant dafür, der alte, auch in der Großstadt sichere Buschläufer - fuhr Boet uns zum Tafelberg hinauf. Unter uns glänzten die Millionen Lichter der Stadt. Ihr Schein brachte die Hänge des Berges zu dunklem Glühen. Hinter den Lichtbändern der Straße, den Leuchtfeuern des Hafens lag die dunkle Fläche des Atlantik.

„Da liegt nun *eure* Safari, ihr Seefahrer", sagte Boet. „Lebt wohl! Ich möchte mit euch fahren - verdammt, das möchte ich! Aber ihr kommt wieder. Und dann -" er zeigte zu den geheimnisvollen Hängen im Nordosten „- dann ziehen wir dorthin tief ins Land hinein!"

Wir waren schweigsam, während Boet uns zum Hafen zurückfuhr. Wieviele Wege gibt es, die Erde und ihre Menschen lieben zu lernen!

Der Tag unseres Auslaufens war ein Montag. Das Wochenende hatten wir bei Familie K. in wohltuender Ruhe verbracht. Sie tat insbesondere Elga gut, die seit Tagen an nervöser Unruhe mit Magenkrämpfen litt. Der Wetterbericht war günstig: Südwind die ganze Küste hinauf. Hoch gingen die Segel! Und wir sangen unter Abschiedstränen: rolling home across the sea!

KAIROS lief stampfend in die langgezogenen Atlantikroller hinein, Wasser sprühte auf, wusch Dreck und Sott vom Schiffsleib. Achteraus zog sich die weitgestreckte Fläche der Stadt langsam zu einem Strich zusammen, über dem steingrau am Mittag, blau-rosa am Abend der Tafelberg stand. Nach Süden hin sahen wir noch einmal die Silhouette des Kaps der Guten Hoffnung. Wir dachten an Albert und Ellen, die von ihrem Balkon KAIROS als winzigen Punkt in die Unendlichkeit des Meeres ziehen sahen.

Dann hing nur noch die Luftspiegelung des Tafelbergs über der Kimm. Die Sonne sank in roter Klarheit. Die Nacht kam. Wir waren wieder allein auf See.

Um die Distanz nach Europa nicht unüberwindbar lang in Planung und Ausführung erscheinen zu lassen, unterteilten wir sie in Etappen. Die erste: von Kapstadt nach St. Helena, zunächst im Bereich wechselnder Winde, dann im Südost-Passat. Die zweite: von St. Helena nach Ascension im Südost-Passat. Die dritte: Kalmenzone am Äquator mit Flauten und Böen. Die vierte: von dort zu den Azoren, erst hoch am Wind im Nordost-Passat, dann in den wechselnden Winden der Roßbreiten. Die fünfte: von den Azoren nach England im Gebiet der vorherrschenden westlichen Winde. Zwar ist der Gesamtkurs, den Winden der Jahreszeit entsprechend, festgelegt, doch während der Reise denken wir nur an die Aufgaben der jeweiligen Etappe.

Die erste haben wir bereits hinter uns. Wir machten eine gute und schnelle Reise. Es wehte anhaltend aus Süd - anfangs sehr frisch, so daß KAIROS gute Etmale lief. Lückenlos ging der Südwind in den Südost-Passat über. Der Himmel bezog sich zwar, aber das Wetter wurde handig. Schon nach drei Tagen konnten wir die Passatsegel setzen und ihnen die Steuerarbeit überlassen.

Es wurde wärmer. Pullover, Wollhosen, Strümpfe, Seestiefel konnten getrocknet und weggepackt werden. Ausreichender Schlaf stärkte uns. Die Wärme brachte unseren Körpern Entspannung. Endlich öffneten sich unsere verschnupften Nasen und unsere Rachen wurden schmerzfrei.

Mit 4 bis 5 Knoten Fahrt bei Südostwind Stärke 5 zog KAIROS über die See. Es war wie im Traum. Elgas Kochkünsten waren keine Grenzen gesetzt. Kapwein gab's zu jedem Abendessen. Kaffee und Kuchen - der letztere ein Abschiedsgeschenk von Ellen - verkürzten die Nachmittagsstunden.

Vormittags arbeitete ich am Schiff. Hier war ein Spleiß zu erneuern, dort eine kleine Reparatur durchzuführen, zu der in Kapstadt die Zeit nicht gereicht hatte. Elga sortierte unsere Frischverpflegung, die einschließlich einer Kiste Äpfel auf den Vorschiffskojen gestaut war. Sie untersuchte alles täglich sehr genau, um die Reihenfolge des Verbrauchs festzulegen. War die Navigation gemacht, aßen wir zu Mittag, schliefen anschließend eine Stunde oder saßen im Cockpit und sahen über das Meer. Nachmittags lasen wir.

*„Mauritius ist eine indische Insel – trotz französischer Kultur und englischer Ordnung."*

△ *„– kalt wie Polareis und böig bis Stärke 7.“*
▽ *„50 Millionen Jahre Entwicklung zogen an uns vorbei.“*

△ *„Kanalansteuerung"*
▽ *„Heimkehr"*

Tage und Nächte verloren ihr Zeitmaß, zogen über uns hinweg wie die Gestirne. Wir fühlten eine wunschlose Zufriedenheit, wie sie nur der Ozean geben kann, wenn er in Ruhe mit sich selbst ist.

Fünf Tage lebten wir in Herrlichkeit und Freuden. Dann liefen wir in eine Passatstörung mit schwachen, umlaufenden Winden hinein. Ihr folgte auffrischender, böiger Passat mit Regenschauern.

Im Ölzeug saß der Rudergänger nun wieder auf seinem Platz. Von achtern kamen die Böen mit weißen Regenvorhängen am Tage - schwarz in heulender Undurchdringlichkeit während der Nächte. Gischt flog, Brecher zischten und donnerten und im Rigg tönte eine erste Stufe jenes Kreischens, das wir im Indischen Ozean gehört hatten. Aber es blieb nur eine schwache Wiederholung jener Fürchterlichkeit. KAIROS lief und lief. Wir kennen unser Schiff nun wirklich - und uns auch. Wir wissen, daß wir uns auf alles verlassen können. Das Mal, das uns „Lady Angela“ einbrannte, gab uns nicht nur fassungslose Angst, sondern auch Selbstvertrauen. Das merkten wir in diesen Tagen voller Genugtuung. Wir refften erst, als der Wind auch zwischen den Böen, die etwa stündlich einsetzten, fast Sturmstärke erreichte. Rolling home!

„Was“, sagte ich am Vorabend unseres Landfalls, „wenn der Weststrom stärker ist, als wir ihn einschätzen?“ Ich litt an „Landfallitis“, einer Krankheit, die Steuerleute manchmal bei Annäherung ans Land befällt.

„Kann er nicht“, tröstete Borddoktor Elga. „Unsere heutige Besteckversetzung hat seine Stärke und Richtung klar ergeben.“

„Bei diesem Mistwetter beträgt die Sicht höchstens 5 Seemeilen“, sagte ich. „Wir könnten also glatt vorbeisegeln.“

„Moserfritze!“ sagte der Borddoktor böse. „Du weißt genau -“

„Ja“, sagte ich unglücklich, „ich weiß genau, daß wir in drei Jahren über 20 Landfälle auf die Seemeile genau gemacht haben.“

Elga lachte, trank ihr abendliches Schlückchen Rum und ging zur Koje.

Die Nacht wurde rabenschwarz und wild. So hatte ich wenig Zeit, über die Möglichkeiten einer mißlungenen Ansteuerung nachzudenken. Und am nächsten Morgen, als ich um 08.00 Uhr verschlafen die Luke aufstieß, strahlte Elga mich so an, daß ich sofort wußte, was sie voraus sah.

„Sieh's dir an!“ schrie Elga vergnügt. Sie duckte sich unter wehender Gischt, ich schloß die Luke.

Dann zog ich mich nackt und blinzelnd auf den Lukenrand. Tatsächlich: durch die grauen Vorhänge des Regens waren die steilen Hänge der Insel St. Helena zu sehen.

„Na, also!“ sagte ich. „Stimmt genau.“

Landfallitis ist heilbar: man braucht dem Patienten nur einen Punkt des ersehnten Landes zu zeigen.

Es klarte auf. Die Insel kam bald deutlich in Sicht – ein grober Brocken mit unwirtlicher Steilküste. Was mag Napoleon empfunden haben, als er von Bord des englischen Linienschiffes NORTHUMBERLAND diese Insel zum ersten Mal sah?

Dieser Gedanke kam mir wieder, als wir zwei Tage später das Haus besuchten, in dem der Kaiser wohnte und starb. Schlachtengemälde, Fahnen, Gewehre, Säbel, Orden, Napoleons Hosen, Napoleons Stiefel, Napoleons Gartenhut, Napoelons Nachtanzug – Napoelons Nachttopf fehlte leider. Das einzig Ertragbare in dieser verstaubten Atmosphäre heldenhafter Größe war der Hüter des Hauses – ein braver Heleneser, Mischblut wie alle Einwohner der Insel.

Er gab auf unsere Fragen die Antworten so, als spräche er von einem Schuljungen. „Hier in diesem Zimmer? Tja – hier mußte er seine Memoiren machen. Jeden Nachmittag diktierte er was. Und, sehen Sie, hier am Fensterladen – da hat er'n Loch bohren lassen, um zu sehen, wer die Einfahrt raufkam. Neugierig war er!"

An den Prachtgemälden sterbender Gardisten, des lorbeergeschmückten Kaisers, der am Totenbett weinenden Generäle ging er gleichmütig vorbei.

Dann grinste er und sagte: „Dies hier ist seine Badewanne und dort auf dem Lederstuhl saß er, wenn ihm das Wasser zu heiß war."

Auerstedt, Austerlitz, Wagram, Borodino, Moskau, Leipzig, Waterloo – und das Badewasser war ihm manchmal zu heiß! Warum, du gütiger Humor, steht davon nichts in unseren Geschichtsbüchern? Tierisch ernst habe ich die Jahreszahlen pauken müssen. Dies aber mit dem heißen Badewasser hätte mir den Heldenkaiser geradezu verklärt.

„Und hier starb er dann", schloß unser Mann den Rundgang. Er wischte etwas Staub von einem der Pfosten, deren Samtkordel den geheiligten Platz gegen profanen Zutritt schützte. „Er wurde dahinten im Tal begraben. Tja – und später hab'n sie ihn dann abgeholt – die Franzosen, so mit Schiffen. Hier seine Totenmaske. Wenn Sie mich fragen, ich würd' meiner Leiche nicht im Gesicht rumfummeln lassen. Woll'n Sie sonst noch was wissen?"

Wir gingen in den Garten. Er fragte nach unserer Reise. Fairerweise mußten wir ihm sehr ausführlich erzählen – so hatte auch er seinen Spaß.

Mit dem Taxi aus Methusalems Zeiten, das uns zu Napoleons Haus gebracht hatte, machten wir anschließend eine Inselrundfahrt. So abweisend St. Helenas Küsten wirken, so grün und schön sind die Täler, so abwechslungsreich die Höhenzüge, auf denen vielerlei Bäume stehen. Unser Taxifahrer nannte sie sehr stolz „unseren Wald".

KAIROS rollt ununterbrochen heftig in der Dünung, die über die Reede zieht und sich dumpf polternd am Felsenufer bricht. Sehr erholsam ist unser

Ankerplatz also nicht. Gestern konnten wir unseren Wasservorrat voll ergänzen. Es hat auf der Insel in letzter Zeit ausreichend Regenfälle gegeben. Elga entdeckte in einem verstaubten Laden in der „Hauptstraße“, wonach sie in Kapstadt vergeblich gesucht hat: Butter in Dosen.

Heute nachmittag werden wir noch einmal die Brandung an der Landetreppe mit dem Schlauchboot überlisten, um trocken an Land zu kommen. Elga hat Brot gekauft und den Bäcker gebeten, es zu schneiden und im Backofen langsam zu trocknen. Dies ist unsere letzte - und beste - Errungenschaft hinsichtlich unserer Brotversorgung. Elga hatte sich stets über unser pappig gewordenes Knäckebrot geärgert. Der Backofen in Ellens Küche brachte sie auf die Idee, Trockenbrot herzustellen. Es schmeckt ausgezeichnet.

Nach dem Gang durch Jamestown werden wir noch einmal auf der Laubenbank unter dem Festungswall sitzen, die Glocke der alten Garnisonkirche schlagen hören und über den rollenden KAIROS hinweg nach Nordwest blicken, wohin morgen unser Kurs weiterführen wird. Es sind 700 Seemeilen bis zum Ende der zweiten Etappe, der Insel Ascension.

*Fayal, im Juni 1967*

In sanften Linien umschließen uns die grünen Hänge der Insel Fayal. Die Häuser der Stadt Horta stehen hangauf wie weiße Kuben in blühenden Gärten und bestellten Feldern. Wir ankern vor dem alten Fort, hinter dessen dunklen Zinnen sich die Barockfassaden der Kirche erheben. Kirche und Fort zusammen mit einigen anderen Häusern im gleichen Stil erinnern an die Zeit der portugiesischen Entdecker. Auf den Höhenrücken über der Stadt drehen sich Windmühlenflügel in einem feuchten Südostwind, der regenreich aus einem grauen Himmel fällt. Es ist kühl.

Hinter der schützenden Hafenmole liegen einige Fischerboote, ein kleiner Dampfer - vielleicht hat er unsere Post aus Ponta Delgada gebracht - und wir. KAIROS wiegt sich sanft in leichter Dünung, die klatschend an den Mauern des Forts hochleckt. Möwen schreien.

Wir leben wie in einem leichten Rausch, der unsere Umwelt unwirklich erscheinen läßt - wir waren fast 36 Tage auf See. Vor drei Tagen liefen wir hier ein, von Ascension kommend, das jenseits des Äquators liegt, jenseits auch unseres Kurses, den wir 1964 über den Atlantik segelten.

Die Berge St. Helenas verloren sich im Dunst achteraus. Gleichmäßig wehte der Südost-Passat. Wir konnten die Passatsegel setzen, unter denen KAIROS sich selbst steuerte. Das Meer war tiefblau, mit weißen Brechern geschmückt. Es wurde von einem Himmel überstrahlt, in dem kleine, lustige Passatwolken zogen. Fliegende Fische sprangen. Tropikvögel, Fregattvögel, Tölpel umflogen das Schiff. Delphine besuchten uns in großen Schulen, erfreuten uns mit akrobatischen Sprüngen. Nachts strahlte der Mond silbernes Licht. Wir lebten in der großen Symphonie des Passatsegelns, von der jeder Seefahrer träumt.

Mit Annäherung an die Insel Ascension wurde das Wetter schauergestört. Am Morgen des sechsten Tages lag die Insel hinter Regenvorhängen voraus. Erst war sie nur ein blaßblauer Schatten. Doch dann vervielfältigte sich die Erscheinung zu einer wilden Landschaft. Braun-rote Lavahänge, schwarze Schluchten, erstarrte Lavagletscher, graue Steilhänge, grüne Berge: die Insel war ein gewaltiger Anblick – massig über der ständigen Bewegung des Meeres, kulissenhaft hinter den schwirrenden, weißleuchtenden Punkten der vielen Seevögel. Ascension ist eine kleine Insel, doch die Vielfalt ihrer erkalteten, vulkanischen Formen läßt sie groß erscheinen. Wir segelten zur Leeküste, wo an der Clarence Bay die Niederlassung Georgetown liegt. An einer Tonne direkt vor der einzigen Landetreppe der Insel machten wir fest.

Der Polizeichef kam in einem Boot. Er wies uns einen Ankerplatz zwischen den Leichtern auf der Reede an. „Ihre Pässe nehme ich zum Stempeln mit“, sagte er. „Sie kommen ja sowieso an Land. Dann können Sie sie abholen.“

Das Ankermanöver war schwierig. Der Anker wollte nicht fassen. Der Boden ist Lavageröll. Dreimal mußten wir den Anker wieder aufholen, bis er endlich hielt. Es wehte böig von den blutroten Lavahügeln herunter, an deren Fuß die Häuser der Siedlung einen barackenhaften Eindruck machten. Die schneeweiße Kuppel der amerikanischen Satelliten-Station über schwarzem Gestein verlieh dem Bild welträumliche Fremdheit. Kein Baum an der Küste. Kaum ein Mensch auf der riffumlagerten Pier hinter der Landetreppe. Hin und wieder fuhr ein Auto über eine unsichtbare Straße: ein Käfer, der sich schwerfällig über Sanddünen und Geröllhalden bewegt.

Wie die Einwohner St. Helenas sind die der Insel Ascension Mischlinge – Nachkommen britischer Soldaten und westindischer Sklaven. Die Soldaten der Garnison bauten ein Fort, bauten die Landetreppe und einige Straßen. Außerdem mußten sie exerzieren. Damals wie heute flattert der Union Jack im Passat. Die Entdecker fanden Ascension wie alle zentral-atlantischen Inseln unbewohnt. So ist die Geschichte der Insel keine Abenteurer-Ballade und kein Grablied verlorener Eingeborenen-Kultur – nur eine Kette unzähliger Flüche und Gebete derer, die das Britische Weltreich auserwählte, auf diesem Lavahaufen Dienst zu tun. Im Zweiten Weltkrieg bauten die Amerikaner einen Flugplatz auf der Insel.

Drei Tage ankerten wir vor dem verwunschenen Bild der roten Hügel, der staubigen Baracken, der weißen Stationskuppel. Die einzige Chance, an Land zu kommen, wäre gleich nach unserer Ankunft gewesen. Wir hatten sie verpaßt, weil wir essen und uns ausruhen wollten.

Am nächsten Morgen setzten Roller ein. Sie sind die Brandung von Dünungen, die von fernen Sturmgebieten her über den Ozean ziehen und die Insel treffen. Das Wetter blieb sonnig und ruhig. Die wandernden Buckel der Dünung zogen träge unter dem Schiff hindurch, türmten sich in der Brandungszone auf und zerstäubten grollend und gischtend an der Küste. KAIROS rollte pausenlos. Unser Leben blieb seemäßig. Es war unmöglich, mit dem Schlauchboot an Land zu kommen. Und ebenso unmöglich war es, uns von Land her - wo unsere Pässe auf der Polizeistation lagen - zu erreichen.

Am Morgen des vierten Tages erschien mir die Brandung schwächer zu sein. Ich packte unsere inzwischen geschriebenen Briefe in einen Plastikbeutel, verstaute und sicherte fünf leere Wasserkanister im Schlauchboot und wagte den Versuch. Es war eine Akrobatennummer, die Kanister und meine eigene Person auf die Treppe zu bekommen, ohne daß die Kanister, das Schlauchboot oder ich fortgeschwemmt wurden. Ebenso schwierig war es, nach dem Gang zur Post und zur Polizei die gefüllten Wasserkanister und schließlich auch wieder mich ins Boot zu jonglieren. Ich übte diese Tätigkeit nicht gerade in himmelhoher Begeisterung aus: beim Überreichen der Pässe hatte mir der freundliche Polizist erzählt, daß just vor einer Woche ein Mann von der Treppe gespült worden wäre und ertrunken sei. Doch konnte die sorgende Elga schließlich ihren etwas erschöpften und sehr nassen Mann an Bord willkommen heißen.

Wir setzten Segel. War der Anker vor Tagen nicht in den Grund zu bekommen, so war er jetzt nicht herauszureißen. Wir mußten die Maschine zu Hilfe nehmen. Als ich schon fürchtete, die Ankerkette kappen zu müssen, gab es einen polternden Ruck; das vom Zug der durchgeholten Kette tief im Wasser liegende Vorschiff sprang hoch. Der Anker war frei. Ich holte ihn ein.

Wir riefen unseren neuesten Schlachtruf: „Rolling home!" Der Wind faßte in die Segel. Elga ging auf Kurs. Ich verstaute Anker und Schlauchboot. Wir sahen nicht mehr zur Insel zurück.

Der direkte Weg von Ascension zu den Azoren mißt 2820 Seemeilen auf dem Großkreis - jenem Kreis, der auf einer Kugel die kürzeste Verbindung zweier Punkte darstellt, wenn die Kreisebene im Mittelpunkt der Kugel liegt. Aber diesen Kurs konnten wir nicht steuern. Je weiter östlich wir in die

Kalmenzone einsteuern würden, desto breiter würden wir sie finden. Sie ist unter der afrikanischen Küste am breitesten, unter der südamerikanischen sehr schmal. Nördlich der Kalmenzone würden wir auf den Nordost-Passat stoßen, der den direkten Kurs zu den Azoren nicht zuließ. Das Problem war, die Kalmenzone dort zu durchsegeln, wo sie nicht zu breit war: also möglichst weit westlich - ohne zuviel Luv für die Azoren zu verschenken: also möglichst weit östlich. Das konnte nur durch einen Kompromiß gelöst werden. Wir wollten den Äquator auf 23° West überqueren.

Anschließend mußten wir „am Nordost-Passat entlang" bis in das Seegebiet südwestlich der Azoren segeln, um von dort mit den veränderlichen Winden der Roßbreiten die Inseln zu erreichen. So sah unser Plan für die dritte und vierte Etappe der Reise aus. Er hatte uns manche Stunde über Seekarten, Windkarten und Handbüchern gekostet.

Den Südost-Passat von achtern in den Segeln stob KAIROS dahin. Noch einmal genossen wir das Segeln vorm Wind, freuten uns am Gleiten über die schäumenden Seen. Die Passatsegel steuerten. Die Etmale lagen zwischen 115 und 140 Seemeilen.

Jeden Tag stand die Sonne höher im Zenit. Jeden Tag wurden unsere Schatten kürzer, die Wolken über uns schwerer und bauschiger. In der dritten Nacht auf See sahen wir im Norden das erste Wetterleuchten.

Der Südost-Passat wurde schwach unter zunehmender Bewölkung, die das Sonnenlicht zu einem gleißenden Grau filterte. Für die Selbststeuerung wehte es nicht mehr stark genug. Segelwechsel, Ruderwachen! Auf 2° Südbreite kam aus schwachem Ostwind heraus die erste Schauerbö. Ihr Regenfall ermöglichte, unseren Wasserbestand wieder aufzufüllen. Wir laschten eine Pütz an den Mast, in die das vom Großsegel strömende Wasser ablief.

Der Bö folgte leichter Ostwind.

Verändert zeigte sich die Umwelt am nächsten Tag. Riesenhafte Kumuluswolken hoben sich aus windschwacher Hitze, die feucht über der glasigen See lag. Blau-schwarz wurden ihre Unterseiten. Regen begann zu fallen. Er kam stets mit einer eiskalten Luftströmung als Bö aus der Wolke.

Wir setzten unser kleines Großsegel: es entspricht in seiner Größe dem dreimal eingerefften, normalen Großsegel. Dadurch ersparten wir uns bei den nun laufend einsetzenden Böen viel Reffarbeit.

Wir lebten wie in einem Dampfbad. Nichts blieb trocken. Wenn die Luken geschlossen bleiben mußten, meinten wir, keine Luft mehr zu bekommen. Die Kajüte stank vor Feuchtigkeit. Holz quoll, Farben weichten auf, Eisen rostete. Und immer wieder eiskalte Regenböen. Manchmal Gewitter.

Es dauerte sieben Tage - *nur* sieben Tage. Viele Yachten haben sich weit länger hier herumquälen müssen. Wir hatten Glück. Die Böen, deren stärkste Windstärke 8 erreichte, kamen alle aus Ost. Was wir am meisten gefürchtet hatten, blieb aus: unaufhörliche Segelmanöver in Böen aus verschiedenen Richtungen. Wir erlebten keine langanhaltenden Flauten. Langsam, mit Etmalen zwischen 30 und 70 Seemeilen kamen wir voran.

Am Vormittag des 8. Mai überquerten wir den Äquator auf 23° West. In der Nacht zum 14. Mai trafen wir auf 5° Nordbreite den Nordost-Passat. Er kam mit einer starken Bö, die uns zum Reffen zwang. Wenig später mußte ich die Fock 1 gegen die Sturmfock austauschen. Es schüttete Regen wie aus Kannen.

Am Morgen mäßigte sich der Nordostwind zu Stärke 7. Der Himmel riß auf. Die schweren Kumuluswolken blieben achteraus. Blauer Passathimmel wölbte sich im Norden. Ich reffte das kleine Großsegel aus und setzte die Fock 1. Dann brachten wir KAIROS hoch an den Wind und belegten die Pinne: das Schiff steuerte sich selbst auf Kurs Nordnordwest.

Polternd und krachend hämmerte der Bug in die See. Gurgelnd lief das Wasser über das geneigte Leedeck. Sausend sang der Passat in der Takelage. Wir riggten eine kleine Persenning mit zwei Segellatten so über den Niedergang, daß wir trotz der ständig über das Schiff wehenden Gischt die Luke geöffnet halten konnten.

In 11 Tagen segelten wir 1300 Seemeilen durch den ganzen Gürtel des Nordost-Passats. Wir hielten aufmerksam Ausguck, gingen aber keine einzige Ruderwache. Wir brauchten die Pinne nur zu korrigieren, wenn der Wind Richtung und Stärke änderte. Für die zwei täglichen Sonnenbeobachtungen war es freilich notwendig, vor den Wind zu gehen. Sextant und Stoppuhr wären zu naß geworden. Die Spiegel des Sextant hatten während der vergangenen drei Jahre gelitten, weshalb ich das Instrument wie ein rohes Ei behandelte.

Obwohl KAIROS keine Arbeit von uns forderte, empfanden wir unser Leben „hoch am Wind“ zunächst als ungewohnt und anstrengend. Die Seitenlage des Schiffes betrug durchschnittlich 30°. Dies und die heftigen Stampfbewegungen erschwerten jede Tätigkeit. Elga bekam eine schwere Erkältung als Folge der schnellen klimatischen Wechsel. Körperliche Erschöpfung trug gewiß dazu bei. Ich litt unter einer Magen- und Darmerkältung, die ich mir im Kalmengürtel zugezogen hatte, als ich mehrmals, mit nichts weiter als meiner Armbanduhr bekleidet, zu Segelmanövern in den kalten Regen hinausgestürzt war.

Wir fühlten uns beide schwach und in gegenseitiger Sorge hilflos. Wir führten unter Deck ein krankenhausmäßiges Leben. Nur zu den allernotwendigsten Tätigkeiten standen wir auf. Ansonst lagen wir in unseren Kojen, von der Neigung des Schiffes hart auf die Leeseite gepreßt und schliefen. Nach drei Tagen setzte Besserung ein: wir fühlten uns kräftiger. Mondaminpudding wurde durch herzhafteres Essen ersetzt. Wir begannen zu lesen. Das Radio gewann wieder Bedeutung - nicht als Kontrollinstrument des Chronometers, sondern als Übermittler von Musik und Nachrichten.

Aber auch nach unserer Genesung blieben die Kojen unser bevorzugter Aufenthaltsplatz. Es war einfach zu anstrengend, in dem polternd tanzenden Schiff anders als liegend zu leben.

Der Passat wehte zwischen Stärke 4 und 6, ging manchmal bis 7 hinauf. Oft saß ich unter der Spritzpersenning, die trotz ihrer Winzigkeit guten Schutz bot, beobachtete See und Schiff. In ziemlich regelmäßigen Abständen wurden die Seen steiler und höher: Kaskaden von Gischt sprangen regenbogenfarbig vorm Bug auf. KAIROS verlor an Fahrt. Er fiel vom Winde ab. Dieser konnte nun voller in die Segel stehen, was dem Schiff zunehmende Fahrt und neue Kraft verlieh - insbesondere, wenn die Höhe der Seen wieder nachließ. Als sei er schwerelos, flog KAIROS über sie hinweg. Die Pinne lag leicht in ihrer Lasching: in solcher Harmonie hat Kraft ihren Sinn verloren.

Ich dachte in diesen Stunden oft an den Konstrukteur unseres Schiffes, Theodor Stölken in Hamburg. KAIROS lief als Baunummer 8 der Delphin-Klasse vom Stapel. Wieviel Arbeit am Reißbrett, wieviel abwägendes Rechnen sind nötig gewesen, um ein Schiff zu schaffen, das hier sich selbst steuernd über den Atlantik segelte.

Wir nahmen am Abend die Rumbuddel zur Hand und tranken jeder einen großen Schluck: „Prost, Tedje Stölken!"

Zu keiner Stunde bis in den Schlaf hinein vergaß ich die enorme Belastung, der das Schiff ausgesetzt war. Eine Bewegung von Zentimetern am Mastfuß bedeutete im Masttopp eine von einigen Metern. Diese Bewegungen waren immer ruckartig. Fliehkraft und Beharrungsvermögen belasteten pausenlos das Material, das ja immerhin seit drei Jahren durch fast alle Klimazonen der Erde gesegelt worden war.

Wenn eine besonders hohe See gegen den Bug knallte, massives Wasser über das Deck rauschte, wenn ich das anhaltende, feine Zittern im Schiffsrumpf fühlte, das Summen der wie Saiten gespannten Wanten und Stage hörte - dann jedesmal dachte ich ans Reffen. Wir segelten das Schiff zu hart. Ich kletterte ins Cockpit. Es war immer der gleiche faszinierende Anblick: die bewegte See und das segelnde Schiff.

Mich erfaßte eine Begeisterung, die alle Seeleute kennen, sofern sie sich unter Segeln fortbewegen:

*Hier segeln mein Schiff und ich! Nichts hält uns auf! Herrgott, ist das schön! Laß es immer so weitergehen! Und laß alles halten - speziell den Mast. Amen.*

Und das Reffen? Zum Teufel mit dem Reffen!

An einem Vormittag brach mit dumpfem Knall der Spanner des Backbord-

Vorstages, an dem die Fock gesetzt war. Das Stag hing in den Stagreitern so, als wollte es sagen: ich hab' keine Lust mehr, macht allein weiter, ich wünsch' euch viel Spaß dabei!

Der Spaß bestand darin, die Fock sofort zu bergen, Elga an die Pinne zu rufen und den gebrochenen Spanner durch einen neuen zu ersetzen. Der Mast wurde durch das intakte Steuerbord-Vorstag gehalten. Normalerweise ist das Vorschiff mein morgendlicher Duschplatz - also eine Stätte behaglicher Erfrischung. Jetzt wurde es zum Platz unangenehmer Arbeit. Innerhalb einer Stunde war der Schaden behoben. Ich setzte die Fock und KAIROS nahm wieder Fahrt auf.

Der Passat drehte östlich. Gehorsam folgte der selbststeuernde KAIROS dem Wind. Für ein paar Tage konnten wir den direkten Kurs zu den Azoren anliegen. Das gab uns großen Aufschwung. Dann drehte der Wind zurück und wehte stürmisch. Das Leben an Bord wurde mühselig. Elgas Rücken mit seiner Bandscheibenschwäche revoltierte, denn jedes Einsetzen des Schiffes stauchte die Wirbelsäule. Sie hatte starke Schmerzen, die ihr manchmal die Tränen in die Augen trieben. Erst als Wind und Seegang abnahmen, ließen die Schmerzen nach.

Am 23. Mai, 20.00 Uhr Bordzeit, kreuzten wir bei ruhigem Wetter unseren auslaufenden Kurs vom Jahre 1964 auf 19° 50′ Nord, 33° 02′ West. Wir hatten die Erde umsegelt. Wir mischten uns jeder einen großen Becher Rum mit Wasser.

Wir blickten über das Meer. Hier hatten wir vor drei Jahren unseren Kurs gesegelt. Keine Spur zeigte es. Aber so wie Wellen, Wind und Wolken ständig vergehen und doch Teil des Ganzen bleiben, so nun auch der Kurs, den wir um die Erde zogen. Unser Kielwasser verschwand. Unser Kurs - geplant, ausgeführt und beendet - gehört der See.

Was Elga und mir bleibt, ist die Erinnerung. Sie wird unser weiteres Leben formen. Jede gesegelte Seemeile zählt in ihrer vollen Länge: geführt als Hundeleben, erlebt in Herrlichkeit. Wir dachten zurück an die Menschen, die wir trafen. Für uns ist die Erde mit einem Band der Freundschaft umschlossen, das über alle Grenzen hinwegreicht.

Da saßen wir, sahen aufs leere Meer, dessen Gischt über KAIROS hinwegflog. Dies war der größte Augenblick unseres Lebens: nichts als Wasser ringsum und ein unsichtbarer Kurs.

„Laß uns darauf anstoßen", sagte Elga, „daß wir weiterhin den richtigen Kurs finden, damit wir den Sinn unseres Lebens erfüllen und uns die Güte jener Menschen erhalten, die unsere Freunde sind!"

„Möge es gelingen!"

Unsere Rumbecher klirrten aneinander.

Wieder holte der Wind östlich aus. So blieb der Kreuzpunkt unserer Kurse auch fast der westlichste Punkt unserer zweiten Atlantiküberquerung. Wir lösten die Pinne aus ihrer Lasching und nahmen die Ruderwachen wieder auf, denn der Wind wurde unruhig, ließ nach. Wir näherten uns den Roßbreiten.

Fast jeden Tag sahen wir nun Schiffe. Wir kreuzten den Dampferweg von Gibraltar zur Karibischen See, später den von Europa nach Nordamerika, der für Schiffe mit schwacher Maschinenkraft südlich an den Azoren vorbeiführt. Die Schiffe standen in der Regel zu weit ab, um Notiz von uns zu nehmen. Lediglich ein Tanker, der uns in etwa 5 Seemeilen Abstand an Backbord überholt hatte, stoppte plötzlich und wartete, bis wir auf ½ Seemeile heran waren. Die Entfernung war zu groß, um Menschen auf der Brücke auszumachen. Als wir querab waren, nahm der Tanker Fahrt auf, lief achtern um uns herum und ging wieder auf Kurs. Bald war er hinter der Kimm verschwunden.

Wir begingen unseren Hochzeitstag. Elga hatte in ihren Schränken noch allerlei Dinge, mit denen sie den Mahlzeiten eine besondere Note geben konnte. So wurde es ein festlicher Tag - auch dadurch, daß wir nach den Wachablösuangen zusammensaßen und Pläne für die Zukunft schmiedeten. Wir waren nicht müde - jedenfalls nicht im geistigen Sinne. Das Wetter war ruhig an diesem Tag. Ein gleichmäßiger Wind wehte unter einem wolkenlosen Himmel.

Wenn die Nächte klar waren, standen die Sternbilder des nördlichen Himmels über uns. Nacht für Nacht waren sie höher gekommen, bis sie nun die uns vertrauten Plätze einnahmen.

Abend- und Morgendämmerung wurden lang. Die Sonne verlor ihr brennendes Sengen. Es wurde kühl. Eine Ahnung von Frühling, von nordischem Sommer lag in der Luft. Seit der Nordost-Passat einsetzte, war kein Tropfen Regen gefallen.

Wir hatten, nachdem wir aus dem Passatgebiet herausgelaufen waren, unsere älteste Garnitur Segel gesetzt: Großsegel und Genuafock. Beide sind aus Mako und 12 Jahre alt. Beide sind in Ehren ergraut. Und beide begannen, sich in Ehren aufzulösen, sobald der Wind etwas frischer wurde. Ich wechselte sie gegen unsere Kunststoffsegel aus. Wir gaben den Veteranen ein Seemannsbegräbnis mit gesetzten Flaggen, Ansprache und Musik: „The Voice of America“ spielte gerade den Yankee Doodle. Aber das tat der Zeremonie keinen Abbruch. Die Segel rutschten über die Seite. Wir imitierten hervorragend das Trillern der Bootsmannspfeifen. Die feuchten Segel sanken sofort unter. Sie liegen nun in 3100 Meter Wassertiefe südlich der Azoren. Wenn's an der Zeit ist - ich möcht' da auch in Ehren liegen.

Als unser letztes Positionskreuz eingetragen wurde, maßen wir 73 Seemeilen zum Hafen Horta auf der Insel Fayal und 180 Seemeilen nach Ponta Delgada auf der Insel São Miguel. Nach Horta konnten wir anliegen, nach Ponta Delgada mußten wir aufkreuzen. Wir beschlossen, nach Horta zu segeln.

„Und die Post?“ fragte ich.

„Lassen wir nach Horta schicken“, sagte Elga.

„Ja, aber –“

„Mein Freund!“ sagte Elga feierlich. „Wir nähern uns europäischen Gestaden. Dort gibt es – wenn ich mich recht erinnere – Einrichtungen, die der zivilisierte Mensch ‚öffentliche Dienste‘ nennt. Du brauchst fortan nicht mehr alles selbst zu tun.“

Am nächsten Morgen hoben sich die Umrisse der Inseln Fayal und Pico aus sonnendurchstrahltem Dunst. Der Wind war nur noch ein schwacher Hauch aus Ost. Viele Fischkutter waren auf dem ruhigen Meer zu sehen. Möwen umflatterten uns.

So logisch und berechenbar ein Landfall ist, er behält immer eine gefühlsbetonte Seite: da segelt man wochenlang ohne einen anderen Anhaltspunkt als die Gestirne am Himmel – und „plötzlich“ ist Land voraus. Ich saß im Cockpit, unfähig einen Gedanken zu fassen. Denn dieses Land bedeutete, daß wir die längste Teilstrecke unserer Reise abgeschlossen hatten: 3250 Seemeilen.

Dann schrie ich: „Land! Laand vooraus!“

Elga kam an Deck und sagte: „Mein Gott! Jetzt ist es nicht mehr weit bis nach Blankenese.“

Wir sind schon über drei Wochen hier. Wir haben KAIROS instandgesetzt. Er war so salzverkrustet, daß ich die Bullaugen und die Fenster nur mit Hilfe einer Rasierklinge säubern konnte. Keine Menge Süßwasser konnte da helfen.

Die deutsche Familie G. hat sich hilfsbereit unserer angenommen. Der Garten ihres Hauses liefert uns jegliche Art von Gemüse. Zu Elgas Geburtstag waren wir zum Essen eingeladen worden. Es war ein richtiges kleines Fest mit weißgedecktem Tisch, Silber und Kerzen.

Elgas altbewährte Sympathie für portugiesische Lotsen hat uns Senhor Capitão F. zum Freund gemacht. Er erzählt uns viel vom Leben der Thunfischer, die die Fischfabrik in Horta mit ihren Fängen beliefern. Gestern wurden zwei Pottwale gefangen – von Ruderbooten aus mit einer Handharpune. Wir sahen, wie die riesigen Tiere in der Walkocherei abgespeckt wurden. Bis zu den Knien standen die Männer in Fett und Blut.

Daß wir Europa nahe sind, haben wir nicht nur daran gemerkt, daß uns gemäß Elgas Voraussage die Post aus Ponta Delgada sofort geschickt wurde –

wir merken es auch daran, daß hier nun wieder viele Yachten einlaufen. Besonders freuten wir uns, Eric H. und seine Frau Susan mit ihrer WANDERER III zu treffen. Eric H. hat eine Reihe hervorragender Segelbücher geschrieben, die uns auf unserer Reise wie Handbücher begleiteten. Stoff und Erfahrungen sammelte er auf zwei Weltumsegelungen, bei denen seine Frau ihm eine ebensogute Begleiterin war wie Elga mir. Kein Wunder also, daß wir zusammensaßen und unsere Gespräche kein Ende nahmen.

Weitere Yachten segeln in den Hafen. Die alten Fragen werden gerufen: „Woher? - Wie lange? - Wohin?“ In Frage und Antwort liegt die Vertrautheit, die uns Segler verbindet, liegt die Erinnerung an gemeinsame Freunde jenseits der Ozeane, liegt der Traum von fernen Küsten, der niemals untergeht und Menschen Segel setzen läßt.

*England, Helford River, im Juli 1967*

Aus meinem Tagebuch:

*10. Juli 1964. Wir ankern noch immer im Helford River. Der Wetterbericht gibt Sturmwarnung. Cornwalls dunkle Küste unter grauem Himmel, vom feuchten Südwest getriebene Regenwolken, Eichenwald über nebligem Ufer, dessen Felsen von der Brandung ausgehöhlt sind: das wird unser letzter Eindruck von Europa sein.*

Ich schrieb das damals ohne zu wissen, ob wir diese Küste wiedersehen würden.

Heute, fast auf den Tag drei Jahre später, ankern wir an der gleichen Stelle im Helford River wie damals. Der Himmel, der Südwestwind, der Eichenwald über der Küste sind unverändert geblieben.

„Wir freuen uns, daß ihr wieder da seid!“ sagte John H., dessen Gäste wir waren. „Es ist nicht nötig zu sagen, daß mein Haus euch jederzeit offensteht.“

Seine resolute Frau Virginia fragte: „Wie sind eure Pläne?“

„Wir wissen es noch nicht“, antwortete ich. „Wir müssen ganz von vorn anfangen.“

„Das wird er müssen“, sagte Elga. „Er will nämlich unsere Reiseberichte, die wir an unsere Eltern schrieben, zu einem Buch zusammenfassen.“

„Wir wollen im nächsten Sommer nach Frankreich segeln. Kommt doch mit!“ sagte John. „So - jetzt mixe ich uns einen guten drink und dann erzählt ihr uns von eurer Reise.“

Wir kamen sehr spät zurück. Ich saß noch lange im Niedergang und horchte auf den Wind, der in den Uferbäumen rauschte – genau wie damals.

*Die See umgibt uns mit Raum- und Zeitmaßen, die gewohnte Vorstellungen sprengen. Die See zwingt zu neuem Denken. Sie fordert den ganzen Einsatz unserer Körper- und Seelenkräfte.*

Die Familien G. und F. standen auf der Hafenmole von Horta und winkten, als wir ausliefen. Elga kam vom Kartentisch herauf. Sie sagte stöhnend: „Ich kann nun nicht mehr Abschied nehmen. Es reißt mich jedesmal auseinander. Ich habe mich bei ihnen wie zuhaus gefühlt. Man kann doch die Häuser von Freunden nicht verlassen wie Hotels – also – der Kurs ist 47° am Kompaß."

Ich brachte Kairos auf Kurs. Es wehte eine leichte, südliche Brise. Die Sonne strahlte. Die Hafenmole verschwand hinter den Felsen der Punta da Espalamanca. Zu Steuerbord lag die Insel Pico unter Wolken, nördlich davon die Insel São Jorge, dahinter Graciosa. Achteraus lag Fayal und 1200 Seemeilen voraus: England. Unser Kurs führte ins Gebiet der vorherrschend westlichen, oft stürmischen Winde.

Während die Nacht sank, passierten wir das Westkap der Insel São Jorge. Rot glühten seine Felsen im Abendlicht. Hellgraue Wolken hingen über den Bergen. Am nächsten Morgen hatten wir Graciosa Steuerbord querab. Wir blickten zu den grünen Feldern und den geschwungenen Hügellinien hinüber. Hinter ihnen fern im Osten kam der blaue Schatten der Insel Terceira in Sicht, versank um die Mittagsstunde. Die Inselgruppe der Azoren lag hinter uns.

Der Wind blieb zunächst südlich, drehte jedoch während der Nacht auf Nord und nahm zu. Seegang lief auf. Wir wurden seekrank. Kairos steuerte sich selbst mit gelaschter Pinne hoch am Wind. So konnte der Wachgänger in seinem Elend Schutz unter der Spritzpersenning finden. Dort hockte er, warf hin und wieder einen Blick auf den Kompaß, fror – denn der Nordwind war kalt – und hatte Zeit, seinen Gedanken nachzuhängen – wenn ihm überhaupt welche kamen.

*Auf See zählt nur augenblickliches Geschehen. Was kommen wird, ist ungewiß. Was geschieht, ist so stark, daß es die Vergangenheit auslöscht. Die See schafft Tatsachen – den Ausweg müssen wir selber finden.*

Die Wetterstörung im Nordosten, die den Windwechsel gebracht hatte, zog ab. Es folgte eine mehrstündige Flaute, während der wir das Schiff treiben ließen und Schlaf nachholten. Wir frühstückten kräftig, denn wir hatten nun unsere Seebeine und -mägen wiedergewonnen.

Der Himmel klarte auf und Südwestwind setzte ein. Er wurde bei fallendem Barometer bald frisch und warf eine steile See auf. Sie kreuzte sich mit einer alten Dünung aus West. Das gab Arbeit am Ruder und erforderte große Aufmerksamkeit beim Steuern, da wir unter gerefftem Großsegel genau vorm Wind liefen. Die Passatsegel wollten wir nicht setzen, da wir uns den Dampferrouten zwischen Europa und Nordamerika näherten. Es wäre leichtsinnig gewesen. Nur Großsegel und Fock gewähren volle Manövrierfähigkeit. Nach der Seestraßenordnung haben Fahrzeuge mit Maschinenantrieb Seglern auszuweichen - doch wer garantierte, daß man uns rechtzeitig ausmachen würde? Wir hatten die einsamen Passatgebiete endgültig verlassen. Wir mußten also unsere Ruderwachen gehen und das schwere Steuern hinnehmen. Es gab keine andere Möglichkeit.

*Was die See gibt, gibt sie ganz. Sie jagt Angst ein, die bis ins Rückenmark stößt. Sie schenkt Freude, die mit nichts auf dieser Erde vergleichbar ist. Sie läßt die Welt grenzenlos erscheinen oder engt sie mit Brechern ein, die wie stürzende Hauswände sind. Was wir der See an Erfahrung und nautischer Ausrüstung entgegenzusetzen haben, muß stark und einfach wie die See sein - ihr ebenbürtig. Halbe Entscheidungen und schlechte Ausrüstung sind der Tod.*

Es wurde täglich kühler. Doch merkwürdigerweise litten wir nicht so sehr unter der Kälte wie in den Südbreiten. Dort fließt kein Golfstrom, der warmes Wasser bringt und damit einen ganzen Kontinent bewohnbar macht. Wir holten unsere warme Bekleidung aus den Schränken. Die Wachablösung kam jetzt einige Minuten später an Deck, weil das Anziehen zu einer richtigen Arbeit ausartete.

Elgas Ankleidezeremonie löste bei mir stets Heiterkeit aus. Sie trug zwei dicke Hemden - vom Kapitän gemopst. Ein dünner und ein dicker Pullover folgten. Sie wurden unter großen Anstrengungen in die Cordhose gestopft, die ihrerseits wieder in die Seestiefel hineingearbeitet werden mußte. Dann wurde eine Schwimmweste angezogen, deren Schaumstoffeinlage Elgas Figur das Aussehen eines Astronauten verlieh. Doch gerade der Schaumstoff sei es, so wurde mir versichert, der gegen Kälte schütze.

Über alles kam das Ölzeug. Nun konnte Elga sich kaum noch bewegen. Nur sitzen und steuern konnte sie. Der Kopf wurde geschützt, zunächst einmal durch die Zöpfe, die zu irgendwelchen Knoten verschlungen wurden, dann durch ein Kopftuch, dessen fraulichen Faltenwurf eine Pudelmütze zusammenhielt. Schließlich wurde die Kapuze der Ölzeugjacke übergestülpt. Die Hände meiner Frau verschwanden in großen Gummihandschuhen.

Als Elga das erste Mal solchermaßen bekleidet an Deck kam - es war Nacht - glaubte ich eine Erscheinung vom Mars im Licht der Kompaßlampe zu erblicken.

„Heh, Astromaupel!" rief ich. „Wer hat denn dich aus der Milchstraße gelockt?"

Gelassen, ohne mich eines Wortes zu würdigen und wirklich rund rollte Elga auf ihren Platz an der Pinne. Von Stund' an weiß ich, was Würde ist.

Es wurde täglich dunkler und grauer, obwohl die Dämmerungen lange in nordischem Halblicht schimmerten. In winselnden Sprüngen kam der Südwestwind. Er brachte Regen- und Nebelwolken. Nebelmeer nannten die Phönizier den Nordatlantik, von dem die Griechen glaubten, er sei das Ende der Welt.

Nach dem Durchzug der Warmfront, die dieses graue Wetter gebracht hatte, sprang der Wind auf Westnordwest und hielt an. Er trieb die Wolken fort und ließ die Sonne scheinen. Wir segelten über ein blaues, freundliches Meer. Zu Großsegel und Fock I setzten wir spinnaker-ähnlich das Backbord-Passatsegel. Es gab uns zusätzliche Fahrt. Wir wußten, daß die Schönwetterzeit begrenzt sein würde und genossen jeden Tag intensiv und bewußt. Unter der weißen Pyramide seiner Segel zog KAIROS dahin.

*Der lockende Zauber der See ist ohne Grenzen. Das schillernde Grün tropischer Lagunen finden wir unter dem Gischtkamm eines jeden Brechers. Das spröde Knistern von Palmen über heißen Stränden, das Summen von Tannen auf schwarzem Ufer lebt in jedem Hauch des Windes. Die See verbürgt die Freiheit auf unserer Erde.*

Wir standen nun 200 Seemeilen vorm Englischen Kanal. Wir konnten Wettermeldungen empfangen. Zum ersten Mal hörten wir wieder nach drei Jahren: „Achtung, die deutschen Seefunkstellen! Hier Norddeich Radio. Guten Abend, meine Herren. Wir geben Ihnen die Stationsmeldungen von 18.00 Uhr MGZ –“ Ich zeichnete Wetterkarten. Das Hoch, das uns die schönen Tage gebracht hatte, zog ostwärts ab. Westsüdwestwärts unserer Position wurde ein Tief gemeldet. Es zog etwas südlich unseres Kurses zum Kanal. Es brachte stürmische Winde, schlug eine Segelyacht nicht weit von uns entfernt leck und warf eine andere auf die Felsen der französischen Küste, wobei der Skipper ertrank und nur seine beiden Söhne gerettet werden konnten. Das alles erfuhren wir später hier in Falmouth.

Die Wetterverschlechterung begann mit Schauern. Dann drehte der Wind auf Nordost und drängte uns vom Kurs ab. Er tat das nicht mit einem Sprung, vielmehr langsam und zögernd. Wir steuerten unzählige Kurse – immer darauf bedacht, möglichst dicht beim direkten zu bleiben.

In den Morgenstunden hatte sich der Wind auf Nord herumgetänzelt. Er wurde zur steifen Brise, die Nebel und Regen mit sich führte. Wir segelten wieder direkten Kurs – oder was wir für den direkten Kurs hielten.

Als Elga im Morgengrauen zur Ablösung kam, bat ich sie, unseren Standort zu koppeln. Nach ihm standen wir südwestlich der Scilly Inseln, nordwestlich der Insel Ouessant direkt vorm Ausgang des Englischen Kanals.

Elga übernahm die Pinne. Ich reffte das Großsegel. Die Sicht betrug keine 2 Seemeilen. Wir segelten ohne Möglichkeit, unseren Standort zu bestimmen, in eine Meerenge, deren Gezeitenströme zu den stärksten der Erde gehören und deren Schiffsverkehr von keinem anderen Seeweg übertroffen wird.

„Sir George haben schlechte Laune?" erkundigte sich Elga, als ich ins Cockpit zurückgekrochen kam.

„Ja. Wir müssen beidrehen."

„Nein!" sagte Elga. „Der Wind ist günstig."

Der Regen prasselte auf ihr Ölzeug. Mit beiden Händen hielt sie die Pinne.

„Kannst du unsere Navigation auf eine Seemeile genau garantieren bei dieser Sicht und ohne Sonne?"

„Nein. Aber ich will' raus aus diesem Schlamassel!"

Noch nie habe ich Elga so schwer überzeugen können. Wenn wir etwas tun, dann muß es bei beiden aus voller Überzeugung geschehen. Sonst leidet unsere Widerstandskraft. Wir drehten bei, nachdem ich vergeblich versucht hatte, unseren Standort nach Consolfunkpeilungen zu bestimmen. Atmosphärische Störungen erzeugten rasselnden Lärm im Radioempfänger.

Kaum eine halbe Stunde später ertönte von achteraus undeutlich ein Nebelsignal. Wir sprangen auf und starrten in den Nebel, der sich verdichtet hatte. Ich blies in unser Nebelhorn. Der Ton wurde vom Wind weggerissen, von den Nebelschwaden erstickt.

„Da!"

Keine zwei Kabellängen entfernt, zog an Backbord schemenhaft ein Schiff vorbei. Wieder klang sein Signal. Das Schiff stand jetzt windwärts, aber das Signal war kaum zu hören. Wenn der Wind ein Typhonsignal derartig verwehte – wie sollte dann unser Horn zu hören sein? Der graue Schatten verschwand in einer Regenbö, die schwarz durch den Nebel heranheulte. Wir hörten kein weiteres Signal.

Der Schreck saß uns in den Knochen. Er ließ uns nicht los während der nächsten 14 Stunden. Das Wetter verschlechterte sich. In Böen erreichte der Wind Sturmstärke. Die grobe See lief steil und hohl. Wehende Gischt mischte sich mit Regen und Nebel.

Einer von uns versuchte, in der Kajüte zu schlafen, während der andere unter der Spritzpersenning hockte und horchte – das nutzlose Nebelhorn in der Hand.

Keiner von uns schlief, wenn die Ablösung gekommen war. Wir lagen sprungbereit auf dem Boden der Kajüte und horchten. War da nicht –? Nein. Aber jetzt –? Der Block der Großschot quietschte.

KAIROS lag wie gewöhnlich ausgezeichnet beigedreht. Aber uns erfüllte eine lähmende Angst. „– segelten um die Erde und wurden im Englischen

Kanal vom Motorschiff OMEGA überrannt!" Wie selbstverständlich würde sich so eine Zeitungsmeldung ausmachen.

Ich hielt es in der Kajüte nicht aus. Ich setzte mich neben Elga. Wir froren und zitterten. Wir saßen und starrten, horchten und horchten. Wir waren bereit, mit jedem Schatten zu kämpfen: auszuweichen, zu segeln, zu manövrieren.

Es geschah nichts, außer daß der Wind heulte, die See tobte und der Nebel jegliche Sicht nahm.

*Die See lehrt, zu hoffen und niemals aufzugeben. Sie fordert Durchhalten, bis sie ein Ende bereitet oder einen neuen Anfang setzt.*

Zum Abend wurde es klar. Wir atmeten auf. Wir setzten ein helles Licht ins Rigg, legten uns todmüde und erschöpft schlafen. Draußen wehten die Böen unvermindert stark. Aber sie wehten unter Sternen.

Um 02.30 Uhr wachte ich auf, weil KAIROS nicht mehr überlag und keine Böen mehr lärmten. Ich zog mich an, löste Segel und Pinne aus den Laschings und segelte den Kurs weiter, den zu segeln wir am Morgen aufgegeben hatten. Silbern hing der Mond am Himmel. Im Osten zeigte sich bald ein erster Tagesschimmer.

Er ging einem herrlichen Tag voraus. Wir bekamen unsere Sonnenstandlinien und mit ihnen unseren genauen Standort. Wir berechneten die Gezeitenströme und setzten den Kurs entsprechend auf Lizard Point ab – die Südwestspitze Englands östlich vom Kap Landsend.

„Morgen früh sind wir in Falmouth", sagte ich.

„Und nächstes Jahr segeln wir nach –" Elga zögerte. „Vielleicht so'n bißchen in die Ostsee. Jeden Abend ein Hafen und jeden Morgen frische Brötchen!"

Als roter Ball ging die Sonne unter. Der Himmel glühte. Einige Fischkutter strebten der unsichtbaren, französischen Küste zu. Die Silhouetten zweier Motorschiffe zogen über den Horizont. Nach dem Abendessen ging Elga zur Koje. Meine letzte Abendwache begann.

Ich blickte *zurück* auf die See. Sie glänzte perlmuttfarben. Im Westen stand der Abendstern zwischen einigen dunklen Wolken. Ein rosa Dunstschleier lag über der Kimm. Ich weiß nicht, wie es geschah, plötzlich hielt ich meine Mütze in der Hand. Im Südwesten zogen feine Cirren auf. Das Wetter würde sich ändern.

*Die See bleibt von unserem menschlichen Erleben unberührt – ein Element, auf dem wir unsere Kurse ziehen. Wenn wir ankommen, fühlen wir tiefen Dank.*

Darum hielt ich meine Mütze in der Hand.

*Blankenese, im Oktober 1967*

Wir segelten in aller Ruhe an der englischen Südküste entlang. Wir besuchten alte Freunde. Jeder Abend sah uns im Hafen.

„Laß uns nach Helgoland segeln“, sagte Elga. „Da bleiben wir zwei Wochen. Wir baden und ruhen uns aus. Unsere Eltern können kommen. Wir leben einfach in den Tag hinein: keine Proviantlisten, keine Schiffsarbeiten, keine Handbücher und Seekarten, keine neue Kursplanung - ach, wird das herrlich!“

„Und dann“, sagte ich, „schippern wir ganz gemütlich die Elbe rauf. Wir suchen uns einen Sonntag mit günstiger Tide aus. Dann treffen wir vielleicht einige Freunde.“

Vor Dover wurde das Wetter stürmisch und nebelig. Wir liefen ein. Ein Reporter kam an Bord. Wir beantworteten seine Fragen. Zum Schluß sagte er: „Man erwartet Sie!“

„Ja“, sagte Elga. „Wir haben unseren Eltern und dem Blankeneser Segel-Club geschrieben, daß wir Ende August eintreffen werden.“

Der Reporter grinste.

Es kam ein zweiter Reporter. Er sagte dasselbe. Es kamen ein dritter, ein vierter, ein fünfter. Sie sagten alle: „Man erwartet Sie!“

Wir versuchten zu ergründen, wer „man“ wohl wäre.

Ein Hamburger Reporter traf ein. Er sagte: „Sie kommen beide in mein Hotel und geben mir einen ausführlichen Bericht. Haben Sie heute abend Zeit?“

„Ja“, sagte ich, „wir kommen. Sagen Sie uns eines: wer erwartet uns eigentlich?“

„Die Öffentlichkeit!“

Als der freundliche Reporter gegangen war, fragte Elga: „Wer soll denn bloß Interesse an uns haben?“

Ich konnte mir niemanden vorstellen.

Abends sitzen wir mit dem Reporter in der Veranda des Hotels. Plötzlich kommt ein Mann atemlos durch die Tür und stürzt auf uns zu. „Elga! Ernst-Jürgen! Hier also steckt ihr! Kairos fand ich im Hafen. Aber euch habe ich in der ganzen Stadt gesucht.“

Wir fallen uns in die Arme. Unser Freund Theo Tetzen ist der Ehrenvorsitzende des Blankeneser Segel-Clubs. Er berichtet: „Wir haben euch schon am letzten Wochenende erwartet. Alle Segler waren auf der Elbe. Die Marine hat euch ein Schiff entgegengeschickt. Günther Hecht war mit Reportern im Flugzeug über der Deutschen Bucht. Der Hamburger Yachthafen hatte über die Toppen geflaggt. Der Hamburger Senat wollte euch empfangen. Aber ihr seid nicht gekommen. Jetzt glühen die Drähte unserer Telefone. Jeder will wissen, wann ihr kommt. Keiner weiß es. Da habe ich mich heute morgen kurz entschlossen ins Flugzeug gesetzt, um euch zu suchen. Hier bin ich: willkommen, willkommen! Eure Eltern, eure Freunde – alle warten auf euch. Kommt nach Haus und kommt schnell!"

Bei Südwestwind Stärke 6 verließen wir Dover. KAIROS lief wie ein Rennpferd über die grünen Nordseewellen. Dampfer, Feuerschiffe, Seezeichen. Vor Texel flaute der Wind ab und drehte auf Nordost. Wir kreuzten. Ebbstrom, Flutstrom, Leuchttürme über der holländischen Küste. Bei Borkumriff-Feuerschiff kam wieder Westwind durch. Er briste auf. Kurs Helgoland, Regen in der Nacht, Dampferlichter überall. Im Morgengrauen, nach 67 Stunden Segelei mit wenig Schlaf, kam das Feuer Helgolands in Sicht. Unter Regenböen liefen wir in den Hafen der roten Insel ein.

Reporter warteten schon. Bürgermeister Rickmers empfing uns herzlich. Seiner Fürsorge verdankten wir, daß wir am Nachmittag einige Stunden Schlaf erhielten.

Fernsehen, Rundfunk, Presse, Telefonanrufe. Fragen, Gespräche, Interviews. Auf dem Postamt lagen Stapel von Briefen, Telegrammen. Wir konnten nicht mehr die Augen offenhalten. Es war wie im Sturm. Wir mußten durchhalten. Und waren doch so müde –

Nachts 03.00 Uhr liefen wir aus, um den zugesagten Empfangstermin auf der Elbe einzuhalten. Der Seenotrettungskreuzer ADOLPH BERMPOHL gab uns Geleit. In der Elbmündung wartete ein Küstenwachboot der Marine und begleitete uns. Als grauer Strich unter grauem Himmel kam Steuerbord voraus die deutsche Küste in Sicht, davor der dunkle Turm auf Neuwerk.

„Segler an Backbord", sagte Elga. Die Yacht drehte auf uns zu. Es war das Flaggschiff unseres Clubs: die Yawl BLANKNES von Paul Rust. Ruf und Gegenruf: „Willkommen!"

Die „Alte Liebe" vor Cuxhaven ist schwarz von Menschen. Yachten der Seglervereinigung Cuxhaven bringen uns Grüße und einen Korb voll Obst. Vier Boote der Wasserschutz-Polizei begleiten uns außer der BLANKNES.

Die Ufer der Elbe rücken zusammen. Der Flutstrom reißt an den Fahrwassertonnen. Über den Deichen leuchten die roten Dächer der Häuser. Es ist, als wären wir niemals fortgesegelt. Am Abend ankern wir längsseits der BLANKNES hinter den Elbeinseln bei Bishorst. Wir schlafen wie die Toten.

Strahlend kommt der nächste Tag, der 23. August. Eine zweite Yacht des Blankeneser Segel-Clubs geht längsseits: die UPESI unseres Freundes Claus Hartmann. „Willkommen!"

Dann segeln wir ins Hauptfahrwasser der Elbe. Was wir dort sehen, läßt mich vor Schreck fast eine in Schlepp fahrende Baggerschute rammen. Yachten über die Toppen geflaggt, Motorboote, Jollen, ein Elbdampfer mit den Angehörigen der Firma Charles Hosie, bei der ich früher gearbeitet habe. Elgas Eltern und ihre Schwester Eva winken lachend und rufend von einer Motoryacht.

Wir sind bald von Yachten und Booten umgeben. Freunde, Bekannte, Fremde rufen und winken. Wir werden in Schlepp genommen. Raketen knallen, Dampfersirenen brummen, Blumen und nochmals Blumen werden uns herübergereicht. „Willkommen in der Heimat!"

Wir machen die Segel fest – zum letzten Mal auf dieser Reise. Ich überprüfe KAIROS. Wenn ich einen Ehrgeiz hatte, dann den: dieses Schiff so seeklar und sauber zurückzubringen, wie wir es hinausgesegelt haben.

Vor den Molen des Hamburger Yachthafens in Wedel bleiben die Yachten und Boote zurück. Rufe, Fragen, Raketengeknall verstummen. Wir laufen unter Maschine ein. Am Ufer stehen unübersehbar viele Menschen. Als unsere Leinen zum Ponton hinüberfliegen – es ist der Platz, von dem wir sie vor drei Jahren und drei Monaten lösten – bricht in das feierliche Schweigen spontanes Klatschen.

„Leinen fest!"

Günther Hecht gibt uns als erster die Hand. Plötzlich sind Schwester und Schwager mit ihren Töchtern da.

„Willkommen!" sagt Puck, die große.

„Ich auch!" sagt Mücke, die kleine.

Umringt von Menschen gehen wir an Land, hinauf zur Rasenfläche, wo eine Rednertribüne und Stuhlreihen aufgestellt worden sind. Sonnenschein läßt die Farben der wehenden Flaggen leuchten.

Der Vertreter des Hamburger Senats begrüßt uns, dann der Bürgermeister der Stadt Wedel. Der Präsident des Deutschen Seglerverbandes heißt uns im Namen der deutschen Segler willkommen. Theo Tetzen spricht und der Vorsitzende des Blankeneser Segel-Clubs auch: wie viele festliche Worte!

Elga neben mir hält den rot-weißen Nelkenstrauß des Senats im Arm. Die Spitzen der Blumen zittern, obwohl sie ganz still sitzt.

Ich denke an meine Eltern, die aus gesundheitlichen Gründen nicht kommen konnten. Sie warten –

Die Reden sind beendet. Ich nehme Elgas Arm. Wir gehen zur Rednertribüne hinauf.

„Meine Frau und ich danken Ihnen allen von ganzen Herzen für Ihre

Begeisterung und Anteilnahme! Wir sind um die Erde gesegelt und unsere Mühe wurde belohnt. Schwer war es für diejenigen, die drei Jahre lang in Sorge auf unsere glückliche Heimkehr warten mußten. In diesem Augenblick der Freude wollen wir die Menschen nicht vergessen, die diese Sorge auf sich nahmen."

*Erklärung*
*seemännischer Ausdrücke,*
*die in den Büchern der* KAIROS*-Trilogie*
*verwendet werden.*

*achtern:* hinten, *achteraus:* hinter dem Heck (siehe H).
*Achterpiek:* Stauraum im Heck einer Yacht.
*Aufholer:* Leine zum Hochheben - Aufholen - eines Baumes.
*Azimutpeilung:* Rechtweisende Peilung eines Gestirns (*rechtweisend* siehe R. *Peilung* siehe P).
*back:* Ein Yachtsegel wird back gesetzt für ein Schiffsmanöver, d.h. zur Seite gegen den Wind geholt, um die Fahrt zu vermindern oder eine Schiffsdrehung zu beschleunigen.
*Backbord:* Die linke Seite eines Schiffes.
*Bauernnacht:* Eine Nacht im Hafen oder vor Anker, wenn der Seemann ohne Ruderwache oder Segelmanöver wie ein Bauer durchschlafen kann.
*Baum:* Bezeichnung für jede Stenge oder Stange (Spiere).
*Baumfock:* Dreieckiges Vorsegel, dessen Unterkante von einem Baum, dem Fockbaum, gestreckt wird.
*beidrehen:* Das Schiff im Sturm mit stark verkleinerter Segelfläche treiben lassen, so daß es von der Wucht der brechenden See nicht beschädigt wird - oder bei Flaute, wenn es keine Fahrt macht, dahintreibt.
*belegen:* Eine Leine mit speziellem Knoten - einem Seemannsknoten (siehe K) - festbinden.
*Besteck:* Besteck aufmachen oder ausrechnen ist die Auswertung der mit dem Sextant (siehe S) gemessenen Gestirnswinkel zur Feststellung des Schiffsortes auf See.
*Besteckversetzung:* Differenz zwischen dem geschätzten und dem durch Navigations-Instrumente exakt festgestellten Schiffsort auf See.
*Bilge:* Unterster Kielraum eines Schiffes.
*Bindereff:* Einrichtung fürs Reffen (siehe R), die es erlaubt, beim Verkleinern der Segelfläche das überschüssige Segeltuch mit kleinen Leinen - den *Reffbändseln* - am Baum festzubinden.
*Block:* Zwei aufeinandergesetzte Holz-, Eisen- oder Kunststoffscheiben mit einer drehbaren Rolle dazwischen, über die Tauwerk geführt wird, beim „Flaschenzug" - der *Talje* (siehe T) - mit mehrscheibigen Blöcken.
*Bootsmannsstuhl:* Sitzbrett, das am Mast hochgezogen wird, um von ihm aus Arbeiten in der Takelage durchzuführen.
*Bordroutine:* Regelmäßige Zeiteinteilung auf See für Ruderwachen, Arbeiten, Navigation, Freiwachen und Essen während des 24-Stunden-Tages an Bord.
*Bug:* Zugespitzter Vorderteil eines Schiffes.
*Cockpit:* (auch Plicht) Auf einer Segelyacht der im Deck eingelassene Platz für Rudergänger und Besatzung; durch Seegang eingespültes Wasser läuft durch *Lenzrohre* (siehe L) in die See zurück.
*Chronometer:* Genau gehende Schiffsuhr, deren Vor- oder Nachgehen gleichmäßig (z.B. täglich 0,3 Sekunden) sein muß, damit bei nicht empfangenem Radio-Zeitsignal die korrekte Zeit (Weltzeit) für die Navigation bekannt ist.

*einklarieren:* Die Abfertigung eines eingelaufenen Schiffes durch Zoll- und Hafenbehörden - sinngemäß: ausklarieren.

*Etmal:* Die von einem Schiff zurückgelegte Entfernung von Mittag zu Mittag – Mittag deshalb, weil der gemessene Höchststand der Sonne für die Errechnung der geographischen Breite entscheidend ist.

*Fall:* Leine zum Setzen und Niederlassen (fallen lassen) der Segel, z. B. Großfall für das Großsegel, Fockfall für das Focksegel.

*Fallen nachsetzen:* Die Fallen werden stramm durchgezogen (durchgesetzt, nachgesetzt) und neu belegt, wenn sie sich durch Beanspruchung im Zug der gesetzten Segel gedehnt haben.

*Fender:* Kunststoff- oder Leinwand-Puffer, der zur Vermeidung von Schäden beim Festmachen an Bollwerken oder Schiffen außenbords gehängt wird.

*fieren:* Tauwerk, Ketten oder Drahtgut auslaufen lassen.

*Genua(fock):* Großes, bauchiges Dreieckssegel vor dem Mast für seitlichen Wind.

*halsen:* Segelmanöver bei achterlichem Wind, bei dem die Segel von einer Seite zur anderen genommen werden.

*Handbuch:* (engl. Pilot Book) Nautisches Fachbuch, das alle klimatischen und nautischen Einzelheiten eines See- oder Küstengebietes behandelt.

*handig:* Das Wetter wird als handig bezeichnet, wenn es nicht zuviel Arbeit an Schiff und Takelage erfordert und man trotzdem gut vorankommt.

*Heck:* Gerundeter oder abgeflachter Hinterteil des Schiffes.

*heißen:* Das Hochziehen von Segeln oder Flaggen.

*Hurrikan:* Tropischer Orkan, oft als Wirbelsturm bezeichnet, weil der Radius seiner ins Orkanzentrum „wirbelnden" Winde im Vergleich zu anderen Tiefdruckgebieten gering ist: etwa 100 bis 300 Seemeilen. Hurrikane treten im Karibischen Meer auf – entsprechend: *Zyklone* im Indischen Ozean, Taifune im Pazifik.

*kabbelig:* Unruhiges Wasser mit kleinen, oft durch Strömung erzeugten Wellen.

*Kardeel:* Eingedrehtes oder eingeflochtenes Teil einer Leine.

*Ketsch:* Yachttyp mit zwei Masten, von denen der hintere und kürzere, der Besanmast, vor dem Achterschiff steht.

*Kettenschäkel:* Ein stählerner, durch einen Gewindebolzen zu schließender Ring, der zwei Ketten oder eine Kette mit dem Anker verbindet.

*Kielschwertkreuzer:* Yachttyp mit nicht tiefgehendem Kiel, in dem Ballast die Schiffsstabilität gegen das Kentern erhält. Eine in diesem Kiel drehbar gehalterte Eisenplatte, die als senkrechte Verlängerung des Kiels hinuntergelassen wird - das Schwert - verringert das seitliche Vertreiben des Schiffes, die Abdrift.

*Knoten:* a) In der Seefahrt benutzte Spezialknoten für Tauwerk, die sich auch bei starkem Zug des Tauwerks lösen lassen.
b) Geschwindigkeitsbezeichnung eines Schiffes (z. B. „5 Knoten"). 1 Knoten entspricht 1 Seemeile per Stunde (1,852 km/h). Die Bezeichnung kommt von der Verwendung einer mit Knoten in bestimmten Abständen versehenen Leine, der *Logleine* (siehe L), die ins Wasser ausgelassen wird und durch die Fahrt des Schiffes von einer Rolle abspult. Die in festgelegter Zeit durch die Hand des Messenden abgelaufenen Knoten entsprechen der Anzahl der Seemeilen je Stunde.

*koppeln:* Die Eintragungen der durch *loggen* (siehe L) festgestellten, abgelaufenen Distanzen eines Schiffes auf der Kurslinie in der Seekarte.

*Koppelkarte:* Fürs Koppeln vorgesehene Spezialkarte mit Koordinatennetz von geographischer Breite und Länge, doch ohne Angaben von Meerestiefe und Küstenlinien, weshalb sie nur auf hoher See benutzt werden kann. Der *Koppelort* ist gegenüber dem durch Gestirnsmessungen festgestellten *wahren Ort* ungenau.

*krängen:* Das Neigen der Yacht durch Segeldruck im Wind.

*kreuzen:* Segeln einer Yacht zu einem Ziel, das in Windrichtung liegt. Mit Kursen in Zickzackstrecken, bei denen der Wind mit etwa 45° mal von Backbord, mal von Steuerbord einfällt, wird das Ziel erreicht.

*Lee:* Die dem Wind abgekehrte Seite.

*lenzen:* a) Wasser aus dem Schiff pumpen (Lenzpumpe).
b) Mit sehr verkleinerten Segeln vor dem Sturm segeln oder ohne Segel vor dem Orkan treiben.

*Lenzrohre:* Rohre im Deck oder im Cockpit, die den Abfluß von überspülendem Wasser zurück in die See ermöglichen - auch Rohre an einer Lenzpumpe.

*Liek:* Der mit einem Saum und darin vernähter Leine verstärkte Segelrand - sinngemäß: *Vorliek* vorne, *Achterliek* hinten, *Unterliek* unten am gesetzten Segel.

*Linie:* Bezeichnung für den Äquator.

*Logbuch:* Schiffstagebuch für die Eintragung aller nautischen Vorkommnisse.

*loggen:* a) Mit der *Logleine* durchgeführte Bestimmung der Schiffsgeschwindigkeit. Das Ende der Logleine, ein mit Blei beschwertes Brettchen, wird vom Heck über Bord geworfen. Die in bestimmten Abständen mit Knoten markierte Leine spult entsprechend der Fahrtgeschwindigkeit von einer Rolle, wobei in einer festgelegten Zeitspanne die ausgelaufenen Knoten gezählt werden. Diese ergeben die Fahrt des Schiffes in Knoten = Seemeilen per Stunde (siehe K). Sowohl dem Knotenabstand der Logleine wie der festgelegten Zeitspanne zur Messung liegen überlieferte, nautische Rechnungen zugrunde.
b) Beim *Patentlog* wird die Drehung eines Propellers im Wasser auf eine Skala übertragen, von der die Geschwindigkeit wie auf einem Tachometer abgelesen werden kann.

*Lugger:* In der Fischerei benutztes Fangschiff.

*Luv:* Die dem Wind zugekehrte Seite.

*Mittagsbesteck:* Siehe *Besteck* und *Etmal.*

*Navigations-Computer:* Computer zur Errechnung und Fortschreibung eingegebener und gespeicherter navigatorischer Daten für die Standortbestimmung eines Schiffes auf See. Er macht die Benutzung der alten Navigationstabellen im täglichen Gebrauch unnötig.

*Nock:* Ende eines Baumes oder einer Stenge.

*Ölsack:* Durchlöcherter, mit Werg und Öl gefüllter Sack, der bei Sturm über die Bordwand gehängt wird. Das austropfende Öl breitet sich im Wasser aus und glättet die See, deren Brecher sonst das Schiff gefährden können.

*pall:* (pall kommen, pall stehen) Bei einer Leine oder Kette die völlig angespannte Streckung.

*Passatsegel:* Vorsegel zum Segeln vor dem Wind, zwei dieser mit Bäumen seitwärts ausgestützten Segel ermöglichen über zur Ruderpinne geführte Leinen das selbsttätige Steuern der Yacht (siehe Zeichnung „Im Südatlantik").

*Passatsegelbaum:* Stenge am Mast zum seitlichen Ausstützen eines Passatsegels.

*Peilung:* Feststellen einer Richtung vermittels des Kompasses.

*Pilot Chart:* englischer Name für Klimakarte, aus der vorherrschende Winde, Strömungen, Sturm- und Flautenhäufigkeit und weitere wichtige nautische Einzelheiten entnommen werden können, Ergänzung zum Handbuch.

*Pinne:* (auch Ruderpinne) Hebel zum Bedienen des Steuerruders.

*Pütz:* Eimer.

*rechtweisend:* Der Schiffsmagnetismus und die Tatsache, daß magnetischer und geographischer Nordpol nicht zusammenliegen, machen rechnerische Berichtigungen der Kompaßanzeige notwendig, die den rechtweisenden Wert zur Verwendung in der Seekarte ergeben.

*reffen:* Verkleinern der Segelfläche bei starkem Wind oder Sturm.

*Rigg:* Takelage, Begriff für alles Drahtgut und Tauwerk zur Halterung des Mastes, das *stehende Gut:* Wanten und Stage (siehe W) - und zur Bedienung der Segel, das *laufende Gut:* Fallen, Schoten, Aufholer.

*Rollreff:* Anders als beim Bindereff (siehe B) wird die Verkleinerung der Segelfläche durch Drehung des Baumes bewirkt, um den sich die nicht benötigte Segelfläche aufrollt.

*Ruder:* Vorrichtung zum Steuern eines Schiffes, eine starke Platte oder Profilplatte, die um eine Achse, den *Ruderschaft*, drehbar ist. *Ruder im Schiff:* Bezeichnung für die Steuerfähigkeit eines Schiffes, die nur bei genügender Fahrt durchs Wasser gewährleistet ist.

*Rudergänger:* Mann - bei KAIROS auch eine Frau - der/die das Ruder handhabt und Kurs steuert.

*Saling:* Waagerechte Stützvorrichtung aus Holz oder Aluminium für die Wanten (siehe W).

*Satelliten-Navigation:* Funknavigation, bei der Navigations-Satelliten durch Spezialantennen zur Feststellung des Schiffsortes angepeilt werden.

*Schäkel:* Metallring, durch Gewinde- oder Schnappverschluß zu schließen, zum Verbinden von Ketten, Leinen und Drahtgut.

*schamfilen:* Das Scheuern von Segeln oder Tauwerk gegeneinander, es wird mit einer Schutzvorrichtung aus Tauwerk oder Segeltuch, *Schamfiling* genannt, verhindert.

*scheeren:* Tauwerk durch Blöcke und Mastrollen ziehen, z. B. wird laufendes Gut (siehe *Rigg*) neu geschoren, wenn das alte ersetzt werden muß.

*schiften:* Berichtigung einer Segelstellung bei Winddrehung oder Kursänderung.

*Schlingerleiste:* Leisten-Einfassung von Tischen und Borden, um das Herunterrutschen von Gegenständen zu verhindern, wenn das Schiff schlingert, d.h. im Seegang rollt und stampft.

*Schot:* Leine zur Segelbedienung, meist als Talje (siehe T).

*Schotauge:* Mit einem Metall- oder Plastikring versehenes Loch in der hinteren Segelecke zur Anbringung der Schot.

*schwoien:* Das Hin- und Herpendeln eines Schiffes im Wind, wenn es vor Anker liegt.

*Seemeile:* Abkürzung: sm - Maßeinheit für Entfernungsangaben über See (1,852 km).

*Sextant:* Winkelmeßinstrument für die Navigation.

*Slip:* Schiefe Ebene, um Schiffe an Land zu ziehen.

*Speigatt:* Öffnung in der Reling zum Abfließen des Wassers von Deck.

*Spleiß:* Die haltbare Verflechtung zweier Leinen miteinander, Vorgang: *spleißen.*

*Steuerbord:* Die rechte Seite eines Schiffes.

*Steven:* Die Teile eines Schiffes, die den Kiel vorn und hinten nach oben verlängern und die Form des Schiffsrumpfes mitbestimmen.

*Sturmsegel:* Sehr kleines, starkes Segel, das in Sturmgebieten gesetzt wird und viel Reffarbeit erspart.

*Takling:* Zur Verhinderung des Ausfransens um das Ende einer Leine gewickeltes und festgenähtes Garn.

*Talje:* Flaschenzug, meist mit mehrscheibigen Blöcken.

*überholen:* Vorübergehendes Neigen des Schiffes im Segel- oder Wellendruck.

*Unterwasserschiff:* Kiel und Teil des im Wasser befindlichen Schiffsrumpfes.

*voll zurück:* Maschinenkommando - sehr oft um mit Rückwärtsfahrt den Anker fest in den Ankergrund zu ziehen.

*Want:* Seitliches Drahtseil zum Abstützen des Mastes, entsprechend übernimmt das *Stag* diese Aufgabe nach vorn und achtern.

*Windfahnen-Steuerung:* Die mechanische Einrichtung am Heck von Yachten, bei der ein senkrechtes und drehbares, vom Wind in konstanter Richtung gehaltenes Holzbrett über Schaft, Zahnräder, Hebel und Leinen auf das Ruder wirkt, wodurch das Schiff auf Kurs bleibt, solange der Wind unverändert weht oder bei Windänderung eine neue Einstellung des Holzbrettes, der Windfahne, erfolgt.

*Winsch:* Winde zum Bedienen von Tauwerk, Ketten, Drahtgut.

*Yawl:* Yachttyp mit zwei Masten, von denen der hintere, kurze Besanmast weit zum Heck hin auf dem Achterschiff steht.

*zurren:* Gegen Seeschlag, Schiffsbewegung und Windeinfluß sicher festbinden.

Diese Erklärungen habe ich wunschgemäß für Leser gegeben, die sich in der Yachtsegelei gar nicht oder nur bedingt auskennen. E.-J. K.

Bitte beachten Sie die folgenden Seiten

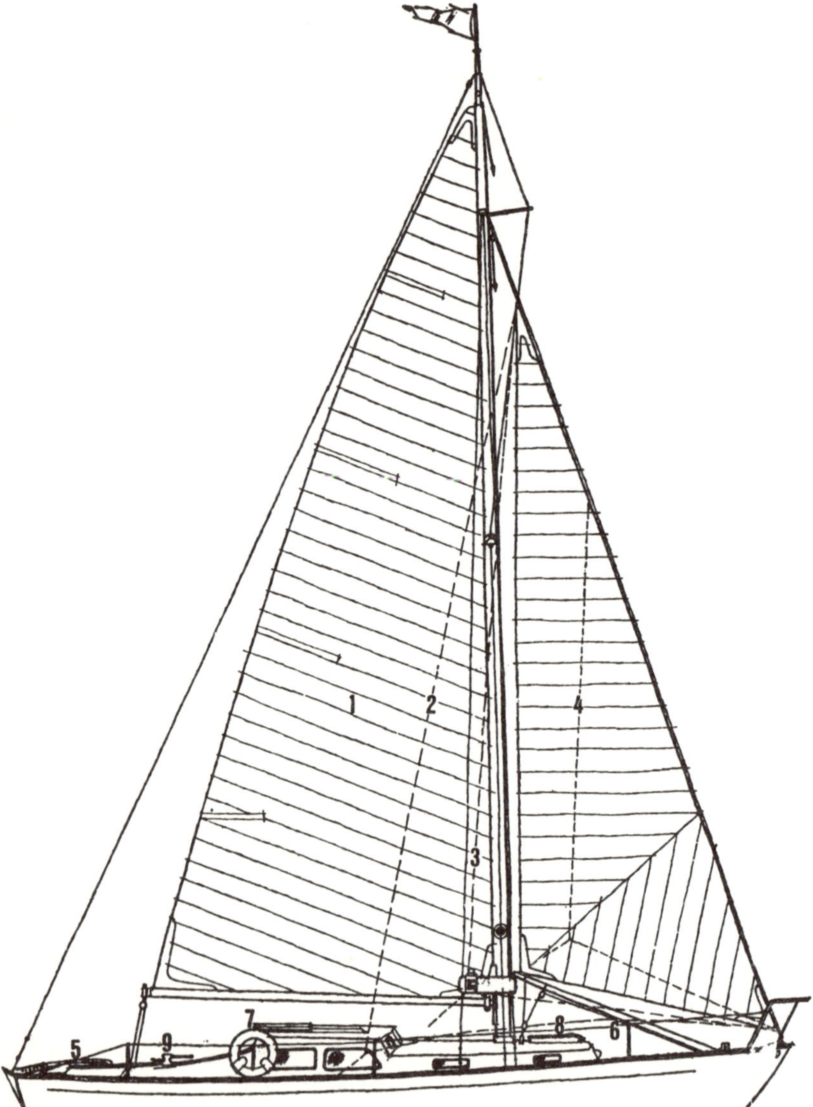

1
2
3
4
5
6
7
8
9

*Kielschwertkreuzer*
*der Delphin-Klasse*
KAIROS

Technische Daten:

| | |
|---|---|
| Länge über Alles | 9.60 Meter |
| Länge i.d. Wasserlinie | 7.48 Meter |
| Größte Breite | 2.85 Meter |
| Tiefgang | 0.90/1.80 Meter |
| Verdrängung | 4.90 Tonnen |
| Gewicht des Ballasts | 1.50 Tonnen |
| Segelfläche | 36 $m^2$ am Wind |

Konstrukteur:
Theodor Stölken, Hamburg

Baujahr: 1955

1 Großsegel
2 Genua
3 Fock 1
4 Sturmfock
5 Ruderpinne
6 Fockbaum
7 Luke zum Niedergang
8 Vorderluke
9 Winsch
10 Vorderkojen (Gebrauch im Hafen)
11 20 Kanister à 10 Liter Wasser
12 Schwert
13 Pantry (Küche)
14 Hundekojen (Gebrauch auf See)
15 Cockpit

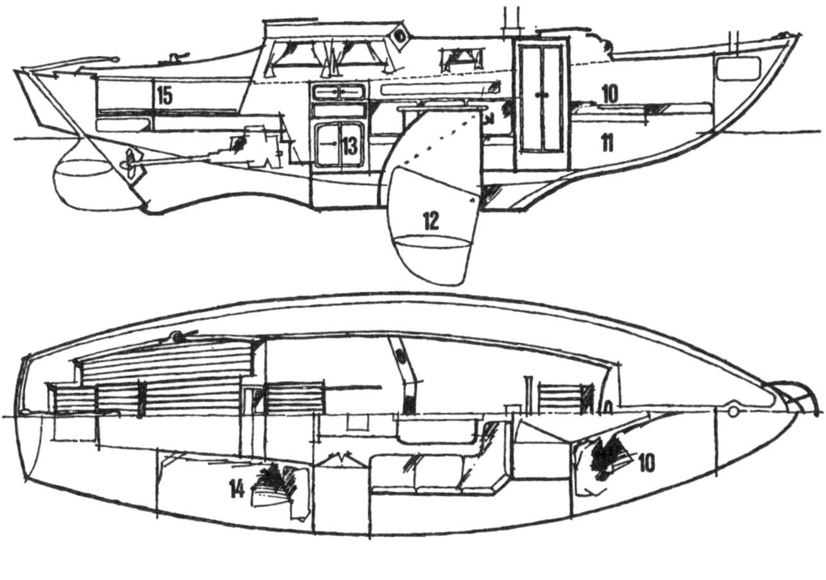

# Weitere Reisen

**von Ernst-Jürgen und Elga Koch**

**Verdammt, glücklich zu sein**
Unsere atlantische Fahrt mit der KAIROS (KAIROS-Trilogie, zweites Buch)
»Dieser Abschied fiel uns schwer« schreibt Ernst-Jürgen Koch über den Aufbruch zu dieser neuen atlantischen Reise. Warum es für die Kochs keine Rückkehr mehr gibt, sie »verdammt« sind, in der Ferne »glücklich zu sein«, beschreibt dieses Buch.

416 Seiten mit 34 Farbfotos u.
19 Zeichn. u. Karten, kart.
ISBN 3-7688-0880-7

**Paradies im Stundenglas**
Unsere letzte Reise mit der KAIROS (KAIROS-Trilogie, drittes Buch)
Ein letztes Mal segeln Ernst-Jürgen und Elga von der Ostküste der USA südwärts in die Karibik und müssen erkennen, daß die Paradiese weniger geworden sind – zerronnen wie der Sand im Stundenglas.

408 S. mit 41 Farbfotos u.
36 Zeichn. u. Karten, geb.
ISBN 3-7688-0988-9

Erhältlich im
Buch- und Fachhandel

DELIUS KLASING